家庭科55デジタル+
保育 保育のキホンドリル
紙面p.18-19「子どもとどうかかわる？」
これから学ぶ「保育」に関する基本問題10問に答えてみよう。
また、学習を終えたあとでもう一度挑戦して、内容がどれくらい身についたか確認してみよう。
Q1.「乳児期」とは生後どれくらいまでの子どもをさす？
結果をチェックする

デジタル

●ドリル・クイズ

各章のとびらページに設置した，章ごとの基礎知識を問う「キホンドリル」のほか，さまざまなクイズに取り組めます。

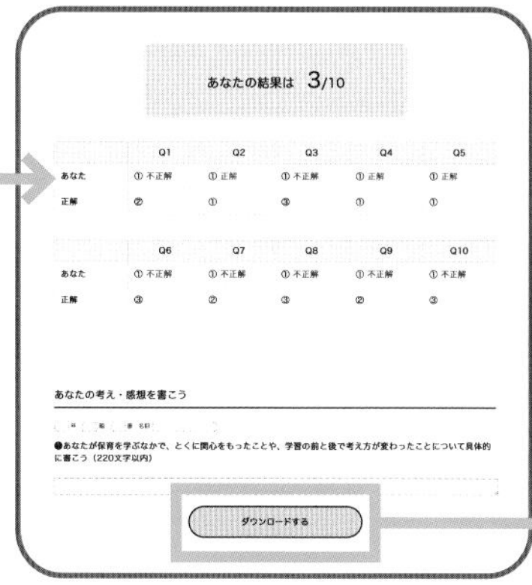
あなたの結果は 3/10
あなたの考え・感想を書こう
ダウンロードする

下の QR コードからデジタルコンテンツのトップページを見られます。

https://www.55digitalplus.com

デジタルコンテンツに取り組んだあとに表示される結果画面で，考えや感想を入力します。その画面内容を保存して先生に送りましょう。

家庭科55デジタル+
食生活 世界の料理レシピ動画５選
紙面p.46-47「世界の料理ってどんなもの？」
インドのカレー、タイのトムヤムクン、ケニアのウガリ、韓国のスンドゥブチゲ、メキシコのタコスのレシピと作り方の手順を動画で視聴できる。世界各国の食文化を体験してみよう。
【インド】インドカレー
【タイ】トムヤムクン

デジタル

●動画

調理方法や衣類の縫い方，介助の仕方などの動画を見られます。とくに食生活では，資料集に載っている料理について，料理動画サイト「DELISH KITCHEN」の動画を見ながら気軽に料理に挑戦できるようになっています。

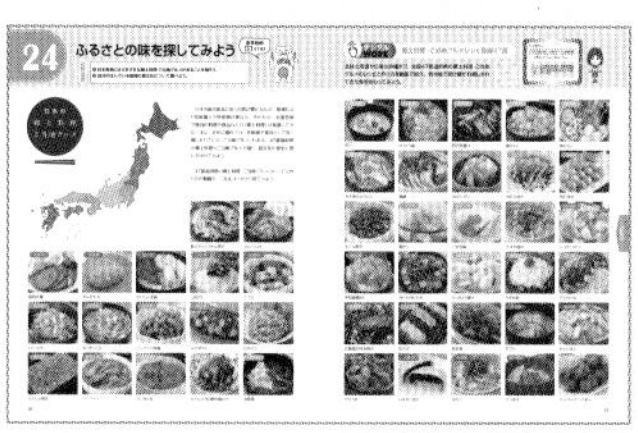
24 ふるさとの味を探してみよう

日本全国の郷土料理・ご当地グルメの料理動画

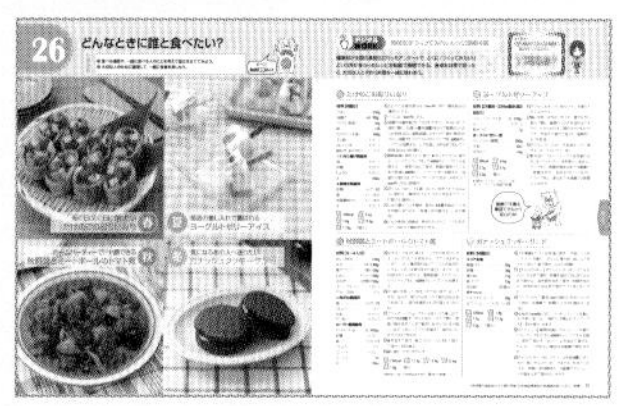
26 どんなときに誰と食べたい？

シーン別につくりたい人気料理動画

JN106838

食品図鑑編

p.115～

日常生活に身近な食品を，図鑑風に紹介しています。
詳しくは，p.115 の食品図鑑編の目次を確認してください。

2 いも及びでん粉類
こんにゃく
さつまいも類
さといも
やまのいも類
じゃがいも
でん粉類
でん粉製品

〈第 2 部　食品図鑑（写真と解説）〉

栄養素や食品群のキャラクターが学習をサポートします。

炭
脂
た
無
ビ

炭水化物　脂質　たんぱく質　無機質　ビタミン

家庭科55デジタル+ 目次

資料集+食品図鑑+デジタルコンテンツ

資料編 …… 2

資料集の各章に登場するキャラクター

進五
自分探し中の高校1年生。

Part 1 青年期・家族

コガルー
子育て中のカンガルー。

Part 2 保育

メガネ長老
最高齢のメガネザル。

Part 3 高齢者・共生

クックベア
料理好きのクマ。

Part 4 食生活

デジタルコンテンツ一覧

資料集の番号	種類	タイトル
1	クイズ	おとなクイズ
	シミュレーション	自立度チェック25問
	ドリル	青年期・家族のキホンドリル
2	シミュレーション	あなたの職業適性をシミュレーション！
3	資料	結婚にまつわる，いろいろランキング
4	資料	家庭科教科書の歴史から見る家族の変化
5	資料	SOGI用語集
6	シミュレーション	家事にお金を払うとするといくら？
7	クイズ	知っておきたい人生にかかわる法律クイズ
8	シミュレーション	子どもや親にどうかかわる？
	資料	子どもにかかわる職業紹介
	ドリル	保育のキホンドリル
9	クイズ	妊娠に関する常識クイズ
10	シミュレーション	イヤイヤ期の子どもにどうかかわる？
11	クイズ	子どもの危険な事故クイズ
12	資料	おすすめ絵本を紹介！
13	シミュレーション	あなたの子育て支援への意識は？

資料集の番号	種類	タイトル
14	資料	こども食堂ってどんなところ？
15	クイズ	多世代交流・多文化共生クイズ
	ドリル	高齢者・共生のキホンドリル
16	動画	高齢者の介助の動画を見てみよう
17	クイズ	認知症の人にどう接する？
18	クイズ	年金見込み受給額予想クイズ
19	クイズ	ピクトグラムクイズ
20	シミュレーション	あなたに合ったボランティアは？
21	クイズ	その食の常識は正しい？
	ドリル	食生活のキホンドリル
22	動画	世界の料理レシピ動画5選
23	資料	日本の学校給食の歴史を知ろう
24	動画	郷土料理・ご当地グルメレシピ動画47選
25	動画	おせち料理レシピ動画9選
26	動画	高校生がつくってみたいレシピ動画4選
27	動画	栄養素別レシピ動画5選
28	クイズ	いつも食べているあの商品の食品表示

クロスバード
おしゃれにこだわる
南国の鳥。

Part 5 衣生活

ビーバー親分
頼りになる
建築職人のビーバー。

Part 6 住生活

シッカリス
投資と貯蓄命のリス。

Part 7 消費・環境

五月
夢見がちな高校１年生。

Part 8 生活設計

食品図鑑編 …… 115

資料集の番号	種類	タイトル
29	クイズ	細菌の正体当てクイズ
30	クイズ	食料自給率クイズ
31	クイズ	食事のマナー○×クイズ
32	シミュレーション	あなたに合うファッションは？
	ドリル	衣生活のキホンドリル
33	クイズ	世界の民族衣装クイズ
34	資料	和服について知ろう
35	クイズ	T.P.O. に合った服装クイズ
36	資料	学生服についての豆知識
37	クイズ	洗濯にかかわる表示クイズ
38	動画	動画で縫い方を復習しよう！
39	シミュレーション	部屋選びシミュレーション
	クイズ	住まいのトラブル解決クイズ
	ドリル	住生活のキホンドリル
40	クイズ	世界の住居クイズ
41	資料	日本の建築にクローズアップ
42	クイズ	快適な暮らしクイズ

資料集の番号	種類	タイトル
43	クイズ	本当に住みやすい？ 間取りクイズ
44	クイズ	あなたの防災意識をチェック
45	シミュレーション	チャットで学ぶ持ち家・賃貸住宅
46	資料	これからの住まいのあり方とは？
47	シミュレーション	お金のやりくりシミュレーション
	ドリル	消費・環境のキホンドリル
48	シミュレーション	あなたの人生，いくら費やされている？
49	シミュレーション	チャットで学ぶ投資のイロハ
50	クイズ	クレジットカードの使える豆知識
51	シミュレーション	マルチ商法撃退シミュレーション
52	クイズ	消費者トラブル対処法入門
53	クイズ	SDGs についての 17 のクエスチョン
54	シミュレーション	あなたのエコ意識を 30 項目で判定
55	シミュレーション	チャットで学ぶ人生の課題解決

※コンテンツは変更となる場合があります。

INTERVIEW

もうすぐ おとなになる 高校生へ

Profile

2012年，慶應義塾大学卒業後，グリー(株)に入社し，事業責任者として数々の新規事業の立ち上げを主導する。2015年9月，(株) エブリーを共同創業。レシピ動画メディア『DELISH KITCHEN』を立ち上げ，現在同社の取締役執行役員を務める。

「課題解決に取り組んだ高校時代の成功体験が今の仕事へつながっています」

レシピ動画メディア
『DELISH KITCHEN』カンパニー長
菅原千遥（すがわら ちはる）さん

“課題解決”に面白がって取り組んでいた高校時代

「高校生時代をふり返ると将来の目標は具体的に決めていませんでしたが，“リーダーになりたい”という気持ちだけはありました。昔から，みんなと横並びで同じことをやるのが苦手で，教室でも1人だけ『机が汚い』と先生に怒られたりしていたので（笑），逆に自分がルールを作ったり発信していく側になればいいんだと考えていました。高校3年生の時に全運動部をまとめる運動部総部長を務めていたのですが，みんな受験勉強に追われて体育祭の参加者が全然集まらない。そこで，どうしたらみんなが参加しやすくなるかを考え，演目の内容をコンパクトにして練習時間をできるだけ減らしたところ，参加者が増えて，観戦された保護者のみなさんにも喜んでもらえました。体育祭という伝統行事を，次の世代に引き継げる結果を残せた気がします。あの時みんなに喜んでもらえた成功体験が，“課題解決”に取り組む現在の姿勢につながっているのだと思います」

誰でも安心して作れるよう全レシピを管理栄養士が監修

「もともと食べることが好きだったので，高校で配られた栄養素の成分表の本をよく開いて，『この食品にはこういう栄養素が入っているんだ…』と楽しんでいました。家庭科の調理実習でよく覚えているのはホワイトソース作りが上手にでき，自宅で家族に作って喜んでもらえたことですね。実習で作った卵焼きも忘れられません。上手にできた人は料理の腕に自信を持つのですが，失敗した人はそれ以降バレンタインに自作のチョコレートを作ってこなくなったり…，料理初心者って一度失敗すると苦手意識を持ちやすいものなんですよね。DELISH KITCHENのレシピは，できるだけ成功確率を高めるために，全レシピを管理栄養士が監修し，料理の得手・不得手に関係なくさまざまなレベルのユーザーが，簡単に美味しく作れるよう動画を制作しています。たとえばお菓子作りの本で『ツノが立つまで泡立てる』と書かれていてもイメージしづらいですが，動画なら具体的に見せられるので失敗も防げるのです」

わかりやすさを追求した真上からの調理動画撮影

「前職で料理系の新規メディアを作った際に，いろいろな人に料理に関する悩みを聞いたところ『献立が毎日思い浮かばない』『同じメニューになりがち』『食費が限られている』という声が多かったんです。確かに昔は私も，母から『何食べたい?』と聞かれて『なんでもいい』と返し，出てきた料理に『またこれ?』というやりとりを何度もしていて（笑）。母は時間がない中で作ってくれたのに子どもに喜ばれないし，子どもは同じものを食べなくてはいけなくて，お互いハッピーではない。この悩みを解決するために，誰もが簡単に美味しく作れるレシピ動画の必要性を感じました。YouTubeが伸びてきた時代で，20分前後の正面からのレシピ動画はありましたが，『料理する人にとって，一番わかりやすい視点は?』と考えた時に，手の動きがよく見える，真上からの俯瞰撮影を思いついたんです。今ではよく見かけますが，当時テレビ業界の人からは『そんなのご法度だよ』と驚かれました（笑）」

好きな事，やりたい事は周囲に言い続けて

「高校生のみなさんには興味や関心のあることをとことん自分で突き詰めてほしいです。正しいか間違っているかは，やってみないとわからないもの。DELISH KITCHENを始めた当時は，『メディア事業は何年も先までお金になりづらい』『動画制作はコストばかり掛かってうまくいかない』と言われていましたが，チャレンジした結果，今では多くの方に観ていただくメディアになり事業としても成功しました。信じたことはぜひやり通してみてください。それから好きなことや，やりたいと思ったことは，周囲に言い続けるのも大切。自分へのいい意味でのプレッシャーになるし，『そういうことがやりたいなら，こういう人を紹介するよ』と，必要な情報が入ってくるようになります。もちろん男性，女性は関係ありません。当社の男女比率は半々，男性もほぼ全員育休をとっていて，女性だけが子育てをする時代ではありません。男性だから，女性だからということにとらわれず，何事にも挑戦してみてください」

＼ 仕事の現場に潜入！ ／

『DELISH KITCHEN』の動画は全レシピを管理栄養士が監修し，すべて社内のキッチンスタジオにて撮影。美味しそうに，わかりやすく撮るための撮影ルールは約300もあるというから驚き!

DELISH KITCHEN

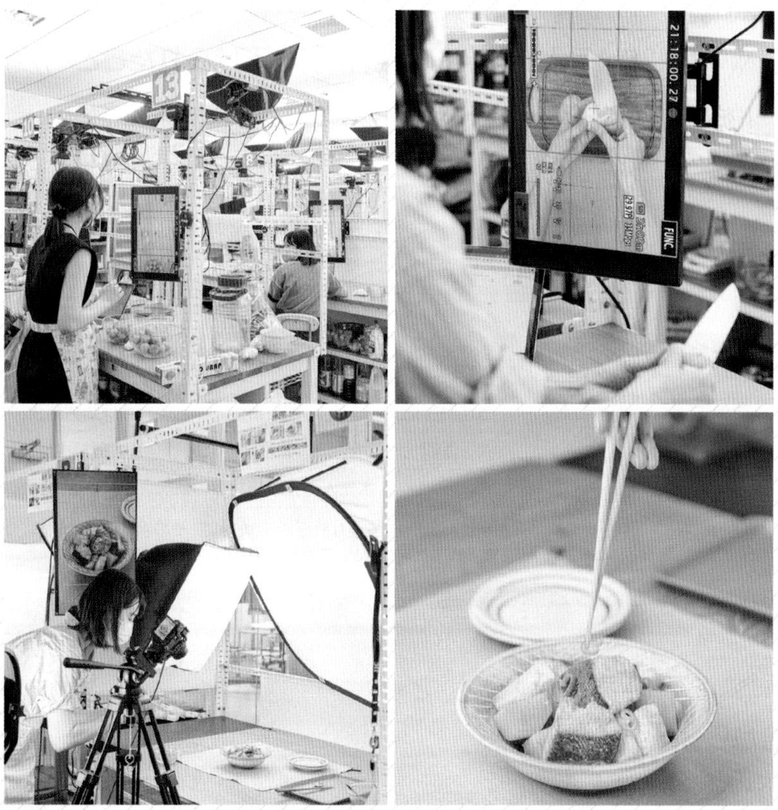

手元の動きを見せるのに一番わかりやすいのが，真上からの俯瞰撮影（右上）。対して出来上がりは，“食べる人の目線”として，斜め45度から撮影（左下）。一つのレシピを料理家1人で作りながら同時に撮影もできるように，カメラや三脚，モニターなども計算しセッティングされている。毎月，数百本以上の新レシピを考案，撮影する。

完成した動画を見てみよう!

今回撮影したレシピは「鮭とじゃがいもの味噌煮」。レシピ以外にも基本の調理動画など約5万本のアーカイブがある（2022年5月時点）。

デジタルWORK

菅原さんからみなさんへのメッセージを動画で見てみよう!

1 おとなとは？　自立とは？

Part 1
青年期・家族

目標・課題
❶法律で定められたおとなの定義を知ろう。
❷おとなとして自立するために何が必要かを考えよう。
❸自分が将来どんなおとなになりたいか考えよう。

1 法律上ではどこからが「おとな」？

日本では民法改正によって，2022年4月より，成年年齢が20歳から18歳に引き下げられた。それにより，18歳になると「おとな」としてさまざまな権利や責任が発生することになった。

そもそも，「おとな」とは一体何だろう？　まずは法律で定められた「成年年齢」について調べてみよう。

デジタルWORK　おとなクイズ

おとなになったら何ができる？ どんな法的責任を担う？ クイズに答えて重要項目を確認しよう。

成年年齢18歳はおとなの基準？

1876年　太政官布告　満20歳が成年年齢とされた
1896年　民法　法律で成年年齢が20歳と定められた

▶

2022年　改正民法施行　成年年齢が満18歳に引き下げられた

18歳から

＼＼ 2022年4月より「20→18歳」に引き下げられたこと //

契約を結ぶ

●クレジットカードをつくる

●住宅ローンを組んで購入する

●貸借物件を借りる

●携帯電話を契約・解約する

●消費者金融を利用する

親の同意なしに結婚する

女子の婚姻年齢は，以前は女子の方が肉体的・精神的に成熟するのが早いという理由で16歳とされてきた。民法改正に伴って，2022年4月から，18歳に引き上げられた。

特定の職業の資格を取得する

公認会計士	司法書士	社会保険労務士
医師	獣医師	社会福祉主事
水先人※ 養成施設等の講師		

※船が集まる水域で安全な航行を行うために，その水域特有の事情について熟知した専門家として船長にアドバイスをする職業。

10年用パスポートを取得する

代理人なしで民事裁判を起こす

性同一性障害の場合，性別変更申請する

日本に帰化する

2022年3月以前から「18歳」とされてきたこと

選挙で投票する

普通自動車免許を取得する

成人向け雑誌やゲーム，DVDを購入する

20歳から

\\ 引き下げの影響なし //

飲酒・喫煙・公営ギャンブルをする

少年法の適用対象から外れる

2022年6月現在，罪を犯した20歳未満の者は少年法の保護の対象となり，成年者よりも刑罰は軽くなる。ただし，18・19歳は「特定少年」として実名報道されるなど特例の扱いをされる場合もある。

生活支援の対象から外れる

- 児童養護施設等での養育延長（20歳まで対象となる）
- 特別児童扶養手当の支給（20歳から対象外となる）
- 母子・父子家庭の支援（20歳から対象外となる）

国民年金を納める義務を負う

国民年金の保険料は，銀行や郵便局のほか，コンビニやネットから納められる。学生の間は特例で待ってもらうことができるが，申請が必要となる。

2 あなた自身が考える「おとな」とは？

あなたは今，人生のなかで「青年期」とよばれる時期を過ごしている。青年期は，社会に出て「おとな」として生きていくために，さまざまな面で「自立」する準備をする必要がある。では，「自立する」「おとなになる」とはどういうことを指すだろうか？　法律に書かれていない，あなた自身の「おとな」に対する考えを，ほかの人と共有しよう。また，自立するために今からできることを考えよう。

5つの自立

生活的自立

例:食事の後片付けは自分でできる

社会的自立

例:地域の人々と交流している

精神的自立

例:大事な決断を自分の意思でできる

経済的自立

例:毎月の収入と支出を管理できる

性的自立

例:性感染症や避妊の正しい知識がある

ここで紹介したこと以外に，自立したといえる行為はあるかな？

デジタルWORK　自立度チェック25問

おとなになる準備はできている？ 質問に答えて自分自身の自立度はどのくらいかチェックしてみよう。

●どのようになれば「自立したおとな」といえると思うか

（高校生　複数回答）

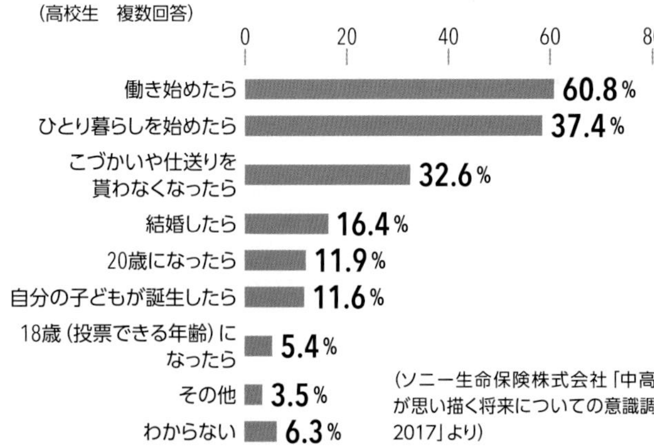

（ソニー生命保険株式会社「中高生が思い描く将来についての意識調査2017」より）

デジタルWORK　青年期・家族のキホンドリル

青年期・家族に関する基本問題10問に答えてみよう。また，学習を終えたあとでもう一度挑戦して，内容がどれくらい身についたか確認してみよう。

2 仕事・職業について考えてみよう

目標・課題
- ❶ どのように働き，収入を得るか，自分の将来を思い描こう。
- ❷ 自分の興味のある仕事の産業・職業分類や，雇用形態を知ろう。
- ❸ 自分の就きたい職業や働き方について調べ，経済的自立への準備を始めよう。

1 あなたが興味のある産業は？

産＝産業全体に占める割合　比＝男女比（男：女）　割＝15～24歳就業者に占める割合

農業・林業

耕種農業，畜産農業，林業，園芸サービス，昆虫類，へびなどの採捕を行う事業所など

産 3.5%　比 6:4　割 0.9%

漁業

海面または内水面において水産動植物を採捕する事業所，人工的施設を施し水産動植物の養殖をする事業所など

産 0.3%　比 8:2　割 0.1%

鉱業，採石業，砂利採取業

有機物，無機物を問わず，天然に固体，液体またはガスの状態で生ずる鉱物を掘採，採石する事業所など

産 0.0%　比 8:2　割 0.0%

建設業

注文または自己建設によって建設工事を施工する事業所

産 7.4%　比 8:2　割 5.0%

製造業

有機または無機の物質に化学的変化を加えて新たな製品（食料品，繊維製品，木材・木製品，パルプ・紙，印刷，石油製品など）を製造し，これを卸売する事業所

産 16.2%　比 7:2　割 14.6%

電気・ガス・熱供給・水道業

電気，ガス，熱または水（かんがい用水を除く）を供給する事業所及び汚水・雨水の処理等を行う事業所

産 0.5%　比 9:1　割 0.4%

情報通信業

情報の伝達を行う事業所，インターネットに附随したサービスを提供する事業所など

産 2.9%　比 7:3　割 2.2%

運輸業，郵便業

鉄道，自動車，船舶，航空機などによる旅客，貨物の運送業，倉庫業，郵便物または信書便物を送達する事業所など

産 5.2%　比 8:2　割 2.9%

卸売業，小売業

繊維製品，飲食料品，機械器具などの商品を購入して販売する事業所

産 15.3%　比 5:5　割 19.1%

金融業，保険業

銀行，信用金庫などの金融業，または保険業を営む事業所

産 2.4%　比 4:6　割 1.9%

不動産業，物品賃貸業

不動産業または物品賃貸業を営む事業所

産 2.0%　比 6:4　割 1.1%

学術研究，専門・技術サービス業

学術的研究などを行う事業所，法律事務所や公認会計士事務所など専門的な知識・技術を提供する事業所，広告に係るサービスを提供する事業所

産 3.3%　比 7:3　割 1.7%

宿泊業，飲食サービス業

ホテルや民宿などの宿泊業またはレストランや喫茶店など飲食サービス業を営む事業所

産 5.5%　比 4:6　割 13.6%

生活関連サービス業，娯楽業
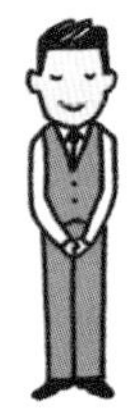

クリーニング店など，日常生活と関連して技能・技術を提供するサービス，映画館や遊園地など娯楽や余暇利用に係るサービスを行う事業所など

産 3.5%　比 4:6　割 4.9%

教育，学習支援業

学校教育を行う事業所，学校教育の補習教育を行う事業所及び教養，技能，技術などを教授する事業所など

産 4.5%　比 4:6　割 4.8%

医療，福祉

医療，保健衛生，社会保険，社会福祉および介護に関するサービスを提供する事業所

産 11.9%　比 2:8　割 11.4%

複合サービス事業

信用事業，保険事業など複数のサービスを提供する事業所で法的に事業の範囲などが決められている郵便局，農業協同組合など

産 0.8%　比 6:4　割 0.7%

サービス業（他に分類されないもの）

廃棄物処理業，自動車整備業，職業紹介・労働者派遣業，建物サービス業，警備業，政治・経済・文化団体，宗教など

産 6.0%　比 6:4　割 3.6%

公務（他に分類されるものを除く）

国家公務，地方公務など

産 3.4%　比 7:3　割 3.4%

分類不能の産業

産業分類上，いずれの項目にも分類しえない事業所

産 5.4%　比 6:4　割 7.6%

（総務省統計局「平成27年国勢調査」の産業分類より）

デジタルWORK　あなたの職業適性をシミュレーション！

あなたはどんな仕事に向いているだろう? 質問にYES or NOで答えていくと職業適性が示されるシミュレーションにチャレンジ! 将来どんな仕事に就くかを考える参考にしてみよう。

2 あなたが働きたい雇用形態は?

正社員の平均年収は328.0万円であるのに対し，それ以外の雇用形態の人の平均年収は221.3万円と大きな開きがある（厚生労働省・令和04年賃金構造基本統計調査）。2019年より始まった「**働き方改革**」では，この差を埋めるため雇用形態や性別にかかわらず同じ労働に対しては同じ賃金を支払わなければならないとする「**同一労働同一賃金**」が推進されている。

❶正社員・正職員

雇用期間の定めがなく，フルタイムで働く雇用者

❷契約社員

労働契約にあらかじめ雇用期間が定められている雇用者

❸パートタイマー・アルバイト

正社員に比べて1週間の就労時間が短い雇用者

❹派遣社員

労働者が人材派遣会社と労働契約を結んだ上で，人材派遣会社と労働者派遣契約を結んでいる会社（派遣先）で働く労働者

❺短時間正社員

一般の正社員より1週当たりの労働時間は短いが，雇用期間の定めがなく，労働時間以外の労働条件が一般の正社員と同じ雇用者

❻フリーランス

企業や組織に属さず、個別に契約して仕事を請け負う個人事業主。カメラマンや、プログラマー、ライターなどクリエイティブな職種に多い

副業ってなに?

本業（会社員の場合は会社の業務）以外で，お金を稼ぐことを副業という。アルバイトなどのほか自分で作った商品をネット販売したり，動画投稿やブログ記事などで広告収入を得たり，副業できる仕事は増えている。また副業で働くことを認める企業も増えつつある。

職業情報提供サイト
Jobtag
自分の職業適性を調べてみよう
（出典:厚生労働省）

3 あなたが働きたい職場は?

社員の採用方法にはおもに2つのタイプがある。**メンバーシップ型**とは，日本で行われている新卒一括採用のように，職務にかかわらずまず人を雇う。企業はさまざまな研修や経験を積ませて，本人の適性なども鑑みて，社内の部署へ人を割り当てていく。

一方の**ジョブ型**は欧米企業に多い雇用である。まずは仕事があり，その仕事をこなす能力のある人を採用する。

メンバーシップ型は日本企業特有のシステムで，雇用の安定と高い企業競争力を保ち，これまで強みとされてきたが，転職がしづらいこと，労働生産性の低さが問題視され，ジョブ型採用を行う企業が日本でも増えている。

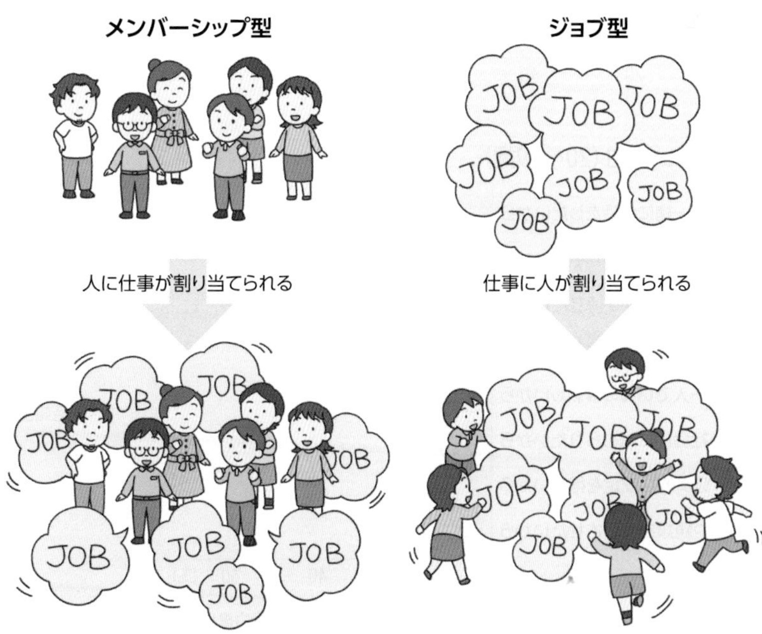

3 結婚について考えてみよう

目標・課題

❶ あなたは将来，結婚したい？　したくない？　そう考える理由をあげよう。
❷「結婚」に必要なことを，「結婚相手に求める条件」のグラフなどを参考に考えよう。
❸ 日本で「結婚した方がよい」と答える人が多い理由を，まわりの人と意見交換しよう。

1 日本では晩婚化・未婚化が進んでいるが「結婚したい」と考えている人の数は多い

❶平均初婚年齢と50歳時未婚率の推移

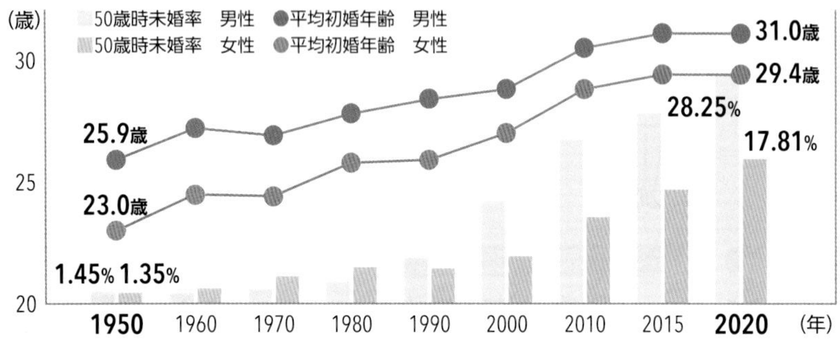

(厚生労働省「人口動態統計」，国立社会保障・人口問題研究所「人口統計資料集」より)

❷未婚者の結婚の意思

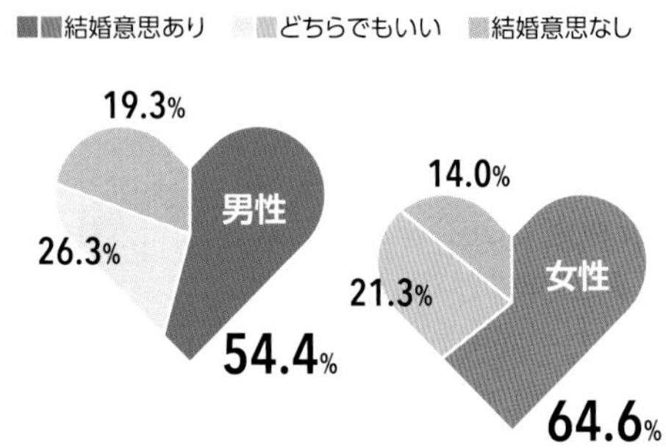

(内閣府「令和4年版男女共同参画白書」より)

❸配偶者、恋人はいる?

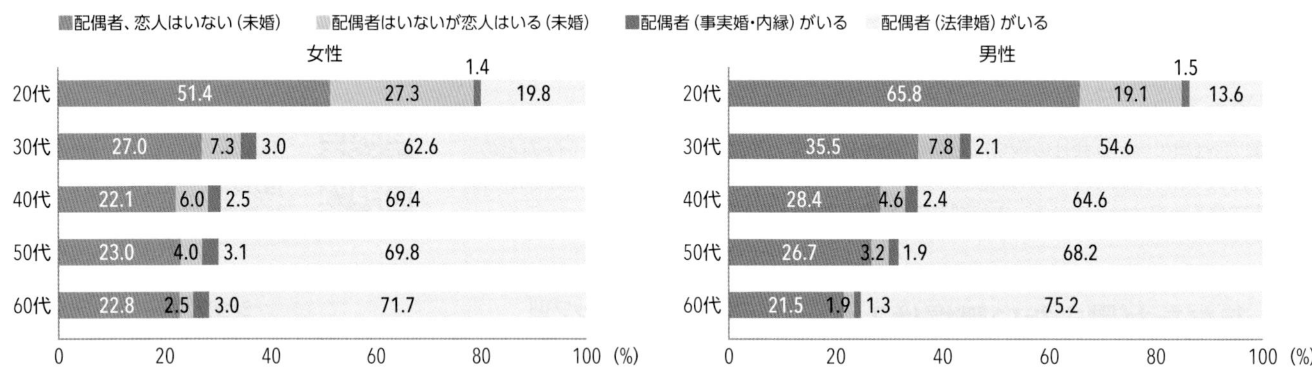

(内閣府「令和4年版男女共同参画白書」より)

❹結婚したい理由（20～39歳）

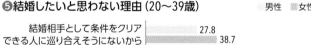

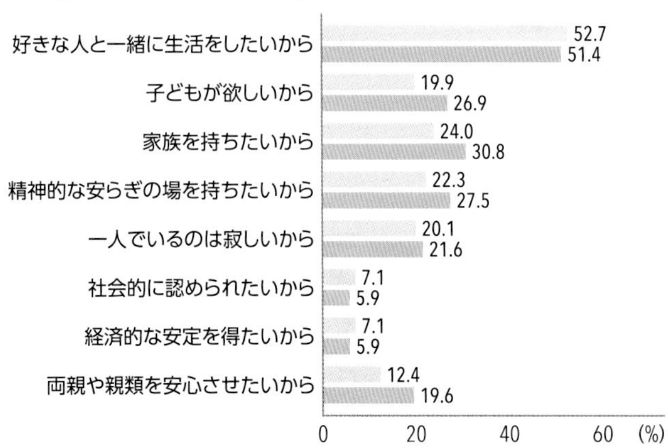

(内閣府「令和4年版男女共同参画白書」より)

❺結婚したいと思わない理由（20～39歳）

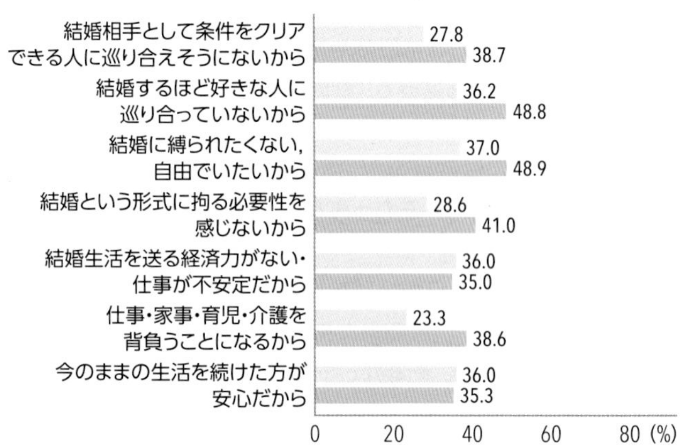

(内閣府「令和4年版男女共同参画白書」より)

デジタルWORK　結婚にまつわる，いろいろランキング

「どのくらい付き合ってから結婚するの?」「どんな風にプロポーズしたの?」「結婚指輪の相場は?」など結婚にまつわる気になるデータをランキング形式でまとめた。未来の人生の参考にしてみよう。

2 少し視野を広げて「結婚」を見つめてみると…

❶結婚に対する考え方　国際比較（2015年）

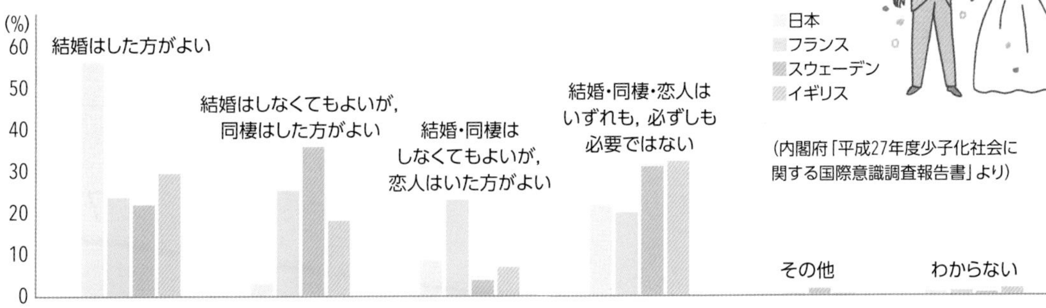

（内閣府「平成27年度少子化社会に関する国際意識調査報告書」より）

❷婚外子の割合　国際比較

日本では生まれる子のほとんどが法律上の婚姻関係にある男女の間の子（婚内子（こんないし），嫡出子（ちゃくしゅつし））であるが，海外には，法律上の婚姻関係にない男女の間の子（婚外子（こんがいし），非嫡出子）の割合が高い国もある（右図）。「子どもがいるカップルの半数以上が結婚していない」というスウェーデンやフランスなどには，パートナーであることを登録すれば未婚の男女にも結婚した場合と同等の権利や保障が認められる制度（登録パートナーシップ）がある。

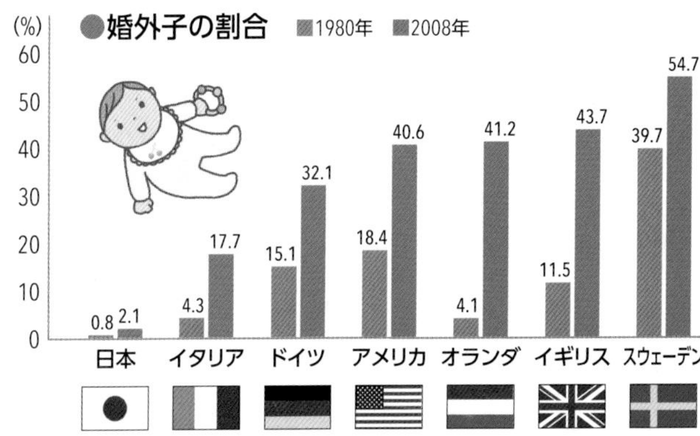

※ドイツの1980年は1991年のデータ。2008年について，イギリスは2006年，イタリアは2007年のデータ。　（厚生労働省「平成25年版厚生労働白書」より）

❸同性婚

現在，同性婚および登録パートナーシップなど，同性カップルの権利を保障する制度を持つ国・地域は世界中の約22%の国・地域に及んでいる（右記参照）。

日本では同性婚は認められていないが，同性カップルを結婚に相当する関係と認める地域も出始めている（東京都の渋谷区や世田谷区など）。同性婚ができる地域は少しずつ増えているが，国や地域，宗教などによっては同性愛が認められず，死刑などの重い刑罰が課されるところもあるのが現状である。

同性婚が認められている国

オランダ，ベルギー，スペイン，カナダ，南アフリカ，ノルウェー，スウェーデン，ポルトガル，アイスランド，アルゼンチン，デンマーク，ブラジル，フランス，ウルグアイ，ニュージーランド，英国，ルクセンブルク，メキシコ，米国，アイルランド，コロンビア，フィンランド，マルタ，ドイツ，オーストラリア，オーストリア，台湾，エクアドル，コスタリカ　など

※2023年3月現在。このほか，審議中の国や地域もある。（出典:NPO法人 EMA日本）

3 恋人はいる？ デートしたことある？ （内閣府「令和4年版男女共同参画白書」より）

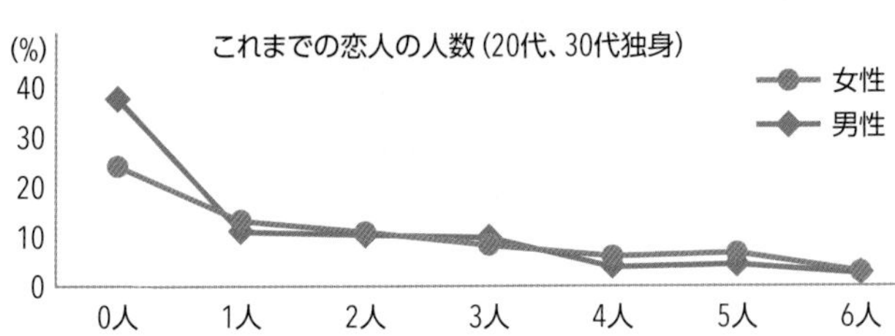

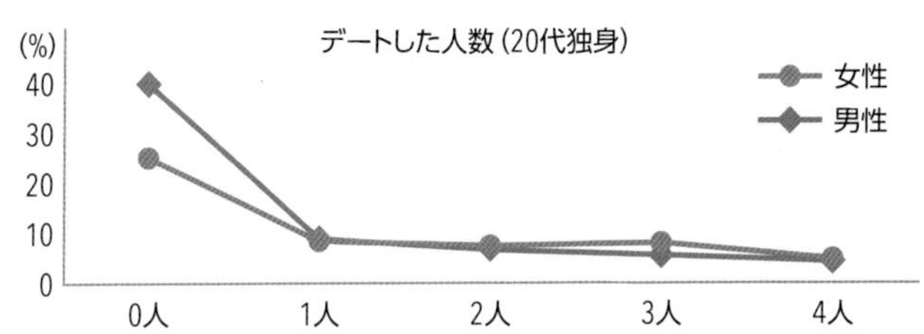

4 誰と，どこで，どのように暮らす？

目標・課題

❶ ライフステージごとの暮らしの特徴をグラフから読み取ろう。
❷ 将来，自分は，誰と，どこで，どのように暮らしたいか，具体的に思い描こう。

1 昭和，平成，令和，家族の姿の変化

（内閣府「令和4年版男女共同参画白書」より）

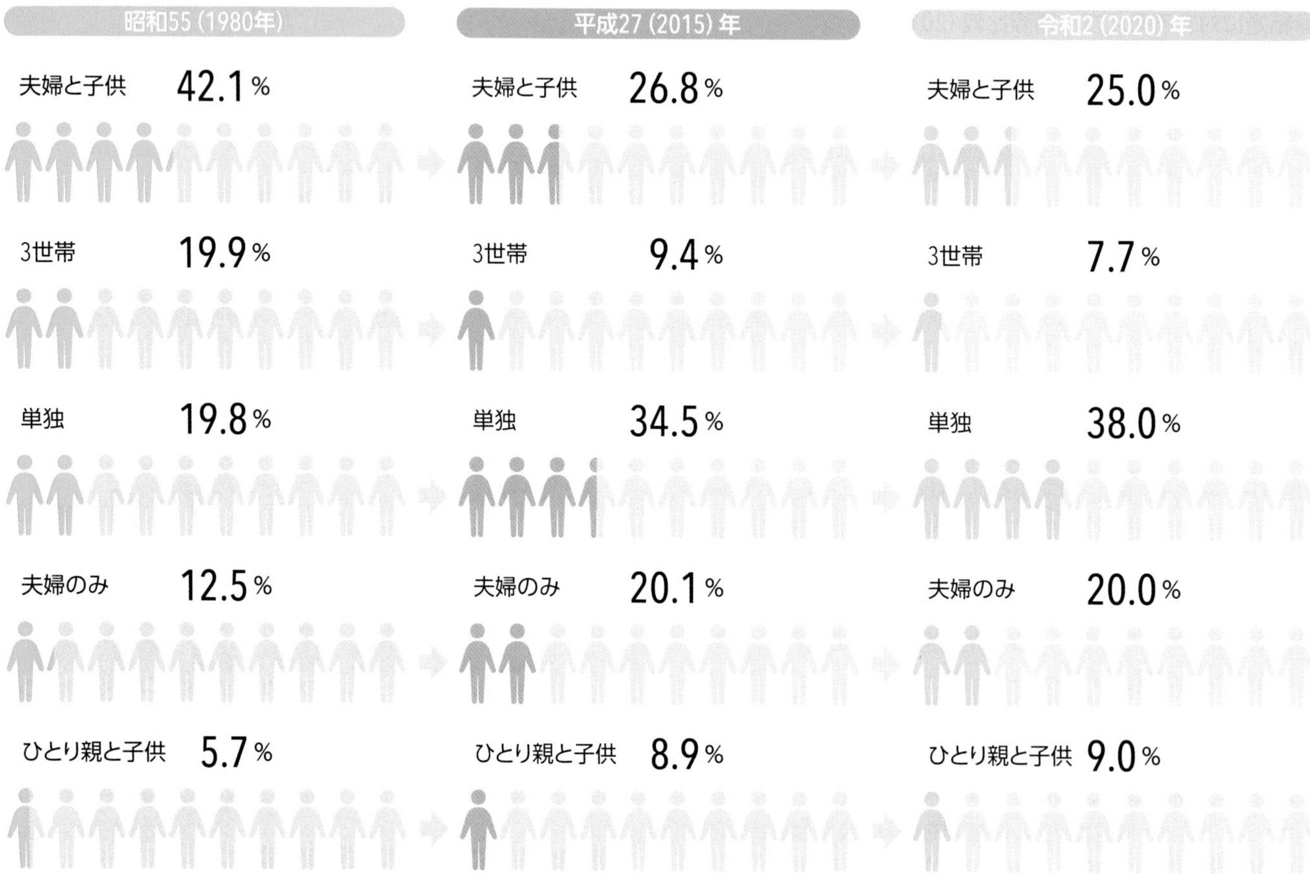

2 家族の役割ってなに？

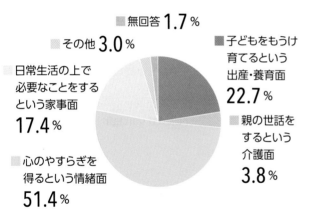

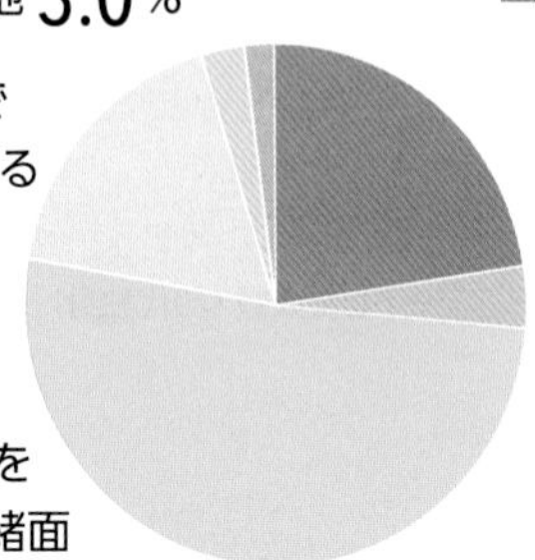

（内閣府「令和3年度・家族の法制に関する世論調査」より）

3 母親と父親，どちらを尊敬している？

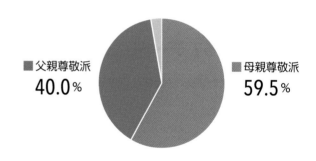

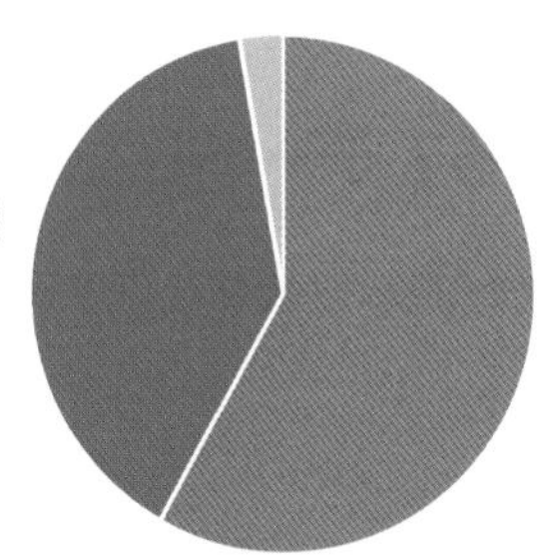

（博報堂生活総合研究所「生活定点」2022年調査より）

デジタルWORK 家庭科教科書の歴史から見る家族の変化

みなさんが使っている家庭科の教科書は昭和，平成，令和とその内容は大きく変わってきている。なかでも家族についての記述をふりかえることで日本の家族観の移り変わりを見ていこう。

4 都道府県ごとの1世帯当たりの人員

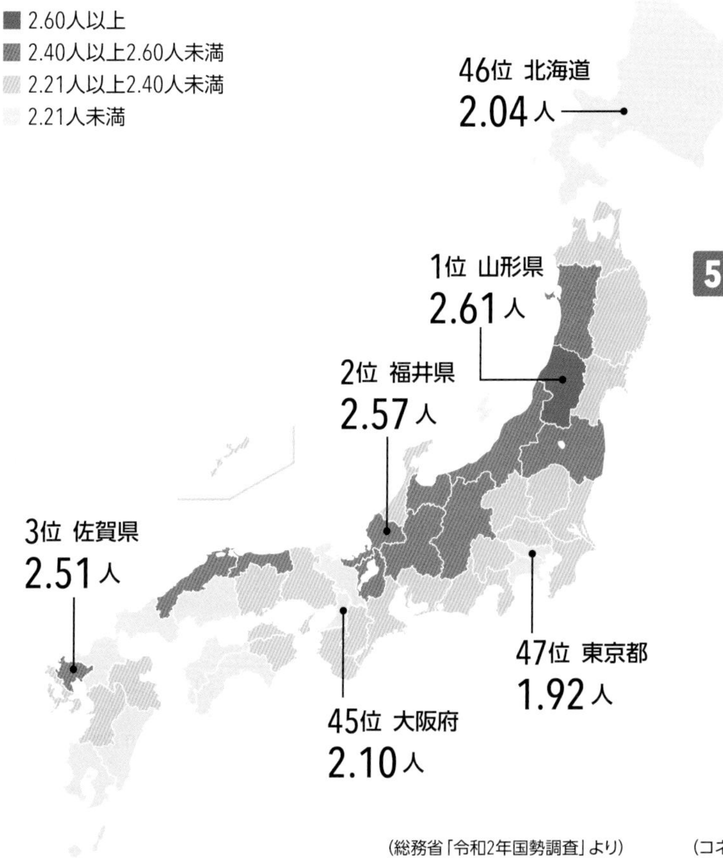

（総務省「令和2年国勢調査」より）

5 コロナ禍で家族についての意識がどう変わった？

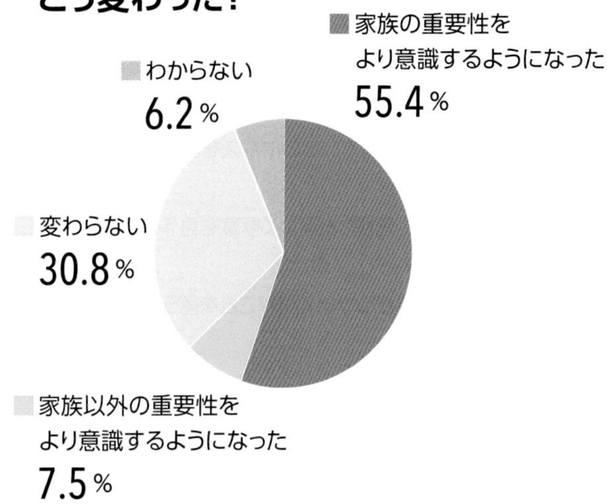

（コネヒト株式会社「現代日本の家族像 2020年 家族に関する全国調査 報告書」より）

6 さまざまな暮らしの例（誰と暮らすか）

5 自分のことも，相手のことも大切に

目標・課題
❶ 身近な人権侵害に気づき，どうしたらなくすことができるか考えよう。
❷ 誰もが自分らしく生きられる社会にするために必要なことを話し合おう。

1 高校生もDVの被害や加害者になるかも!?

恋人間の暴力や暴言，いやがらせを「**デートDV**」という。下のデータは交際経験のある中学，高校，大学生を対象に実施されたアンケート結果である。この調査によれば3人に1人がデートDVの被害経験があるという。性的暴力はもちろんだが，相手を傷つける言葉の暴力や，相手の行動を制限したりする行為もDV（ドメスティック・バイオレンス）であることに注意しよう。

デートDV被害経験の割合

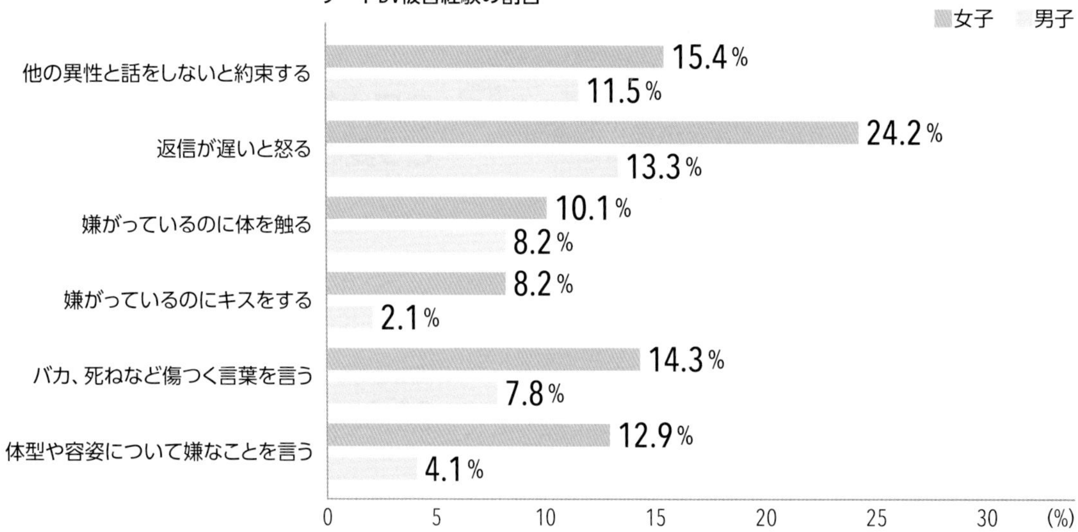

（認定NPO法人エンパワメントかながわ「デートDV白書vol.5（平成28年調査）」より作成）

2 SNSによるいじめが増えている

近年，学校でのいじめの件数は減少傾向にあるが，一方で携帯電話やパソコンなどを使ったいじめの件数は急増している。SNSで集中的に悪口を書かれたり，見せたくない写真を投稿，拡散されたり，グループトークで仲間はずれにされたりなどの行為が問題になっている。顔の見えないSNSだから発言や行動がエスカレートし，相手を深く傷つけてしまうこともあるので注意しよう。

パソコンや携帯電話等を使ったいじめの認知件数（複数回答可）

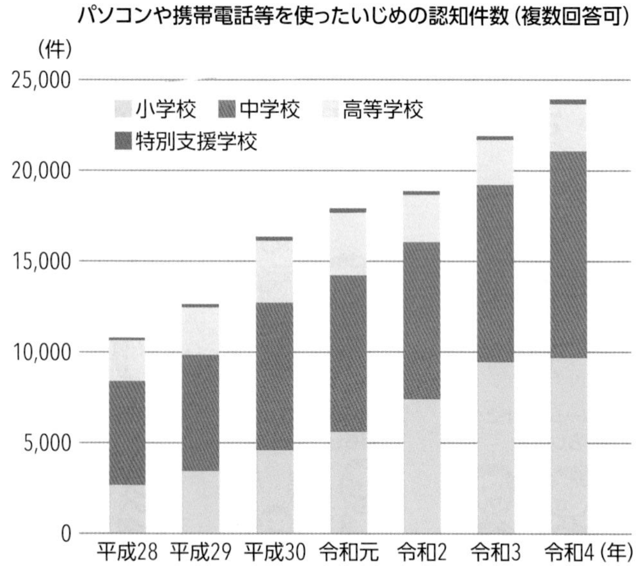

（文部科学省「令和4年度児童生徒の問題行動・不登校生徒指導上の諸課題に関する調査」より）

デジタルWORK　**SOGI用語集**　Sexual Orientation and Gender Identity

性的指向（どの性別が好きになる対象か）と性自認（自分の性別をどう認識しているか）にかかわる用語を学んで，多様な性のあり方について理解を深めよう。

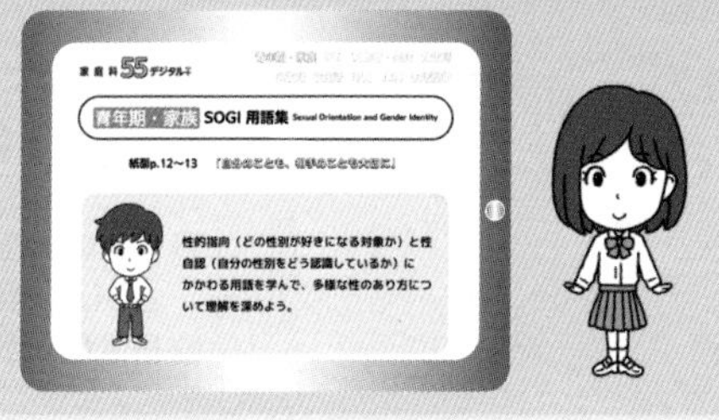

3 多様な性のあり方があることを知ろう

●LGBTとは

レズビアン（女性同性愛者），ゲイ（男性同性愛者），バイセクシュアル（両性愛者），トランスジェンダー（性同一性障害者など心と体の性が異なる人）の英語の頭文字をとった総称。LGBT総合研究所が2019年に行った調査（対象約42万人）では，10.0%が該当するという結果だった。

LGBTという言葉が性的マイノリティー（性的少数者）の総称として使われることがあるが，性的マイノリティーには，性的欲求や恋愛感情をもたないアセクシュアルなどの人もいる。

●セクシュアリティ（性のあり方）は人によってさまざま

性のあり方は，人によってさまざまである。性のありようが，認識できない人や，揺れている人，変わる人もいる。あなたのクラスにも，同性を好きになってとまどっている人や，人とは違うセクシュアリティに気づいて悩んでいる人，周囲の人たちの偏見や間違った理解などに傷ついている人がいるかもしれない。

誰かを好きになったり，好きにならなかったりすることは，誰にも強制できない。誰もが自分らしく，安心して暮らせる社会にしていくにはどうしたらよいか考えてみよう。

LGBT当事者が語る　～自分らしい生き方と周囲の理解の大切さ～

石川まさきさん（37歳）

トランスジェンダーの当事者。自身の経験を生かし，性的マイノリティーの当事者が安心できる居場所として，飲食店を経営する。また，仲間とともにイベント主催や情報発信も行う。

―自分の性を意識したのはいつですか?

小学1年生ごろから，スカートとか，赤やピンクの「いかにも女の子っぽい服」が苦手で，男の子っぽい服を着ていました。女の子を気になるようになったのは小学2年生のときです。ただ，自分が男か女かという**性自認**については，深く考えていませんでした。中学では，女子制服に違和感があって嫌でした。

高校1年生のとき，男の人と付き合ったのですが，何となく違うなと思いました。**「自分は女性としてではなく，男性として女性が好きなんだ」**と感じたんです。女の子たちと仲良くしていたら，「気持ち悪い」と思われて，まわりから1年近く仲間外れにされたこともあります。ただ，優しくしてくれる人もいました。女友達に自分の性のことを**カミングアウト**したのですが，受け入れてくれて，その後も変わらず仲良くしてくれたことがうれしかったです。

母には高校の卒業式前日，メールでカミングアウトしました。母はショックを受けていましたが，隣にいた兄は冷静に受け入れ，自分が傷つかないように気遣ってくれました。LGBTのことが世間的に詳しく認知されていなかった当時，兄が**知識をもって接してくれた**ことはとてもありがたかったです。

―社会人になってからはどうでしたか。

最初に就職したIT系企業では，私服で勤務できたのでよかったです。**「男女どちらのトイレを使うか」**といった問題は，最初葛藤がありましたが，割り切って女性用トイレを利用していました。在籍中からホルモン治療や手術などを受け，性転換したのですが，会社の人たちは，自分がその過程にいることを知ったうえで暖かく見守ってくれました。

―現在の家庭生活について教えてください。

2015年に，女性と結婚しました。性転換したことで自分は子どもを生めない体になりました。ただ，子どもをもち，家族をつくりたいという思いから，夫婦で兄に相談して精子を提供してもらい，**体外受精**で子どもを2人授かりました。

子育ては大変ですが，子どもたちは本当にかわいいです。自分と直接血がつながっているわけではないので，病院で「お父さんとお母さんに何か病気はありますか?」と聞かれたときは返答に困ることもあります。でも，**いっしょに過ごしてきた時間が大切であって，家族のきずなに血のつながりは関係ない**なと感じています。

経営する飲食店の仲間たちとの活動

休日には家族と楽しくふれ合う

―現在の活動について教えてください。

トランスジェンダーに関する認知を広めたいという思いから，当事者のためのイベントを主催しました。また，自分の体験を話すことで，同じ境遇にいる人を救えたらと思い，メディアにも出るようになりました。その延長で，当事者の人が気軽に立ち寄れるような飲食店を開いたんです。スタッフにも当事者がいます。お客さんも，国内外から当事者・非当事者問わず来てくれて，情報交換や出会いの場になっています。今，店舗は東京にありますが，地方にはそのような場が少ないので，将来は**地方にも店舗を増やし，当事者の居場所をつくっていきたい**です。

―高校生の読者にメッセージをお願いします。

自分は，LGBTについての知識がある周囲の人のおかげで救われました。世の中にはいろんな人がいるということを知ってもらえたらうれしいです。**性別関係なく，相手をひとりの個人として受け入れる**ことができたら，とても素敵なことだと思います。また，自身の性について悩んでいる人には，同じように悩んでいる人がいっぱいいること，そして，**自分らしく生きるのが大事だ**ということを伝えたいです。

6 家事や育児は誰がする!?

目標・課題
❶ 日本の男性が家事や育児を行う時間が少ないのはなぜか，どうして他の国と差が大きいのか，理由を考えよう。
❷ 日本が「世界一夫が家事をする国」に近づくためにはどうしたらよいか考えよう。

1 家事や育児を「見える化」してみると…?

下の表は，保育園に通う子どもがいる共働きの夫婦の家事・育児を「見える化」したものである。それぞれの家事・育児は，夫と妻でどのように分担したらよいか考えてみよう。

●やってみよう　夫と妻の担当を色分けしよう。(2人で行う場合は割合を記入)

例1 となりの人とペアで「夫」と「妻」の役になりきり，分担を考える。
例2 将来の家庭生活を想定し，自分と配偶者の分担を考える。

朝	1 カーテンを開ける	2 ベッドを整える	3 新聞を取る	4 コーヒーを入れる	5 朝食を作る	6 朝食を子どもに食べさせる	7 朝食の食器を洗う	8 朝食の食器をしまう	9 テーブルを拭く	10 米を研ぐ
朝	11 お茶を作り置きする	12 献立を考える	13 宅配食材を注文する	14 ペット・植物の世話をする	15 洗濯機を回す	16 洗濯物を干す	17 部屋を片づける	18 掃除機をかける	19 トイレ掃除をする	20 風呂掃除をする
朝	21 ゴミを集め，分別する	22 ゴミを捨てる	23 哺乳瓶を消毒する	24 子どもの歯みがきをする	25 子どもを着替えさせる	26 連絡帳を書く	27 オムツに記名する	28 子どもの持ち物をそろえる	29 子どもに靴を履かせる	30 保育園に送っていく
夕	31 保育園に迎えに行く	32 連絡帳をチェックする	33 子どもに手を洗わせる	34 子どもと遊ぶ	35 夕食を作る	36 夕食を子どもに食べさせる	37 子どもの食べ残しを処理する	38 夕食の食器を洗う	39 夕食の食器をしまう	40 残ったご飯をラップする
夕	41 テーブルを拭く	42 風呂のスイッチを入れる	43 子どもを風呂に入れる	44 子どもの体を拭く	45 子どもにパジャマを着させる	46 子どもの歯みがきをする	47 子どもに絵本を読む	48 子どもを寝かしつける	49 子どもの汚れ物を洗濯機に入れる	50 部屋を片づける
夕	51 洗濯物を取り込む	52 洗濯物をたたむ	53 洗濯物をしまう	54 アイロンをかける	55 靴を磨く	56 郵便物をチェックする	57 家計簿をつける	58 加湿器に水を入れる	59 子どもに布団をかけ直す	60 夜泣きに対応する
不定期	61 保育園の呼び出しに対応する	62 子どもを病院に連れて行く	63 子どもに薬を飲ませる	64 予防接種や検診を予約する	65 予防接種や検診に連れて行く	66 子どもの爪を切る	67 子どもの耳掃除をする	68 子どもの靴を洗う	69 子どもの服のサイズをチェックする	70 子どもの持ち物に記名する
不定期	71 車を運転する	72 電車やバスで子どもをあやす	73 保育園グッズを縫う	74 ベビーシッターを予約する	75 ベビーシッターに引き継ぎをする	76 オムツを買う	77 トイレットペーパーを買う	78 クリーニングに出す	79 クリーニングを受け取る	80 食事を作り置きする
不定期	81 役所に書類を提出する	82 公共料金を支払う	83 通帳記帳や資産運用をする	84 電球を取り換える	85 家電の修理を依頼する	86 新聞をまとめて捨てる	87 粗大ゴミ回収を予約する	88 シンクを掃除する	89 窓を拭く	90 ベランダや庭を掃除する
不定期	91 レンジフードを取り換える	92 ボタンをつけ直す	93 衣替えをする	94 子どもの写真を整理する	95 子どもの習い事の情報を集める	96 子どもを習い事に連れて行く	97 レジャーの予定を立てる	98 親戚と連絡を取る	99 保護者会に出席する	100 町会やマンション理事会に出席する

(朝日新聞社「AERA」2016年5月30日「共働きの家事育児100タスク表」より)

デジタル WORK 家事にお金を払うとするといくら?

アンペイドワークと言われる家事に，労働として賃金が支払われたらいくらになるだろう? あなたや家族が毎日行っているアンペイドワークの時間を入力して換算してみよう。

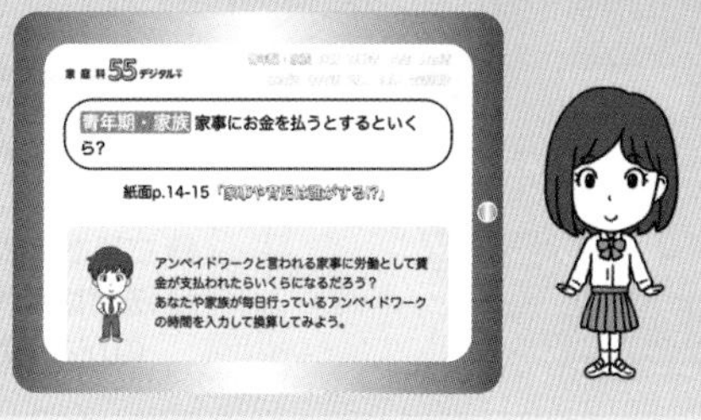

2 夫が世界一家事をしない国は，日本!?

❶配偶者と子どもがいる男性のうち，1週間の家事時間が2時間未満の者（%）

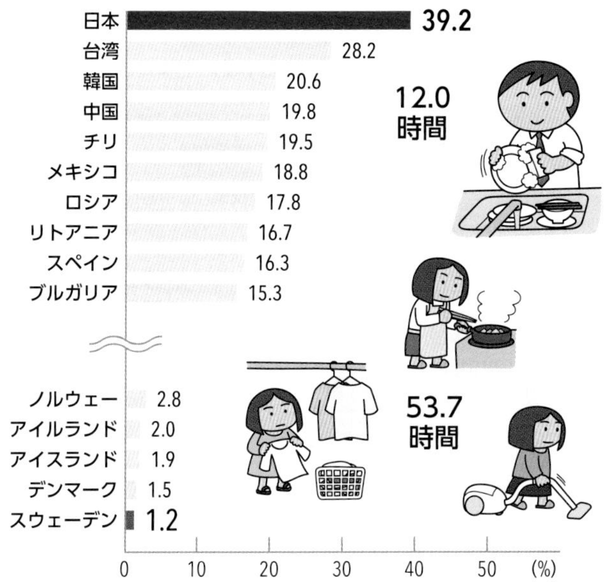

❷配偶者と子どもがいる男性の家事・家族ケア分担率（%）

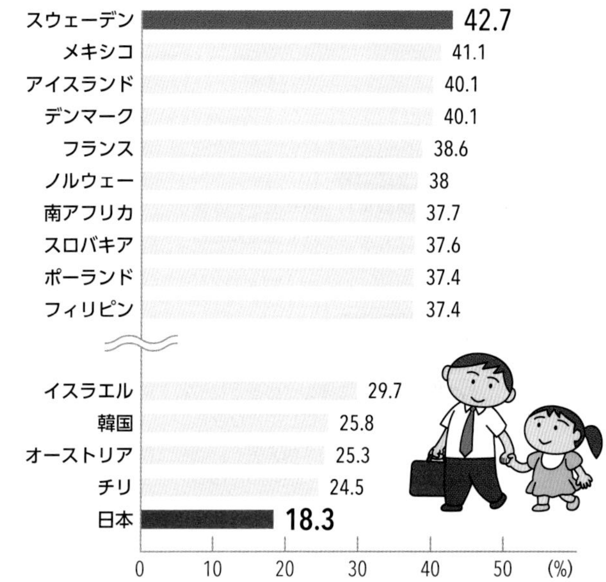

家事や家族ケア（育児・介護等）に男女がどれだけの時間をかけているかを調べた国際的な調査「家族と性役割に関する意識調査」（ISSP　2012年）がある。この調査によると，配偶者がいて18歳未満の子どもがいる日本の男女が家事にかける週間平均時間は，**男性12.0時間，女性53.7時間**だった。

男女の家事・家族ケア合計時間から，男性の家事分担率を出してみると，日本は12.0／65.7(時間)＝18.3%となり，**女性の5分の1程度**しかなく，世界で最も低い。日本の夫婦の家事・育児の分担は，国際的に見ると特異であることがわかる。

注：ドイツは旧西ドイツの地域のデータ

（Newsweekjapan.jp　2016年3月1日　舞田敏彦　日本は世界一「夫が家事をしない」国などより）

3 アンペイドワーク（無償労働）とは?

家事や育児に費やされた労働のことをアンペイドワークという。買い物，食事の支度，掃除，洗濯，子どもの世話，親戚や知り合いのケアやボランティア活動など，**報酬を伴わない仕事はすべてアンペイドワーク**である。

各国ともに男性よりも女性のアンペイドワークが多い傾向にあるが，日本と韓国は飛びぬけている。男性は外で仕事，女性は家で家事という通念が根強く残り，女性が社会に出て活躍しづらい社会環境，制度が要因として考えられている。

男女別に見た生活時間（週全体平均）（1日当たり，国際比較）

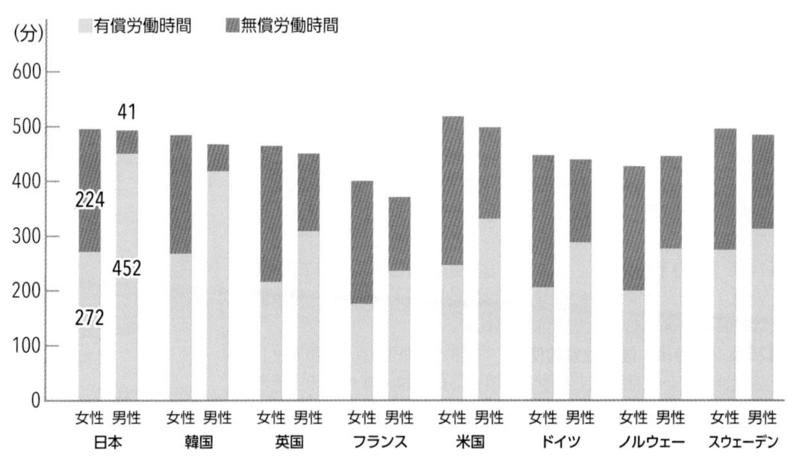

（内閣府「令和2年版男女共同参画白書」より）

7 人生で法律は避けて通れない!

目標・課題
❶ さまざまな法律が私たちの生活と重要なかかわりを持つことを知ろう。
❷ 法律は時代に合わせて改正されるものである。現在検討中のものにはどのようなものがあるかを調べよう。

胎児 ＞ 誕生 ＞ 6歳 ＞ 14歳 ＞ 15歳 ＞ 16歳～ ＞ 18歳 ＞ 20歳 ＞ 就職

胎児

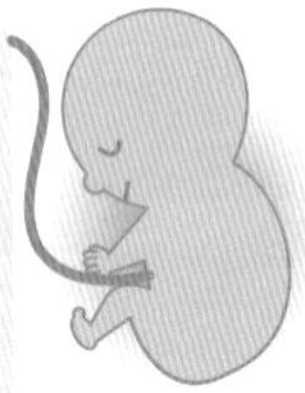

民　法

第886条（相続に関する胎児の権利能力） 胎児は，相続については，既に生まれたものとみなす。

誕生

戸籍法

第49条（出生の届出期間） 出生の届出は，14日以内（国外での出生は3か月以内）にこれをしなければならない。

日本国憲法

第11条（基本的人権の享有） 国民は，すべての基本的人権の享有を妨げられない。この憲法が国民に保障する基本的人権は，侵すことのできない永久の権利として，現在及び将来の国民に与えられる。

第13条（個人の尊厳と公共の福祉） すべて国民は，個人として尊重される。生命，自由及び幸福追求に対する国民の権利については，公共の福祉に反しない限り，立法その他の国政の上で，最大の尊重を必要とする。

第14条（法の下の平等） ①すべて国民は，法の下に平等であって，人種，信条，性別，社会的身分又は門地により，政治的，経済的又は社会的関係において，差別されない。

第25条（生存権，国の社会的使命） ①すべて国民は，健康で文化的な最低限度の生活を営む権利を有する。②国は，すべての生活部面について，社会福祉，社会保障及び公衆衛生の向上及び増進に努めなければならない。

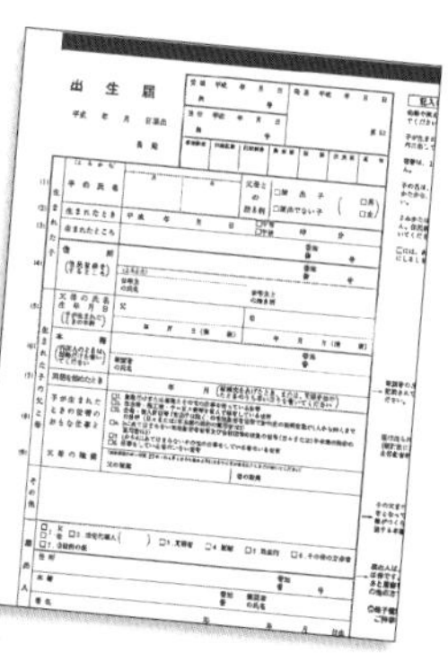

6歳

教育基本法

第5条（義務教育） 国民は，その保護する子に，別に法律で定めるところにより，普通教育を受けさせる義務を負う。

日本国憲法

第26条（教育を受ける権利，教育の義務）
①すべて国民は，法律の定めるところにより，その能力に応じて，ひとしく教育を受ける権利を有する。
②すべて国民は，法律の定めるところにより，その保護する子女に普通教育を受けさせる義務を負う。義務教育は，これを無償とする。

未成年者飲酒禁止法と未成年者喫煙禁止法

満20歳に至らない者は飲酒・喫煙をしてはならない。

14歳

刑　法

第41条（責任年齢） 14歳に満たない者の行為は，罰しない。

15歳

民　法

791条 子が父又は母と氏を異にする場合には，子は，家庭裁判所の許可を得て，戸籍法の定めるところにより届け出ることによって，その父又は母の氏を称することができる。

961条 15歳に達した者は，遺言をすることができる。

労働基準法

第56条（最低年齢） 使用者は，児童が満15歳に達した日以後の最初の3月31日が終了するまで，これを使用してはならない。
② 前項の規定にかかわらず，別表第1第1号から第5号までに掲げる事業以外の事業に係る職業で，児童の健康及び福祉に有害でなく，かつ，その労働が軽易なものについては，行政官庁の許可を受けて，満13歳以上の児童をその者の修学時間外に使用することができる。映画の製作又は演劇の事業については，満13歳に満たない児童についても，同様とする。

16歳～

道路交通法

第88条 16歳に達すると二輪免許・原付免許を，18歳に達すると普通自動車運転免許を取得することが可能とされる。

18歳

公職選挙法

第9条（選挙権） 日本国民で年齢満18年以上の者は，衆議院議員及び参議院議員の選挙権を有する。

労働基準法

第61条（深夜業） 使用者は，満18歳に満たない者を午後10時から午前5時までの間において使用してはならない。ただし，交替制によつて使用する満16歳以上の男性については，この限りでない。

民　法

第4条（成年） 年齢18歳をもって，成年とする。

20歳

国民年金法

第8条（資格取得の時期） 20歳に達したとき国民年金の被保険者の資格を取得する。

就職

日本国憲法

第27条 すべて国民は，勤労の権利を有し，義務を負う。

第30条 国民は，法律の定めるところにより，納税の義務を負う。

男女雇用機会均等法

第5条（性別を理由とする差別の禁止） 事業主は，労働者の募集及び採用について，その性別にかかわりなく均等な機会を与えなければならない。

第6条 事業主は，（略）労働者の性別を理由として，差別的取扱いをしてはならない。（後略）

母子保健法

第15条（妊娠の届出） 妊娠した者は，厚生労働省令で定める事項につき，速やかに，市町村長に妊娠の届出をするようにしなければならない。

第16条（母子健康手帳） 市町村は，妊娠の届出をした者に対して，母子健康手帳を交付しなければならない。（後略）

デジタルWORK　知っておきたい人生にかかわる法律クイズ

民法の18歳成年，労働基準法の最低年齢，男女雇用機会均等法の性差別禁止など，あなたのこれからの人生に深く関わる法律の重要項目をクイズでチェックしてみよう。

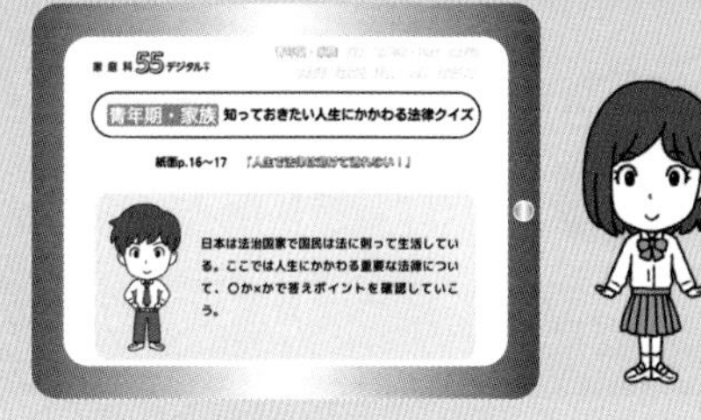

戸籍法
第74条　婚姻をしようとする者は，（略）その旨を届け出なければならない。

日本国憲法
第24条（家庭生活における個人の尊厳と両性の平等）
①婚姻は，両性の合意のみに基づいて成立し，夫婦が同等の権利を有することを基本として，相互の協力により，維持されなければならない。

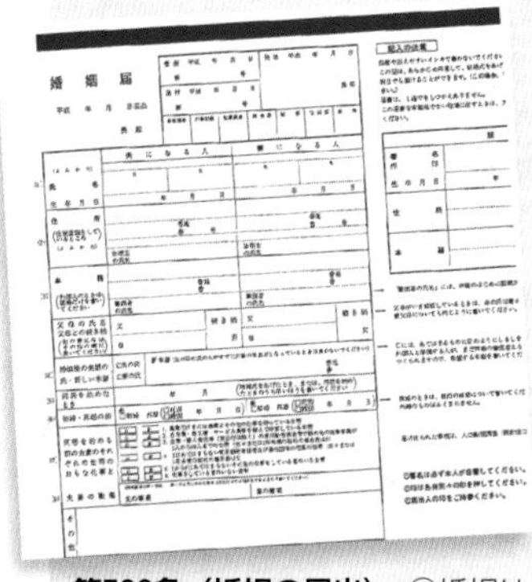

民　法
第731条（婚姻適齢）　男女ともに，18歳にならなければ，婚姻をすることができない。
第732条（重婚の禁止）　配偶者のある者は，重ねて婚姻をすることができない。
第734条（近親者間の婚姻の禁止）直系血族又は3親等内の傍系血族の間では，婚姻をすることができない。（後略）
第735条（直系姻族間の婚姻の禁止）直系姻族の間では，婚姻をすることができない。（後略）
第739条（婚姻の届出）　①婚姻は，戸籍法の定めるところにより届け出ることによって，その効力を生ずる。
第750条（夫婦の氏）　夫婦は，婚姻の際に定めるところに従い，夫又は妻の氏を称する。
第752条（同居，協力及び扶助の義務）　夫婦は同居し，互いに協力し扶助しなければならない。

戸籍法
第76条　離婚をしようとする者は，(略)その旨を届け出なければならない。

介護保険法
第9条　市町村の区域内に住所を有する40歳以上65歳未満の医療保険加入者は介護保険に加入する。
第2条 介護保険は，被保険者の要介護状態又は要支援状態に関し，必要な保険給付を行うものとする。

※老人福祉法適用の対象とされる

国民年金法
第26条（支給要件）　老齢基礎年金は，保険料納付済期間又は保険料免除期間（略）を有する者が65歳に達したときに，その者に支給する。ただし，その者の保険料納付済期間と保険料免除期間とを合算した期間が10年に満たないときは，この限りでない。

戸籍法
第86条（死亡の届出）　死亡の届出は，届出義務者が，死亡の事実を知つた日から７日以内（国外での死亡は３か月以内）にしなければならない。

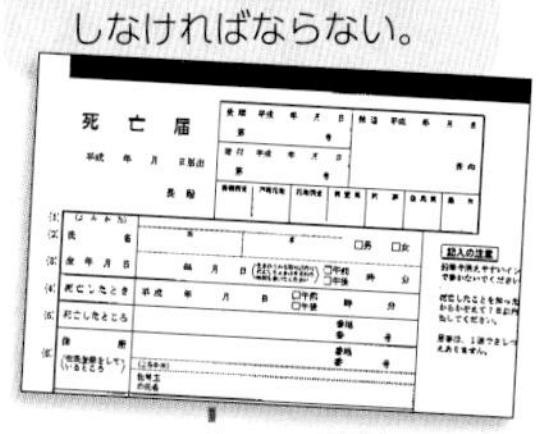

結婚　子の誕生　40歳　介護　離婚　65歳　死亡　遺産相続

民　法
第818条（親権者）　成年に達しない子は，父母の親権に服する。
第820条（監護及び教育の権利義務）　親権を行う者は，子の利益のために子の監護及び教育をする権利を有し，義務を負う。

労働基準法
第65条（産前産後）　①使用者は，６週間（多胎妊娠の場合は14週間）以内に出産する予定の女性が休業を請求した場合においては，その者を就業させてはならない。②使用者は，産後８週間を経過しない女性を就業させてはならない(略)。

児童福祉法
第1条　全て児童は，児童の権利に関する条約の精神にのつとり，適切に養育されること，その生活を保障されること，愛され，保護されること，その心身の健やかな成長及び発達並びにその自立が図られることその他の福祉を等しく保障される権利を有する。

第2条（児童育成の責任）　国及び地方公共団体は，児童の保護者とともに，児童を心身ともに健やかに育成する責任を負う。

児童虐待防止法
第3条（児童に対する虐待の禁止）　何人も，児童に対し，虐待をしてはならない。

育児・介護休業法
育児休業
・労働者が事業主に申し出ることにより，子が1歳に達するまで育児休業を取得することができる。父母ともに育児休業を取得する場合は1歳2か月まで，保育所に入れないなどの一定の理由がある場合は2歳まで取得できる。
・小学校就学前の子を養育する労働者は，子が病気やけがをした場合の看護，予防接種，健康診断を受けさせるために休暇を取ることができる（年5日，子が2人以上であれば年10日。1日又は半日単位で取得できる）。など

介護休業
労働者が事業者に申し出ることにより，介護のための休業を取ることができる。対象家族1人につき，通算93日まで取得できる（3回まで分割できる）。など

民　法
第882条　相続は，死亡によって開始する。

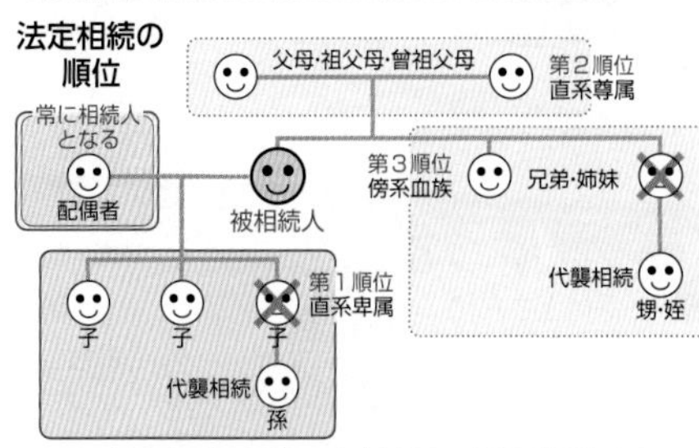

※正式な形の遺言があった場合は，遺言が優先される。

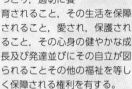

8 子どもとどうかかわる?

目標・課題
❶子どもとはどんな存在か，イメージしてみよう。
❷自分が子どもとどうかかわっていきたいか考えよう。
❸子どもや子育て家庭のために，これからおとなとして何ができるか考えよう。

1 子どもとはどんな存在?

あなたは「子ども」や「子育て」についてどんなイメージをもっているだろうか。自分が小さかった頃を思い出しながら，ほかの人と話し合ってみよう。また，高校生である自分自身が今，子どもとかかわる場面にはどんなものがあり，そのときにどう接したらよいだろうか。

デジタルWORK 子どもや親にどうかかわる?

イラストを見ながら，子どもや子育て中の親に会ったとき，あなたならどう行動するか質問に答えよう。

子どもの気持ちとかかわり方

写真の子どもたちの表情を見ながら，どんな気持ちでいるか想像しよう。あなたが親や保育者だったら，子どもたちにどのようにかかわるか，子どもの心身の発達の特徴をもとに考えてみよう。

ミルクをどんどん飲む
友達とは仲良しだけどけんかもする
親子のスキンシップ
何でも口に入れてみる
砂場で友達とごっこ遊び
遊びで思うようにいかず悔し泣き…
珍しい虫や動物に夢中!
楽しみにしていたお昼ごはんだったけど…
保育士さんに手伝ってもらってお着替え
粘土でおもしろい形をつくってみる
ブランコをどこまで高くこげるか競争!

2 将来子どもとどうかかわっていく？

日本では，生まれる子どもの数が長期的に見ると減少し，少子化が進んでいる。その原因としては，子育ての負担や経済的な課題などがある一方，結婚しない・子どもをもたない生き方が選択肢の一つとして認められるようになってきたこともある。将来，あなたはおとなとして，子どもとどうかかわっていくだろうか。

デジタルWORK　子どもにかかわる職業紹介

子どもにかかわるさまざまな職業の人のインタビューを読み，将来の子どもへのかかわり方を想像してみよう。

子どもとのいろいろなかかわり方の例

親以外にも，地域で子どもたちを見守るおとなや，子どものために働く職業人など，さまざまなかかわり方がある。

親としてかかわる

子どもの養護・教育者としてかかわる

- 保育士
- 保育教諭
- 幼稚園教諭
- 小学校教諭

- 児童厚生員
- ベビーシッター
- 学童保育指導員

- 看護師・小児科医
- スクールカウンセラー
- 養護教諭
- 保健師

地域のおとなとしてかかわる

子どものために役立つものをつくる・演じる

- 調理師・管理栄養士
- 絵本作家・編集者・翻訳家

- 子ども向け番組作家・俳優
- おもちゃ企画開発

高校生は将来の子育てをどう思っている？

子どもについて，どちらが幸せだと思うか

【A】子どもがいるけれど，自由な時間やお金は少ない
【B】子どもはいないけれど，自由な時間やお金が多い

	【A】の方が幸せ（とても）	【A】の方が幸せ（どちらかといえば）	【B】の方が幸せ（とても）	【B】の方が幸せ（どちらかといえば）
男子	21.3%	32.8%	26.0%	20.0%
女子	15.0%	35.5%	24.8%	24.8%

（ソニー生命保険株式会社「中高生が思い描く将来についての意識調査2021」より）

将来，子育てしてみたいか

育ててみたい 78%　育てたくない 22%

（高校生新聞「高校生アンケート」https://www.koukouseishinbun.jp/articles/-/8320より）

子どもの権利を守る，子育て環境を整える

- 国際NGOスタッフ
- 政治家
- 児童福祉司

デジタルWORK　保育のキホンドリル

保育に関する基本問題10問に答えてみよう。また，学習を終えたあとでもう一度挑戦して，内容がどれくらい身についたか確認してみよう。

保育

9 赤ちゃんの誕生を見つめよう

目標・課題
- ❶ 出産までに母体にどのような変化が起こり，負担があるのか知ろう。
- ❷ 子どもを生むには，家族や周囲の人の協力が重要であることに気づこう。
- ❸ 妊娠から出産までの様子をたどり，「親になること」について考えよう。

1 妊娠から出産までの母親・父親・赤ちゃんの様子

妊娠0〜7週

最近，体調があまりよくないの。眠くてだるいな…もしかしたら，妊娠した!? 病院に行ってみよう!

妊娠7週の胎児

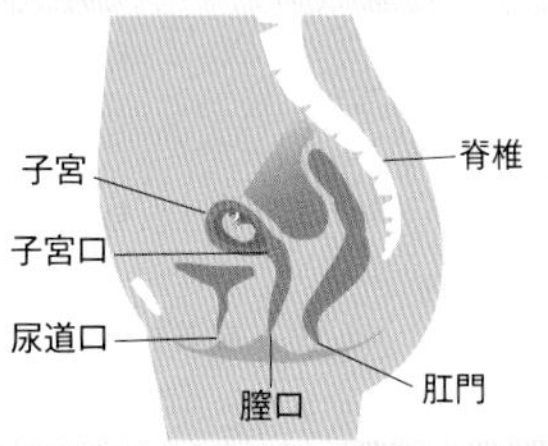

- **頭殿長**※ 約1.2cm
- **体重** 約4g
- **特徴**

頭と胴の区別がつき2頭身になる。脳や脊髄，目や耳の神経が急速に発達する。心臓や手足などの器官のもとがつくられる。

※頭からおしりまでの長さのこと。

妊娠した!? 本当!? うれしいよ! でも，僕は何をすればいいんだ?

出産サポート

妊娠届を出す

病院で妊娠と診断されたら，妊娠届を記入し，自治体の役所に提出する。そこで母子健康手帳が交付される。

妊娠初期

妊娠8〜15週

つわりがとても辛いの…胃がもたれて，吐き気もする。妊娠したこと，会社には報告したよ。

妊娠15週の胎児

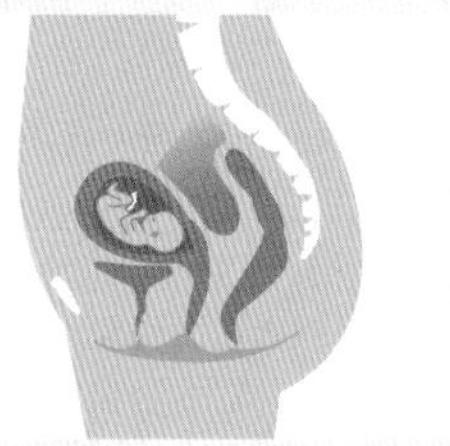

- **身長** 約16cm
- **体重** 約100g
- **特徴**

器官の形成が完了し，骨・筋肉が発達し始め，手足を動かすようになる。皮膚が不透明で厚くなる。また，胎盤が完成する。

重いものは僕が持つよ! 高いところの作業も任せて! 背中をさすると気分が良くなるかな。

出産サポート

妊婦健診を受ける

妊婦は数週間に一度，産婦人科で妊婦健診を受ける。自身の健康状態のほか，胎児の心拍などを検査する。

妊娠16〜23週

つわりが終わって楽になった! お腹，お尻，胸がふくらんできた気がするよ。

妊娠23週の胎児

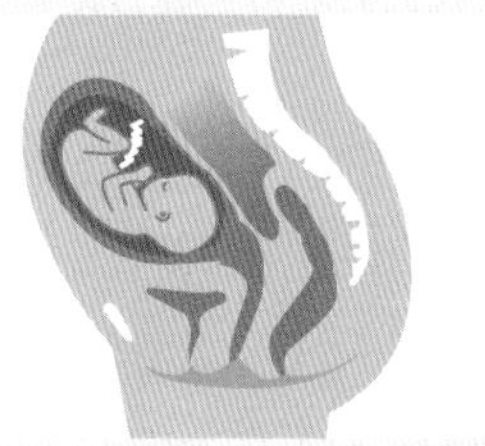

- **身長** 約30cm
- **体重** 約700g
- **特徴**

消化器や泌尿器などの器官が成熟する。髪の毛が生え，目を覆っていたまぶたが上下に分かれて表情がわかりやすくなる。聴覚が発達する。

妻のお腹にさわって，赤ちゃんに呼びかけてみたよ。この子の名前を考えておこう!

出産サポート

子育て制度を調べる

出産後，母親が職場に復帰する場合，保育所などを利用できるが，応募が殺到し，希望の保育所に預けられないケースも多い。自治体の子育て施設などを調べておこう。

妊娠中期

※胎児の身長・体重や機能の発達，母親の体に起こる変化などは，個人差があるため，ここで示されている数値や経過などは必ずしも全員に当てはまるわけではない。

デジタル WORK　妊娠に関する常識クイズ

妊娠して子どもが生まれるまでの間，妊婦はどのようなことに気をつけるか，そして，パートナー，まわりの人はどのように支えていくとよいか，クイズに答えてみよう。

（ベネッセコーポレーション『最新 月数ごとに「見てわかる!」妊娠・出産新百科』などを元に作成）

妊娠24～27週

お腹が大きくなってきた！ 赤ちゃんの動きがわかるよ！ お腹を圧迫しない服を着なきゃ。

妊娠27週の胎児

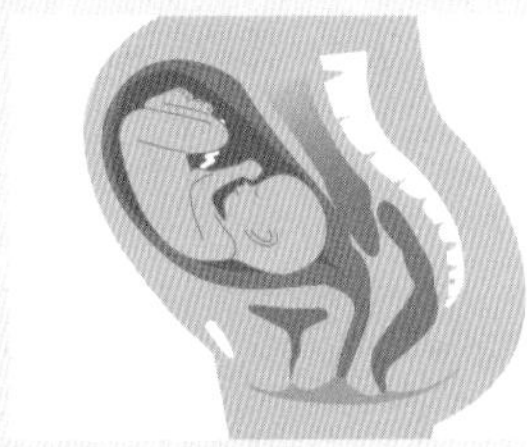

- 身長　約38cm
- 体重　約1200g
- 特徴

脳の発達によって体の制御機能が高まり，体の向きを変えることができる。超音波写真に性器が写り，性別がわかることもある。

産後のために模様替えをしよう。床に物があると赤ちゃんが飲み込む危険があるから，要注意!

出産サポート

母親学級，両親学級

自治体などが妊婦や父親を対象とした学習の場を設けている。出産の流れを学び，赤ちゃんの人形で抱っこや沐浴の体験をする。妊婦や父親同士が交流する機会でもある。

妊娠28～35週

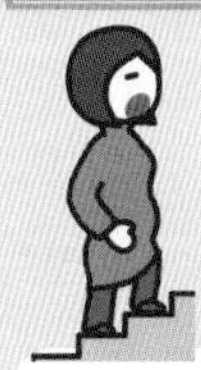

お腹がぱんぱんで，苦しい…足元も見えないし，階段を上るのも大変だよ。もう少しで出産か。入院の準備が必要ね。

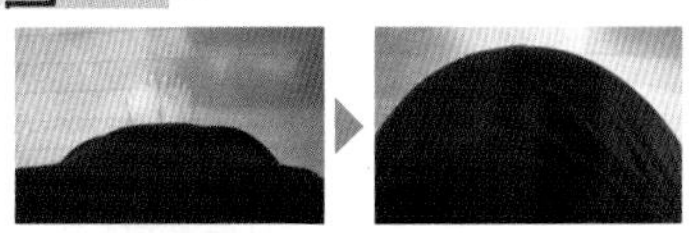

妊娠前の足元の視界　35週の足元の視界

妊娠35週の胎児

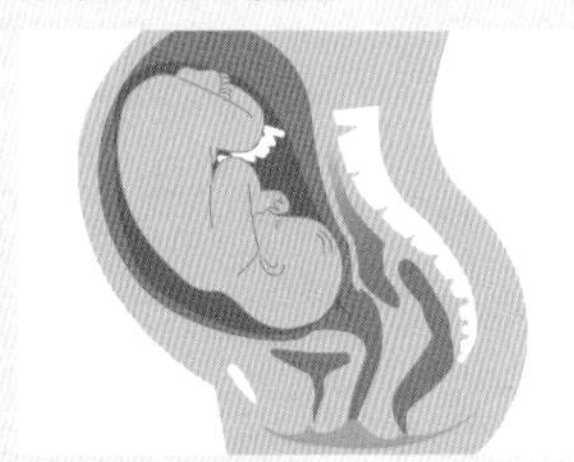

- 身長　約47cm
- 体重　約2500g
- 特徴

肺の機能がほぼ完成し，外での生活の準備が整う。皮下脂肪が増え，ふっくらしていく。

肩や腰をもんであげよう。早めに帰って，家事もやるぞ!

出産サポート

産休・育休制度の活用

出産の6週間前から産前休業，出産後8週間後まで産後休業を取ることが認められている。また，申請すれば，原則子どもが1歳（場合により最長2歳）になるまで育児休業を取得できる※。

※ただし，育休取得には，1年以上同じところで働いており，子どもが1歳6か月になるまでに労働契約期間が満了することが明らかでない，などの条件がある。

妊娠後期

妊娠36週～出産

妻も赤ちゃんも本当にがんばってくれた！ おむつ替えや抱っこは任せて！

陣痛が来て，病院で出産したよ。とても痛かったけど，赤ちゃんの可愛さには代え難いな。

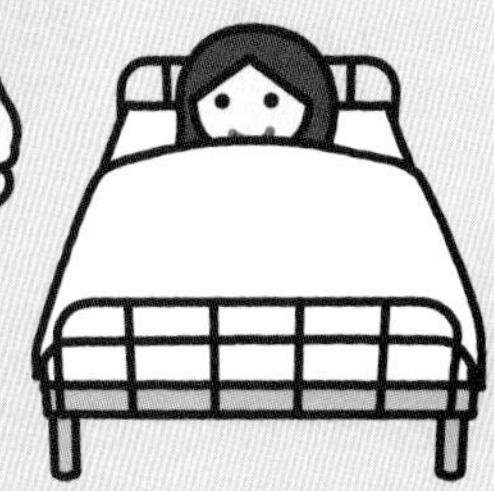

出産直後の胎児

- 身長　約50cm
- 体重　約3000g
- 特徴

出産後，へその緒が切られるが，緒の根元がしばらく残る。

出産サポート

出産育児一時金・出産手当金

出産に伴う出費は，妊婦健診やベビー用品，分娩入院費など合計で50万円はかかるといわれる。ただ，加入している健康保険組合（国民健康保険の場合は市区町村役所）へ申請手続きをすれば，出産育児一時金として42万円，出産手当金として，産前・産後に職場を休んでいる分の給料の3分の2の金額など，補助金を受け取ることができる。よく調べて活用したい。

保育

10 子どもはどのように発達する？

目標・課題
❶ 乳児・幼児の子どもの体の大きさや動きの変化を知ろう。
❷ 成長するにつれて子どもの心がどのように変化するかを知ろう。
❸ 乳幼児の発達には周囲の環境が密接にかかわっていいることに気づこう。

※子どもの心身の発達には個人差がある。

新生児

心

まだ，「オギャー」と泣くことしかできないの。おっぱいを飲まないとおなかがすいちゃうし，おしっこやうんちでおむつの中が汚れると気持ち悪いんだけど，思いっきり泣くことでしか不快なことを伝えられないの。
時々，にっこり笑うけど，これは**「生理的微笑」**といって，面白くて笑っているわけではないんだ。

ちさとくん
0歳2週間
身長49.8cm／
体重3.5kg

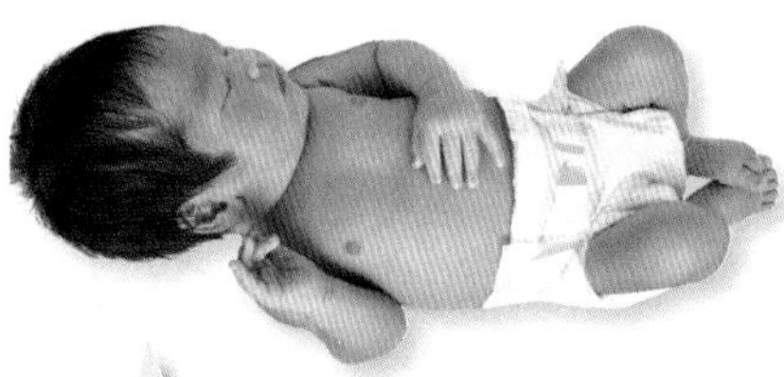

体

手や足をばたばた動かせるけど，進んだりすることはできないんだ。誰か抱っこして！　手のひらにさわると，ぎゅっとつかむよ。
今は，首の筋肉が未熟でぐにゃぐにゃしているから，抱っこの時に首をちゃんと支えてね。
首が安定することを**「首がすわる」**というよ。食事は，お母さんのおっぱいだよ。朝昼夜，2時間おきに夢中で飲んでいるんだ！

0歳6か月

体

首がすわって，頭を持ち上げられるようになったよ。
全身を使って，少しハイハイもできるんだ！
食事はお母さんのおっぱいが中心だけど，最近では**「離乳食」**といって，どろどろのおかゆみたいなものも食べているよ。
これもなかなかおいしい！

えいたくん
0歳6か月
身長70.0cm／体重8.5kg

心

お父さんにこちょこちょされるのが大好き！　ぼくもキャッキャッって声を出して笑っちゃうんだ！
でも，知らない人に会うとちょっと緊張するな。中には泣いちゃう子もいるんだって。これを**「人見知り」**というよ。
言葉は，「あー」「うー」という**「喃語」**をしゃべれるようになったよ。

1歳6か月

れいくん
1歳6か月
身長79.7cm／体重9.5kg

体

ぼくは，ちょうど1歳になった時に立てるようになったんだ。今では，何かにつかまらなくても上手に歩けるよ。ボールを投げたり，怪獣のおもちゃを持って遊んだりもできるよ！
ご飯はちょっとやわらかめだけど，5歳のお兄ちゃんとほとんど同じものを食べられるよ。
スプーンも使えるんだから！
あと，おむつはまだはいているよ。

心

「ママ」と「パパ」を呼んだり，楽しい時に「もう一回」って言ったり，自分のものは「れいの」と言ったりする**「一語文」**を話すよ。
「これ食べたい」という**「二語文」**も少しだけ使えるんだ。
知らない人が来ると緊張するな…ママの後ろに隠れちゃおう。
5歳のお兄ちゃんが大好きで，いつも追いかけているんだ。
でも，お兄ちゃんとおもちゃを取り合ってケンカすることがあるよ。

デジタルWORK イヤイヤ期の子どもにどうかかわる？

デジタルコンテンツで，あなたが3歳の子どもの親になったと想像しながら，イヤイヤをする子どもへの寄り添い方を体験してみよう。

3歳

かんたくん
3歳0か月
身長90.0cm／体重12.4kg

体

走ったり跳んだりすることができるよ。
はさみを使ったりする細かい動きも，少しずつできるようになってきたんだ。
ご飯はスプーンを使って，自分で上手に食べられるよ。食べ物のメニューは，お父さんやお母さんとほとんど同じ！
おむつをはいているけど，トイレでおしっこやうんちができるように，今，練習をしているんだ。
着替えは，少し前まではお母さんに手伝ってもらっていたけど，今はズボンを自分ではいたりできるんだ。

心

おしゃべりが上手になったよ。
「○○が××に△△した」みたいに，**「多語文」**を話せるんだ。
最近はいろんなことが気になって，「なぜ？」とみんなに聞いているの。
大好きな遊びはお店屋さんごっこ！
保育園に通っていて，友達とおもちゃの取り合いになることがあるけど，気持ちに区切りがついたらちゃんと自分で「ごめんね」を言えるんだ。
でも，お店でものを買ってほしくてたまらないのに，ダメと言われると，駄々をこねて，床に寝転がって怒っちゃったりもするんだ。
こういう時期のことを**「イヤイヤ期」**とか**「第一次反抗期」**というんだって。

5歳

けいくん
5歳0か月
身長109.6cm／体重18.2kg

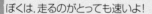

体

ぼくは，走るのがとっても速いよ！
本気で走ったらお母さんでも追いつけないんだから！　この頃は，保育園で縄跳びやボールを使ったゲームにも挑戦しているんだ。
おしっこがしたくなっても，もらさずがまんして自分でトイレに行けるんだ！　ご飯はおはしを使って食べる練習中だよ。誰かに食べさせてもらうことなんて…たまにしかないさ！
細かい動作も上手になったよ。
身の回りのものを使って工作したり，折り紙を折ったりできるよ。

心

P.22の「れいくん」は，ぼくの弟さ。
ぼくは三兄弟の一番上のお兄さんだから，しっかりしなきゃね！
保育園の友達と戦いごっこをするのが大好き。大人数でルールを守りながら遊ぶのも，最近はおもしろいな。
おしゃべりだって3歳の頃とは大違いだよ。
自分でお話を考えて保育園の先生に教えてあげたりもできるんだ。お父さんやお母さんと口げんかしたり，怒られて泣いたりするけど，なんで怒られたのか，何が悪かったのかなんとなくわかってきた。絵本を読んでいるうちに，ひらがなを覚えてきたよ。

イヤイヤ期と脳の発達

子どもの脳は，出生時の重さが大人の3分の1程度で，未発達な部分が多い。イヤイヤ期（第一次反抗期）はおよそ2歳頃から始まるが，そのときの脳は，本能的欲求を抑える働きをする，「前頭前野（ぜんとうぜんや）」と呼ばれる部位が未発達なため，欲求が抑えられず，イヤイヤ行動につながってしまうと考えられている。激しい反抗を見せることもあるが，これは子どもの脳の発達過程で起こる現象であり，前頭前野が発達すれば，欲求を自分で抑え込めるようになっていく。子どもの気持ちをしっかりと受け止め，成長を促すことが重要である。

（参考文献：ふじいまさこ・著，NHKスペシャル「ママたちが非常事態!?」取材班・監修『ママは悪くない！　子育ては“科学の知恵”でラクになる』主婦と生活社，NHKスペシャル「ママたちが非常事態!?」取材班・著『ママたちが非常事態!? 最新科学で読み解くニッポンの子育て』ポプラ社）

保育

11 子どもを事故から守ろう

目標・課題

❶ 身近なものを原因として子どもの事故が起きていることに気づこう。
❷ 発達段階ごとの子どもの事故に違いがあることを理解しよう。
❸ 事故を防ぐために周囲の人に何ができるか，話し合おう。

1 子どもの年齢ごとに起こりやすい事故

0〜1歳

転落 乳児は成長に伴い，突然寝返りをうち，どこからでも転落する恐れがあるため，ベビーベッド，ソファーなどの高い所に一人にしない。外では，ベビーカーがひっくり返る可能性があるので，重い荷物をベビーカーにぶら下げたり，目を離したりしない。

窒息 乳児が自分で重い頭を上げられないうちは，ふかふかの布団やまくらにうつぶせになると，息ができなくなり危険である。ベビーベッドの柵とマットレスの間に挟まって窒息する危険もある。ベビーベッド内にぬいぐるみなどを置かない。ビニール袋をかぶって窒息する事故も多いので，すぐに片付けたい。よだれかけをつけたまま目を離すと，窒息する危険性がある。

誤飲 手に触れるものを口に持っていくのは，乳児の本能である。直径約39mm（子どもが口を開けた時の大きさ）以下のもの，特に電池やコイン，薬などは手の届かないところに保管する。乳児の目の高さで安全の確認をしよう。

やけど 乳児は何でも触りたがるうえ，成長によって手が届く範囲が広がっていく。熱いもの，特にアイロンをテーブルや机の端に置くと危ないほか，コードを引っ張る危険性もある。また，乳児がテーブルクロスの端を引っ張ると，テーブルの上の食器やお湯がかかる恐れがあるので，テーブルクロスの使用は控えたい。台所では，とっての部分に手が届かないような向きに，なべやフライパンを置く。熱源が直接出ているストーブは柵などで囲う。

溺水 風呂場の戸は必ず閉めて外鍵をかけておき，また，残し湯をしないようにする。一緒に入る際は目を離さない。

切り傷 カミソリやハサミ，包丁などが危険な刃物であることをまだ知らないので，手の届くところに放置しない。

デジタルWORK 子どもの危険な事故クイズ

デジタルコンテンツで，子どもの事故についてのイラストを見ながら，クイズに挑戦して正しい知識を身につけよう。

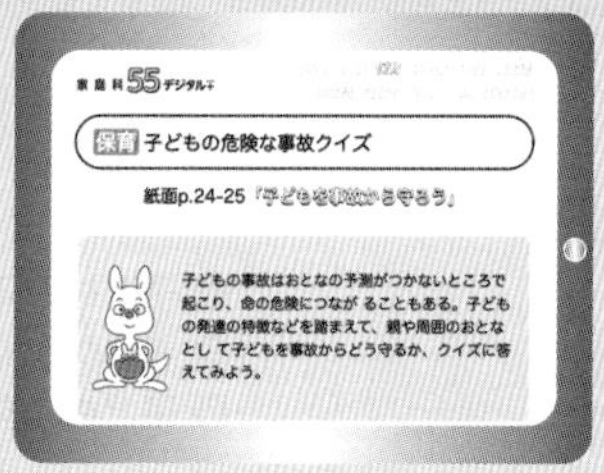

1～3歳

転落 階段からの転落を防ぐため，階段の上下に柵を設置する。歯磨き中に歯ブラシをくわえたまま歩き回ると，転倒してのどに刺さるなど大変危険である。また，ベランダに足場になるものがあると，よじ登る危険がある。外では，自転車のチャイルドシートから身を乗り出すことがある。ヘルメットを着用させ，大人がその場から離れないようにする。

窒息 洗濯機の中に入り込み，ふたがしまって窒息死する事故が多い。ふたをしめ，足場になるものを置かない。

誤飲 何でも口に入れる可能性がある。テーブルの上の薬や防虫剤などの危険物はもちろん，ピーナッツやこんにゃくゼリーなどの食品は，のどにつまらせやすいので注意する。

やけど 食卓にあるお茶やアイロン，蚊取り線香などに触れようとするので，手の届かないところで使用する。

溺水 浴槽や浅いプールなどでも，たった数cmほどの水深で溺れることがある。子どもだけで遊ばせない。

切り傷 回転中の扇風機の中に指を入れるとけがをするのでカバーをつける。

感電 コンセントの穴に指やものを差し込んで感電する恐れがあるため，コンセントカバーをつける。

3～6歳

転落 跳ねるなどの動きが上手になり，活動範囲も広がる。ベランダの柵の高さは110cm以上で，足をかけられるような構造でないか点検する。

やけど マッチやライターなどの火遊びは，やけどだけではなく火災にもつながり得る。

交通事故 子どもと歩く時には手をつなぎ，子どもが歩行者側になるようにする。交通ルールなどを少しずつ教えていきたい。

公園での事故 遊具は年齢に合ったものを選び，安全な遊び方を教える。遊具の故障は管理者に伝える。

溺水 行動範囲が広がると，池や川，プールなど外で溺れる事故が増える。子どもだけで池や川などには行かないように教えたい。

（消費者庁「子どもを事故から守る!プロジェクト」ホームページを元に作成）

12 遊びの中で育つ力とは?

目標・課題

❶ 子どもの発達には遊びが不可欠であることを知ろう。
❷ インタビューから，絵本が子どもに与える力を読み取ろう。
❸ 子どもの遊びや絵本とのふれあいにおける周囲の関わりの大切さを知ろう。

1 運動遊びが育てる力

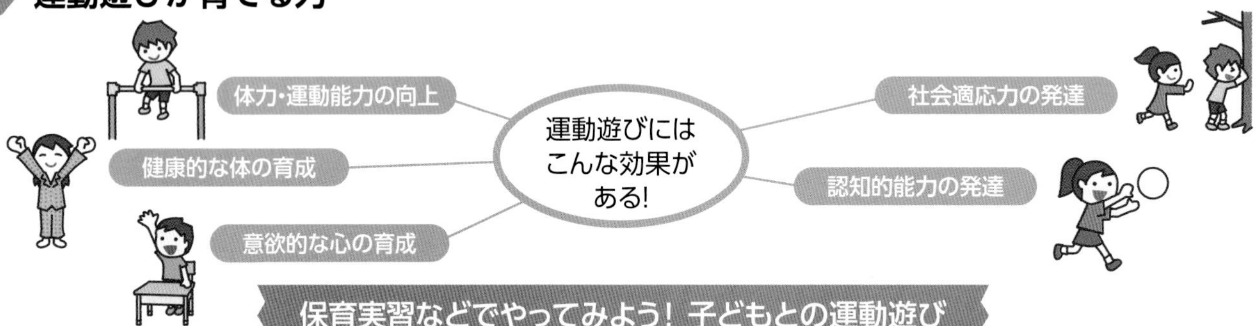

保育実習などでやってみよう! 子どもとの運動遊び

ぐるりんぱ　2人

遊び方

❶向かい合って手をつなぎ，ひざに片足をかけさせる。
❷もう片方の足もかけて子どもが登っていく。
❸そのまま一回転!

※手の位置を高くしすぎたり，何度もやりすぎたりすると脱臼（だっきゅう）の危険性があるので注意しよう。

ひざタッチ　2人

遊び方

❶左手同士をつなぎ，向かい合う。
❷中腰になり，足を自由に動かしながら右手で相手の右ひざに先にタッチしたほうが勝ちとなる。

声を頼りに　多人数

遊び方

❶二人一組になり，お互いに叫ぶキーワードを決める。「犬・猫」「山・川」「サンタ・クロース」等。
❷10～15mほど離れてお互いに目を閉じ，両手を腕の前に伸ばしてややひじを曲げ，クッションを作る。
❸他のペアの声が響く中，耳だけで自分のペアの声を聞き分ける。前進していって，出会えたらゴール。

※高校生は立て膝で移動するなど，安全性に注意しよう。

発射往来（はっしゃおうらい）　多人数

遊び方

❶3人組になり，グループごとに散らばる。前の人の肩（または背中）に手を乗せ，縦に並ぶ。最後尾にいる人が「レッツゴー」といって前の人の背中を軽く押す。
❷押された真ん中の人も「レッツゴー」といって先頭の人の背中を押す。
❸先頭の人はヘリコプターのように両手を広げて走る。二人組のグループを探して最後尾につき，同じように「レッツゴー」といって背中を押す。

（ひざタッチ，声を頼りに，発射往来は日本レクリエーション協会「子供の体力向上ホームページ」https://kodomo.recreation.or.jp より転載）

デジタルWORK　おすすめ絵本を紹介!

保育実習などで子どもに読み聞かせるのにおすすめの絵本を，子どもの年齢や目的別に紹介している。お気に入りの絵本を探してみよう。

2 絵本が育てる力

絵本翻訳家　小宮由さんが語る「絵本の姿」とは?

小宮 由（こみや　ゆう）

翻訳家。東京都出身。祖父はトルストイ文学の翻訳家である故・北御門二郎。両親は熊本で児童書専門店を経営。大学卒業後に児童書の出版社に勤め，のちにカナダへ留学。児童書や絵本の翻訳業に携わる一方で，東京・阿佐ヶ谷で家庭文庫「このあの文庫」を主宰している。

いい絵本とは

僕は，いい絵本はためになるものではなく，楽しむもの，面白いものだと考えます。絵本は子どもが初めて出会う文学です。文学である以上，お話がおもしろくなければ子どもは好きになりません。

僕がいい絵本を作るために，大切にしていることが二つあります。一つ目は，「子どもが読んだとき，主人公になったつもりで楽しめるか」ということです。絵本には，いろんな境遇・場所・時代・国・習慣の人物が出てきます。人間以外の主人公である場合もあります。それら「他者」になりきることで子どもはいろいろな心をもらいます。すると，現実でも相手の立場に立ち，気持ちがわかるのです。そんな他者の心をたくさん持つことが「心が豊か」というのではないでしょうか。

ただ，明確な主人公が登場しなくても，いい絵本はたくさんあります。そこで僕は二つ目として，「子どもに幸せとは何かを伝えられるか」という視点を大切にしています。「幸せ」を具体的に伝えることは，とても難しいことだと思います。しかし，絵本はファンタジーを主戦場としているので，「こんな世界に住んでみたいな」とか，「あんな人になりたいな」など，いろいろな理想を子どもたちに示すことができます。幸せの理想をたくさん感じた子は，大人になって，困難に直面しても，多様な幸せの形を心に持っているので，くじけず，物事を肯定的にとらえることができるでしょう。

大人の存在

本は過去の偉人からのバトンみたいなものだと思っていますが，そのバトンを手渡すために大事なのは，子どもの周りにどれだけ理解のある大人がいるかということです。絵本を買うのも手渡すのも大人です。まずは大人が本を楽しんでほしいと思います。

高校生の皆さんへ

将来子どもを持ったり，子どもと関わる仕事をしたりする時，子どもを一人の人間として尊重してあげてください。子どもは一人前として認められることで心を開き，自分らしくいられるのです。

小宮さん直伝!　絵本を読み聞かせるポイント

一番大事なのは，どの本を読むかです。読み方は下手でもいいんですよ。あえて挙げるなら，次のことを意識しましょう。

❶感想は聞かない

「絵本を聞いた後，何か言わなきゃいけないんだ」と思われてしまい，内容に集中できなくなります。

❷ウケを狙わない

読後にシーンとしてため息がもれたりする瞬間がありますが，それは全く失敗ではないんですよ。

自宅が図書館!?　子どもたちのふれあいの場に!

小宮さんは自宅の一室を子ども文庫として開放している。絵本や童話が約3,000冊所蔵され，毎週土曜日の午後に近所の子どもや親が集まり，好きな絵本を読んだり，交流したりしている。小宮さんは，「ここに来る子どもたちを，僕は決して子ども扱いしません。親や先生以外の大人と関わることはとても大事です。僕はそういう大人の一人でありたいと思っています。」と語る。

小宮さんが手がけた絵本を紹介!

『ねむれない おうさま』

ベンジャミン・エルキン／原作
ザ・キャビンカンパニー／絵
こみやゆう／訳
瑞雲舎

『にんぎょうのおいしゃさん』

マーガレット・ワイズ・ブラウン／作
J・P・ミラー／絵
こみやゆう／訳
PHP研究所

13 子育てしやすい社会をめざそう!

目標・課題

❶ 子育ての実態を知り，どのような課題があるか考えよう。
❷ 国や自治体，企業が子育て支援のために行っていることを知ろう。
❸ 高校生としてできることや，将来の自身の子育てについて考えよう。

1 子どもが少なくなっている!?

少子化の進行

	1949年	2020年
出生数	2,696,638人	770,759人
合計特殊出生率 ひとりの女性が一生に生む子どもの平均人数	4.32	1.26

(厚生労働省「令和4年人口動態統計」より)

子どもをもたないおもな理由の例

経済的理由
・子育てや教育にお金がかかりすぎる
・自分の仕事に差し支える

身体的理由
・高年齢で生むのはいやだ
・欲しいけれどもできない

育児負担
・これ以上，育児の心理的，肉体的負担に耐えられない

夫に関する理由
・夫の家事・育児への協力が得られない

(国立社会保障・人工問題研究所「第16回出生動向基本調査」より)

2 子育てには課題が山積…どんな解決策がある?

国・自治体

待機児童問題

1歳の子どもを保育所に預けて職場復帰する予定だったのに，条件のいい保育所に希望が殺到して，入所選考から外れた…。

➡ **保育の受け皿の拡大**

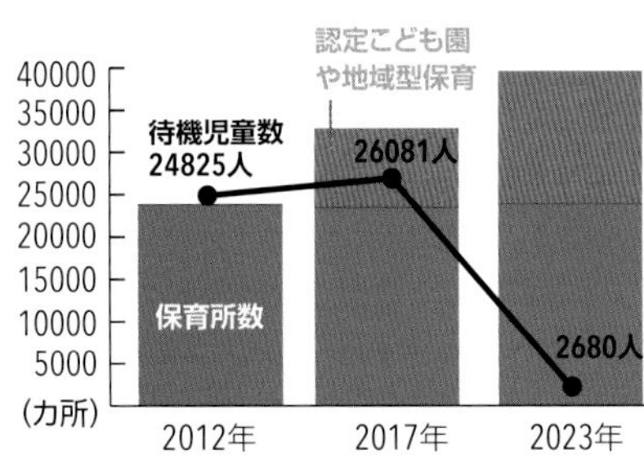

保育所と幼稚園両方の機能を有する**認定こども園**や，小規模での保育を実施する**地域型保育**の設置が推進され，待機児童数は減少している。

(厚生労働省「保育所等関連状況取りまとめ(令和5年4月1日)」より作成)

保育ニーズの多様化と課題

妊娠したけど，出産までに必要な健診とか，出産後に利用できる制度とか，情報収集するのがとっても大変…。誰かに相談できないかな?

➡ **子育て世代包括支援センター**

支援の流れの例

フィンランドの「ネウボラ」という子育て支援制度が日本でも導入された。**子育て世代包括支援センター**で，子育て家庭ごとに担当の保健師がつき，子育てに関する相談を受け付けるなど，継続して支援してくれる。

二人目の出産が間近なのに，自分が仕事で長期出張になってしまった。妻はお腹が大きい状態で上の子の保育所への迎えに行くのがキツくて…どうしよう…。

➡ **ファミリー・サポート・センター**

地域で，育児や介護の援助を受けたい人（依頼会員）と，援助を行いたい人（提供会員）が相互援助する制度。センターが仲介し，提供会員が保育所への迎えや子どもの預かりなどを行う。

デジタルWORK　あなたの子育て支援への意識は？

身のまわりの子育ての問題について質問にYes or Noで答え，あなたの子育て支援への意識の高さを確認してみよう。

企業

仕事と育児のバランスの難しさ

子どもがもうすぐ生まれるんだ。産後は妻の体調も心配なので自分も育児休業を取得したいけど，うちの会社では男性の取得実績がないから難しそう…。

子育て中の女性社員は，保育所への迎えのために時短勤務する人が多いのだけど，重要な仕事を任せてもらえなかったり，昇進しづらかったりするんだ…。

子育て世代が働きやすい環境整備

解決事例　サイボウズ株式会社

▲在宅勤務者とのリモート会議

男性が育児休業を取得しやすい風土・制度づくり

社長自らが率先して育児休業を3度取得し，時短勤務も行うことで，男性社員が育児休業を取得しやすい風土が育った。また，最長6年間，柔軟に期間を設定できる育児休暇制度を設けている。

100人が100通りの働き方を実現できる会社へ

勤務する曜日や時間，仕事の場所など，個人・家庭の状況に応じて従業員が自分で働き方を決める制度を導入した。保育所への迎えなどのために時短勤務をしたり，子どもの世話をしながら在宅勤務をしたりと，多様な働き方を認め，協力し合う環境づくりが進んだ。

家庭

ワンオペ育児

下は，4歳児のAちゃんと2歳児のBくんを育てている，共働き夫婦のやりとりの例である。右の生活時間のように，仕事で夜遅くに帰ってくる夫に代わり，妻が育児の大半を担っている。問題点を見つけ，どのようにしたら夫婦の育児のバランスが取れるか考え，ほかの人と話し合ってみよう。

夫：ただいま～！　今日も仕事疲れたー。子どもたち，まだ起きてたのかー。

妻：子どもたちは寝る時間だから，あんまり興奮させないで。今日は子どもたちがあまりにぐずって，もうヘトヘトで……もう少し，育児の時間を増やせない?

夫：うーん…新事業のリーダーを任されてて，仕事量が尋常じゃないんだ。本当は育児の時間を取りたいけど…。

妻：それはわかるけど…保育園の送りも，休日の子どもたちの遊び相手も，私ばっかり。休む暇もないよ…。

夫：おれが保育園に送りに行こうとしても，Bが「ママがいい」ってぐずっちゃうんだ。休日の遊び相手も2人をちゃんと相手できるか自信なくて…。

妻：それはあなたの帰りがいつも遅くて子どもたちと向き合ってないからでしょ? ちょっとは協力してよ。

夫：うう…ごめん…。オレもできるところはやってみる。でも，何ができるだろう?

一家の生活時間とおもな家事

平日		妻	夫
6:30	起床	洗濯	
7:00	朝食	料理	ごみ出し
8:00	保育所送り	出勤	
17:30	保育所迎え	退勤	
18:30	夕食	料理 入浴補助 歯磨きなど	
20:00	入浴		
21:00	子ども就寝		帰宅
23:00	親就寝		食器洗い
休日			
7:30	起床	洗濯	
8:00	朝食	料理	
10:00	A 習いごと	B遊び相手	A付き添い
12:00	昼食	料理	
14:00	B 昼寝	食器洗い	
	外遊び	A・B遊び相手	
18:00	夕食	料理 入浴補助 歯磨きなど	
19:00	入浴		食器洗い
22:00	全員就寝		

保育

14 子どもの権利を守ろう

目標・課題

❶ 豊かに見える日本でも，貧困状態の子どもがいることを知ろう。
❷ 望まない妊娠などで，命の危険にさらされる赤ちゃんがいることを知ろう。
❸ 子どもの権利を守るための取り組みを知り，自分に何ができるか考えよう。

1 日本に潜む貧しさのスパイラル　～子どもの貧困～

日本の子どもの貧困率（2021年）

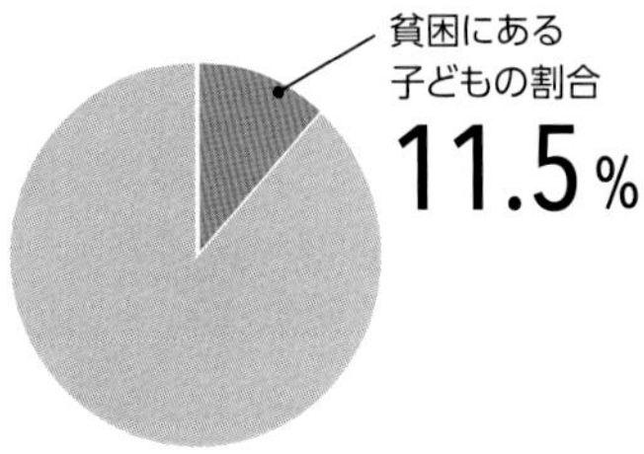

子どもの7人に1人が貧困状態なの?　貧困って，いったいどういうことなんだろう?

※貧困率は，OECDの作成基準に基づいて算出している。
※等価可処分所得金額不詳の世帯員は除く。

日本の子どもがいる現役世帯の貧困率（2019年）

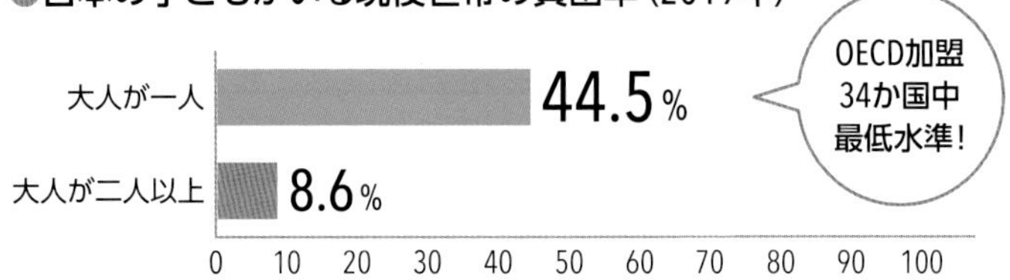

※大人とは18歳以上の者，子どもとは17歳以下の者，現役世帯とは世帯主が18歳以上65歳未満の世帯をいう。　※等価可処分所得金額不詳の世帯員は除く。

（ともに，厚生労働省「2022年　国民生活基礎調査」より）

子どもの貧困は連鎖する

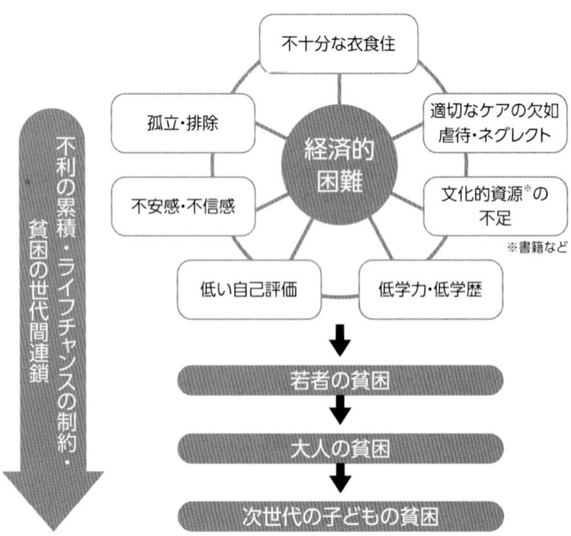

（子どもの貧困白書編集委員会編『子どもの貧困白書』明石書店を元に作成）

貧困の種類

「絶対的貧困」…衣食住など生きる上で最低限の経済状況を下回ること。

「相対的貧困」…その国の生活・文化水準と比較して困窮した経済状況であること。日本で問題になっている貧困は，大半が**「相対的貧困」**である。

等価可処分所得

世帯の可処分所得（税などを除いた手取り収入）を世帯人数の平方根（4人世帯なら2）で割って算出した，世帯員の生活水準を示す所得額である。

相対的貧困率

等価可処分所得の日本全人口の中央値は，2018年は248万円で，この半分の値（124万円）を貧困線という。貧困線よりも等価可処分所得が少ない人の割合が，相対的貧困率である。子どもの貧困率は，相対的貧困にある子どものみを表す。

子どもの貧困に対する取り組み こども食堂

近年，経済的な事情などにより，家庭で十分な食事がとれない子どもに，無料または安い料金で食事や居場所を提供する「こども食堂」は，東京都大田区の「気まぐれ八百屋『だんだん』」の活動を先駆けとして，全国的に取り組まれるようになった。おもに民間の運営により，2022年の時点で，全国で約7,300箇所開かれている（むすびえ調査より）。近所の主婦などを中心としたボランティアが活動を担っている。食事の提供だけでなく，子どもたちが勉強を教わったり，悩みを相談したりする場にもなっている。高校生でもボランティアとして参加できるところもある。

気まぐれ八百屋「だんだん」には小学生や乳幼児連れの親などが訪れ，楽しいひとときを過ごす。2022年8月現在，コロナ禍の影響で食堂はお休み中だが，弁当の提供が行われている。

デジタルWORK こども食堂ってどんなところ?

全国にこども食堂が広がるきっかけとなった,「気まぐれ八百屋『だんだん』」を主催する近藤博子さんのインタビューを読んでみよう。

2 子どもらしい生活と家庭の課題　～ヤングケアラー～

ヤングケアラーとは,「本来はおとなが担うと想定されているような家事や家族の世話などを日常的に行っている子ども」を指す。家の手伝いの程度を超えた負担を背負うことで,学校生活や友人関係も影響を受ける。また,相談相手がいないことから孤立しがちで,大きな問題になっている。家庭の事情でやむなくヤングケアラーとなるケースも多いが,子どもが心身ともに健やかに育つ権利を守るため,社会で支えていくことが大切である。

●ヤングケアラーはどれくらいいるか
(調査参加校の2年生が回答)

中学校 5.7%　高校(全日制) 4.1%

●ヤングケアラーが担っていることの例

幼いきょうだいの世話や感情面のサポート

障がいや病気のある家族の世話

●家事や世話を担う頻度

ほぼ毎日(4～5割)
1日の平均時間→3～4時間

●何歳から世話を始めたか

平均で約11歳

相談窓口(児童相談所)
0120-189-783

(三菱UFJリサーチ&コンサルティング株式会社「令和2年度子ども・子育て支援推進調査研究事業　ヤングケアラーの実態に関する調査研究 報告書」令和3年3月などより作成)

3 子どもの命の重さは?　～子どもの遺棄と保護～

全国から170人の子どもが,熊本市にある慈恵病院の「こうのとりのゆりかご」に預けられた

こうのとりのゆりかごとは?

熊本市の医療法人・慈恵病院が平成19年に設置した,子どもを自分では育てられない場合に匿名(とくめい)で赤ちゃんを預けられる施設である。預けられた赤ちゃんは,健康チェックを受け,児童相談所や警察署に連絡される。その後,元の親からの連絡がない場合,乳児院などに引き取られ,里親に育てられたり,養子に入ったりする。令和4年までに預けられた170人の子どものうち,ほとんどが新生児である。

利用件数(件)

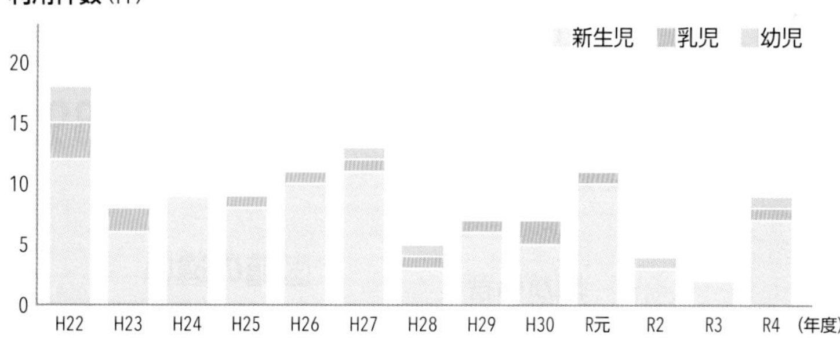

預けた理由(複数回答)

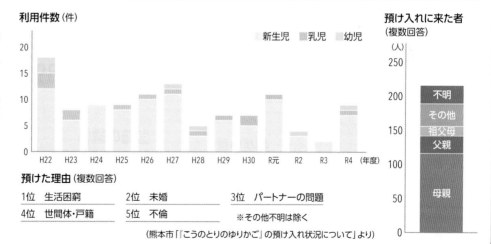

1位　生活困窮	2位　未婚	3位　パートナーの問題
4位　世間体・戸籍	5位　不倫	

※その他不明は除く

預け入れに来た者(複数回答)

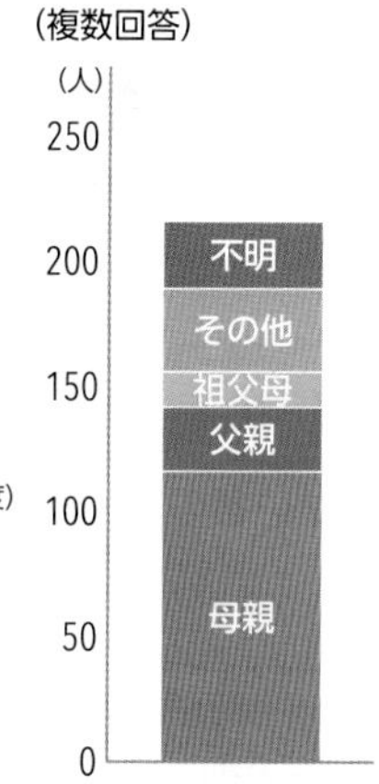

(熊本市「『こうのとりのゆりかご』の預け入れ状況について」より)

望まない妊娠をしたら…

高校生でも妊娠する可能性はある。妊娠が発覚した際に,産んで育てられるか悩み,家族にも相談できないケースが多い。そんな複雑な事情を抱えた人を救うため,全国に妊娠相談の窓口が設けられており,電話やメールで相談することができる。

●妊娠相談の連絡先の例

「全国妊娠SOSネットワーク」のホームページから,自分の住んでいる自治体の相談窓口を探し,連絡する。
一般社団法人全国妊娠SOSネットワーク
https://zenninnet-sos.org

15 多様性のある社会を実現するには?

目標・課題
❶多様な人々が社会で暮らしていることを知ろう。
❷多様な人々が違いを認め合い，共生するために何が大切かを考えよう。

1 あなたのまわりに暮らす多様な人々

多様性（ダイバーシティ）という言葉が社会に浸透してきているが，あなたは聞いたことがあるだろうか。現在，高齢者や障がい者，性的少数者，外国人をはじめ，さまざまな背景をもつ人々が社会に参画している。とくに，人口に占める高齢者の割合が日本・世界で年々高まっている。内閣府が公表した「令和5年版高齢社会白書」では，日本の65歳以上人口は3,624万人となっている。**総人口に占める65歳以上人口の割合（高齢化率）は29.0%**となっており，これは世界でもっとも高い数値である。

デジタルWORK 多世代交流・多文化共生クイズ

多世代交流・多文化共生をテーマにしたクイズに答えて，多様性について理解を深めよう!

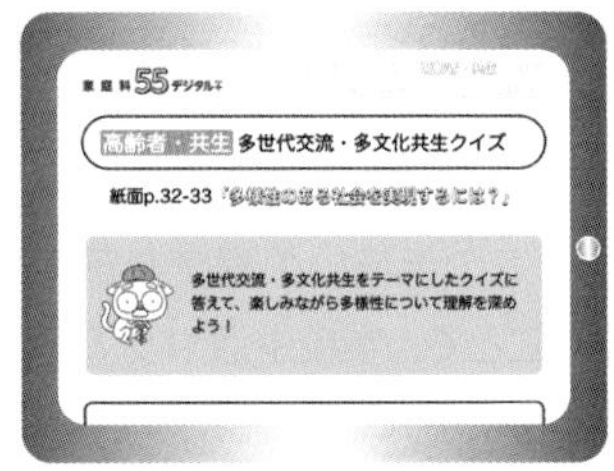

高齢化と労働

● 高齢者の就業率の推移

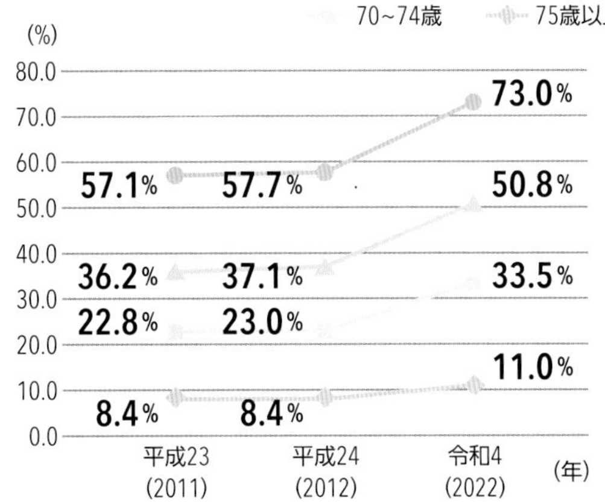

（内閣府「令和5年版高齢社会白書」より作成）

性のあり方

● LGBT・性的少数者の割合

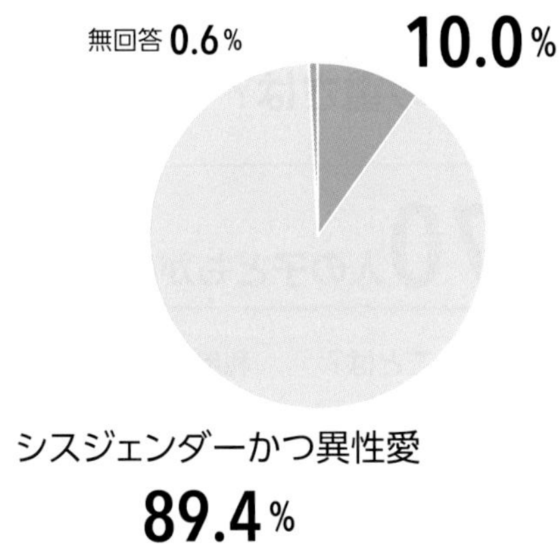

※シスジェンダー：生まれたときに割り当てられた性別と性自認が一致している人

（LGBT総合研究所「LGBT意識行動調査2019」より）

障がいの有無

● 障がい者の割合と人数

日本を100人の国に例えると，
障がい者の数が9.2人。
障がい者の数は，
・身体障がい者436万人
・知的障がい者109万4千人
・精神障がい者614万8千人
となっている。

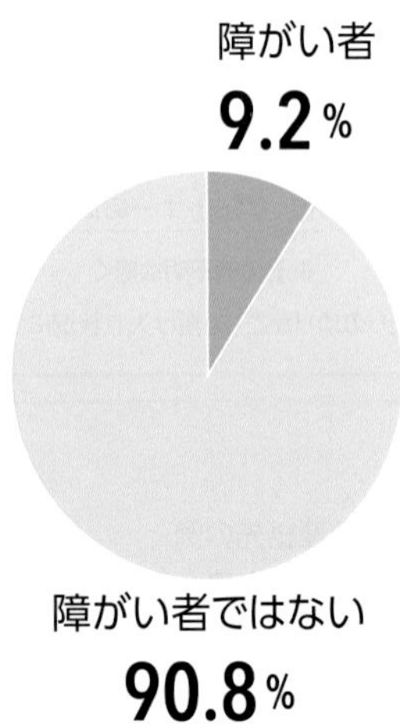

（厚生労働省「100人でみた日本」平成28年～令和4年，内閣府「令和5年版障害者白書」より作成）

国籍の違い

● 外国人人口と増減率の推移

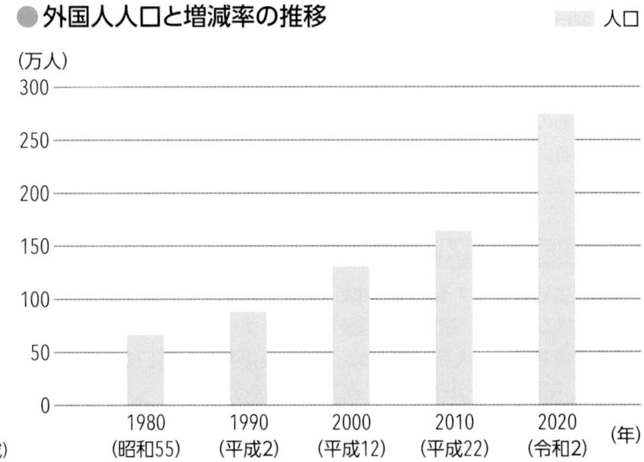

（総務省「令和2年国勢調査」より作成）

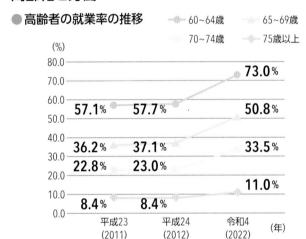

2 多様な人々が共生していくために

福祉に関わる人が考える共生社会

一般社団法人アート・インクルージョン

代表理事・
門脇篤さん

パートナー（職員）・
佐々木桂さん

―アート・インクルージョンはどのような活動をしていますか?

アート・インクルージョンはもともと，年齢，性別，国籍，障がいの有無を超えて「何かおもしろいことをやろう」と立ち上げた任意団体でした。現在は法人化し，就労継続支援B型事業所（障がいのある人が仕事のトレーニングを行う施設）の運営と，障がいのある人と地域住民などが一体となって表現活動を行う「アート・プロジェクト」を実施しています。

私たちは，事業所の利用者のみなさんを「スタッフ」，職員を「パートナー」と呼んでいます。スタッフとパートナーが協働して，**障がいのある人が手がけた絵や音楽などのアートを仕事として，それを社会参加につなげられる**よう取り組んでいます。

―アート・インクルージョンのみなさんは事業所でどのように過ごしていますか?

朝礼でのラジオ体操やあいさつの練習が終わると，スタッフはアート活動のほかに，時間割にあるプログラムや軽作業などに取り組みます。ただし，ほかにやりたいことがある場合は自由に過ごしてもOKです。

ほかにも，アートを活用したグッズやチラシを制作したり，ワークショップを企画・運営したり，動画を配信したり，展覧会を開催したりすることもあります。

―地域住民との関わりはどのようなものですか?

今まで行ってきた交流イベントは新型コロナウイルス感染拡大の影響で休止中です。その代わりここ数年は，事業所から机や椅子を出して，アート制作や表現活動を街中で公開する活動を月1回ほど実施しています。ただそれだけのことなのですが，私たちはここにいますよとアピールできますし，いろいろな人たちと出会える機会になっています。

以前は「障がいのある人でもできることがあるんだね」と思ってもらおうとする活動をしていましたが，今は**障がいのある人の生き様そのものを**アートとして提示したいと考えています。それは共生社会のモデルのひとつとも言えるのではないでしょうか。

作品の展示を通じて地域との接点をもつ取り組みもしている

アート・インクルージョンのスタッフのみなさん

―多様な人たちが共生できる社会を実現するにはどうすればいいと思いますか?

それについては毎日考えています。**多様性や共生社会は「それがいいから進めましょう」というより，もう実現せざるを得ないところまできている**と感じます。自分が知らないことや自分と違うものに対して，不安ではなく，おもしろい，新しいと感じることが大切ではないでしょうか。

多様性を個人の責任にするより，**知らないことや違うものを「可能性」に変えていく強さが社会にあるといい**と思います。

Society 5.0（ソサエティ5.0）

2018年に日本政府が策定した「第5期科学技術基本計画」では，人類がこれまで経験してきた社会を，狩猟社会（Society 1.0），農耕社会（Society 2.0），工業社会（Society 3.0），情報社会（Society 4.0）と呼び，これらに続くべき新たな社会を「Society 5.0」と名付けた。**Society 5.0とはサイバー空間とフィジカル（現実）空間を高度に融合させたシステムにより，経済発展と社会的課題の解決を両立する，人間中心の社会とされている。**具体例として，先端技術による自動走行車での移動やロボットやAI（人工知能）による介護や医療の支援などで，高齢者や障がい者が暮らしやすくなることが挙げられる。

また，Society 3.0から4.0にかけては，画一的なサービスや製品，平均的な生き方が求められてきたが，**Society 5.0では多様なニーズや課題を読み取る想像力が求められる。**これにより，性別や人種，国籍などによる差別，考え方や価値観の違いによる疎外といった個性の抑圧から解放され，暮らし，学び，働けるようになることが期待される。

デジタルWORK 高齢者・共生のキホンドリル

高齢者・共生に関する基本問題10問に答えてみよう。また，高齢者・共生の学習を終えたあとでもう一度挑戦して，内容がどれくらい身についたか確認してみよう。

16 高齢者は何歳から?

目標・課題

❶ 年齢による「高齢者」の捉え方を比べよう。
❷ 「高齢者」という言葉では一括り(ひとくくり)にできない多様さがあることを理解しよう。
❸ 自分はどんな高齢期を過ごしたいか，そのために今からできることを考えよう。

1 あなたの「高齢者」のイメージは?

あなたは，何歳からが高齢者だと思うか。自分がイメージする高齢者の年齢を下から選び，□を○で囲もう。

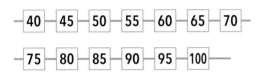

40 — 45 — 50 — 55 — 60 — 65 — 70 —

— 75 — 80 — 85 — 90 — 95 — 100 —

●高齢者の定義はおよそ何歳以上だと思うか

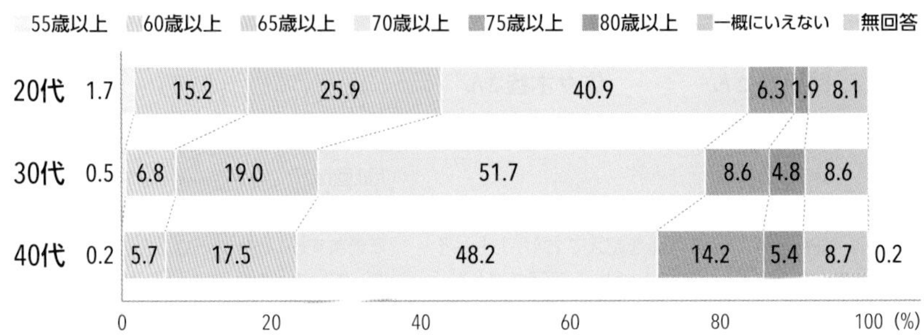

2 「高齢者」の定義が変わる?

高齢者 75歳から

老年学会が提言

65〜74歳は准高齢者

日本老年学会などは5日、現在65歳以上とされている高齢者の定義(📎)を75歳以上に見直す提言を発表した。65〜74歳には「准高齢者」という新たな区分を設け、就労やボランティアに参加できる枠組みを創設すべきだとしている。

近年、元気な高齢者が増えていることから、同学会は2013年に高齢者の定義の再検討に着手。1990年代以降の高齢者の身体、知的能力、健康状態に関する国内のデータを収集、分析したところ、ここ10〜20年間に5〜10歳程度、若返っていることがわかった。特に65〜74歳は、心身の健康が保たれ、活発な社会活動が可能な人が多いため、75歳以上を高齢者とすることが妥当と結論づけた。

65〜74歳は、高齢者への準備段階にあたる准高齢者と定義した。この年齢層は、若い世代に比べれば身体機能が低下し、個人差も大きいことから、個々の健康状態に合わせた就労や、技能、経験を生かしたボランティアなどの社会参加を促すべきだとした。

一方、今回の提言を年金の支給年齢引き上げなど、社会保障制度の変更に直接結びつけることには、慎重な対応を求めている。

同学会の作業部会座長として提言をまとめた[redacted]は、「65歳以上を高齢者とする定義は今の日本に合わないのではないか。定義を見直すことで国民の意識が変われば、より多くの人が社会の支え手に回るようになる。社会に参加することで、健康な状態をより長く保つこともできる」と話している。

📎 **高齢者の定義**　国連が1956年の報告書で、高齢化率の基準となる年齢を「65歳以上」として以降、国際的に65歳以上を高齢者とするのが主流になったとされるが、60歳以上を高齢者と扱う場合もあり、統一した定義はない。56年当時の日本人の平均寿命は男性63・59歳、女性67・54歳だったが、2015年は男性80・79歳、女性87・05歳と飛躍的に延びている。

(2017年1月6日　読売新聞社)

●自分が高齢者だと感じるか

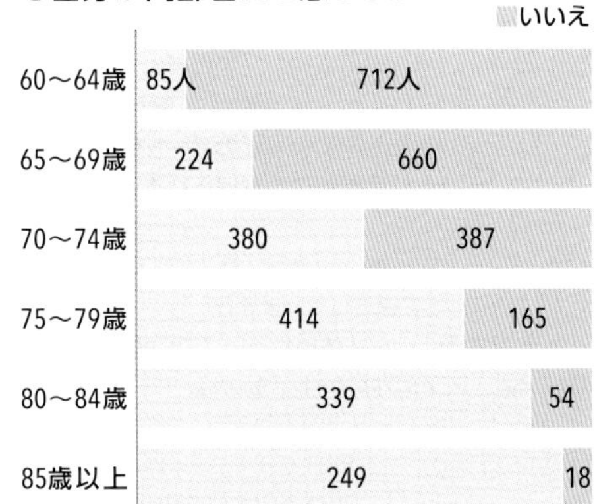

●支えられるべき高齢者は何歳以上か(60歳以上への質問)

60歳以上	23人
65歳以上	183人
70歳以上	704人
75歳以上	912人
80歳以上	982人
85歳以上	205人
これ以外の年齢	11人
年齢では判断できない	774人
わからない	49人
無回答	50人

●通常歩行速度の変化

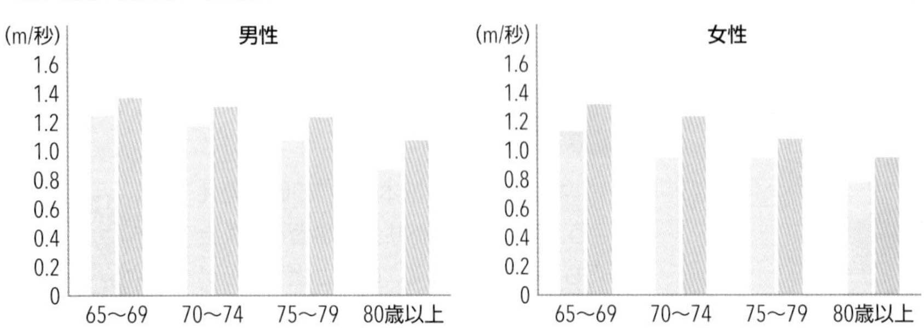

※歩行速度は，加齢に伴う歩行能力の変化を測定するための指標となる。

(1 2 の統計資料は日本老年学会・日本老年医学会「高齢者に関する定義検討ワーキンググループ報告書」，内閣府「平成26年度 高齢者の日常生活に関する意識調査」より)

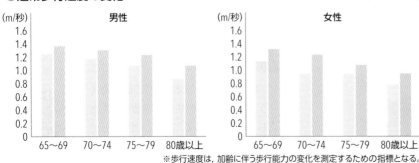

デジタルWORK　高齢者の介助の動画を見てみよう

車椅子での移動，ベッドから車椅子への移乗，着替え，食事など，高齢者の介助の方法を動画で視聴できる。コミュニケーションのとり方や体の動かし方を意識して見てみよう。

3 元気に活躍する高齢者

シニアYouTuber・美智子さんに聞く

多良美智子さん（取材時88歳）
2020年，当時中学生の孫と一緒にYouTubeへ動画をアップ。またたく間に人気となり，チャンネル登録者数は10万人を突破。現在も，料理や裁縫などひとり暮らしの穏やかな日常を配信している。

―YouTubeでの動画配信を始めたきっかけは？

もともとYouTubeは孫に教えてもらって見ていました。私は絵手紙や水彩画，手芸などが趣味なんですが「私が死んだあとに作品が灰になってしまうのはさみしいな，**何か残しておきたい**な」と思ったのがきっかけで，自分でも動画配信を始めたんです。

―配信している動画の見どころは？

高齢者のひとり暮らしですから，毎日の料理は本当に簡単なものです。ただ，一人で食べるときも，箸置きを置いて自分の好きな器に盛りつけると食事がおいしくなります。そういう「**あんまりがんばらなくてもちょっとしたことで生活は楽しくなるよ**」というところはみなさんに見てほしいポイントのひとつですね。

―動画配信の楽しいところは？

たくさんの視聴者の方々がコメントをくださるんですよ。それを読むのが毎朝の楽しみですね。20年以上前に遠方へ引っ越した知人から「元気をもらいました」とはがきが届いたこともあります。

動画を見てくださっている方々に絵手紙で作ったカレンダーをプレゼントしますと告知したら100通以上も応募いただき，当選者の方がご自身のYouTubeチャンネルで紹介してくださったこともあります。**動画を通して交流があるのも楽しい**ですね。

―年齢にとらわれず，元気に人生を楽しむために心がけていることは？

健康であることです。歳をとると家にこもりがちになりますが，一日に一回はお買い物やお散歩で外に出た方がいいと思います。私は坂の多い長崎の街で育ちましたし，今は団地の4階に住んで毎日リュックサックを背負って階段を上り下りしているので，足が丈夫です。80歳のときには，イギリスの田舎を歩くツアーにも参加して歩き切ることができました。とてもいい経験でしたね。

―最後に，高校生のみなさんへメッセージをお願いします。

長女の息子は高校生のときに不登校になりました。当時私は65歳で調理師の専門学校へ通っていたので，孫に「自分が好きなことを見つけて，生きていくうえで必要な技術を身につけなさい。おばあちゃんは今，学校に通っているけど楽しいよ」と伝えたら，孫の目がパッと明るく輝いて。その後，孫は美容師として身を立てて，結婚して家族ができました。とてもうれしかったですね。一緒に動画を配信してくれている次男の息子は，勉強はあまり好きではないようですが，インターネットについてはとても詳しいんです。

自分の好きなものがあったらその道を突き進むべき，なんでもできるよりも一つのことに集中する。それがいいんじゃないかなと，孫たちを見ていて思います。口幅(くちはば)ったいですが，それが今の高校生のみなさんに言ってあげたいことですね。

初めてYouTubeにアップした動画は，長崎風の甘めのちらし寿司の作り方。

針仕事も大好きな美智子さんは，端切れでコースターや鍋つかみ，マスクなどなんでも作る。

2022年にはエッセイも上梓した。

YouTube「Earthおばあちゃんねる」
https://www.youtube.com/c/Earth_Grandma

4 ボディメカニクス

ボディメカニクスとは，介助される側と介助する側，両方の負担を軽減し，安定した身体介助を行うことを目的とした技術のことである。デジタルWORKの動画を見るときや，実際の介助実習のときに意識してみよう。

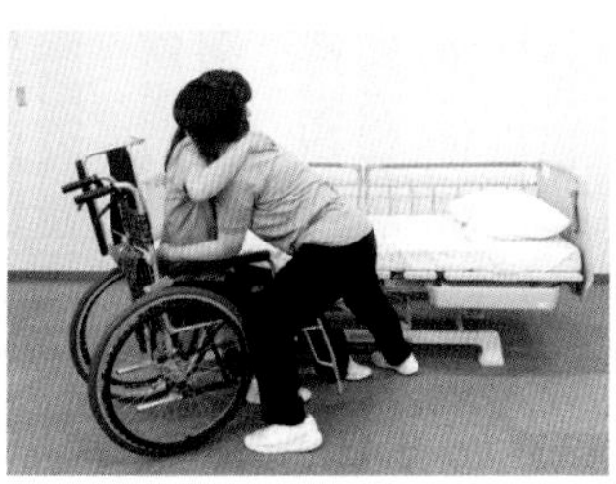

ベッドから車椅子へ移動するときも，ボディメカニクスを意識して身体を動かす。

ボディメカニクスの8原則

❶対象者と重心を接近させる。
❷対象者に手足を小さくまとめてもらう。
❸足を前後左右に開いて立ち，体重を支えるための床面積を広くとる。
❹重心を下げ，骨盤を安定させる。
❺足先を動作の方向へ向ける。
❻大胸筋や腹直筋，大臀筋などの大きな筋群を使う。
❼対象者を引き寄せるように水平に移動する。
❽てこの原理を応用する。

17 みんなで支えよう! 認知症

目標・課題

❶ 認知症の症状例と，引き起こされる問題例を知ろう。
❷ 認知症患者とその家族を支えるのは地域社会全体であることを知ろう。
❸ 認知症サポートの現状を知り，自分にできることがあるか考えよう。

1 認知症の症状例と，認知症が原因で発生する問題例

認知症高齢者数
2012年
462万人
(内閣府「平成29年版高齢社会白書」より)

(株式会社エス・エム・エス「認知症ねっと」ホームページをもとに作成)

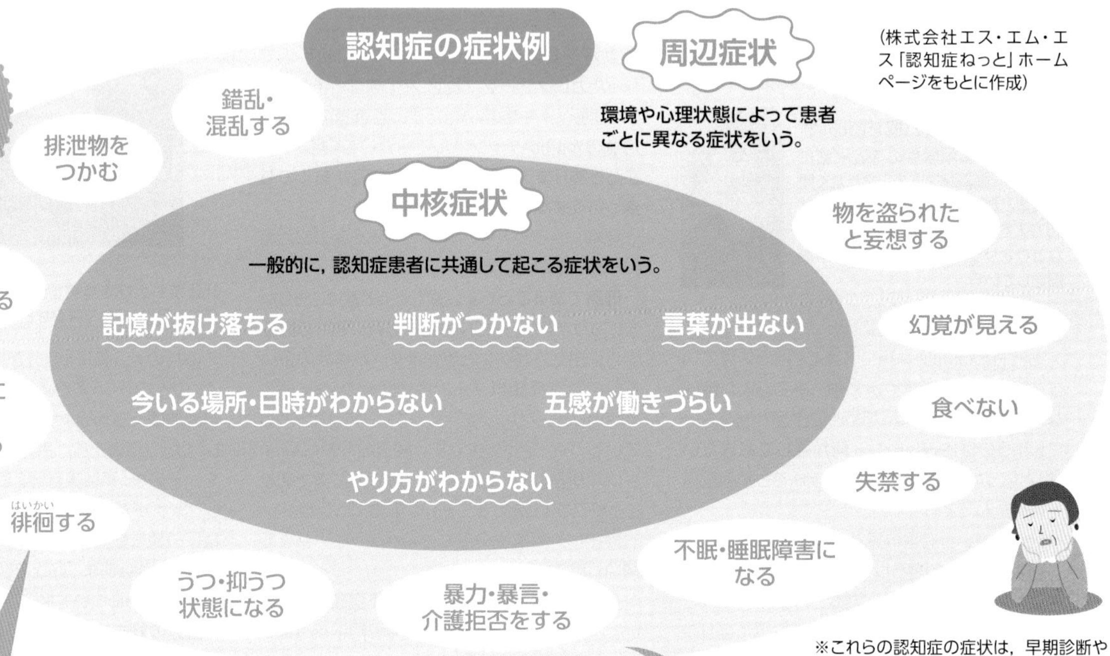

※これらの認知症の症状は，早期診断や治療により，進行の緩和が可能である。軽度であれば，日常生活において自分でできることも多い。人によって個人差があるので，認知症について決めつけず，正しく理解するように努めたい。

認知症による行方不明になった者の数

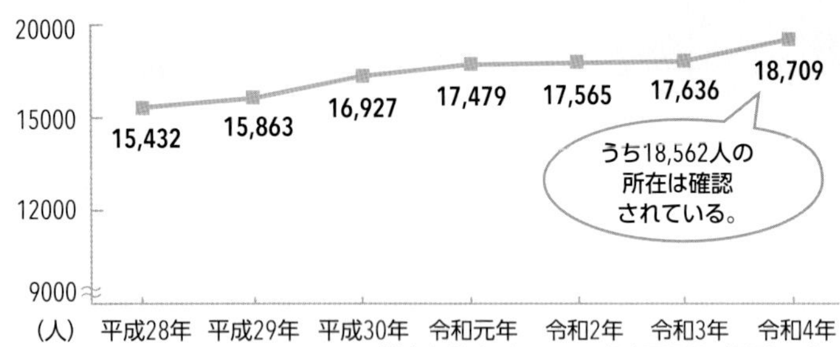

(警察庁「令和4年における行方不明者の状況」より)

徘徊による事故は誰の責任か?

認知症により患者が家の外を徘徊すると，脱水症状，過労，転倒のほか，交通事故など命に関わる危険につながりやすい。平成19年，85歳の妻が数分うたた寝をしている間に91歳の認知症患者が外出し，駅構内で電車にはねられて亡くなる事故があった。鉄道会社は事故の影響による振替輸送の費用などおよそ720万円を，妻と，離れて暮らす長男に請求した。最終的に，最高裁が「家族の賠償責任はない」と判断したものの，自宅で介護を行う家族の負担の大きさなどが浮き彫りになった。

性別にみた同居の主な介護者の悩みやストレスの原因の割合(複数回答)

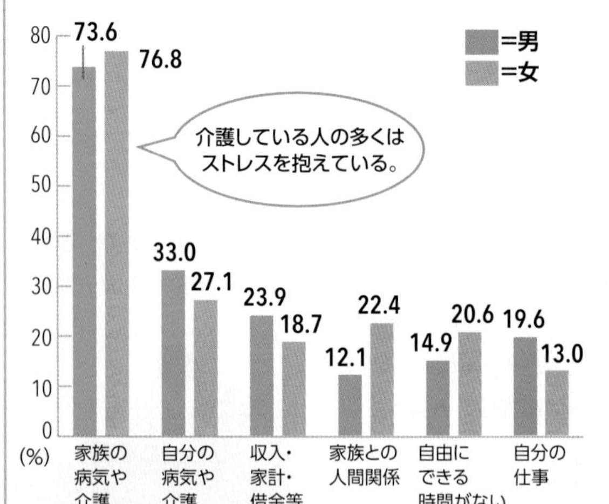

(厚生労働省「平成28年国民生活基礎調査の概況」より作成)

デジタルWORK　認知症の人にどう接する?

認知症の人とのコミュニケーションに関するイラストクイズに答えよう。接するときに心がけたいことなどを学び，認知症の人と一緒に生活しやすい社会について考えてみよう。

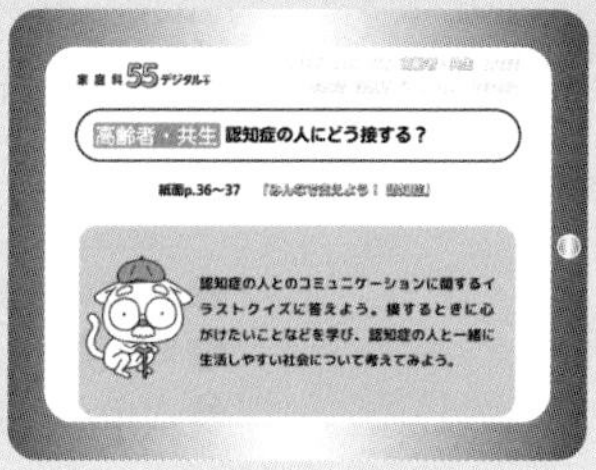

2 認知症の高齢者をどう支えていくか

介護サービスの利用

認知症対応型通所介護

デイサービスセンターやグループホームに通う。施設では，食事や入浴などの支援や，生活機能の訓練や口腔機能向上サービスなどを日帰りで提供する。送迎もある。

利用者負担：1回992円
(1回7～8時間／要介護1認定の場合)

認知症対応型共同生活介護

グループホームに入所し，家庭的な環境で，日常生活支援や，機能訓練などのサービスを受ける。1つの共同生活住居に5～9人の利用者が，介護スタッフと一緒に生活する。

利用者負担：1日764円
(要介護1認定で，共同生活住居が1つの場合)

認知症サポーターキャラバン

全国キャラバン･メイト連絡協議会により，認知症患者と家族を応援する「認知症サポーター」を全国で養成する活動が進められている。サポーターは目印として「オレンジリング」を渡され，認知症を正しく理解し，温かく見守ったり，できる範囲で手助けしたりする。令和5年9月末日時点で，サポーターの数は，約1,460万人，20歳未満のサポーターも400万人以上にのぼる。高校生でも講習を受けられるので，ぜひ参加してみよう。

RUN伴（ランとも）

RUN伴とは，認知症の人とその家族，支援者，一般の人などがリレーをしながら，一つのタスキをつなぎゴールを目指すイベント。「認知症にやさしいまちを目指す地域をつなぎ，社会を変える大きな力にする」ことをミッションに，全国規模で開催されている。2011年に始まってから，2万人以上が参加している。

スマホを活用した新しい見守りの形

全国キャラバン･メイト連絡協議会がソフトバンク株式会社と連携して，スマートフォンを活用した全国横断的な認知症患者の見守り支援サービスに取り組んでいる。
オレンジ協力隊員※がアプリ「オレンジセーフティネット」をダウンロードすると，認知症の行方不明者の捜索依頼情報を確認できる。協力隊員は，自分以外の協力者がどこを捜しているのかなどの位置情報をスマホの地図上で確認したり，チャット機能を使って情報共有したりしながら，認知症の行方不明者の捜索に協力できる。

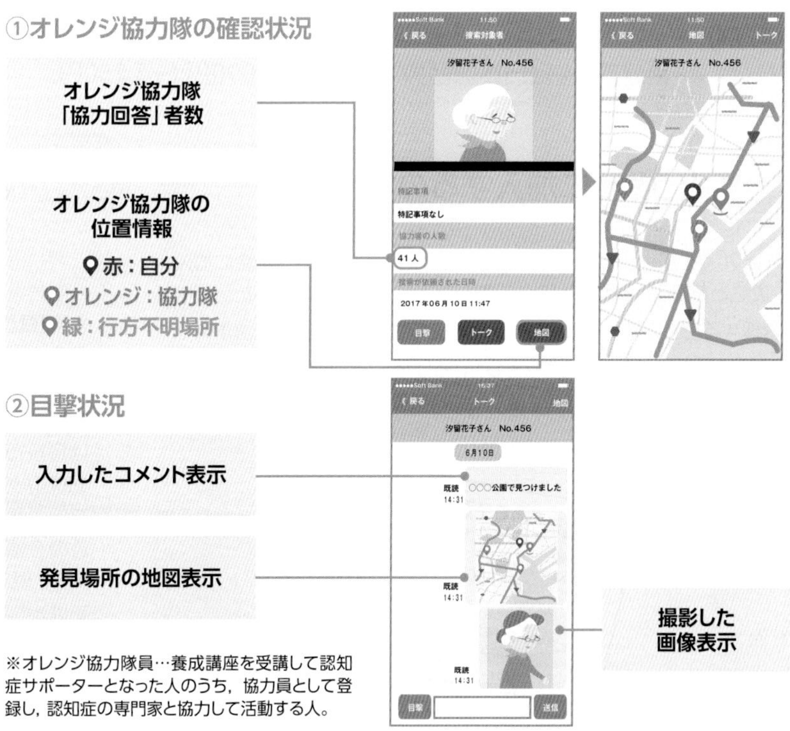

※オレンジ協力隊員…養成講座を受講して認知症サポーターとなった人のうち，協力員として登録し，認知症の専門家と協力して活動する人。

18 年金ってどういう仕組みなの?

目標・課題

❶ 日本の社会保障制度の一つである国民年金の仕組みを知ろう。
❷ 年金制度は高齢者だけでなく若者にも関係する制度であることを知ろう。
❸ どのような場面でどのような手続きが必要になるか理解しよう。

Q1 20歳になったら全員加入するの?

A1 日本に住む20歳以上60歳未満の人はすべて（外国人も含めて），国民年金への加入と保険料の納付が義務づけられている（国民年金法第88条）。ただし，申請することにより，保険料納付の猶予，免除，一部免除となる制度がある（下記参照）。10年以上国民年金保険料を納めると，将来年金を受け取ることができる。会社員・公務員は，国民年金に加えて**厚生年金**に加入することになり，会社側と折半した金額を納付する。

学生納付特例制度

大学，大学院，短期大学，高等学校，高等専門学校，特別支援学校，専修学校，各種学校などに在学中で，収入が少ない，もしくはない場合には，申請することにより，国民年金保険料の納付が猶予される。卒業してから10年以内に，猶予期間の分をさかのぼって納付すると，将来受け取る年金額を増やすことができる。

納付猶予制度・全額免除制度・一部免除制度

一定以下の収入であることを理由に，国民年金保険料の納付が猶予・全額免除・一部免除される。納付猶予制度は，50歳未満で学生以外の人が対象。保険料を全額納付したときと比べ，将来受け取る年金額は少なくなるため，10年以内に追納することができる。

Q2 いくらぐらい支払わなければならないの?

A2 令和5年度の1か月分の国民年金保険料の額は，16,520円。6か月分，1年分，2年分を前払いすると，割引を受けることができる。

例） 1か月ごとに支払う場合 …………… 16,520円×12か月＝198,240円
　　 1年分前払い（口座振替の場合）… 194,090円（−4,150円）

Q3 どうやって加入するの?

A3 20歳の誕生日から2週間以内に日本年金機構から国民年金に加入したことを知らせる書類が届く。書類の中には，年金に加入した記録を管理するための番号が書いてある**「基礎年金番号通知書」**が含まれているため，大切に保管すること。Q1であげた学生納付特例や国民年金保険料免除・納付猶予の申請書も同封されているため，免除申請の手続きもできる。

基礎年金番号通知書
年金番号
XXXX-XXXXXX
フリガナ　○○○○○
氏名　XXXXX
生年月日　平成X年　X月X日
　　　　　令和X年　X月X日　交付
厚生労働大臣

Q4 どうして現役世代が今の高齢者世代を支えないといけないの?

A4 現在の日本の年金制度は今の現役世代が高齢者世代を支える**「賦課方式」**を採用している。「賦課方式」のメリットは，物価の変動や賃金上昇に対応できるということである。たとえば，1961年から1966年までの年金保険料の納付額は，35歳までは月額100円，35歳以上は月額150円だった（当時のサラリーマンの平均月収は3～4万円）。この金額を長期的に積み立てても，現代の生活の支給額としては足りなくなる。一方，現役世代と高齢者世代の人口構成の影響を受けやすいというデメリットもある。

デジタルWORK　年金見込み受給額予想クイズ

今，現役世代の人たちは将来どれくらいの年金を受け取れるのだろう?さまざまな年代の人たちがどのように働いているか話を聞いて，年金見込み受給額を予想してみよう。

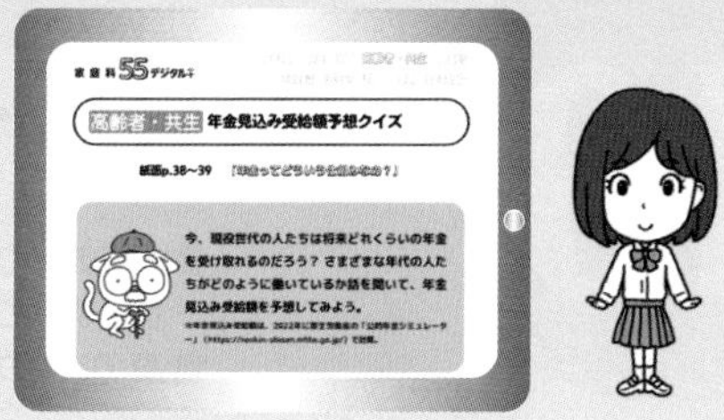

Q5 65歳になると自動的にもらえるの?

A5 年金の支給年齢になったからといって，自動的にもらえるものではない。年金の支給年齢になる直前に，日本年金機構から**「年金請求書」**および手続きの案内が届くので，それに従って**手続きを行う**。年金を受ける権利発生後5年を経過すると，時効により年金を受ける権利が消滅するので注意が必要である。

Q6 65歳にならないともらえないの?

A6 65歳以上の人が受け取ることができる**「老齢年金」**のほかに，ケガや病気で障害が残った場合に障害の程度に応じて支給される**「障害年金」**，一家の働き手が亡くなったとき，子のある配偶者，子が受け取ることができる**「遺族年金」**がある。老齢年金約4,068万人，障害年金約226万人，遺族年金約673万人が給付を受けている（令和2年度末現在）。

Q7 実際に，65歳はいくらぐらいもらっているの?

A7 国民年金保険料を20歳から60歳になるまで納めると，年間79万5,000円を受け取ることができる（令和5年度）。免除や猶予の期間がある場合は，その分減額した金額となる。厚生年金にも加入している場合は，その分が加算されて支給される。

Q8 年金って日本だけの仕組みなの?海外は?

A8 年金制度は海外にもあるが，日本のように20歳から60歳までの全員が加入する制度は，**「国民皆年金」**と呼ばれ，世界的にも珍しい。多くの国では，被雇用者や自営業者のみが年金を受け取ることができる。

Q9 国民年金だけでは老後が不安……どうすればいい?

A9 公的年金制度には国民年金だけでなく，会社員·公務員が加入する「厚生年金」もある。ほかにも，自分で出した掛け金を株式·債券·投資信託などの金融商品で運用し，掛け金と運用で出た利益を給付金として60歳以降に受け取る，個人型確定拠出年金**「iDeCo（イデコ）」**などの私的年金制度もある。これらの年金制度は三階建て構造とも呼ばれている。また，年金は受け取る条件として，一定期間，保険料を納めなければならない。毎年誕生月に届く**「ねんきん定期便」**や，インターネットで**「ねんきんネット」**にアクセスして，年金記録や年金見込額をチェックしよう。

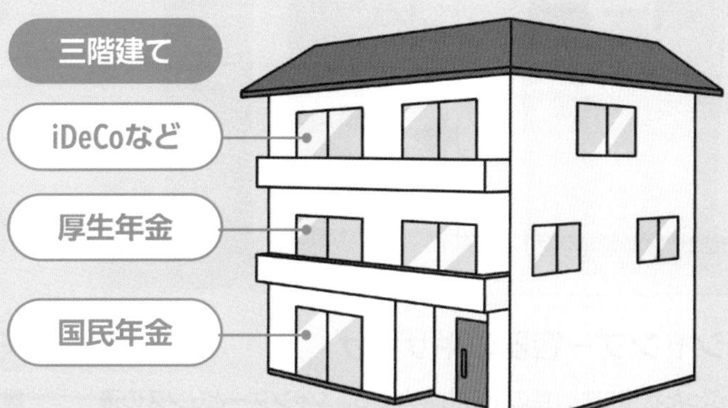

参考資料：厚生労働省・日本年金機構「知っておきたい年金のはなし」

19 ユニバーサルデザインを見つけよう!

目標・課題
❶ 身のまわりのユニバーサルデザインを探し，その製品の特徴や，どのような工夫が盛り込まれているかを調べ，イラストや文章でまとめよう。
❷ 身のまわりの「もっと○○だったらいいな」と思うものを挙げよう。

1 比べてみよう　ビフォー・アフター

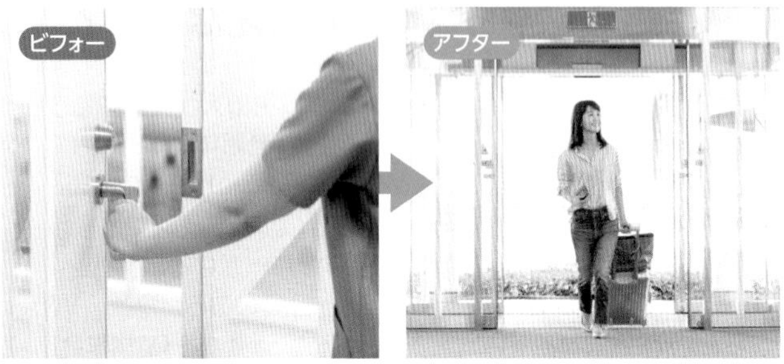

1 自動ドア

両手に荷物を持っていたり，障がいでドアノブを持ちにくかったりしても，出入りがしやすい。

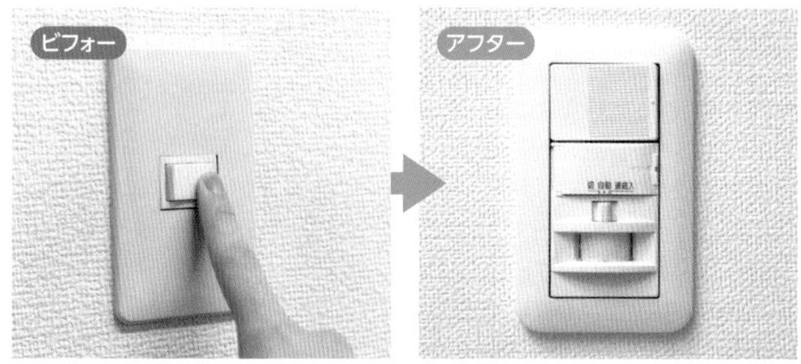

2 センサーライト

スイッチの位置が暗闇で見つけられなかったり，子どもの手の届かないところにあったりしても，人の動きを感知してライトがつく。

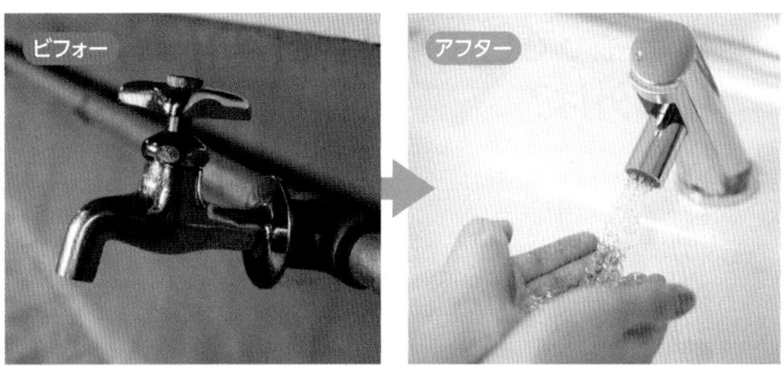

3 センサー式蛇口

両手に石けんをつけたあとでも，ひねる動作がしにくい子どもや高齢者でも，手を差し出すだけで水を出したり止めたりすることができる。

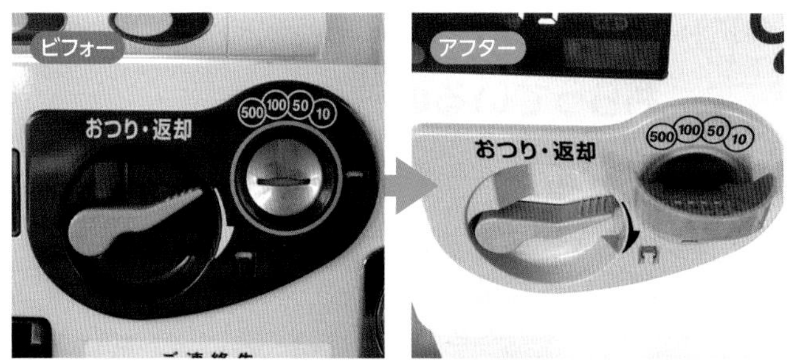

4 投入口の大きい自動販売機

手の不自由な人や，急いでいる人でも，硬貨を投入しやすい。

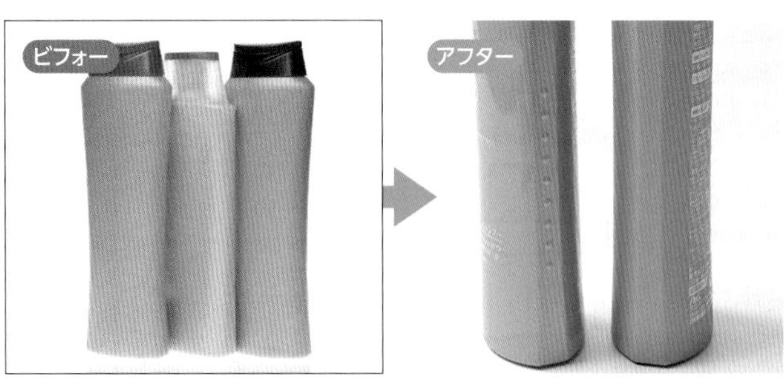

5 シャンプー容器のギザギザ

目をつぶった状態でも，目の不自由な人でも，シャンプーとリンスの違いがわかりやすい。

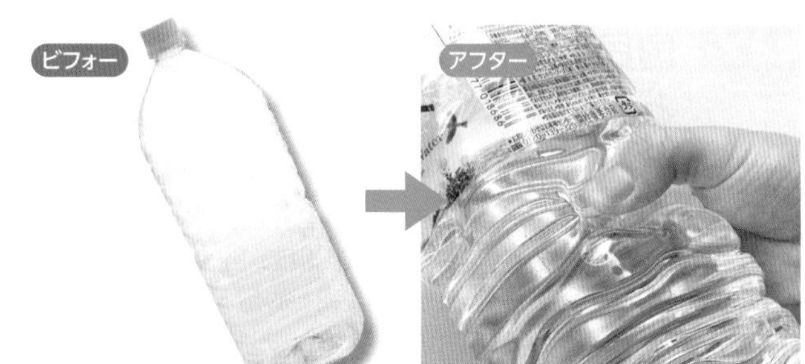

6 ペットボトルの形

握りやすさを考えたくぼみがあり，力の弱い人でも，結露でボトルが濡れている時でも，持ちやすく，注ぎやすい。

デジタルWORK　ピクトグラムクイズ

東京2020オリンピックの開会式で話題になった「ピクトグラム」。ピクトグラムが何を示しているか，クイズに答えて，そのピクトグラムを必要としている人々や場所などについて考えてみよう。

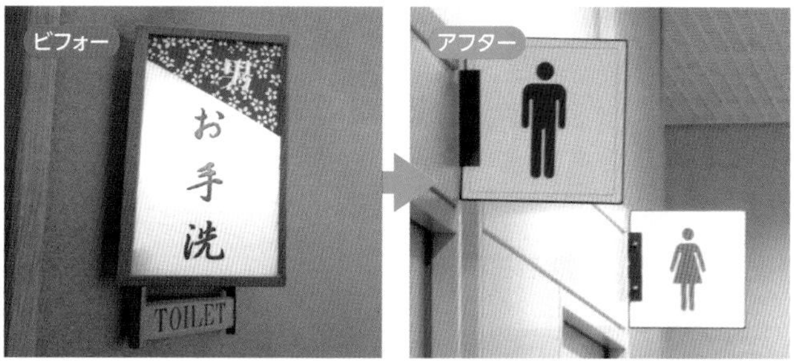

7　ピクトグラム

日本語を読めない海外の人や子どもでも，図を見ることで，示している意味がわかる。

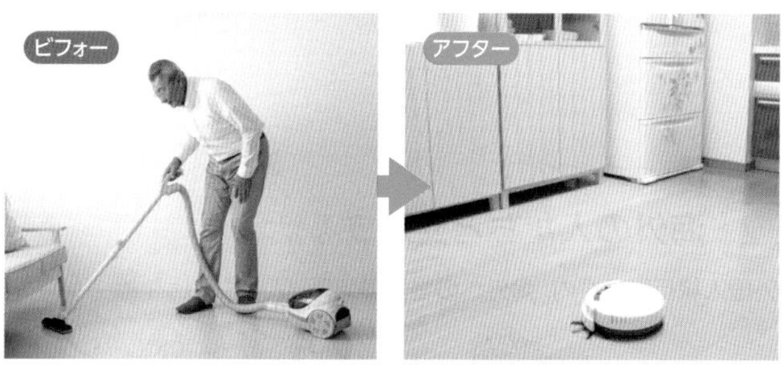

8　お掃除ロボット

忙しい人でも，掃除をすることが大変な人でも，スイッチを入れておくだけで部屋の掃除ができる。

（川崎タクシーグループ）

9　ユニバーサルデザイン・タクシー

ゆったりした車内空間，スロープや手すりなどをつけた乗降口を確保。高齢者や妊婦，ベビーカーを使う人，荷物の多い人にも乗りやすく，車いすのままでも乗車することができる。ゆったりと乗れるのに，普通のタクシーと同じ料金で，誰もが利用できる。

ユニバーサルデザインの考え方

ユニバーサルデザインの考え方は，1980年代に，アメリカのノースカロライナ州立大学の教授であった**ロナルド・メイス氏**によって提唱された。自分自身も障がいをもっていたメイス氏は，特別扱いされることを嫌い，またバリアフリーのために作られた製品は価格も高く，見た目も特別なものになりやすいため，最初からできるだけ多くの人に使いやすいデザインが必要であると考えた。当初，建築や設備から始まったユニバーサルデザインの考え方は次第に広がっていき，2006年に国連総会において採択された「障害者の権利に関する条約」では，**「調整又は特別な設計を必要とすることなく，最大限可能な範囲ですべての人が使用することのできる製品，環境，計画及びサービスの設計をいう。」**と定義されている。

身のまわりの製品を，ユニバーサルデザインの視点でもう一度見直してみよう。当たり前と思っていたものから，多くの人が使いやすい新しいアイディアがわいてくるかもしれない。

ロナルド・メイス（1941～1998年）

20 やってみよう! ボランティア活動

目標・課題
- ❶ ボランティア活動にはどんな種類があるかを知ろう。
- ❷ ボランティア活動に参加する理由，参加しない理由をクラスで意見交換しよう。
- ❸ 自分にできる社会貢献活動がないか調べ，一歩踏み出そう!

1 ボランティア活動って何だろう

　ボランティア活動は，自発的に，他者や社会のために無償で行う活動のことを言う。自分の興味・関心のあることから始められる身近な活動であり，活動を通して結果的に感動や達成感を得ることができ，自分自身の成長にもつながる。さまざまな活動があるので，関心のあるものを見つけて参加してみよう。

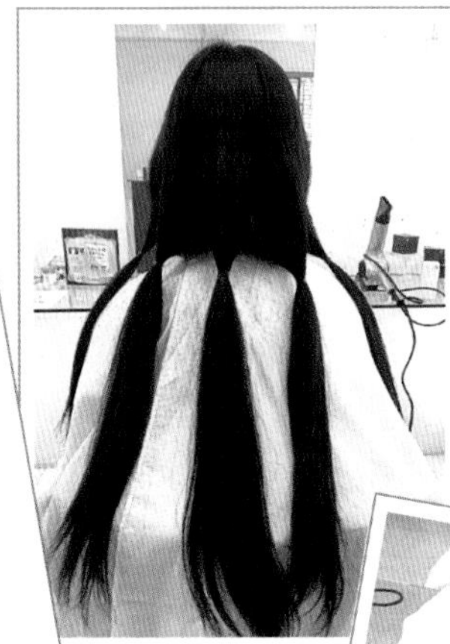

●ヘアドネーションとは?
髪の毛の寄付のこと。がんなどの治療の副作用で髪の毛を失った人や，生まれつき髪の毛が少ない人などに，医療用ウィッグ（かつら）の原料となる髪の毛を提供する。長く伸ばした髪の毛を切って送るだけなので，若者でも気軽に社会貢献ができる。

1 自然や環境を守る活動

道路，公園，海岸などの清掃・美化活動，植樹，森林の間伐，野鳥の観察・保護など

2 海外の人たちと交流する活動

外国人旅行者の案内，海外への物資の支援，留学生支援など

3 子どもや高齢者と触れ合う活動

子どもと高齢者の交流の場づくり，子どもや高齢者へのレクリーション指導，高齢者世帯への訪問など

4 障がいのある人たちを支える活動

障がい者へのレクリエーション指導，
障がい者の社会参加協力，
点訳・朗読・手話など

デジタルWORK　あなたに合ったボランティアは?

質問に答えて，あなたにピッタリなボランティア活動はどのようなものかを知ろう。実際に参加する社会貢献活動を選ぶときの参考にするのもよい。

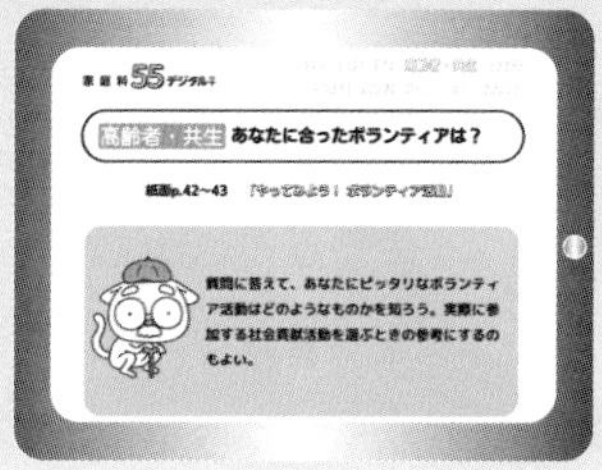

5 被災地・被災者を支援する活動

炊き出しなどの災害時の救援，家屋の片づけ，清掃，災害復旧のための募金活動など

6 スポーツ・文化・芸術をサポートする活動

スポーツ大会の運営補助，演劇の鑑賞会などの企画，伝統文化の継承と普及など

●スポーツ大会の運営ボランティア

年齢制限のあるものや，保護者の同意書が必要なものが多いが，各地でさまざまなスポーツイベントのボランティアが募集されている。事前に登録や研修が必要なものもある。興味がある人は自分に参加できそうなイベントを探してみよう。

7 まちづくりに参加する活動

道路に花を植える，駅の自転車置き場の整理，地域おこし活動への参加など

2 ボランティア活動に参加するには（例）

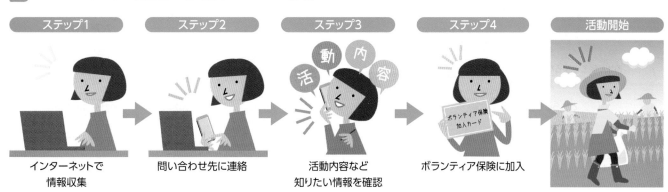

ステップ1

インターネットで情報収集

ステップ2

問い合わせ先に連絡

ステップ3

活動内容など知りたい情報を確認

ステップ4

ボランティア保険に加入

活動開始

21 いつ，なにを，どうやって食べている？

目標・課題
❶自分の食生活についてふり返り，課題を見つけよう。
❷食生活の自立について考えよう。
❸自分の食生活のこだわりを挙げ，ほかの人と意見交換しよう。

1 今の食生活をふり返る

コロナ禍は私たちの食生活に大きな影響をもたらした。家庭での調理や家族で一緒に食卓を囲む機会が増える一方で，テイクアウト（持ち帰り）やデリバリー（出前）で食事を済ませたり，外食や大勢で食事を楽しむことが避けられたりすることもあった。今，あなたはどのような食生活を送っているだろうか。食べる場所や食事をともにする人，献立，食べ方，調理の仕方などについてふり返ってみよう。

デジタルWORK　その食の常識は正しい？

メディアなどには，ダイエットなど食に関する真偽が不明な情報があふれている。食生活と健康に関する常識が正しいかどうかクイズに挑戦しよう。

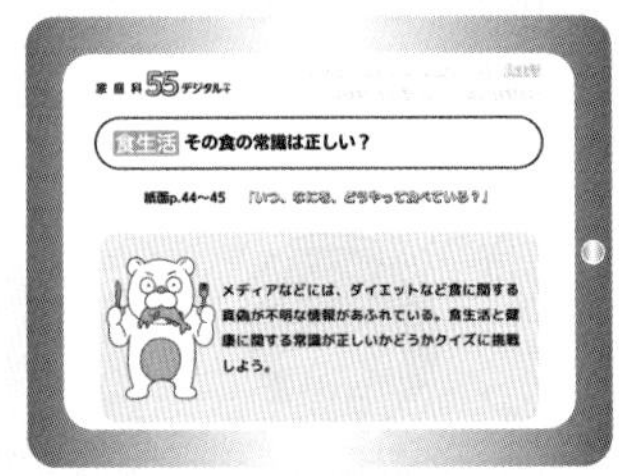

中高生・若者の食生活

●中高生が好きな親の手作り料理ランキング（複数回答）

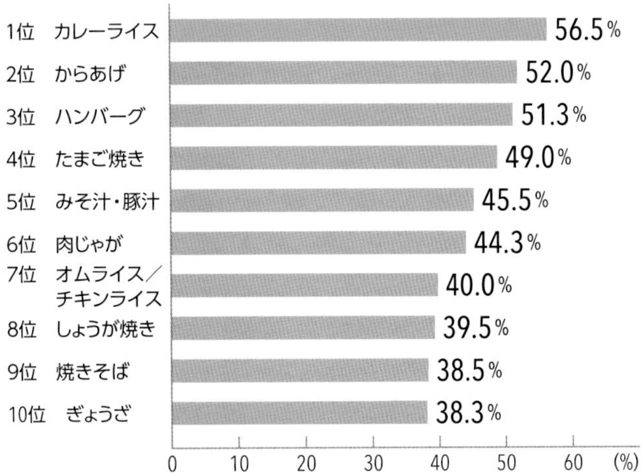

（株式会社モニタス「モニタス with コロナ 中高生親子の『食』に関する調査」2021年より）

●ながら食べすることはあるか

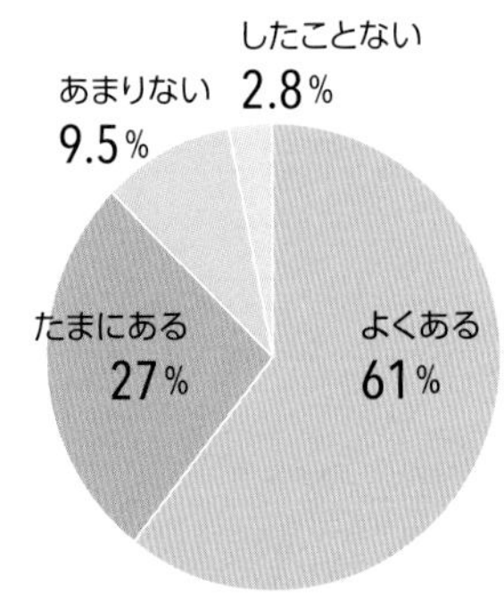

●何をしながら食べていることが多いか（複数回答）

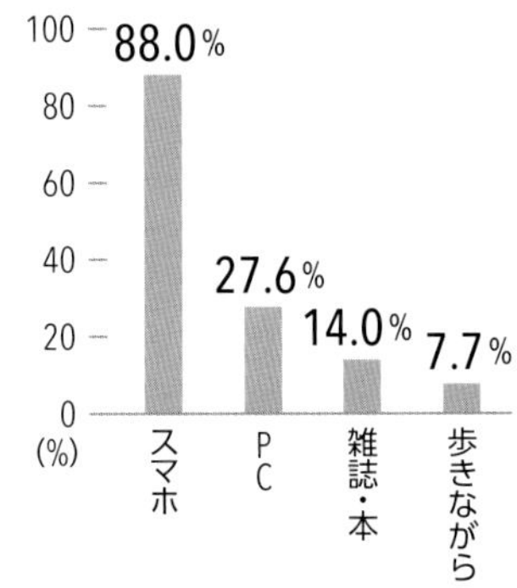

（株式会社デルソーレ「若者の朝食と健康に関する意識調査」2020年より）

コロナ禍による食生活の変化

●コロナ前に比べ、家族で食卓を囲む／一緒に食事をすることが増えた

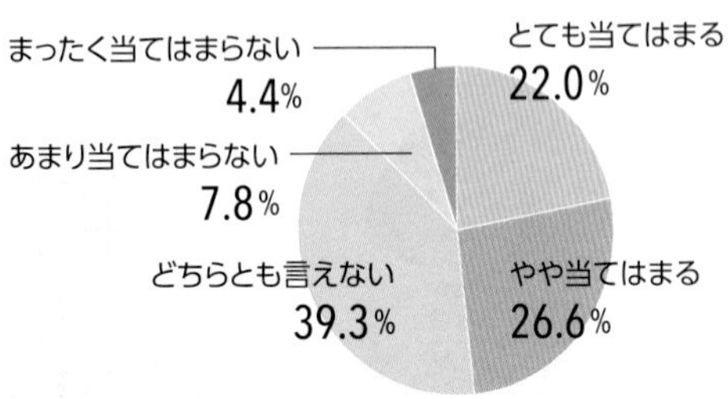

（株式会社モニタス「モニタス with コロナ 中高生親子の『食』に関する調査」2021年より）

●デリバリー（出前）市場規模推移（億円）

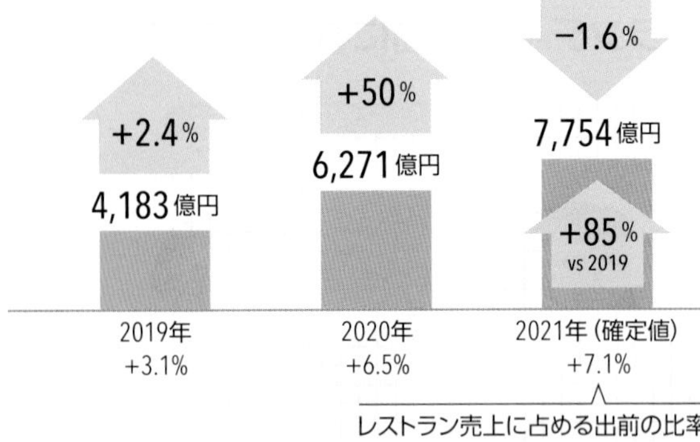

（NPD Japan，エヌピーディー・ジャパン調べ「外食・中食調査レポート2022年計」より）

2 スポーツと栄養

運動部に所属しているひとは，スポーツと栄養の関係について考えてみよう。パフォーマンスを最大限に上げるためには，練習や睡眠だけでなく，どのように栄養を摂取するかも重要になる。一般的な食事とアスリートの食事を比較してみよう。

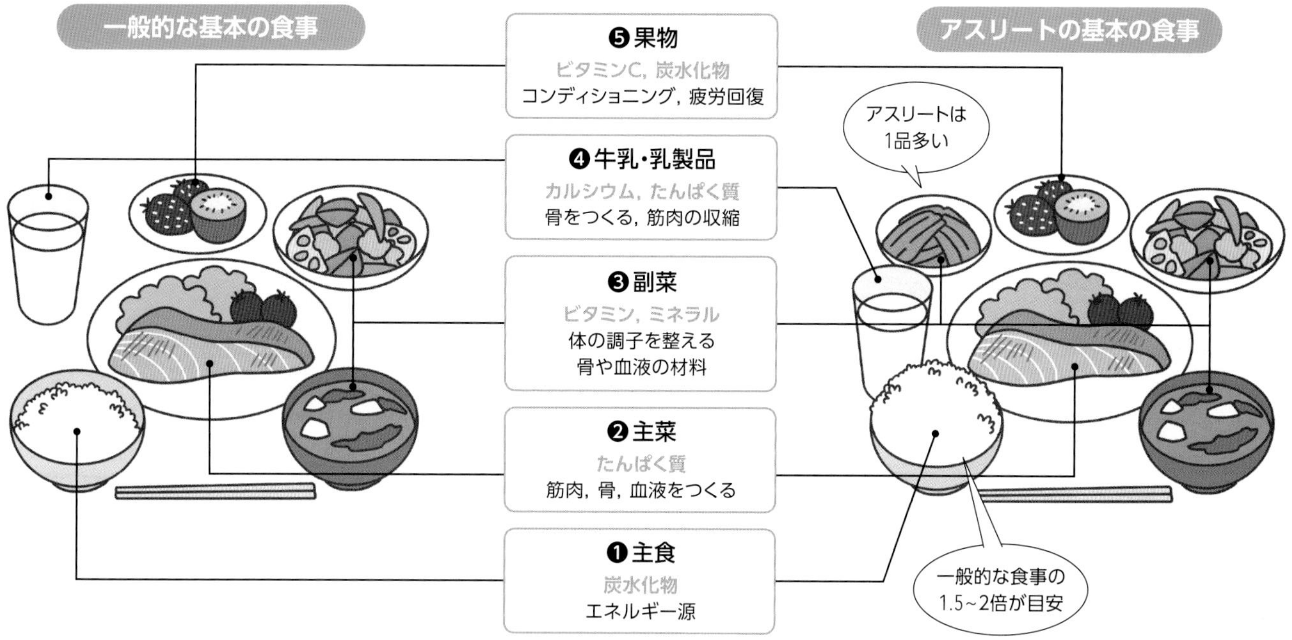

3 スポーツと熱中症

2021（令和3）年の独立行政法人日本スポーツ振興センターによる調査では，小・中・高校での熱中症発生件数は高校1年生がもっとも多く，次いで高校2年生が多くなっている。また，熱中症は屋外で行うスポーツ（野球，ラグビー，サッカー，山岳など）や，屋内で防具や厚手の衣服を着用するスポーツ（柔道，剣道など）の部活動で多く発生している。運動中の水分補給について知り，熱中症予防に努めよう。

運動中の水分補給のポイント

❶水分と一緒に塩分も摂る!
0.1～0.2%程度の塩分（1リットルの水に1～2gの食塩。ナトリウム換算で1リットル0.4～0.8g）を補給できる経口補水液やスポーツドリンクがおすすめ。

❷運動前後の体重減が2%を超えないように!
体重の3%以上の水分が失われると体温調節に影響する。水分補給が適切かどうかは，運動前後の体重を測定すると分かる。

❸冷やした水を飲む!
冷たい水は深部体温を下げる効果があり，胃にとどまる時間が短いため水を吸収する器官である小腸に速やかに移動する。また，ウォーミングアップ時に冷たい飲料を摂取すると，運動中の深部体温の上昇を抑え，発汗を防ぐことができる。

（環境省・文部科学省「学校における熱中症対策ガイドライン作成の手引き」令和3年より作成）

スポーツ活動中の熱中症予防5ヶ条

1 **暑いとき，無理な運動は事故のもと**
2 **急な暑さに要注意**
3 **失われる水と塩分を取り戻そう**
4 **薄着スタイルでさわやかに**
5 **体調不良は事故のもと**

（公益財団法人日本スポーツ協会「スポーツ活動中の熱中症予防ガイドブック」（令和元年）より）

デジタルWORK 食生活のキホンドリル

食生活に関する基本問題10問に答えてみよう。また，食生活の学習を終えたあとでもう一度挑戦して，内容がどれくらい身についたか確認してみよう。

▶栄養計算アプリで，資料集に登場する料理の栄養を計算してみよう。アプリは，URLもしくは二次元バーコードからアクセスできる。

パスワード：kt1120

https://www.kyoiku-tosho.co.jp/kondate-calc/

食生活

22 世界の料理ってどんなもの?

目標・課題

❶ 各地域の食文化は, 気候風土や宗教などの影響を受けていることを知ろう。
❷ 世界各国の料理について, 使用される食材や調理法の特徴を知ろう。

パスタはコースで前菜の後の「第一の皿」。主食じゃないよ。
ちなみに写真のラザニアもパスタだよ。

パスタ（イタリア）

おもに小麦粉から作られるパスタは, その形状からさまざまな種類に分けられる。

肉料理（赤い食）と乳製品（白い食）が代表的なモンゴル料理だよ。

チャンスンマハ（モンゴル）

遊牧民が家畜として飼っている羊を塩ゆでにしたもの。

国民の6割がベジタリアンで, もっとも信者の多いヒンズー教は牛肉を食べない。左手は使わないで食べるよ。

カレー（インド）▶

カレーには, ターメリックやクミン, コリアンダーなどさまざまな香辛料が用いられる。

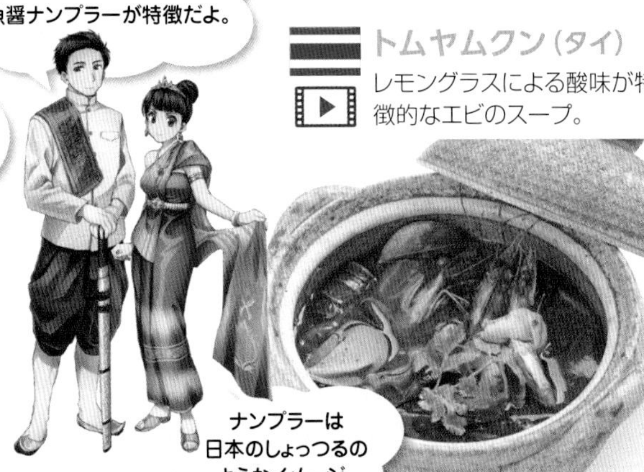

魚に塩を加えて熟成させる魚醤ナンプラーが特徴だよ。
ナンプラーは日本のしょっつるのようなイメージ。

トムヤムクン（タイ）▶

レモングラスによる酸味が特徴的なエビのスープ。

デーツの木

ウガリは, 日本のご飯のように, おかずや汁と共に食べるよ。

キャッサバ

ウガリ（ケニア）▶

ウガリ（写真左）は, キャッサバやトウモロコシなど穀物の粉を湯で練り上げて作る。

デーツは聖書の「生命の樹」のモデル。ビタミンやミネラルが豊富で, 重要なエネルギー源だよ。
国教であるイスラム教では豚肉やお酒は口にしないよ。牛や羊の肉もルールに従ってと畜された肉でないと食べられないんだ。

デーツ（サウジアラビア）

砂漠でも育ち, 保存がきくデーツは中東や北アフリカで大切な食料である。

デジタルWORK 世界の料理レシピ動画5選

インドのカレー，タイのトムヤムクン，ケニアのウガリ，韓国のスンドゥブチゲ，メキシコのタコスの，レシピと作り方の手順を動画で視聴できる。世界各国の食文化を体験してみよう。

スンドゥブチゲ（韓国）

スンドゥブは漢字で「純豆腐」。チゲは味噌や唐辛子で煮込んだ鍋料理を指す。

野菜の採れない冬に向け，キムチを晩秋に漬ける行事「キムジャン」文化はユネスコの無形文化遺産に登録されています。

夏の間に飛んできた海鳥を，アザラシの体内に詰めて発酵させるキビヤックも有名だよ。

生肉など（カナダ）

グリーンランドやカナダなどの凍土では作物が育たなかったため，栄養源として鮭やトナカイなどの生肉が食べられる。

寿司（日本）

四方を海に囲まれた島国日本は，豊富な海の幸を用いた料理が多いです。
日本は水資源が豊富だから，煮物や汁物，ご飯など，水を多く使う料理が多いよ。

米を発酵させて保存する，なれずしが元々の寿司で，にぎり寿司は江戸時代に考案されたものである。

ロモ・サルタード（ペルー）

アジアの調味料を使う牛肉と野菜の炒めもの。アンデス山脈は，じゃがいもやトウモロコシ，トマト，唐辛子などの原産地でとして知られている。

インカ帝国時代（16世紀）にスペインに征服されて，トマトなどの作物がヨーロッパへ伝わったんだって。

タコス（メキシコ）

メキシコの主食トウモロコシで作られたトルティーヤで具を巻いて食べるのがタコス。

写真はメキシコではよく食べられるサボテンを使ったタコスだよ。

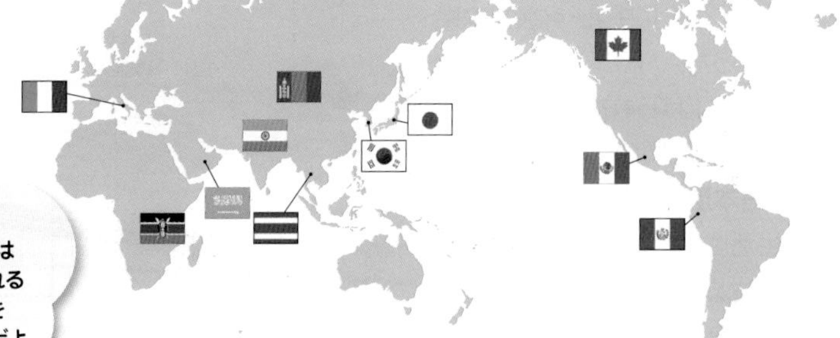

23 日本の食生活の変化を見つめよう

目標・課題
❶ 明治維新を機にどのように食生活が洋風化していったかを知ろう。
❷ 食生活の変化がもたらしたよい点と悪い点を考えてみよう。

1 明治維新を中心に，日本の食生活の変化を写真や絵でみてみよう

江戸時代

(朝桜楼国芳「幼童諸芸教草」)

いすやテーブルはなく，ゆか座で生活していた江戸時代は，上の絵のように，各自が一食分を膳にのせて食事をしていた（上絵は足のついた膳）。食事の内容は，ご飯と少量の野菜，漬物程度が一般的だった。

明治時代

明治維新を迎え，**洋食**が紹介されるが，実際に食べることができたのは上流階級・知識人に限られた。

明治天皇が滋養目的で肉を食したことがきっかけで，**牛肉**が流行。牛鍋（すき焼き）が登場する。

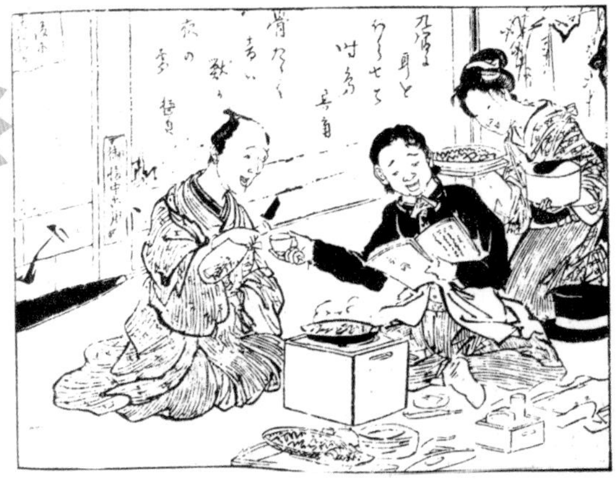

▲文明開化（上）と牛鍋（下）（共に横浜開港資料館所蔵）

明治時代中期頃は，**牛肉**や**豚肉**が利用されるようになり，西洋料理の調理技術を日本風にアレンジした**西洋風料理**が紹介され，その後，家庭にも**和洋折衷**(せっちゅう)**の料理**が浸透する。

2 和食と洋食の融合　～日本型食生活～

戦後，急速に経済成長した日本では，ご飯を主食としながら，主菜・副菜に加え，適度に牛乳・乳製品や果物が加わった，バランスのとれた食生活が作り上げられた。

昭和50年代頃のこのような食生活を**「日本型食生活」**という。日本型食生活は，世界的にも評価され，日本が世界有数の長寿国となった大きな理由といわれている。

日本型食生活の特徴は?

❶ ご飯を中心に，多様な副食を組み合わせることができる。
❷ 日本の各地域で生産される豊かな食材を用い，健康的で栄養バランスにも優れている。
❸ 和食の基本形を，ご飯に雑穀を加えたり，汁の具を変えたり，おかずを変えたりすることで，バラエティ豊かな食になる。
❹ 主菜，副菜などは，中食，冷凍食品，レトルト食品，合わせ調味料などの活用や外食との組み合わせもできる。

(農林水産省HPより作成)

デジタルWORK　日本の学校給食の歴史を探ろう

100年以上続く日本の学校給食の歴史の資料を読んでみよう。読み終わったら，年代ごとの家庭料理について調べたり，親や祖父母にどのような給食を食べていたか聞いてみたりしてもよい。

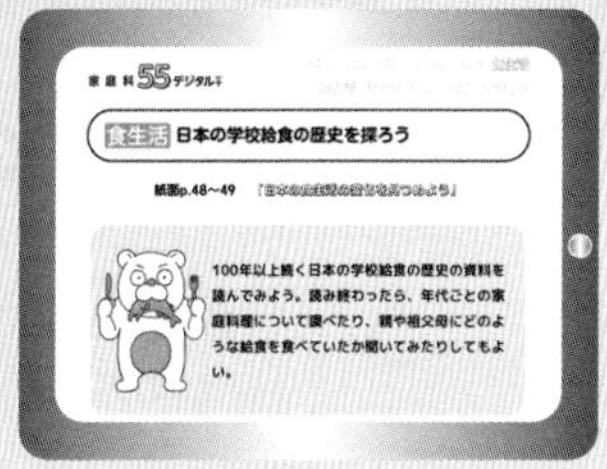

大正時代以降

▲大正時代の横浜（横浜開港資料館所蔵）

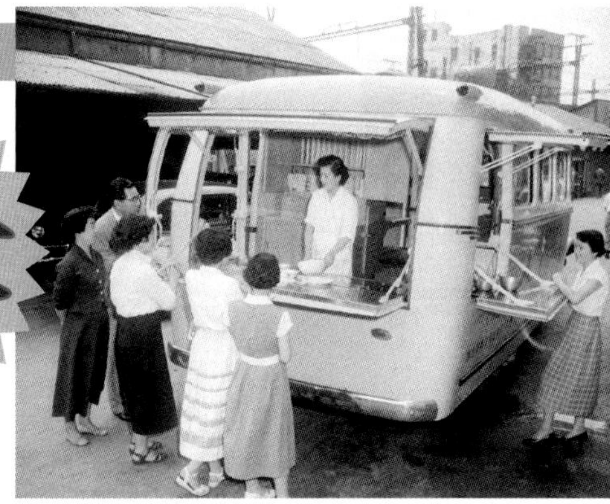
▲キッチンカー（©共同通信社）

都市化が進んだ大正から昭和の初期にかけては，**大衆食堂**が多くつくられ，全国的に外食としての洋食が普及した。

また，肉屋が売り出したコロッケなどの惣菜（そうざい）による**中食**が登場した。

▲大衆食堂（©朝日新聞社）

▼にぎわう闇市（©共同通信社）

戦争が始まると配給統制がしかれ，食生活が大きく制限された。終戦後は食糧事情が悪化し，配給では足りない人たちが食糧などを求めて闇市がにぎわった。

その後，占領軍のアメリカによる食糧援助が学校給食に使用され，パン食を加えた完全給食が誕生。キッチンカー（栄養指導車）が日本全国で，栄養を考えた食事の作り方を指導して回った（アメリカの余剰作物対策のため，一品は小麦レシピが用いられた）。

3 世界へ広がる日本の“食”

- **訪日外国人が「訪日前に期待していたこと」1位「日本食を食べること」（82.3%）**※
- **世界の日本食レストラン数は 約2.4万店（2006年）→ 約5.5万店（2013年）→ 約18.7万店（2023年）**

※観光庁「訪日外国人消費動向調査2022年10-12月期」

好きな外国料理

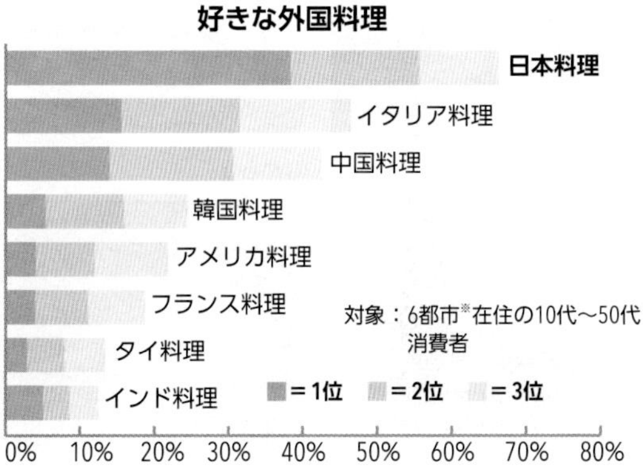

（2014年日本貿易振興機構 農林水産・食品部「日本食品に対する海外消費者アンケート調査－6都市比較編－」より）
※6都市はモスクワ・ホーチミン・ジャカルタ・バンコク・サンパウロ・ドバイ

増える海外の日本食レストラン

地域	2023年度店舗数（店）	2021年との店舗数比
欧州	16,200	1.2倍
ロシア	3,200	1.0倍
アジア	122,000	1.2倍
中東	1,300	1.0倍
アフリカ	690	1.0倍
北米	28,600	0.9倍
オセアニア	2,500	1.0倍
中南米	12,900	2.0倍

（農林水産省，外務省調査）

▲ロシアの日本食レストラン

▲アメリカの日本食レストラン（サンフランシスコ）

24 ふるさとの味を探してみよう

豪華動画 47本!

目標・課題
- ❶ 日本各地にはさまざまな郷土料理・ご当地グルメがあることを知ろう。
- ❷ 自分の住んでいる地域の食文化について調べよう。

日本の郷土料理ご当地グルメ

日本列島は南北に長く自然が豊かなため，地域により気候風土や特産物が異なる。そのため，全国各地で独自の料理や食品などの「郷土料理」が発展してきた。また，近年に創作され，各地域を発祥として長く親しまれている「ご当地グルメ」もある。47都道府県の郷土料理やご当地グルメを知り，食文化の歴史に思いをはせてみよう。

47都道府県の郷土料理・ご当地グルメのレシピと作り方の動画を，二次元コードから見てみよう。

鮭のちゃんちゃん焼き

せんべい汁

盛岡冷麺

ずんだもち

きりたんぽ鍋

山形だし

こづゆ

しもつかれ

おっきりこみ

ピーナッツ味噌

みそポテト

なめろう

もんじゃ焼き

サンマーメン

タレカツ丼

ホタルイカの酢味噌かけ

治部煮（じぶに）

デジタルWORK　郷土料理・ご当地グルメレシピ動画47選

北は北海道から南は沖縄まで，全国47都道府県の郷土料理・ご当地グルメのレシピと作り方を動画で紹介。各地域で受け継がれ親しまれてきた食を味わってみよう。

呉汁

ほうとう鍋

野沢菜漬け

鶏ちゃん

串おでん

みそ煮込みうどん

鴨鍋

おばんざい

お好み焼き

明石焼き

手こね寿司

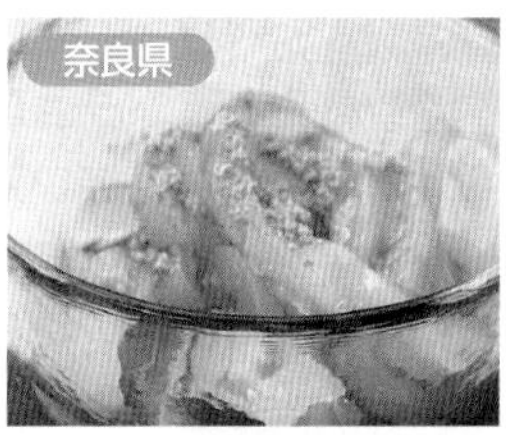

葛きり

ごま豆腐

そば米雑炊

しっぽくうどん

宇和島鯛めし

カツオのたたき

らっきょう漬け

うずめ飯

デミカツ丼

広島風お好み焼き

瓦そば

筑前煮

だご汁

ちゃんぽん

やせうま

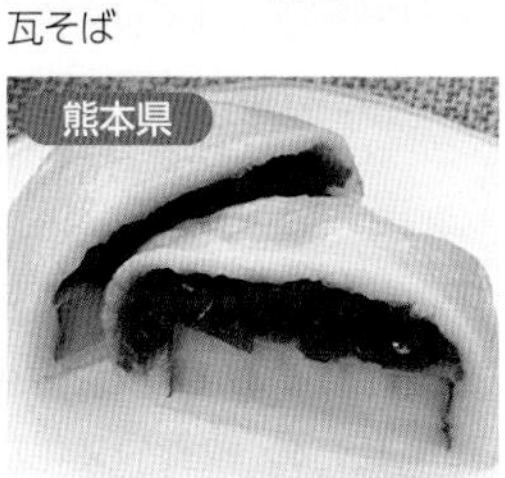

いきなり団子

冷や汁

さつま汁

サーターアンダギー

25 おせち料理にはどんな意味があるの?

動画▶もあるよ!

目標・課題

❶ おせち料理を例に，行事食に込められた思いや願いに気づこう。
❷ 食生活に季節感を取り入れる工夫について考えてみよう。

※重箱の段数，詰め方や料理の内容は，家庭や地域によって異なる。

一の重　祝い肴と口取り

ごぼう

細く長い形状や，しっかり根を張って育つごぼうは，縁起のよい食材とされる。ごぼうの産地である京都の"八幡"の名をとった，牛肉や穴子の八幡巻きも正月らしい巻きもの料理。宮中で正月に配られる花びらの餅の芯にも，ごぼうが用いられるなど，大切に扱われている。

紅白蒲鉾

お祝いの色である紅白で，紅は"慶び"，白は"神聖"を表すとされる。蒲鉾は日の出の象徴でもあり，元旦には欠かせない。

数の子 ▶

数の子はニシンの卵。二親（にしん）の語呂合わせとその卵の多さから，子宝と子孫繁栄を祈り，古くからおせちに用いられた。

黒豆 ▶

「まめ」はもともと"丈夫""健康"を意味する言葉で「一生まめに働ける（暮らしていける）」という語呂合わせからも縁起がよい。また，黒は道教で魔除けの色でもある。

チョロギ

赤い漬物はチョロギ（シソ科の塊茎）で，「長老喜」などの漢字をあてて祝い事で食される。

栗きんとん ▶

きんとんは「金団」と書き，その色を黄金色に輝く財宝にたとえて，豊かな1 年を願う。栗を天日に干して搗いたものを「搗ち栗」といい，"勝ち"に通じることから縁起がよいとされている。

田作り ▶

かたくちいわしの小魚を素干しにしたものを田作り（ごまめ）という。五穀豊穣を願って，肥料として田畑に撒いたことから名付けられた。

二の重　焼き物と口取り

えび

長いひげに曲がった腰が老人を連想させるえびは，長生きすることを願って正月飾りやおせち料理によく使われる。小えびを串で止めた"鬼がら焼"もよく用いられる。

伊達巻 ▶

白身魚のすり身に，卵とだし汁をすり混ぜて焼いて作る。名前の由来は，博多織の伊達巻きの縞模様からといわれている。昔は大事な文書や絵は巻物にしたため，教養や文化が身につくことを願っておせち料理には巻いた料理を多く用いる。

デジタルWORK おせち料理レシピ動画9選

数の子，黒豆，栗きんとん，伊達巻，お煮しめ，田作り，昆布巻き，紅白なます，酢れんこんのレシピと作り方を動画で視聴できる。お正月はおせち料理を作って，家族で食卓を囲もう。

おせちとは？

「おせち」は元々，年中行事を行う季節の節目（節句）を指したが，現在は正月料理のことを「おせち」と呼ぶ。お正月の3日間ぐらいは家事を休み，料理をしなくてもいいようにと，保存のきく料理を作った。“めでたいことを重ねる”との願いを込めて重箱に詰め，上から順に，一の重，二の重，三の重，与の重の四段重ねにするのが正式とされる（四の重は「死」を連想させ縁起が悪いため「与の重」と書く）。現在のおせち料理の形が確立したのは第二次大戦後であるといわれている。

三の重　煮物，煮染

たけのこ
たけのこはその成長のスピードと生命力の強さから，健康に育つようにと願いが込められている。

お煮しめ
野菜などを鍋で一緒に煮る，お煮しめや筑前煮は，親族が結ばれ，仲良く過ごすという意味があり，おせち料理に用いられる。

昆布巻
昆布は「喜ぶ」の言葉にかけて，健康長寿を祈る縁起もの。正月の鏡飾りにも用いられ，お煮しめの結び昆布，昆布巻と多様に用いられる。

紅白なます
おもに大根とにんじんで作られ，紅白の水引を表す縁起もの。生の魚介や野菜と酢で作ったことから，“なます”の名がついた。

酢れんこん
れんこんには大きな穴が開いているため，「先が見通せる」縁起のよい食べ物とされ，おせち料理には欠かせない。

与の重　酢の物

たこ
たこは，「多幸」に通じるとされ，おせちによく用いられる。ゆでると赤くなるため，切り口がおめでたい紅白になる。

小肌
小肌は出世魚で，コノシロが成魚になる前の名前であり，将来の出世を願って用いられる。五穀豊穣を願って，クチナシで黄色く染めた粟と共に粟漬にすることもある。

26 どんなときに誰と食べたい?

目標・課題

❶ 食べる場面や, 一緒に食べる人のことを考えて献立を立ててみよう。
❷ 大切な人のために調理して, 一緒に食事を楽しもう。

母の日/父の日に作りたい
春 たけのこの彩りいなり

部活の差し入れで喜ばれる
夏 ヨーグルトゼリーアイス

ホームパーティーでドヤ顔できる
秋 秋野菜とミートボールのトマト煮

気になるあの人へ送りたい
冬 ガナッシュクッキーサンド

デジタルWORK 高校生がつくってみたいレシピ動画4選

編集部が全国の高校生に行ったアンケートで，とくに「つくってみたい!」という声が多かったレシピを動画で視聴できる。食卓を四季で彩ったら，大切な人と手作り料理を一緒に味わおう。

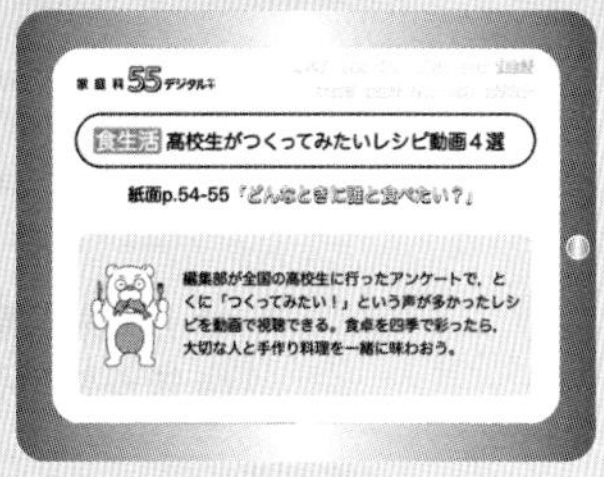

春 たけのこの彩りいなり

材料【8個分】

ごはん……250g
油揚げ……4枚（80g）
マグロ（刺身）……50g
卵……2個
たけのこ（水煮）……100g
すし酢……大さじ3
白いりごま……大さじ1
細ねぎ（斜め切り）……少々

☆いなり揚げ調味料

酒……大さじ1
砂糖……大さじ2
しょうゆ……大さじ2
水……100cc

★卵焼き調味料

砂糖……小さじ1/2
塩……ひとつまみ
和風顆粒だし……ひとつまみ
水……大さじ1

エ 106kcal　た 6.2g
脂 5.0g　炭 18.6g
塩 1.33g　（1個分）

1 たけのこは根元部分は7mm角に切り，穂先部分は薄切りにする。
2 マグロは7mm角に切る。
3 油揚げは箸を転がしてはがしやすくし，半分に切って袋状に開く。お湯（分量外適量）をかけて粗熱がとれたら水気をしぼる。耐熱容器に☆を入れて混ぜ，角切りたけのこ，油揚げを入れてふんわりとラップをし，600Wのレンジで3分加熱する。上下を返し，冷めるまでおいて汁気をしぼる（いなり揚げ）。
4 耐熱容器に卵を入れて混ぜ，★を入れてさらに混ぜる。ふんわりとラップをして600Wのレンジで1分加熱する。一度取り出して混ぜ，表面が固まってくるまで同様に600Wのレンジで1分ずつ加熱する。容器から取り出してラップにのせて包み，冷めたら7mm角に切る（卵焼き）。
5 ボウルにごはん，すし酢，白いりごまを入れて切るように混ぜる。薄切りにしたたけのこを加えてさっくり混ぜる（酢めし）。
6 いなり揚げの口を開き，酢めし1/8量を詰めてふちを内側に折り込む。同様に計8個作る（いなり寿司）。
7 いなり寿司に卵焼き，角切りたけのこ，マグロをのせて，お好みで細ねぎをのせる。

夏 ヨーグルトゼリーアイス

材料【24個分（250cc製氷皿2台分）】

フルーツミックス缶……1缶（250g）
水……大さじ2
粉ゼラチン……5g

ヨーグルトゼリー液

ヨーグルト［無糖］……200g
牛乳……50cc
はちみつ……40g

エ 20kcal　た 0.6g
脂 0.3g　炭 3.7g
塩 0.0g　（1個分）

＊材料の「フルーツミックス缶」はパインアップル缶詰で計算

1 ボウルに水を入れ，粉ゼラチンを振り入れてふやかす。
2 鍋に牛乳，はちみつを入れ，混ぜながら弱火で熱し，鍋周りに小さな泡が出てきたら、火からおろす。1のふやかしたゼラチンを加えて混ぜて溶かし，粗熱をとる（牛乳液）。
3 ボウルにヨーグルト，牛乳液を入れて混ぜる（ヨーグルトゼリー液）。
4 製氷皿にフルーツミックス缶を散りばめ，ヨーグルトゼリー液を等分に加える。ラップをし，表面が固まるまで冷蔵庫で1時間冷やす。お好みでピックをさしてラップをし，凍るまで冷凍庫で2時間以上冷やす。

動画で手順を確認できるから安心だね!

秋 秋野菜とミートボールのトマト煮

材料【3〜4人分】

合いびき肉……250g
なす……3本（240g）
黄パプリカ……1個（150g）
しめじ……1パック（100g）
玉ねぎ……1/2個（100g）
オリーブオイル……大さじ1
パセリ（刻み）……少々

☆肉だね調味料

塩……小さじ1/3
こしょう……少々
牛乳……大さじ3
パン粉……大さじ3

★トマト煮調味料

カットトマト缶……1缶（400g）
砂糖……小さじ1
塩……小さじ1/2
こしょう……少々
コンソメ……小さじ1
ローリエ……1枚
水……150cc

1 なすはヘタを切り落とし，一口大の乱切りにする。水にさらして水気をきる。パプリカは半分に切り，へたと種を取り除いて一口大の乱切りにする。しめじは根元を切り落とし，ほぐす。玉ねぎはみじん切りにし，耐熱容器に入れてふんわりとラップをし，600Wのレンジで1分加熱する。
2 ポリ袋に牛乳，パン粉を入れてなじませ，合いびき肉，玉ねぎ，残りの☆を入れて粘りが出るまでもみこむ。袋の先端を少し切り落とす（肉だね）。
3 フライパンにオリーブオイルを入れて薄く広げ，肉だね1/20量ずつ丸くしぼる。中火で熱し，表面に焼き色がつくまで転がしながら3分ほど焼く。なす，しめじ，パプリカを加えて，油がなじむまで2分ほど炒める。
4 ★を加えて混ぜ、煮立ったら、ふたをして弱火で10分〜12分煮る。
5 器に盛り，パセリをちらす。

エ 254kcal　た 12.1g　脂 15.4g　炭 12.6g
塩 1.8g　（1個分）

＊材料の「合いびき肉」は牛肉7：豚肉3で計算

冬 ガナッシュクッキーサンド

材料【10個分】

ココア生地

無塩バター……50g
砂糖……30g
薄力粉……75g
純ココア……15g
溶き卵……1/2個分

ガナッシュ

ミルクチョコレート……50g
生クリーム……大さじ1と1/2

エ 120kcal　た 1.4g
脂 7.1g　炭 11.5g
塩 0.0g　（1個分）

1《下準備》バターは常温に戻す。天板にクッキングシートを敷く。ボウルに薄力粉，純ココアを入れて泡立て器で混ぜ，ふるう（粉類）。
2【チョコクッキー】ボウルにバターを入れてなめらかになるまで混ぜ，砂糖を加えて白っぽくなるまで混ぜる。溶き卵を加えて混ぜ，粉類を加える。粉気がなくなるまで混ぜてひとまとめにする。
3 ラップにのせて直径4cmの棒状に形をととのえて包み，冷凍庫で1時間以上冷やし固める（生地）。
4 生地を5mm幅に切り，クッキングシートを敷いた天板に並べる。170℃に予熱したオーブンで12〜15分焼き，冷ます。
5【ガナッシュ】耐熱容器にチョコレートを割り入れ，ラップをせずに600Wのレンジで1分加熱し，混ぜて溶かす。生クリームを加えて混ぜる。チョコレートがゆるい場合は冷蔵庫で10分冷やす。
6 チョコクッキー1枚にガナッシュを1/10量のせてもう1枚のチョコクッキーではさみ，形をととのえる。同様に計10個作り，冷蔵庫でチョコレートが固まるまで30分ほど冷やす。

食生活

※各料理の食品成分は文部科学省「日本食品標準成分表2020年版（八訂）」で計算

27 どのような栄養素が含まれている?

目標・課題

❶ 五大栄養素を多く含む食品を知ろう。
❷ 栄養を考えて食品を選んでみよう。

食品成分表を見てみよう

文部科学省が発表している「日本食品標準成分表」やp.186からの食品成分表を参考に，ふだん食べている食品にどの栄養素がどれくらい含まれているかを調べてみよう。

料理名	エネルギー	水分	たんぱく質	脂質	飽和脂肪酸	n-6系多価不飽和脂肪酸	n-3系多価不飽和脂肪酸	コレステロール	炭水化物	食物繊維総量	ナトリウム	カリウム	カルシウム	リン	鉄	亜鉛	ビタミンA	ビタミンD	ビタミンE	ビタミンB_1	ビタミンB_2	ビタミンC	食塩相当量
	kcal	g	g	g	g	g	g	mg	g	g	mg	mg	mg	mg	mg	mg	µg	µg	mg	mg	mg	mg	g
卵かけ焼きおにぎり	148	56.2	4.1	3.2	0.8	0.8	0.0	69.3	23.8	1.0	177.0	58.7	11.2	63.5	0.4	0.6	38.5	0.8	0.3	0.0	0.1	0.0	0.5
にんじんとほうれん草のごま和え	81	82.9	3.1	4.7	0.7	2.1	0.1	0.0	3.4	3.4	278.0	501.0	144.0	90.0	2.1	0.9	434.0	0.0	1.3	0.1	0.2	20.0	0.7
よだれ鶏の唐辛子ねぎだれ	376	191.8	25.7	19.6	3.3	7.9	0.1	92.0	12.0	2.4	898.0	732.0	43.0	326.0	0.9	1.2	33.0	0.1	1.0	0.2	0.2	20.0	2.3
カマンベールの肉巻きフライ	543	90.5	22.8	42.6	15.7	7.4	1.2	405.0	10.5	0.8	605.0	370.0	292.0	427.0	2.0	3.4	354.0	3.5	3.9	0.4	0.5	9.0	1.5
ほうれん草とかぼちゃのシーザーサラダ	184	220.2	6.6	8.0	2.5	1.9	0.4	22.0	16.4	5.5	257.0	962.0	121.0	159.0	1.7	1.2	489.0	0.0	6.2	0.3	0.3	60.0	0.6

※文部科学省「日本食品標準成分表2020年版（八訂）」で計算

エ…エネルギー　た…たんぱく質　脂…脂質　炭…炭水化物　塩…分

1 炭水化物を多く含む食品を使ったレシピ　卵かけ焼きおにぎり

食べやすい♪

エ 148kcal　た 4.1g　脂 3.2g　炭 23.8g　塩 0.5g　1切れ分（6等分にした場合）

材料【卵焼き器1台分（13cm×18cmの卵焼き器使用）】

ごはん……400g
卵……2個
かつお節……5g
めんつゆ[3倍濃縮]……大さじ1
塩……少々
ごま油……小さじ2

1 ボウルにごはん，卵，かつお節，めんつゆ，塩を入れて切るように混ぜる。
2 卵焼き器にごま油半量（小さじ1）を入れて中火で熱し，1を入れて平らにならす。焼き色がつくまで5分ほど焼き，皿をかぶせて上下を返す。
3 卵焼き器に残りのごま油（小さじ1）を入れて2を戻し入れ，焼き色がつくまで焼く。
4 食べやすい大きさに切り，器に盛る。

2 無機質を多く含む食品を使ったレシピ　にんじんとほうれん草のごま和え

香ばしい!

エ 81kcal　た 3.1g　脂 4.7g　炭 3.4g　塩 0.7g　（1人分）

材料【2人分】

にんじん……1/2本（75g）
ほうれん草……100g
☆和え衣
砂糖……小さじ1/2
しょうゆ……大さじ1/2
白すりごま……大さじ2

1 ほうれん草は根元を切り落として5cm幅に切る。にんじんは千切りにする。
2 鍋に湯をわかし，にんじんを入れて2分ゆで，取り出して粗熱をとる。同じ鍋にほうれん草を入れて1分ゆで，冷水にさらして水気を切る。
3 ボウルに☆を入れて混ぜ，にんじん，ほうれん草を加えて和える。

デジタルWORK 栄養素別レシピ動画5選

五大栄養素それぞれを多く含む食材を使った，初心者でも簡単に作れるレシピを厳選して紹介。動画を視聴しながら実際に作って，食べて，栄養素への理解を深めよう。

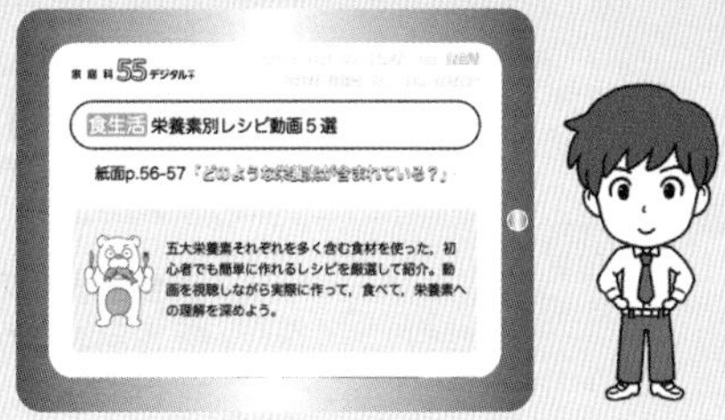

3 たんぱく質を多く含む食品を使ったレシピ よだれ鶏の唐辛子ねぎだれ

ピリ辛!

エ 376kcal　た 25.7g　脂 19.6g　炭 12.0g　塩 2.3g　（1人分）

材料【2人分】

- 鶏むね肉［皮なし］……1枚（250g）
- 長ねぎ［白い部分］……1本分
- 唐辛子……1本
- しょうが……2枚
- 長ねぎ［青い部分］……1本分
- パクチー……適量

☆唐辛子ねぎだれ調味料

- 酒……大さじ1
- しょうゆ……大さじ1と1/2
- はちみつ……大さじ1
- ごま油……大さじ2
- ラー油……大さじ1

1 鶏肉に塩（分量外：小さじ1/2）をふってもみこみ，10分ほどおく。
2 鍋にたっぷりの湯をわかして鶏肉，しょうが，ねぎの青い部分を入れ，ふたをして火を止め，50～60分ほど火が通るまでおく。鍋から鶏肉を取り出し，粗熱を取り、そぐように切る。
3 ねぎはみじん切りにする。唐辛子はへたを切り落として種を取り，粗みじん切りにする。
4 耐熱容器に酒を入れ，ラップをせずに600Wのレンジで30秒加熱し，アルコール分を飛ばす。
5 ボウルにねぎ，唐辛子，☆を入れて混ぜる（唐辛子ねぎだれ）。
6 器に鶏肉を盛り，パクチーを添えて唐辛子ねぎだれをかける。

4 脂質を多く含む食品を使ったレシピ カマンベールの肉巻きフライ

中からとろーり

エ 543kcal　た 22.8g　脂 42.6g　炭 10.5g　塩 1.5g　（1人分）

※吸油率14%で計算

材料【2人分】

- 豚ロースしゃぶしゃぶ肉……6枚
- カマンベールチーズ……6切れ
- 塩こしょう……少々
- サラダ油……適量

☆衣

- 薄力粉……適量
- 溶き卵……1個分
- パン粉……適量

その他材料

- ケチャップ……適量
- パセリ（刻み）……少々
- サニーレタス……適量

1 まな板に豚肉を広げてのせて，塩こしょうをふる。カマンベールをのせて全面包むようにして巻く。
2 薄力粉，溶き卵，パン粉の順に衣をつける。
3 鍋にサラダ油を入れて170℃に熱し，2を入れて転がしながら3～4分程肉に火が通るまで揚げる。
4 器にサニーレタスをしいて3を盛り，ケチャップをかけてパセリをちらす。

5 ビタミンを多く含む食品を使ったレシピ ほうれん草とかぼちゃのシーザーサラダ

ホクホク!

エ 184kcal　た 6.6g　脂 8.0g　炭 16.4g　塩 0.6g　（1人分）

材料【2人分】

- 生ハム……4枚
- サラダほうれん草……1/2袋（100g）
- トマト……1個
- かぼちゃ[種とわたなし]……150g
- こしょう……少々
- 水……大さじ1

☆シーザードレッシング

- おろしにんにく……小さじ1/3
- 粉チーズ……大さじ1と1/2
- 牛乳……大さじ2
- マヨネーズ……大さじ1
- レモン汁……小さじ1

1 サラダほうれん草は根元を切り落とし，3等分に切る。トマトはへたを切り落とし，食べやすい大きさに切る。かぼちゃは一口大に切る。
2 生ハムは半分に切る。
3 耐熱容器にかぼちゃ，水を入れてふんわりとラップをし，600Wのレンジで4分加熱する。
4 別のボウルに☆を入れて混ぜる（シーザードレッシング）。
5 器にサラダほうれん草，トマト，かぼちゃ，生ハムをのせ，こしょうをふり，シーザードレッシングをかける。

食生活

28 これ, 何の食品表示だろう?

目標・課題

❶ 食品表示の読み取り方を知ろう。
❷ 食品表示がなかったら消費者として困ることを挙げよう。

1 下のA～Eの食品表示は何の乳製品か, ①～⑥から選んでみよう!

①乳児用調製粉乳 ／ ②牛乳 ／ ③有塩バター ／ ④ヨーグルト ／ ⑤アイスクリーム ／ ⑥ナチュラルチーズ

A 答え

種類別名称
商品名
無脂乳固形分 8.3%以上
乳脂肪分 3.5%以上
原材料名 生乳100%(国産)
殺菌 135℃ 2秒間
内容量 1000ml
賞味期限 上部シール部に表示
保存方法 要冷蔵10℃以下
開封後の取扱 開封後は賞味期限にかかわらず、できるだけ早めにお飲みください。
製造所所在地
製造者

公正

栄養成分表示 コップ1杯(200ml)当たり

エネルギー	137kcal	炭水化物	9.9g
たんぱく質	6.8g	食塩相当量	0.21g
脂質	7.8g	カルシウム	227mg

〈推定値〉

C 答え

種類別
原材料名 生乳(北海道産)、食塩　内容量 200g
賞味期限 側面に記載　保存方法 要冷蔵10℃以下
製造者

●賞味期限は、未開封の状態で冷蔵保存(10℃以下)した場合に、風味等の品質が保たれる期限です。
●開封後は賞味期限にかかわらず、できるだけ早めにお召しあがりください。

アレルゲン(推奨表示含む)　乳成分

E 答え

●種類別:
●原材料名:乳糖(アメリカ製造)、調整食用油脂(豚脂分別油、大豆白絞油、パーム核油、精製魚油、アラキドン酸含有油脂)、乳清たんぱく質、カルシウムカゼイネート、フラクトオリゴ糖、バターミルク、デキストリン、脱脂粉乳、食塩、酵母／リン酸Ca、塩化Mg、炭酸Ca、塩化K、炭酸K、V.C、イノシトール、コレステロール、タウリン、ピロリン酸鉄、塩化Ca、硫酸亜鉛、シチジル酸Na、V.E、パントテン酸Ca、ウリジル酸Na、L-カルニチン、ナイアシン、イノシン酸Na、グアニル酸Na、5'-AMP、硫酸銅、V.B_1、V.A、V.B_6、V.B_2、カロテン、葉酸、ビオチン、V.K、V.D、V.B_{12}●内容量:432g(27g×16袋)●賞味期限:箱天面の右部に記載●保存方法:乾燥した涼しい場所に保管してください。●製造者:

アレルギー物質(特定原材料等)　乳成分

ご使用上の注意

●キューブを溶かさず、そのまま与えることはしないでください。
●赤ちゃんの体質や健康状態に応じて、医師、薬剤師、助産師、保健師、看護師、管理栄養士、栄養士にご相談ください。●初めての場合は少量ずつ与えてください。●一度封を切った袋は、開けたまま保管しないでください。●湿気の多いところや火のそば、直射日光のあたるところ、夏場の車の中などには置かないでください。また、冷蔵庫や冷凍庫には入れないでください。●袋の上から強く握ったり、落としたりするとキューブが割れることがあります。強い衝撃を加えないでください。

B 答え

●種類別:　●無脂乳固形分:8.5% ●植物性脂肪分:13.0% ●卵黄脂肪分:0.5% ●原材料名:乳製品(国内製造又は外国製造)、植物油脂、砂糖、水あめ、卵黄、ぶどう糖果糖液糖、食塩／香料、アナトー色素、(一部に卵・乳成分を含む) ●内容量:200ml ●賞味期限:カップ底面上段左部に記載 ●保存方法:−18℃以下で保存してください。●製造者:

乳製品の製造地は、過去1年間の使用実績順
開封後は早めにお召し上がりください。

ミックス パッケージ FSC FSC® C126884

アレルギー物質(特定原材料等)　卵・乳成分

D 答え

種類別
原材料名 生乳(北海道産)、食塩
内容量 90g
賞味期限 右側面に記載
保存方法 10℃以下で保存してください。
製造者

製造所

アレルギー物質(特定原材料等)　乳成分

2 下のA～Fの食品表示は何の大豆製品か, ①～⑦から選んでみよう!

①豆腐 ／ ②おから ／ ③油揚げ ／ ④調整豆乳 ／ ⑤みそ ／ ⑥しょうゆ ／ ⑦納豆

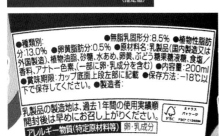

A 答え

アレルギー物質(28品目)	大豆

大豆アレルギーの方はお控えください。他の大豆食品でアレルギー症状が出ない方でも、ごくまれにアレルギー発症例がありますので、少量からの試飲をおすすめします。

●名称　●大豆固形分 7% ●原材料名 大豆(カナダ又はアメリカ)(分別生産流通管理済み)、砂糖、米油、天日塩／乳酸カルシウム、乳化剤、糊料(カラギナン)、香料 ●内容量 200ml ●賞味期限 容器上部上段に記載 ●保存方法 直射日光を避け、涼しい場所に保存してください。●製造者

B 答え

栄養成分表示
(1パック200gあたり)

エネルギー	166kcal
たんぱく質	13.2g
脂質	10.6g
炭水化物	4.2g
食塩相当量	0.09g

この表示値は目安です

●名称:　●原材料名:丸大豆(カナダ又はアメリカ)(分別生産流通管理済み)、食塩／凝固剤(塩化Mg(にがり))、消泡剤(グリセリン脂肪酸エステル、レシチン、炭酸Mg)●内容量:200g×2●賞味期限:天面に記載●保存方法:要冷蔵(3℃～10℃)●製造者:

※丸大豆の産地は、一昨年度の使用実績順
お客様相談室 0120－
受付時間:9時～17時(土日祝、年末年始は除く)
プラ 容器:PP フィルム:PP.PA

C 答え

名称
原材料名 【　】丸大豆(アメリカ又はカナダ)(分別生産流通管理済み)、米粉、納豆菌、(一部に大豆を含む)
【　】しょうゆ、果糖ぶどう糖液糖、砂糖、食塩、昆布エキス、醸造酢、たんぱく加水分解物、梅酢、鰹節エキス、昆布(粉末)、椎茸エキス／アルコール、調味料(アミノ酸等)、酸味料、増粘剤(キサンタン)、ビタミンB_1、(一部に小麦・大豆を含む)　【　】からし、醸造酢、食塩、植物油脂／酸味料、着色料(ウコン)、ビタミンC、増粘多糖類、調味料(アミノ酸等)、香辛料、(一部に大豆を含む)
内容量 (45g×3)、(6g×3)、(0.6g×3)
賞味期限 天面に記載
保存方法 要冷蔵(10℃以下)
販売者

※丸大豆の産地は、一昨年度の使用実績順

D 答え

■名称:　■原材料名:大豆(輸入、遺伝子組換えでない)、米、食塩■内容量:750g■賞味期限:容器側面に記載■保存方法:直射日光・高温を避け常温保存■販売者:

製造所固有記号は賞味期限表示の右端に記載

栄養成分表示(	100g当り)
エネルギー	191kcal
たんぱく質	10.9g
脂質	6.0g
炭水化物	23.3g
食塩相当量	12.2g

(推定値)

E 答え

●名称:
●原材料名:大豆(アメリカ)(分別生産流通管理済み)、小麦、食塩●内容量:100ml●賞味期限:下部に記載●保存方法:直射日光を避け常温保存●開栓後の取扱い:開栓後要冷蔵●販売者:

製造所:

栄養成分表示
大さじ1杯(15ml)当り

エネルギー	15kcal
たんぱく質	1.5g
脂質	0g
炭水化物	2.0g
食塩相当量	2.5g

アレルギー物質(28品目)
小麦、大豆

F 答え

●名称　●原材料名 丸大豆(分別生産流通管理済み)、植物油／豆腐用凝固剤、消泡剤(グリセリン脂肪酸エステル)●原料原産地名 大豆の産地は、この一括表示枠外に示した記号を用いて、消費期限横に記載●内容量 3枚入●消費期限 袋表面に記載●保存方法 本品は必ず冷蔵庫内(2℃～10℃)で保存してください。
●製造者

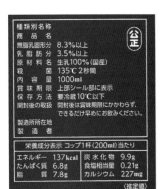

デジタルWORK いつも食べているあの商品の食品表示

いつも立ち寄るコンビニ…そこでつい買ってしまうあの商品の食品表示が登場。p.59の「推理のためのヒント」を参考に，どの食品か予想して当ててみよう。

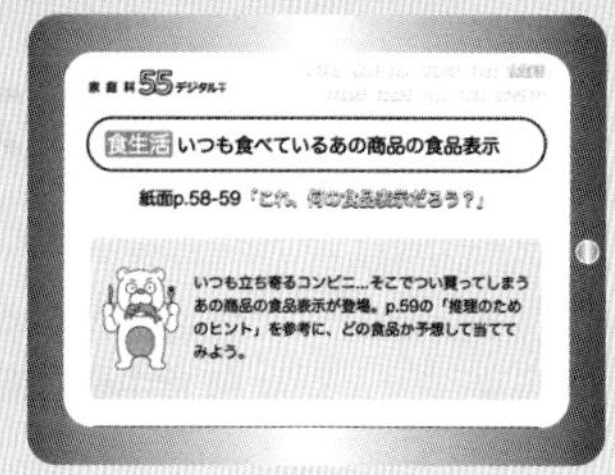

3 左のA～Cの食品表示を見て，食品を推理し，右のア～スのイラストから選んでみよう!

A

●**名称**　●**原材料名** 油揚げめん(小麦粉(国内製造)、植物油脂、食塩、チキンエキス、ポークエキス、しょうゆ、ポーク調味料、たん白加水分解物、香辛料)、かやく(味付豚ミンチ、味付卵、味付えび、味付豚肉、ねぎ)、スープ(糖類、粉末しょうゆ、食塩、香辛料、たん白加水分解物、香味調味料、ポーク調味料、メンマパウダー)／加工でん粉、調味料(アミノ酸等)、炭酸Ca、カラメル色素、かんすい、増粘多糖類、カロチノイド色素、乳化剤、酸化防止剤(ビタミンE)、香辛料抽出物、くん液、香料、ビタミンB_2、ビタミンB_1、酸味料、(一部にえび・小麦・卵・乳成分・ごま・大豆・鶏肉・豚肉を含む) ●**内容量** 78g(めん65g) ●**賞味期限** 容器底面に表示 ●**保存方法** においが強いもののそばや直射日光を避け、常温で保存してください ●**調理方法** ①フタを半分まではがし、熱湯を内側の線までゆっくり注ぐ ②フタをして3分でOK! ●製造所固有記号は容器底面下段右端に表示

答え

B

〈冷凍食品〉

名　　称			
原材料名	食肉（牛肉(輸入)、豚肉）、たまねぎ、粒状植物性たん白、つなぎ（鶏卵、パン粉、粉末卵白）、ぶどう糖、植物油脂、しょうゆ、ソテーオニオン、食塩、食物繊維、発酵調味料、香辛料、しょうゆ加工品、卵殻粉／加工でん粉、（一部に小麦・卵・乳成分・牛肉・大豆・豚肉を含む）		
内容量	126グラム	賞味期限	枠外右に記載してあります
保存方法	－18℃以下で保存してください		
凍結前加熱の有無	加熱してあります	加熱調理の必要性	加熱して召しあがってください
製造者			

製　造　所

答え

C

商品名

名　称	
原材料名	コーン(遺伝子組換えでない)(米国産)、植物油、粉末醤油、ぶどう糖、食塩、砂糖、たん白加水分解物、カツオエキスパウダー、酵母エキスパウダー、バターパウダー(北海道産バター100%使用)／調味料(アミノ酸等)、香料、カラメル色素、(一部に小麦・乳成分・大豆を含む)
内容量	50g
賞味期限	欄外下部に記載
保存方法	直射日光・高温多湿を避け、常温で保存してください。

答え

ア 冷凍餃子

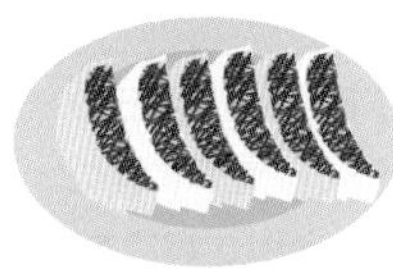

イ コーンパン

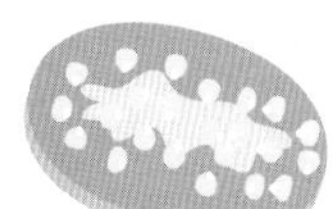

ウ コーンフレーク

エ 冷凍うどん

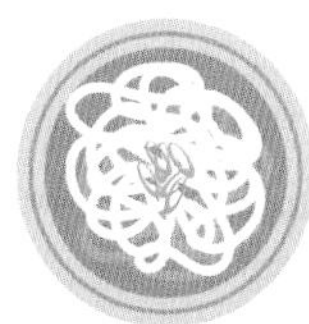

オ コーンスナック

カ 冷凍ハンバーグ

キ 冷凍お好み焼き

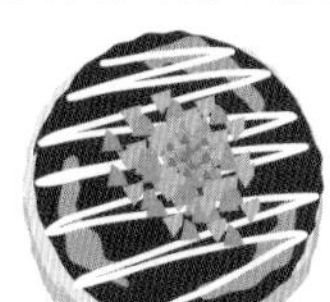

ク カップラーメン

ケ ポップコーン

コ 冷凍パスタ

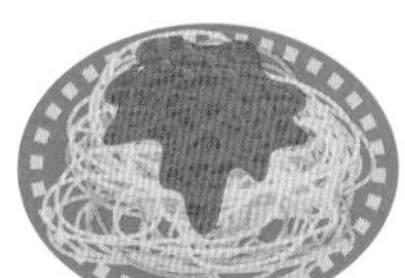

サ バランス栄養食品

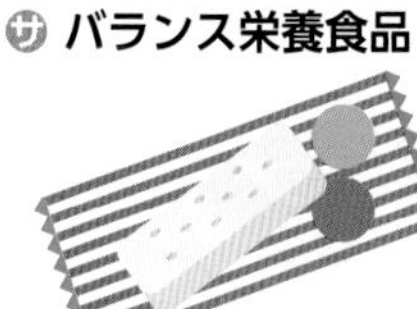

シ ステーキ弁当

ス ホットドッグ

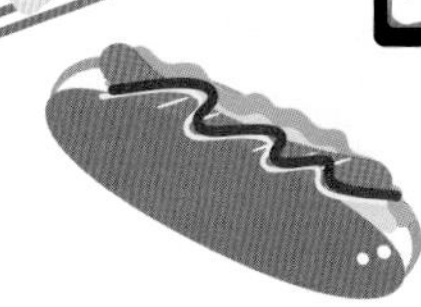

推理のためのヒント

❶ 原材料名の示し方　原材料に占める重量の多いものから順に並んでいる。最も多く使われているのは何かを見ると，その食品を想像できるかも!?

❷ 内容量はどのくらい？　その食品の内容重量や内容体積だけでなく，数量が示されていることもある。どんな形状で売られているかを知る手がかりになるよ。

❸ 賞味期限？ 消費期限？　消費期限は品質が劣化しやすい食品に表示され，過ぎると腐敗の恐れがある。一方の賞味期限は，劣化が比較的遅い食品に表示されているから，ヒントにしてみよう。

❹ 保存方法は？　それぞれの食品ごとに適した保存方法が示されている。どんな状態で保存したらよいかという視点から食品を推理してみよう。

※3のA～Cの3食品は，P.118～の「市販食品・調理加工食品データ集」に同様の食品が掲載されているので，わからなければヒントにしてみよう!

29 食中毒を予防しよう

目標・課題

❶ 細菌性食中毒の種類と症状を理解し，予防の大切さに気づこう。
❷ 食中毒対策の具体的な方法を知り，日々の食生活や調理実習に生かそう。

1 おもな細菌性食中毒を知ろう

※代表的な細菌性食中毒の原因菌をキャラクター化した。

熱 腹 吐 下 サルモネラ属菌 【おもな感染源】卵，鶏肉，ペット

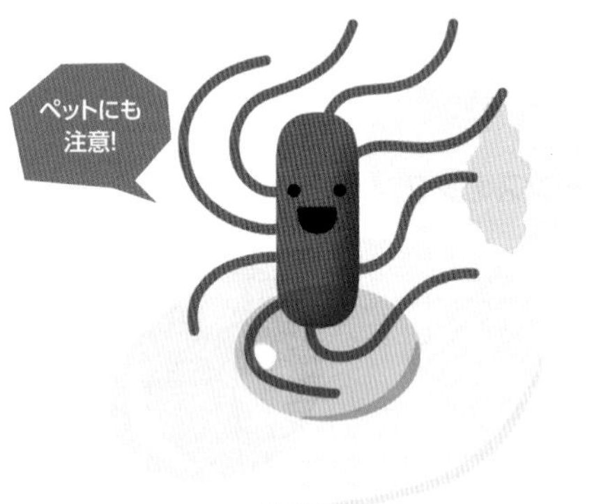

【特徴】卵や鶏肉からの感染が多い。乾燥に強く，急な発熱を引き起こす。
【対策】卵の生食は新鮮なものに限り，その他は十分に加熱しよう。動物の腸管などにも存在するので，ペットを触ったら手洗いを徹底する。食材の保存は低温で行おう。

熱 下 腹 吐 腸炎ビブリオ 【おもな感染源】魚介類

【特徴】魚介類を介して感染する。
【対策】海に生息するため塩水に強いが，真水や酸に弱いので魚介類は新鮮なものでも真水で洗う。室温で増殖する性質があるので，短時間でも冷蔵庫で保存しよう。加熱もできるものは加熱する。

腹 下 腸管出血性大腸菌 【おもな感染源】生肉，井戸水

【特徴】大腸菌自体はさまざまな種類があり人に無害なものも多い。
【対策】熱に弱いため，生肉を使った肉料理を避け，肉の中心までしっかりと加熱しよう。また，しっかりと消毒された飲料水を使用することも重要。

＊タイプO157 が代表格

下 吐 腹 セレウス菌（嘔吐型／下痢型） 【おもな感染源】ピラフやカレーなど

【特徴】症状は軽く，ほとんどの場合1～2日で自然回復する。嘔吐型はピラフやパスタなど，下痢型はカレーや弁当などからの感染が多い。
【対策】毒素を出す芽胞（がほう）は加熱しても死滅せず，家庭用消毒薬も効かず，対策は難しい。作り置きをできるだけ避けるとよい。

下 腹 吐 黄色ブドウ球菌 【おもな感染源】ヒト（手指の傷）

【特徴】人などの動物に常在し，作り出す毒素“エンテロトキシン”は100 ℃で加熱しても無毒化しない。
【対策】手指や調理器具をしっかり洗浄し，菌をつけないことが大切。手荒れや化膿（かのう）がある場合は絶対に食品に触れないこと!

風 熱 吐 腹 下 カンピロバクター 【おもな感染源】鶏などの生肉，井戸水

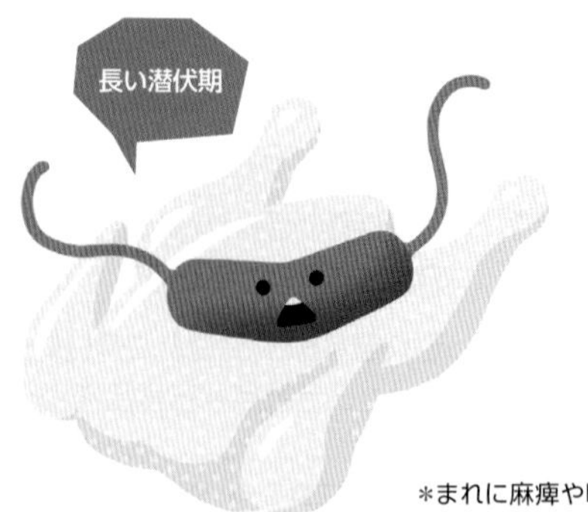

【特徴】食肉（特に鶏肉）や飲料水で汚染。少ない菌量で発症し，潜伏期（せんぷくき）1～7日で発症，風邪様症状のまま回復することが多い＊。
【対策】低温には強いが，乾燥と加熱に弱い。肉はしっかり加熱処理しよう。

＊まれに麻痺や呼吸困難を引き起こす「ギラン・バレー症候群」に重症化することもある。

デジタルWORK 細菌の正体当てクイズ

セリフを読んで，どの細菌が話しているのか正体を当ててみよう。クイズに答えて食中毒について理解を深めたら，対策として日々どのようなことができるか考えてみよう。

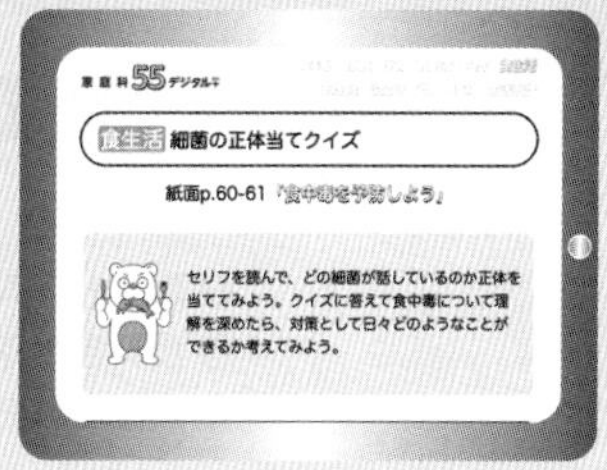

風 熱 吐 リステリア菌 【おもな感染源】ナチュラルチーズ，生ハムなど

【特徴】乳製品や生肉で発生し，無症状のまま治るか，インフルエンザのような症状が多い。発症は欧米が中心で日本での重症例はないが，妊婦や高齢者は注意が必要。

【対策】対策は難しい。

＊重症化（敗血症や髄膜炎）すると高い致死率。

下 腹 ウェルシュ菌 【おもな感染源】カレーなど煮込み料理

【特徴】炊き出しなど，煮込み料理が原因となることが多く，1事例あたりの患者数が多い*。

【対策】加熱調理食品は速やかに冷却すること。酸素に弱いので，カレーなどはよくかき混ぜて酸素と触れさせよう。

＊2017年にも都立高校で非常食による集団食中毒が発生した。

熱 下 腹 エルシニア 【おもな感染源】生肉，井戸水

【特徴】食肉による感染が多いが，サンドイッチや野菜ジュースから感染するケースや，ペットが保菌している場合もある。

【対策】低温でも増殖するので，食肉は十分に加熱して冷凍保存が有効。井戸水にも注意しよう！

吐 ボツリヌス菌 【おもな感染源】缶詰，真空パック

【特徴】土壌や河川に広く生息し，神経毒を生成する。発生数は多くないが発生すると重篤化して視力低下や呼吸困難を招く。

【対策】酸素のない状態で増殖するので，缶詰や真空パックなどの容器が膨張していたら食べない。臭いの確認も重要。1歳以下の乳児は消化吸収の機能が未熟で，腸内でボツリヌス菌が増殖する（乳児ボツリヌス症）ことがあるので，はちみつを与えないこと。

下 腹 吐 ノロウイルス 【おもな感染源】カキなどの二枚貝 番外編

【特徴】カキなど二枚貝からの感染が多く，冬場に流行する。感染力が強く，少量のウイルスで発症。子どもや高齢者は重篤（じゅうとく）化しやすい。

【対策】貝類は中心まで十分に加熱，野菜はしっかり洗浄する。感染者の便や嘔吐物などからの二次感染にも注意。

アイコンの意味（おもな症状）

熱 発熱　下 下痢（血便／水様便）　腹 腹痛
風 風邪様症状（頭痛／悪寒）　吐 嘔吐／吐き気

（食品安全委員会「食中毒予防のポイント」，厚生労働省ホームページなどより作成）

30 たくさん輸入して，たくさん食べ残し!?

目標・課題
- ❶ 献立と食料自給率の関係を知ろう。
- ❷ 食料自給率をアップさせるにはどのような方法が考えられるだろう。
- ❸ 食品ロスを減らすために私たち個人にできることを考えよう。

1 食事の食料自給率を見てみよう

※カロリーベースで示している。

自給率　約**90**%

純和食であれば自給率は高い。

内訳
- ご飯
- 干物（まあじ）
- みそ汁（カブ）
- ほうれん草のおひたし

自給率　約**61**%

洋食であっても，主食をご飯にすると自給率は高め。

内訳
- ご飯
- エビフライ
- キャベツサラダ
- みそ汁（しじみ）

自給率　約**31**%

和食であっても米を小麦にすると自給率は下がる。

内訳
- かけうどん
- 野菜の天ぷら（さつまいも／なす／かぼちゃ／れんこん）

自給率　約**18**%

洋食で小麦を主食にすると自給率は大きく下がる。

内訳
- ハンバーグ
- バターロール
- ポテトフライ
- ブロッコリーサラダ

（農林水産省「クッキング自給率」より作成）

洋食の献立で自給率をアップさせようとすると……

➡ すべての食材を国産に変更

アメリカ産ステーキ（200g）	374円
輸入ミックスベジタブル（100g）	82円
アメリカ産ブロッコリー（1/3個）	33円
小麦粉（パン用25g）	21円
ブラジル産コーヒー（1杯分）	26円

1食 **536**円

↓

和牛ステーキ（200g）	2,140円
国産ミックスベジタブル（100g）	148円
国産ブロッコリー（1/3個）	66円
国産小麦粉（パン用25g）	55円
国産コーヒー（1杯分）	108円

1食 **2,517**円

1食トータルで**1,981**円高い!!

※2018年ごろの東京のスーパーマーケットの価格で計算。

デジタルWORK 食料自給率クイズ

この食品，食料自給率は50%以上？　それとも50%未満？　知っているようで知らない，日本でよく食べられる品目の食料自給率の実際について，クイズに答えながら学ぼう。

2 日本の食料自給率と食品ロス量

●日本の食料自給率

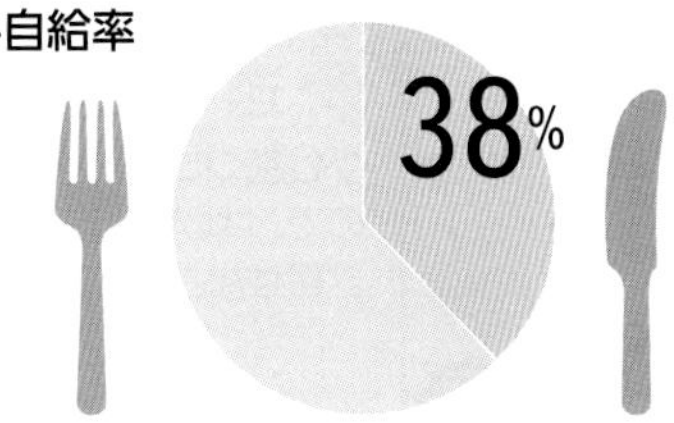

※カロリーベース

●品目別自給率

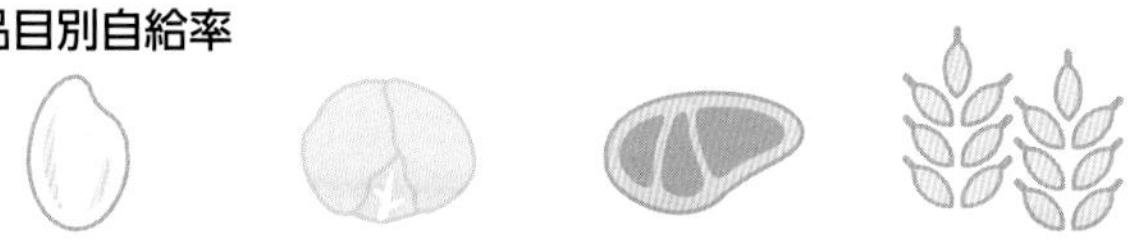

米	野菜	畜産物	小麦
99%	75%	17%	16%

※カロリーベース

●昭和40年度以降の食料自給率の推移

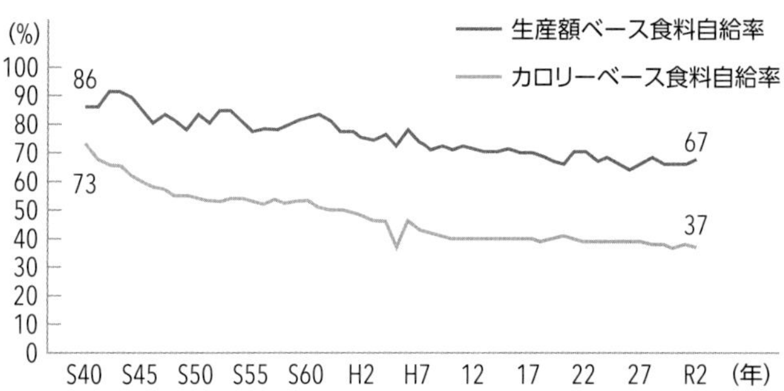

（農林水産省「令和4年度食料自給率について」より）

●日本の食品ロス量

年間約523万トン

●国民1人当たり食品ロス量

1日114g

※茶碗約1杯のご飯の量に近い量

年間 約42kg

※年間1人当たりの米の消費量（約51kg）に近い量

（農林水産省，環境省「日本の食品ロスの状況」令和3年度より）

●食品ロスの発生量　※端数処理により合計と内訳の計が一致しないことがある。

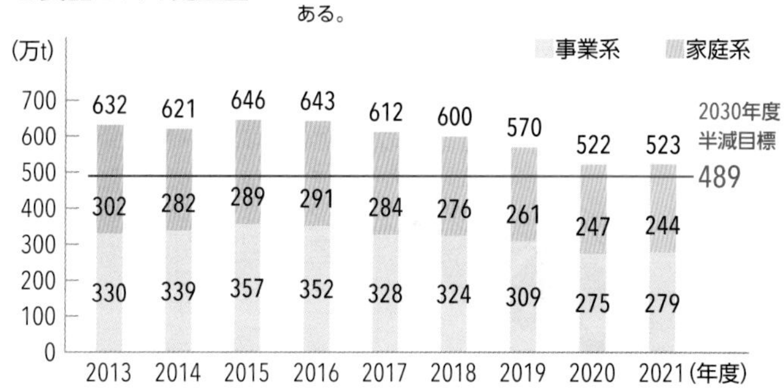

（環境省「我が国の食品ロスの発生量の推移」令和3年度より）

3 食品を大切にするために，個人で何ができるだろう？

食品ロスを減らすために

食材を「買い過ぎず」「使い切る」「食べ切る」

残った食材は別の料理に活用

「消費期限」と「賞味期限」の違いを理解

外食時での食べ残しを防ぐ

- 小盛メニューがあれば利用する。
- 料理を注文する際にボリュームを確認し，「食べ切れないかも」と思ったら「少なめにできますか？」とお願いする。
- セットメニューの中に食べられない物があれば，注文の際に，あらかじめそれを抜いてもらう。

（農林水産省　政府広報オンラインより）

ドギーバッグとは？

食品ロスを減らす個人の取り組みにドギーバッグがある。レストランなどで食べきれなかった料理を持ち帰る容器のことで，普及している国も多い。高温多湿で食中毒の危険のある日本ではあまり一般的ではないが，消費者が自己責任で持ち帰ることでトラブルを避ける取り組みも行われている。

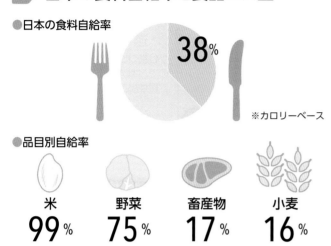

ドギーバッグ（マイボックス普及企業組合）

31 その食事のマナー,合ってる?

目標・課題

❶ 食事中のマナーについて,基礎知識を身につけよう。
❷ 食事のマナーを身につけ,実際の食事の場面で生かそう。

和食編

和食を食べる際のマナーとして,正しいと思うものに○,
マナー違反と思うものに×をつけてみよう。

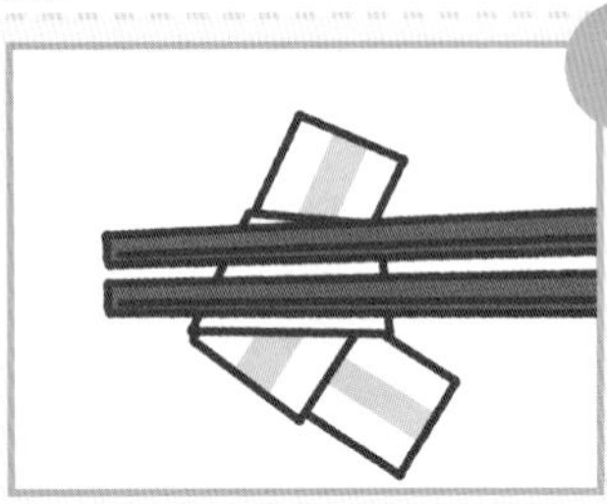

1 はし置き

はし置きがなかったので,はし袋を折って簡易のはし置きを作って使用した。

Answer

2 遠くの器を取る

少し遠くにある器を取りたかったので,はしを器にかけて手前に引き寄せた。

Answer

3 割りばしの割り方

力が入りやすいように,割りばしは縦にして割り,はしをこすり合わせてささくれを取り除いた。

Answer

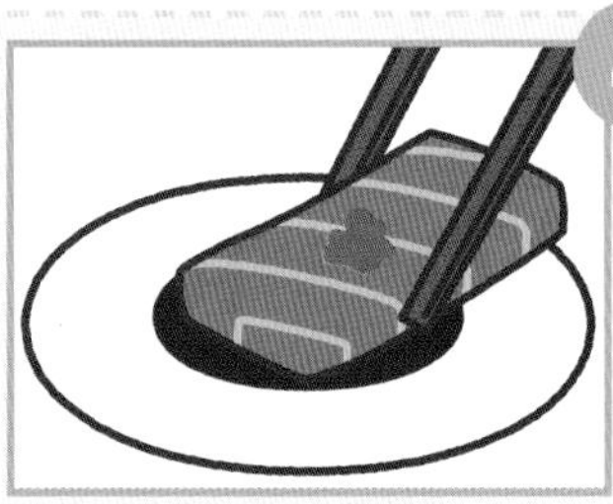

4 刺身のわさび

刺身を食べるとき,しょうゆにわさびを溶かさず,刺身の上にわさびを乗せて食べた。

Answer

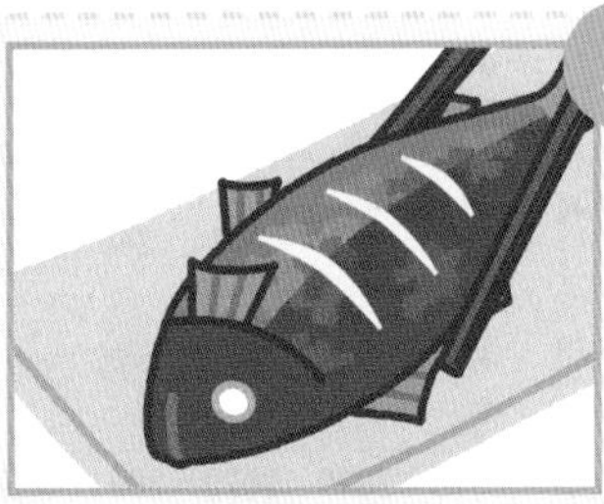

5 焼き魚の食べ方

焼き魚の上の身を食べ終わったので,魚をひっくり返して下の身を食べた。

Answer

6 手を受け皿にする

煮物をはしで食べようとしたら,汁がたれそうだったので,手を受け皿にして口まで運んだ。

Answer

7 取り分けるはし

大皿の煮物を自分の分だけ取り分けたかったので,はしを逆さにして取ることにした。

Answer

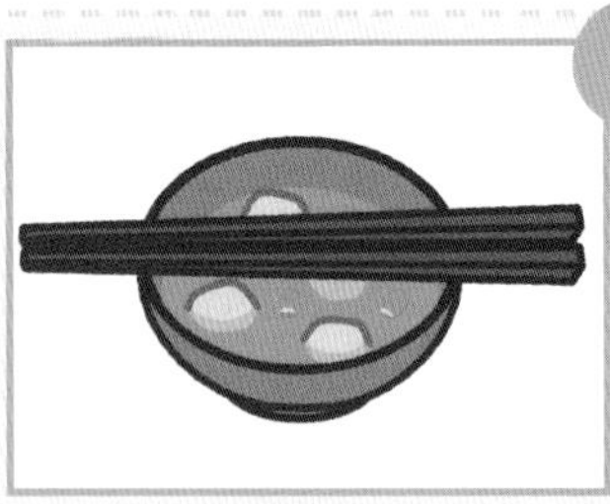

8 はしの置き方

食事中,はしを置く場所に困ったため,お椀の上に渡すようにして置いた。

Answer

9 貝の殻

アサリの汁物を飲むとき,中身を食べたアサリの殻(から)はお椀のふたに乗せておいた。

Answer

10 ふたの戻し方

食後,飲み終わったことがわかるように,お吸い物の椀のふたをひっくり返して,お椀に重ねた。

Answer

デジタルWORK　食事のマナー○×クイズ

資料集に載っているもののほかに，どんな食事のマナーがあるだろう？○×クイズに答えながら食事のマナーを身につけ，ふだんの食生活でも心がけてみよう。

洋食編（フランス料理のコースの場合）

洋食を食べる際のマナーとして正しいと思うものに○，マナー違反と思うものに×をつけてみよう。

1 ナプキンの使い方

汁物がはねるのは嫌なので，ナプキンを襟元に挟んで使用した。

Answer

2 中座するとき

メインの料理後，少しの間席を外すので，ナプキンはテーブルの上に置かずに椅子に置いて席を立った。

Answer

3 カトラリーの使用順

お皿の左右に並べられていたナイフやフォークは，取りやすいように外側から順に使っていった。

Answer

4 汚れた口元を拭く

食事中，口元が汚れてしまったので，お店のナプキンの内側を使って拭った。

Answer

5 落としたカトラリー

食事中，ナイフを落としてしまったので自分で拾った。

Answer

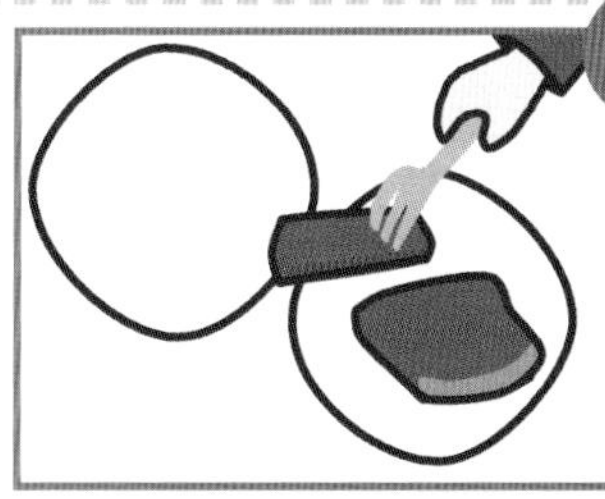

6 シェアをする

肉料理がとても美味しかったので，一緒に食事をしていた友達の分を切り分けてあげた。

Answer

7 自分のハンカチを使う

指先が汚れてしまったので，自分のハンカチを取り出して指先を拭いた。

Answer

8 ドリンクの追加

ウエイターが追加のドリンクを持って来てくれたので，両手でグラスを持ち，丁寧に注いでもらった。

Answer

9 食事と一緒に運ばれてきた水

エビ料理と一緒に器に入った水が運ばれてきたので，エビの殻を手でむいて汚れた指先を，その水で洗った。

Answer

10 食後のナプキン

食事が終わり，席を立つとき，使用したナプキンは元あったようにきれいに畳んで置いて帰った。

Answer

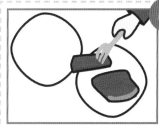

32 これからの衣生活，どうする？

Part 5 衣生活

目標・課題
❶自分の衣生活について振り返り，課題を見つけよう。
❷青年期における衣服と自己表現について考えよう。
❸自分の衣生活のこだわりを挙げ，ほかの人と意見交換しよう。

1 今の高校生の衣生活は？

あなたは平日・休日でどのような服を着ているだろうか。校則によって，通学時や学校生活での制服・私服の違いはあるだろう。あなたが着ている衣服についてのイメージやこだわりなどについて改めてふり返り，ほかの人と話し合ってみよう。

高校生の私服購入

●服を購入・入手する手段（複数回答）

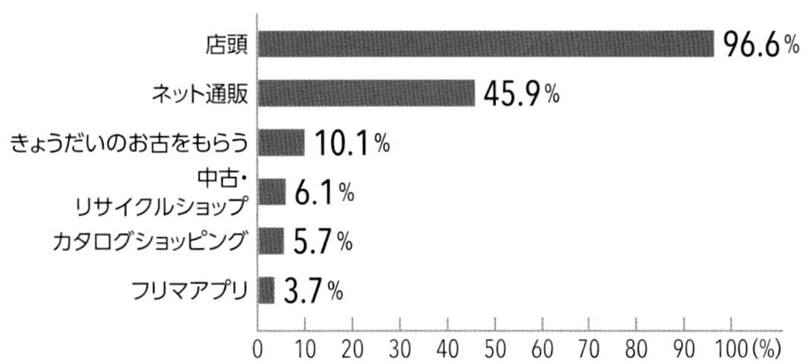

●服をどれくらいの頻度で購入するか

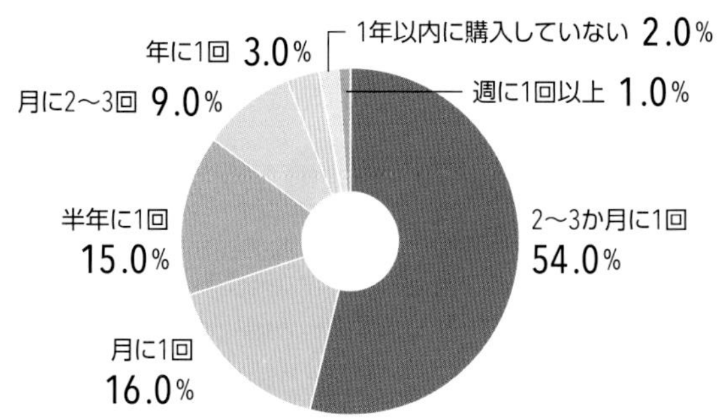

（いずれも，高校生新聞「高校生アンケート」https://www.koukouseishinbun.jp/articles/-/7771 より作成）

高校生の制服への意識

●制服へのイメージ
（複数回答）

1位	青春	33.0%
2位	清楚	24.4%
3位	統一感	21.2%
4位	カワイイ	20.8%
5位	おしゃれ	15.6%

（トンボ株式会社「学生服に関する意識調査」2019年より作成）

●今の制服にプラスであったらいいなと思うアイテム

●女子制服のパンツスタイル（スラックス）のイメージ
（複数回答，一部省略）

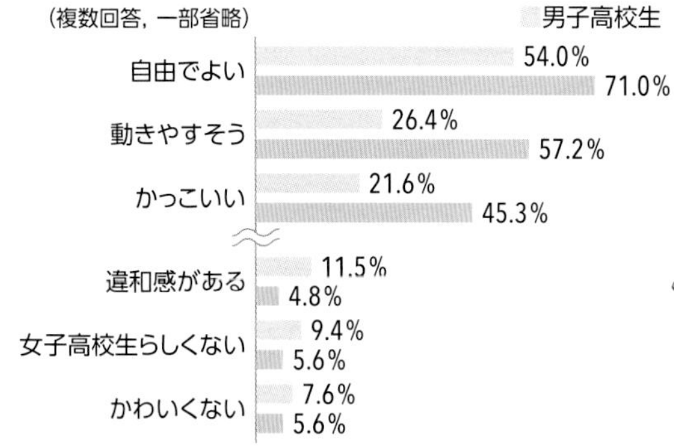

（菅公学生服株式会社 カンコーホームルーム「女子高校生のスラックス制服に関する意識」2022年 https://kanko-gakuseifuku.co.jp/media/homeroom/vol192 より）

コロナ禍と高校生のマスク生活

●今後もマスクをつけて生活したい？（高校生女子）

（株式会社マイナビ「マイナビティーンズラボ」調査（2021年11月30日）https://teenslab.mynavi.jp/column/research_maskstyle/ より）

コロナ禍でマスク生活を強いられた高校生だけど，今やマスクをファッションの一部として使いこなしてるんだな。

2 進学後の衣生活はどうする？

高校卒業後，自由に好きな服を着られるようになったら，どのように衣服とかかわっていきたいだろうか。自宅や下宿先にある衣服を使って，快適かつあなたらしい衣生活を送れるだろうか。

ここでは，おもにファッションについて紹介する。自分がどんな服装をしたいか考えてみよう。そのうえで，購入後の管理の基本について，p.76～79で学んでいこう。

デジタルWORK あなたに合うファッションは？

デジタルコンテンツで服装に関する質問に答え，あなたにもっとも合ったファッションのタイプを考えよう。

ファッションはどう分類される？

カジュアル

日本ではアメリカンカジュアルを意味する場合が多く，ジーンズやネルシャツ，スタジャンなどが象徴的。

モード

モードは「最先端の流行」という意味で色使いやディテールなどに特長のあるファッションを示す場合が多い。

ストリート

スケートボードやヒップホップなどのストリートカルチャーから生まれた。ゆったりしたシルエットとロゴが特徴。

きれいめ

すっきりとしたシルエットで清潔感を出す。テーラードジャケット，ブラウス，スラックスなどが定番。

衣服の色をどう合わせる？

服を選ぶ際には，価格や素材，サイズなど，さまざまな視点があるが，「色」も重要なポイントの一つである。同じ形の服でも，色が異なることで印象が異なる。コーディネイトでは色の組み合わせなども考えながら，ファッションを楽しんでみよう。

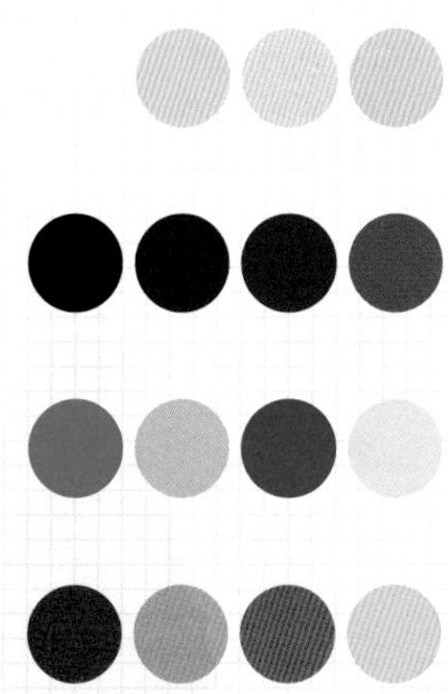

膨張色の例
白や明るい色，淡い色などは大きく見える。

収縮色の例
黒や暗い色，濃い色などは小さく見える。

寒色の例
青系統の色は寒そう，涼しそうに見える。

暖色の例
赤系統の色は暑そう，暖かそうに見える。

服の色の組み合わせ例

同系色の組み合わせ

色の統一感が出てまとまりやすい。白やベージュなどでまとめると柔らかい雰囲気に。

モノトーンの組み合わせ

黒を基調にすると洒脱なモード感が出せるが，一歩間違えると冠婚葬祭風にもなるので注意。

コントラストを効かせた組み合わせ

色のメリハリが清潔感のある印象を生む。白と紺の組み合わせはクリーンで小ざっぱりと見える。

挿し色を使った組み合わせ

赤やオレンジ，ピンクなど派手色はワンポイントで挿すとおしゃれな雰囲気が高まる。

デジタルWORK 衣生活のキホンドリル

衣生活に関する基本問題10問に答えてみよう。また，学習を終えたあとでもう一度挑戦して，内容がどれくらい身についたか確認してみよう。

33 世界の民族衣装ってどんなもの?

目標・課題
❶ 世界の民族衣装について，その地域の気候や文化による特徴を理解しよう。
❷ 世界の民族衣装のつくりから，衣服の機能について考えてみよう。

今でも，島で開かれる
お祭りでは民族衣装を着て
行進するよ。

サルデーニャ島の民族衣装（イタリア）
イタリアの離島サルデーニャ島は，地方ごとに異なる民族衣装があるが，女性の純白のヴェール，刺繍の施されたベストがおもな特徴。

ヒンドゥー教では，
布を裁断せずに
着ることが清らかと
寒くて厳しい
高原の気候に合った
保温の工夫が
されているよ。

サリー（インド）
サリーは5m以上の長い布。体に巻きつけて着る。布の素材などが身分の象徴にもなる。

デール（モンゴル）
遊牧騎馬民族なので，乗馬に適した工夫がされている。

サワディーカー
（こんにちは）

タイの民族衣装
女性はパー・シン（巻きスカート），サ・バイ（斜めにかける布）から成る。男性も金糸の織り込まれたサ・バイを肩にかける。

女性のネックレスは，
子どもが何人いるか
などを表しているよ。

カンガ（ケニア）
カンガは日本の風呂敷のような用途も持つ一枚布で，ワンピースの上から羽織るなどして着用する。

中には鮮やかな

着ることもあるよ。

サウジアラビアの民族衣装
男性:トーブ
日光を遮るためそでもすそも長い。頭部に長い布を巻き，輪でとめる。

女性:アバヤ
宗教上の理由で近親者以外に肌を見せないよう黒い布で全身を覆う。

デジタルWORK　世界の民族衣装クイズ

世界の衣装の写真を見て，どの国・地域の衣装か，クイズに答えてみよう。

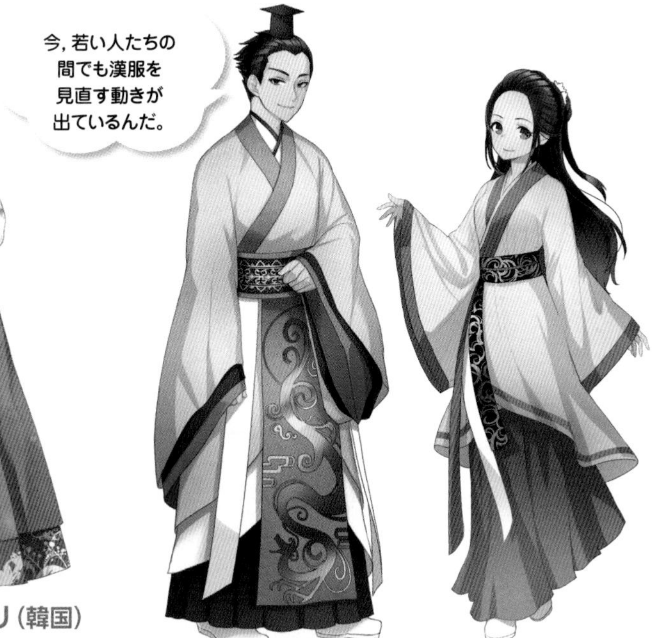

今，若い人たちの間でも漢服を見直す動きが出ているんだ。

チマチョゴリ（韓国）

韓国の女性衣装。チョゴリ（上着）と，チマ（巻きスカート）から成る。

漢服（中国）

漢服は漢民族の伝統的な衣服。チャイナ服などの唐服より古い歴史がある。

動物の毛皮はとっても暖かいんだよ。

アノラック（カナダ）

極寒地では織物にする植物が育たないので，アザラシやカリブーなど動物の毛皮を使用した。

カラフルな幾何学模様がおしゃれだろ。

ポンチョ（ペルー）

熱帯だが高度が高く涼しい。彩り豊かなポンチョなどを身につける。

着物は，とってもエコな服と言われているよ。

着物（日本）

和服ともいう。腰のところで帯を結び，体に固定させる。そでの幅が広いのも特徴。布をほぼ直線で裁断して作られる。

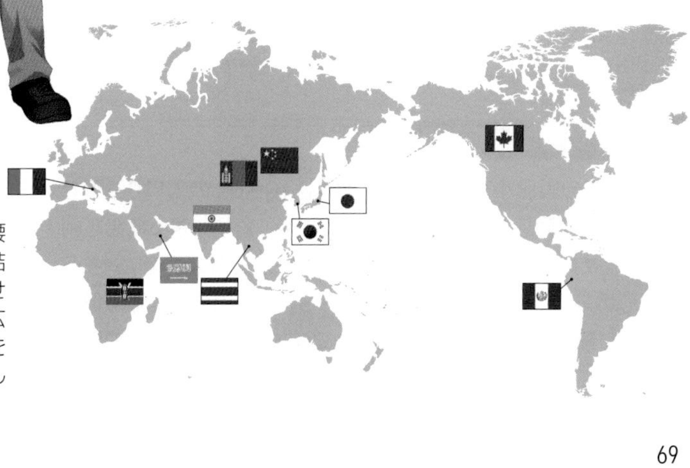

34 和装と洋装，あなたならどちらを着たい？

目標・課題

❶ 日本の伝統的な衣服である着物を着る場面にはどんな場面があるか考えよう。
❷ 1～3のそれぞれの場面で，あなたが選ぶ服と，その理由を挙げよう。
❸ 着物の文化を次の世代に伝えていくために必要なことは何か考えよう。

1 成人式に参加するなら

和

洋

着物？　スーツやドレス？　それとも？

着物の市場は縮小傾向

2021年の呉服小売市場規模は前年比109.6%の2,110億円であった。小売店各社による新業態開発や，着物を着る機会を創出するための企画などの取り組みにより，消費者の着物に対する関心の高まりや着用者の広がりもみられるものの，呉服市場は徐々に縮小してきている。一方で，近年の外国人観光客の増加を背景に，観光用着物レンタルの需要が伸びている。

呉服小売り市場規模の推移

※呉服市場とは：本調査における呉服市場には，正絹の着物，紬（つむぎ）類の着物，帯類，リサイクル着物の他，和装小物，ゆかた，合繊素材の着物等を含む。市場規模は小売金額にて算出し，レンタル着物は含まない。

（(株)矢野経済研究所「呉服市場に関する調査（2022年）」2022年4月13日発表より）

デジタルWORK 和服について知ろう

着物の種類や模様など，和服について，デジタルコンテンツでより詳しく見てみよう。

衣生活 和服について知ろう

2 結婚式を挙げるなら

和

洋

着物？　タキシードやドレス？　それとも？

いろいろ着るという
選択もあるけれど，
お金はかかるよね…。

3 こんな場面，どちらを着たい？

お正月には

着物？　ふだん着？
それとも？

花火大会に行くなら

浴衣？　ふだん着？
それとも？

旅館で着て寝たいのは

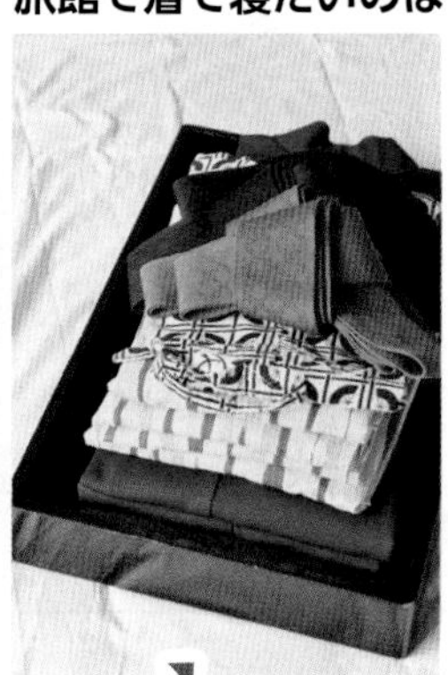

浴衣？　パジャマ？
それとも？

歌舞伎を観に行くなら

着物？　ふだん着？
それとも？

和服を探してみよう！

実際に着る機会が減っている和服だが，マンガやアニメ，ドラマ，舞台などでは多く見ることができる。登場人物が着ている和服を探してみよう。

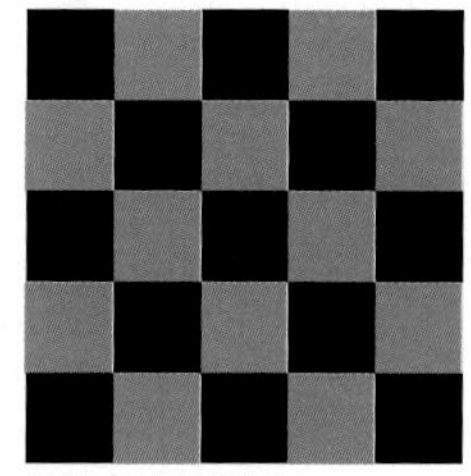

着物の市松模様

35 衣服の役割は?

目標・課題
❶ 衣服の保健衛生上の機能を理解しよう。
❷ 衣服の社会生活上の機能を理解しよう。
❸ 機能を考えた，適切な衣服の選択ができるようになろう。

1 着用する衣服によって体の表面温度はどう変わる?

外部の環境によって体の各部分の温度を制御できる人形（サーマルマネキン）と，温度の分布を撮影できる特殊なカメラ（サーモグラフィ）を用いて，写真を撮影した。同じ気温，湿度の状態で，着用する衣服を変えた時の体の表面温度を見てみよう。

気温25度／湿度80%（東京都の7月ごろの平均気温／湿度）

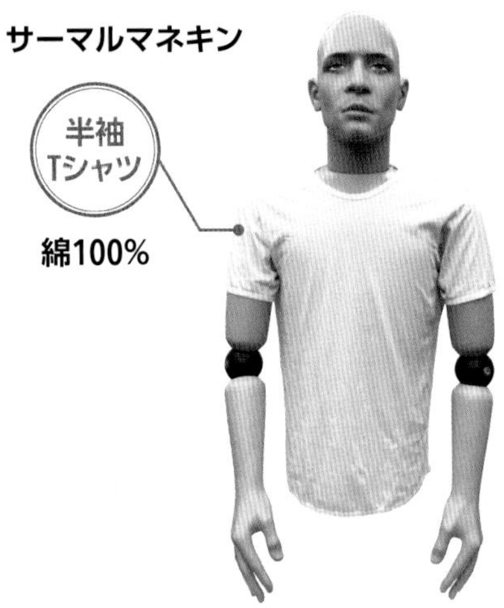

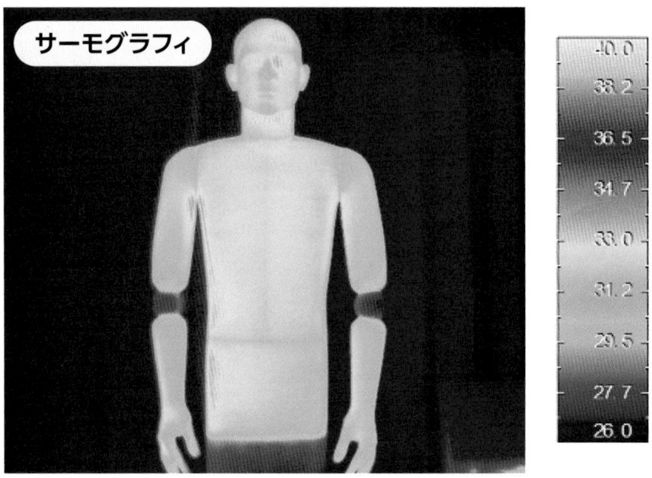

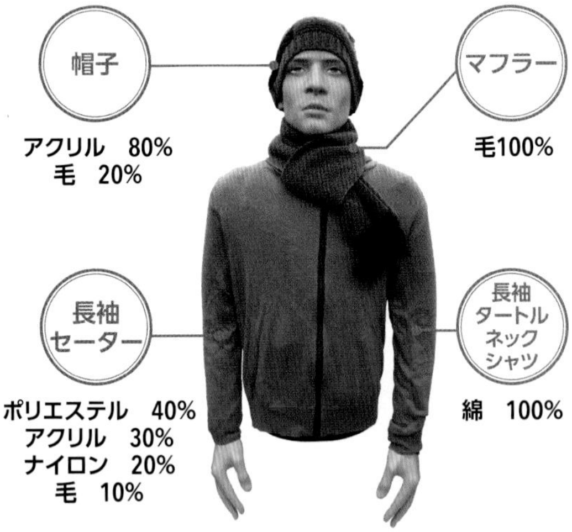

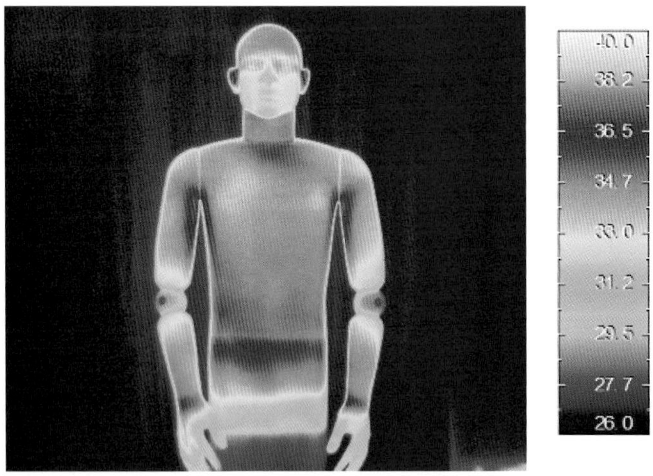

写真の見方

上の写真は，温度の高いところほど赤く，低いところほど青く見える。写真の右のカラーと温度の関係を参考に，服装が体の表面温度に与える影響について考えてみよう。

※「衣服」と「被服」：「衣服」は胴や四肢など身体の主要な部分を覆うものを指し，帽子や靴などを含めた着用するものの総称を「被服」という場合もある。

デジタル WORK　T.P.O.に合った服装クイズ

T.P.O.と服装の関係について，デジタルコンテンツのクイズに答えて，シチュエーションごとに適した服装を考えてみよう!

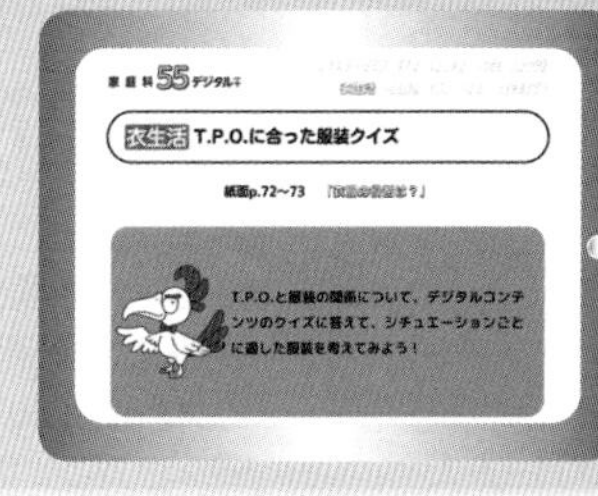

2 制服の着方によって印象はどう変わる?

衣服の社会生活上の機能を意識して，制服の着こなしを考えよう。(男女はそれぞれ同一人物)

同じ服でも
着こなし方で
印象が変わるよ。
左の写真を見比べて，
どんな印象か
考えてみよう!

3 T.P.O. (Time, Place, Occasion) に合う衣服とは?

下のそれぞれの場面を見て，T.P.O.に照らしてどこが問題か話し合ってみよう。

❶面接を受けるとき

❷河原でキャンプ

❸平服でといわれた結婚パーティー

36 衣服の成り立ちを知ろう

目標・課題

❶ 身近な衣服がどのようなつくりになっているか観察しよう。
❷ 繊維の種類や布の種類も含めて，身近な衣服の成り立ちを観察し，衣服に込められた知恵や工夫を見つけよう。

1 衣服のパーツを見てみよう

おもなパーツ

前身頃，前見返し，表えり，裏えり，脇，後ろ身頃，そで（上），そで（下），胸ポケット箱布，腰ポケット口布　など

下の写真は，岡山県にある衣料品メーカー（菅公学生服株式会社）が製造する学生服（ブレザー）の，縫製（ほうせい）する前のパーツを集め，展示用パネルに貼り付けたものである。

写真から，一着のブレザーは，多くのパーツが縫い合わされてできていることがわかる。

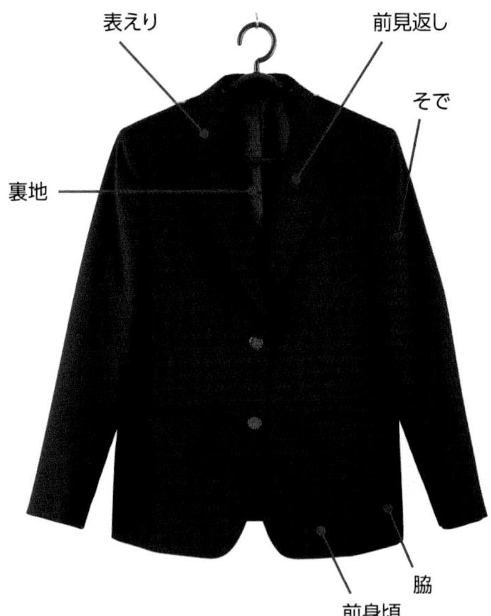

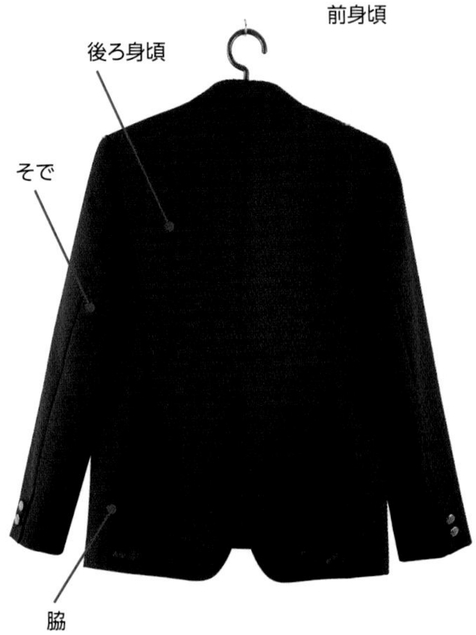

（縫い合わせたブレザー　※裏地の色は異なる）

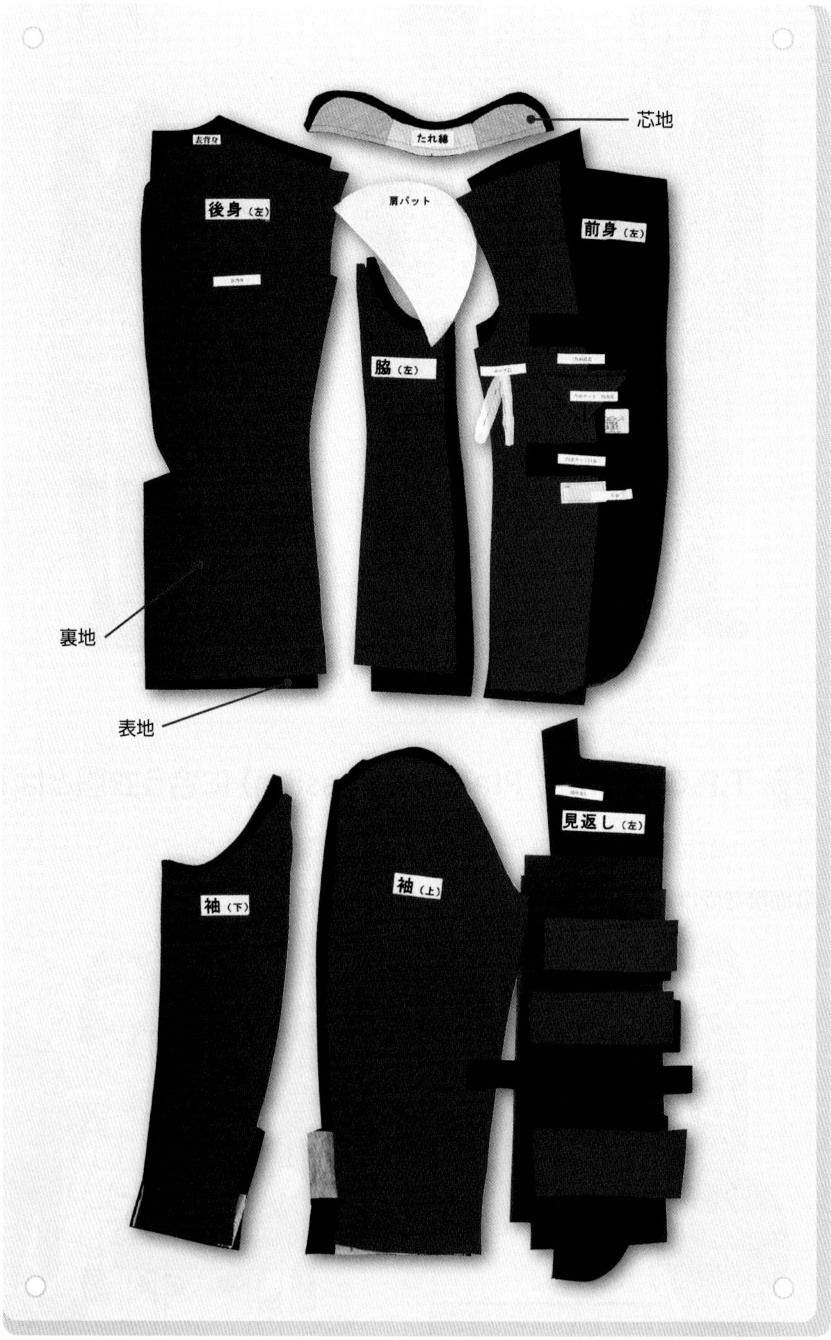

デジタルWORK　学生服についての豆知識

学生服の歴史について，デジタルコンテンツで調べて学びを深めよう!

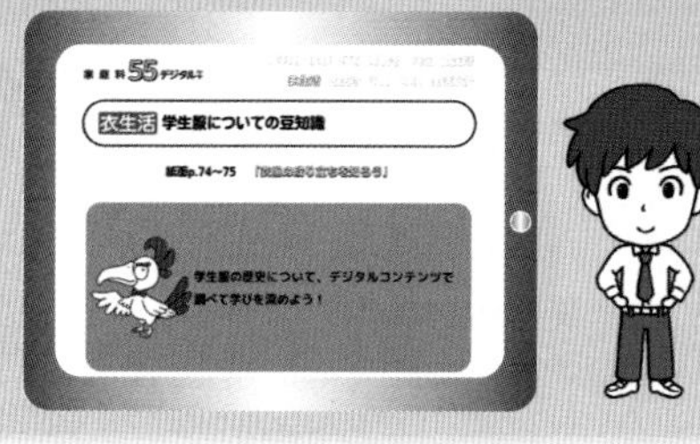

一つひとつのパーツを見ると，平面的な布を立体的な衣服に仕上げるために，曲線で裁断されているのがわかる。普段何気なく着ている衣服をじっくりと観察し，新たな発見をしてみよう。

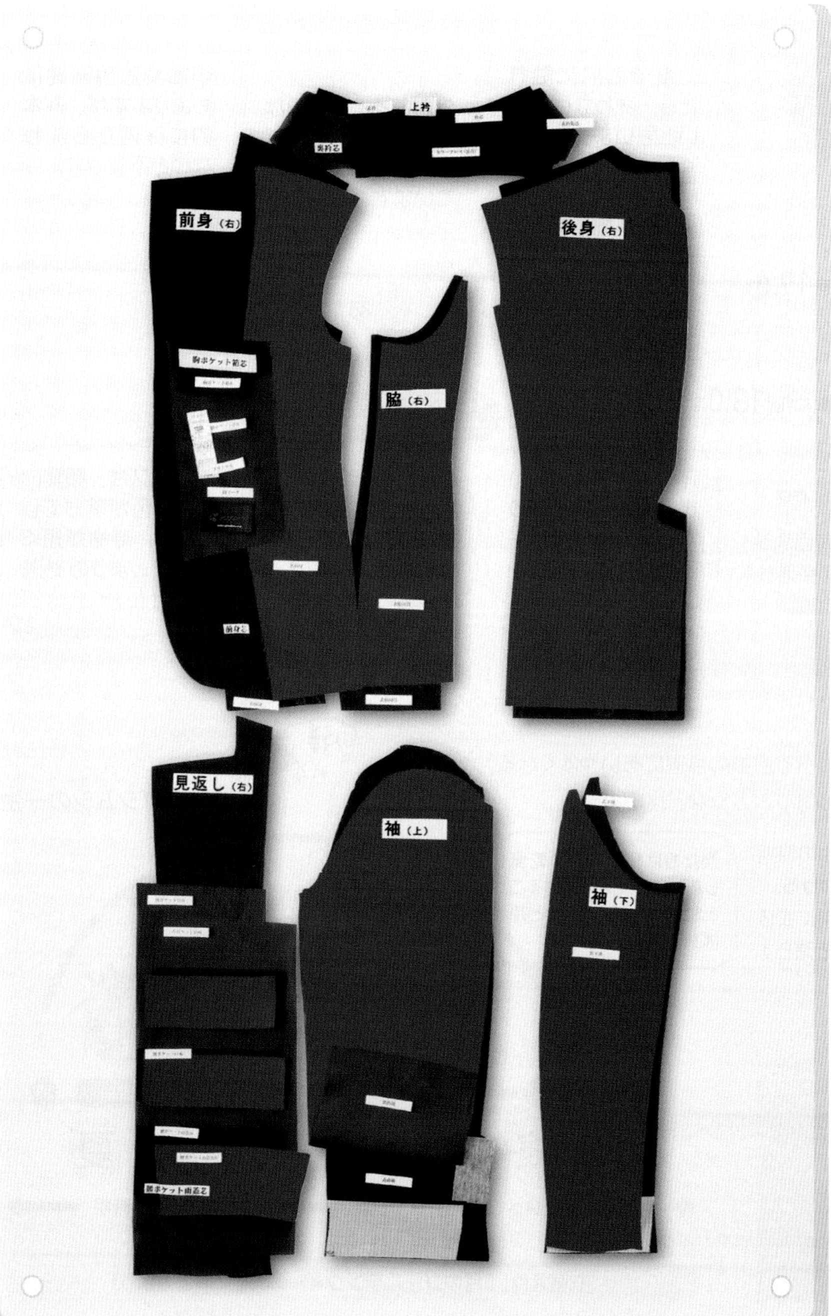

制服（セーラー服）ができるまで

❶ 材料準備・スポンジング

色や風合いなど，合格した生地を巻いた状態で倉庫で保管。生地に蒸気と熱をあて，歪みを直す。制服の生地が縮んだりするのを防ぐ。

❷ CAD（キャド）

CAD（キャド）というコンピュータで，パーツを組み合わせて設計図を作る。

❸ 裁断／裁断品検査／縫製準備

CAM（キャム）という自動裁断機で生地を切り，縫製するパーツを作る。裁断したパーツに傷や汚れが無いか，1枚ずつ人の目で検査。

❹ 接着／縫製

型くずれしにくく，丈夫な製品を作るために芯地を貼る。専用のミシンでパーツを縫ったあと，最後にパーツを縫い合わせて1着の製品に組み立てる。

❺ 中間検査／特殊加工

縫製した製品の仕様やサイズがあっているか，しっかり縫われているかなど，人の目で検査。ボタンつけ，穴あけなどの手作業や，特殊なミシンでしかできない加工をする。

❻ 仕上げ／最終検査

プレス機やアイロンで仕上げ，製品に湿気が残らないように乾燥ボックスに通す。製品を検針機に通して，危害物が混入していないか検査する。

❼ 出荷

（カンコー博物館ホームページより作成）

衣生活

37 衣服の管理を極めよう①～洗濯編～

目標・課題
❶ 衣服を大切に長く着るために，適切な衣服の管理方法を学ぼう。
❷ 学んだ知識を，生活の中で活用しよう。

1 着たら洗う？　汚れたら洗う？

あなたは，着用した衣服を毎回洗うだろうか？　それとも汚れてから洗うだろうか？

●ジーンズを洗う頻度は？

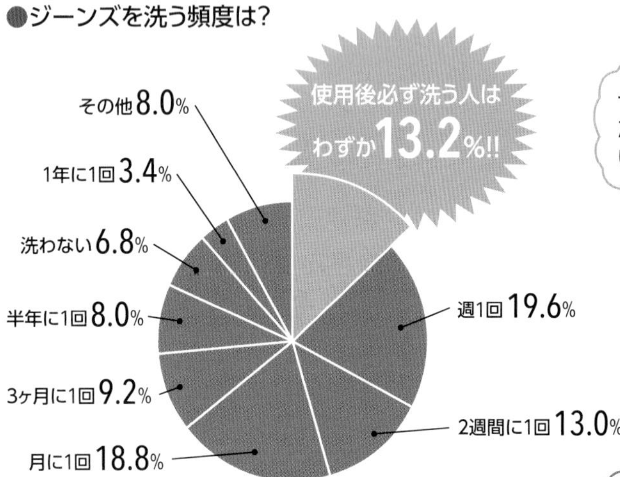

マイナビ 学生の窓口 を参考に作成

社会人男女500名を対象に行った調査では，ジーンズを毎回洗うと回答した人は約13%にとどまった。洗濯することによる色落ちや風合いの変化などが，洗濯しない理由として挙がっている。

毎回洗う派の意見

一度でも肌に触れたら，洗わないと汚いと思います。

外出すると，花粉などが付着することがあるので毎回洗っています。

季節や着用時間にもよりますが，基本的には着たら洗わないと不安です。

あなたはどっち？

毎回洗わない派の意見

汗をかいたら洗いますが，それ以外のときは数回着てから洗います。

そんなに毎日洗濯機を回せないし，何より水がもったいない。

ジーンズは，頻繁に洗うと色が落ちてしまうし，寿命が短くなってしまうので洗いません。

2 汚れをそのままにしておくと…

防虫剤も効果的！

衣服についた汚れをそのままにしておくと，衣服を食べる害虫の食害にあいやすくなる。
衣服を食べる害虫にはカツオブシムシやヒメマルカツオブシムシなどがいる。

カツオブシムシなどの害虫が，服を食べるのは，実は幼虫の時期のみ。洗濯時や着用時などの衣服に，成虫が卵を産みつける。右の図のように，成虫になって産卵するシーズンが来る前に衣替えの洗濯をしてしまえば，害虫が忍び込む可能性はぐっと減らすことができる。

●カツオブシムシの一生

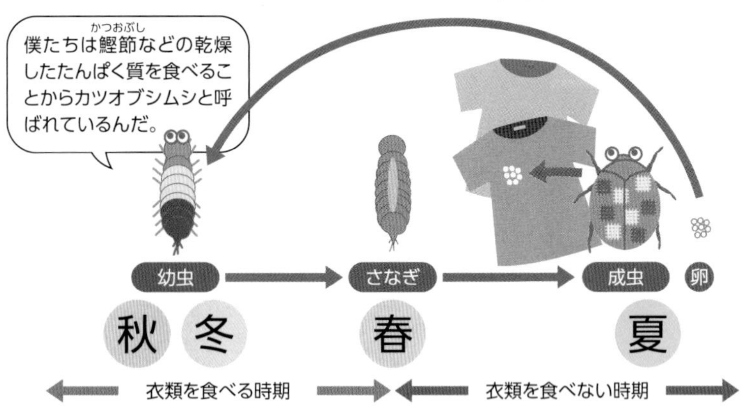

衣替えは，5月のゴールデンウィークまでに済ませよう！

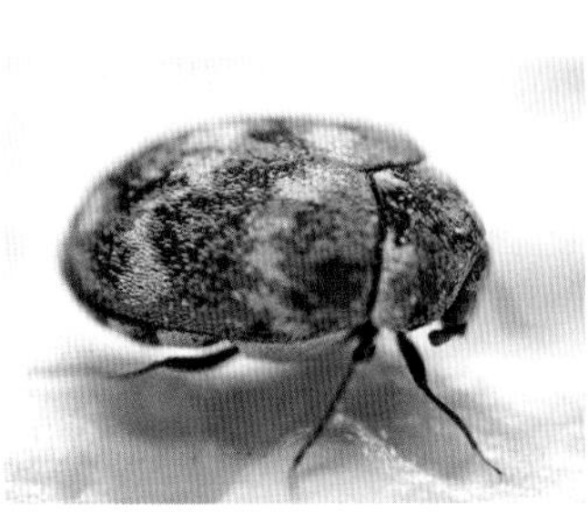

▲ヒメマルカツオブシムシの成虫（左）と幼虫（右）

ライオン株式会社 生活情報サイト「Lidea」を参考に作成

デジタルWORK 洗濯にかかわる表示クイズ

衣服についている「取扱い表示」に関するクイズに答えて，洗濯についての知識を身につけよう。

3 汚れを落としてみよう！（界面活性剤の働き）

実験

汚れが落ちる様子を実験・観察してみよう！

毛糸を板状のものに巻きつけ，ラー油またはごま油を垂らす。これを洗剤液につけると，汚れが浮く様子が見られる。

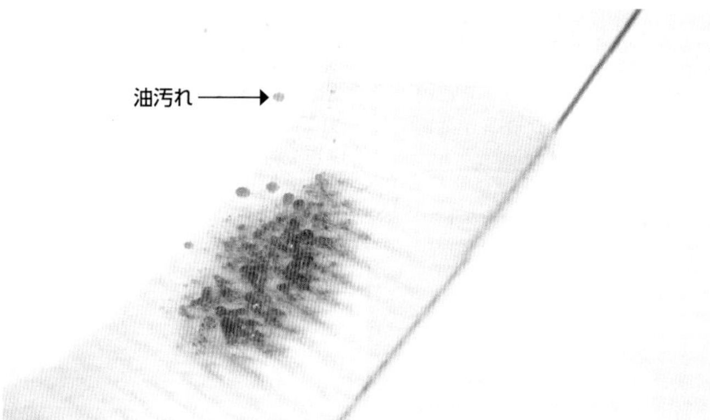

汚れが落ちる仕組み

❶繊維に付いた汚れ　❷表面張力低下・浸透作用

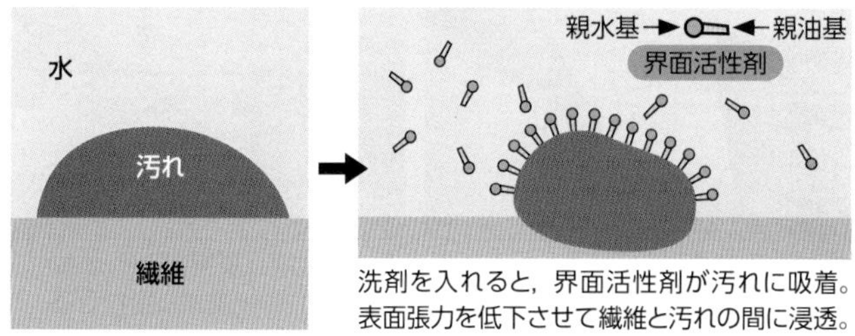

洗剤を入れると，界面活性剤が汚れに吸着。表面張力を低下させて繊維と汚れの間に浸透。

❸乳化作用・分散作用　❹再汚染防止作用

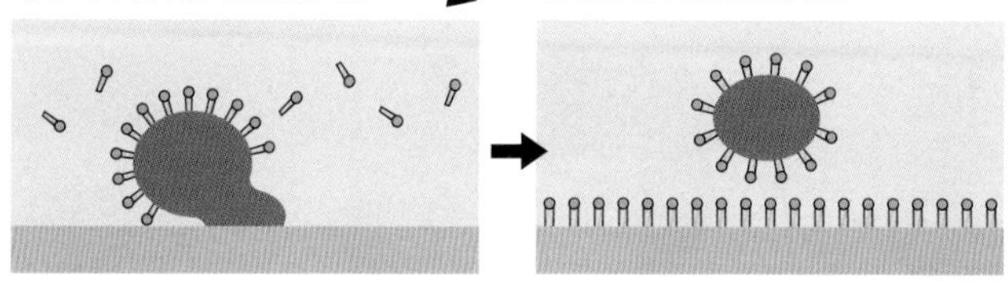

繊維との結合力が落ちた汚れは布から離れ，水と乳化（混じりあう）し，水中に分散する。

汚れや繊維の周囲を界面活性剤が覆うため，汚れが再び繊維に付かない。

4 表示をよく見て，洗濯用洗剤を選ぼう！

さまざまな種類の洗濯用洗剤が売られているが，どのような違いがあるのだろう？　下の表示を見比べてみよう。

Ⓐジェルボール洗剤

品名	洗濯用合成洗剤	用途	綿、麻、合成繊維用	液性	中性	正味量	352g（18個入り）

使用上の注意 ●これは食べ物ではありません。●子供やペットの手の届く所に置かない。●口に入れたり、飲み込んだりしない。●認知症の方などの誤飲を防ぐため、置き場所に注意する。●用途以外に使わない。●下洗いや手洗い用におすすめしません。●製品を強く押したり、長時間触らない。●製品が破れて原液が洗濯機のフタについたときは、水ですぐふき取る。●小さくして捨てやすい、やわらかい素材を使用しています。開封前の破損や液漏れに注意してお取り扱いください。●切り口や角で手を切らないようご注意ください。●パッケージ裏面中央の小さな穴は外袋の膨張を防ぐための通気孔です。製品およびパッケージの品質に問題はございませんので、ご安心ください。

応急処置 ●万一飲み込んだ場合は、吐かせず、水を飲ませるなどの処置をして、医師に相談する。●目に入った場合は、こすらずにすぐ水で15分洗い流して、医師に相談する。●万一製品が皮膚や衣類に残った場合は、皮膚は水でよく洗い、衣類はぬるま湯にしばらくつけ置きしもみ洗いをしてください。

成分 界面活性剤（67%：直鎖アルキルベンゼンスルホン酸塩、ポリオキシエチレンアルキルエーテル、アルキルエーテル硫酸エステル塩、純せっけん分（脂肪酸塩））、安定化剤（プロパンジオール）、分散剤、金属封鎖剤、香料、水軟化剤、酵素、蛍光増白剤

Ⓑ粉末洗剤

品名	洗濯用合成洗剤	用途	綿・麻・合成繊維用
液性	弱アルカリ性	使用量の目安	水30 Lに対して20 g
成分	界面活性剤〔22％，直鎖アルキルベンゼンスルホン酸ナトリウム，ポリオキシエチレンアルキルエーテル〕，アルカリ剤（炭酸塩），水軟化剤（アルミノけい酸塩），工程剤（硫酸塩），分散剤，蛍光増白剤，酵素		

Ⓒデリケート洗剤

本製品は，衣類の取り扱い表示および本製品の製造メーカー発行の取り扱い表示に従って洗濯した場合，ウール衣類の洗濯に適する洗剤として，ザ・ウールマーク・カンパニーが承認しています。D3194

品名	洗濯用合成洗剤	用途	毛・綿・絹（シルク）・麻・合成繊維の洗濯用	液性	中性
成分	界面活性剤（22% ポリオキシエチレンアルキルエーテル），安定化剤，柔軟化剤				
使用量の目安	水30Lに対して40ml				

蛍光増白剤は入っていません

Ⓓ液体洗剤

品名	洗濯用合成洗剤	液性	弱酸性
用途	綿・麻・合成繊維用	正味量	360 g
成分	界面活性剤［57％，高級アルコール系（非イオン）］，安定化剤，分散剤，漂白剤		
使用量の目安	水30 Lに対して10 g（10 ml）		

※蛍光増白剤の環境への影響は，まだはっきりと解明されていない。量や人によっては皮膚刺激やアレルギー反応を起こすことも考えられるため，蛍光増白加工は必要最小限にとどめるよう，通商産業省（現在の経済産業省）通達が出ている。

●蛍光増白剤の仕組み

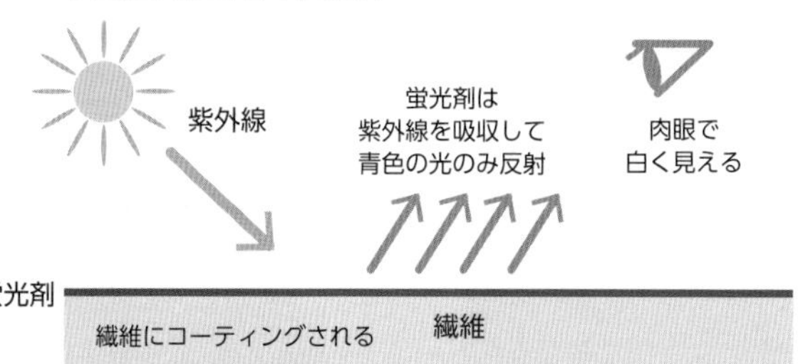

繊維についた色素などを直接分解する漂白剤と異なり，蛍光増白剤は繊維の色素を落とすわけではない。蛍光剤が染料として繊維にコーティングされ，見た目に白く見せる効果がある。

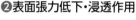

衣生活

38 衣服の管理を極めよう②〜補修編〜

目標・課題
❶ 手縫いの基本を確認しよう。
❷ 手縫いの基本を身に付け，日常の衣服の補修に役立てよう。

玉結び

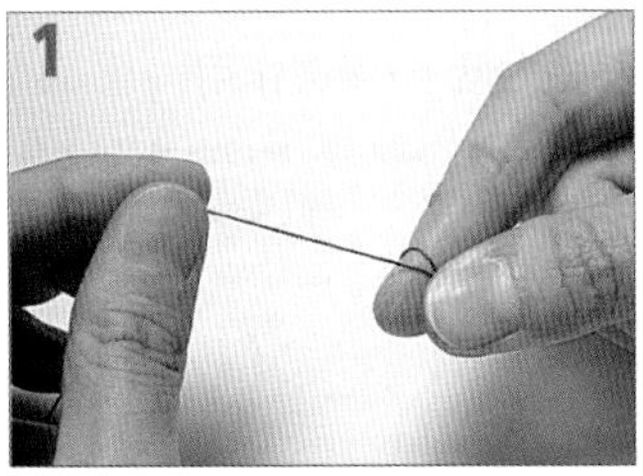

糸の先をきき手のひとさし指と親指で持ち，ひとさし指に1回巻きつける。

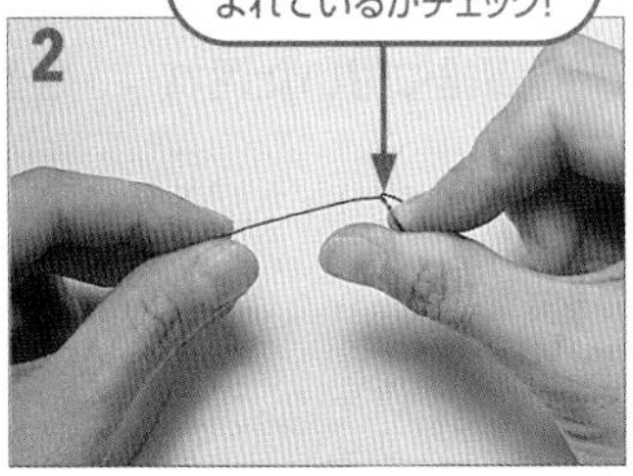

2
糸がきちんとよれているかチェック!

ひとさし指と親指をこするようにずらしていき，糸をより合わせる。

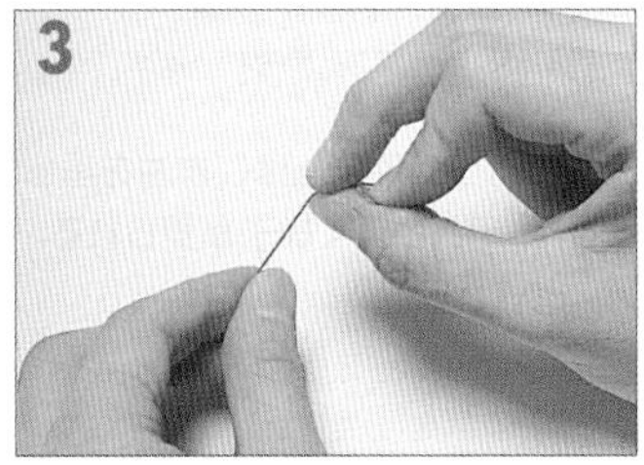

より合わされたところを中指と親指でおさえ，ひとさし指を離し，糸を引く。

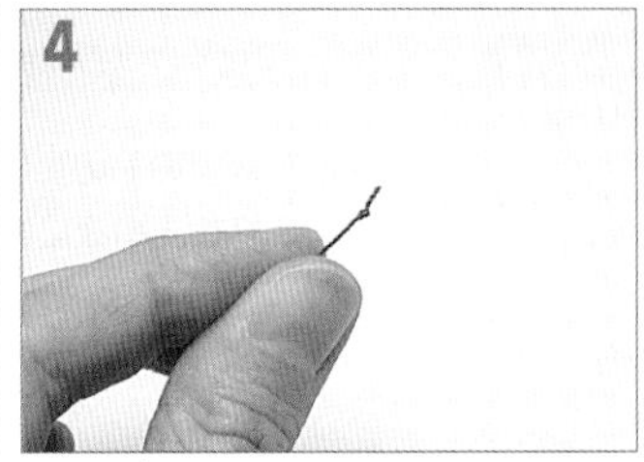

玉結びはなるべく糸の端にできるようにする。先に糸があまった場合は短く切る。

玉止め

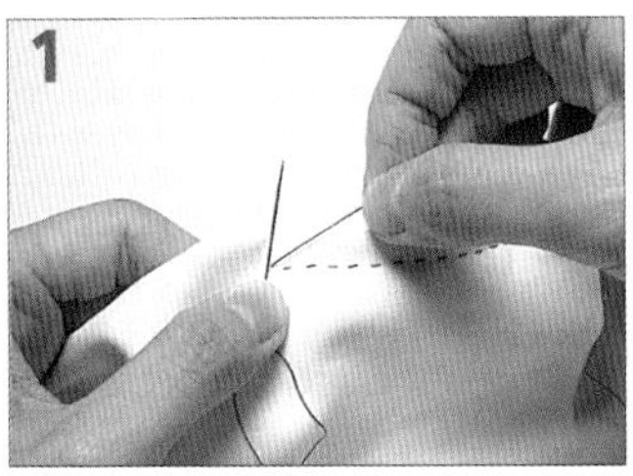

縫い終わりの位置に針をあて，親指でおさえる。

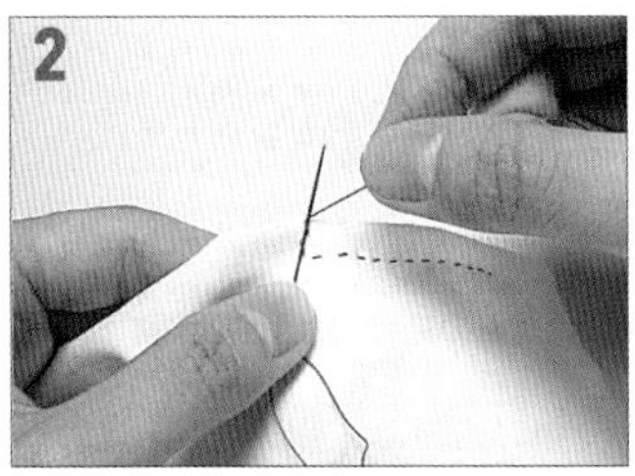

糸を針に2〜3回巻きつけ，巻いた糸が針の根元にいくように糸を引く。

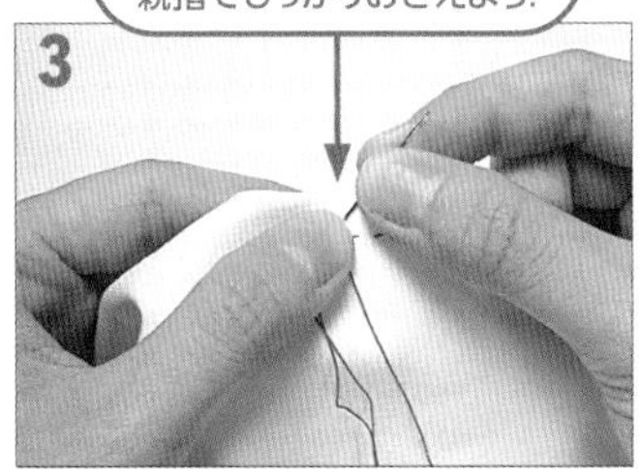

3
動かないように，親指でしっかりおさえよう!

巻きつけたところを親指でおさえ，反対の手で針を引き抜く。

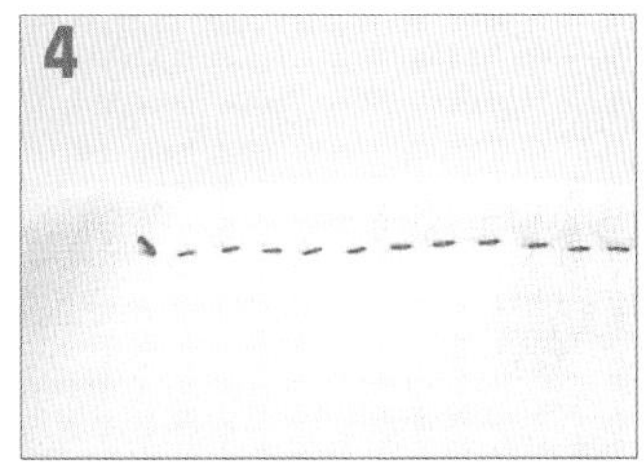

糸端は結び目から少し残して切るとよい。

並縫い（縫い方の基本）

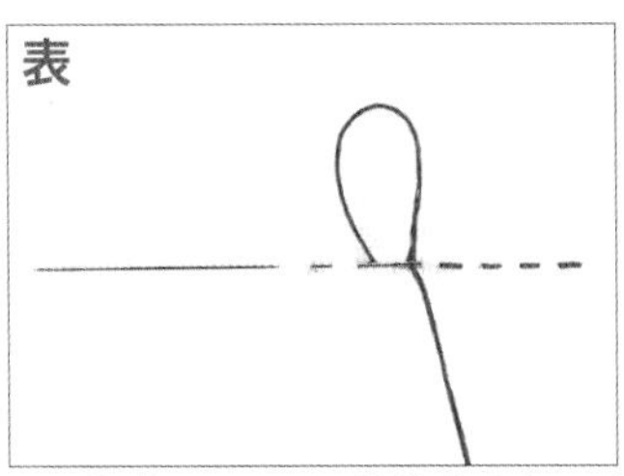

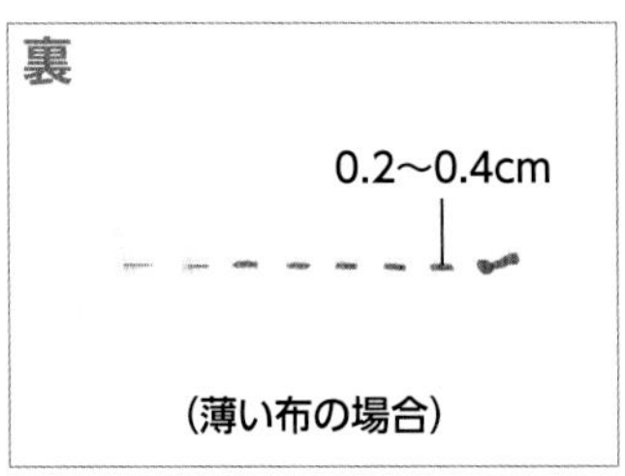

ひと針ずつではなく，数針分すくってから糸を引くと効率がよい。

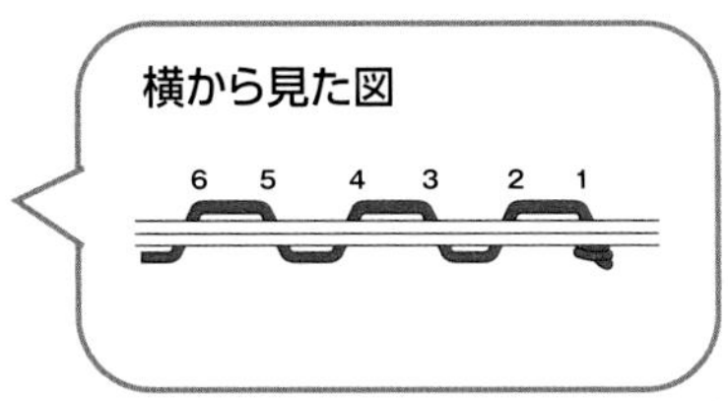

並縫いは，ひと針の長さが裏表同じになるように縫うよ。

ボタンつけ

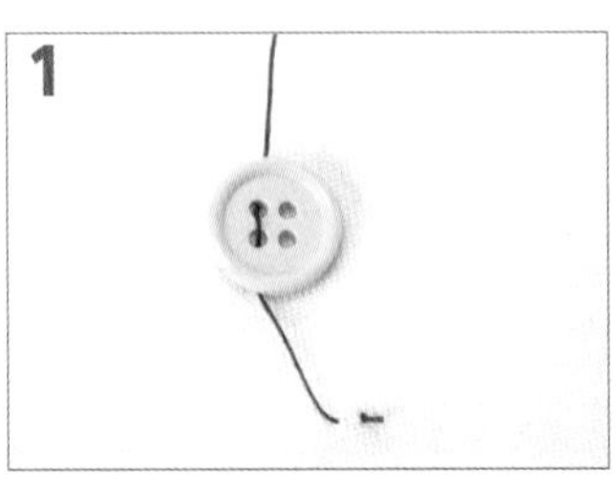

玉結びをし，布の表から針を入れてひと針すくい，写真のようにボタン穴に通す。

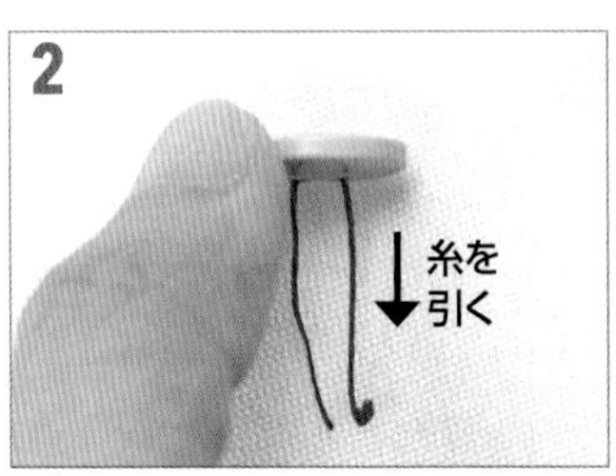

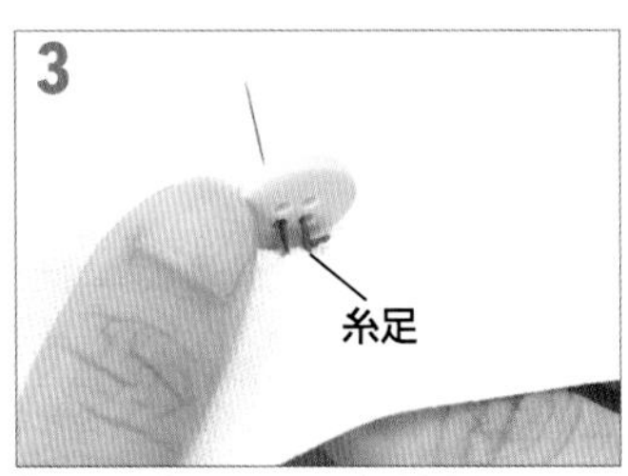

ボタンと布の間を2〜3mm開けて，ボタンの穴に3〜4回糸を通す。この布の厚さ分の糸の余裕を「糸足」という。もう一列の穴にも通す。

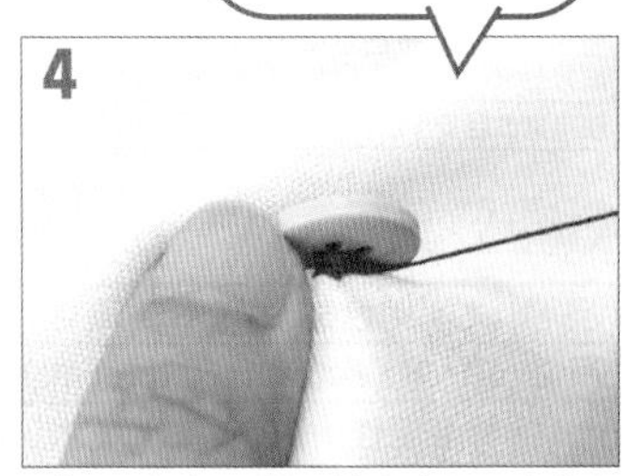

ボタンと布の間に針を出し，糸を2〜3回かたく巻く。

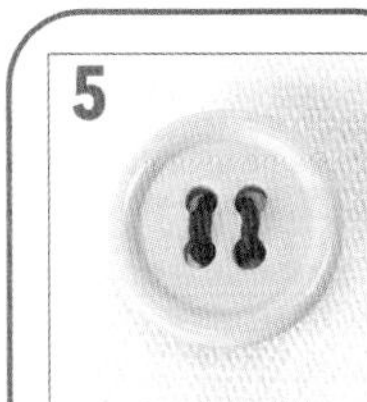

裏側に針を出して，玉止めをしてできあがり。

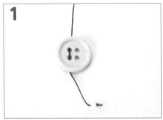

デジタルWORK　動画で縫い方を復習しよう!

このページで紹介している基本的な手縫いのやり方について，動画を見ながら確認してみよう。

まつり縫い（スカートやパンツのすその始末などに用いる）

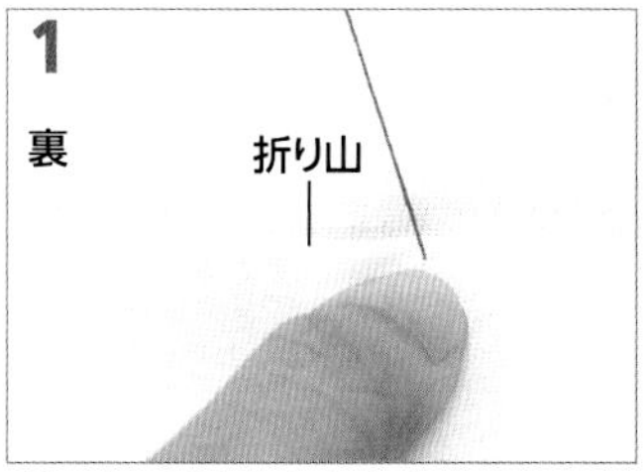

折り山の下から糸を出す。

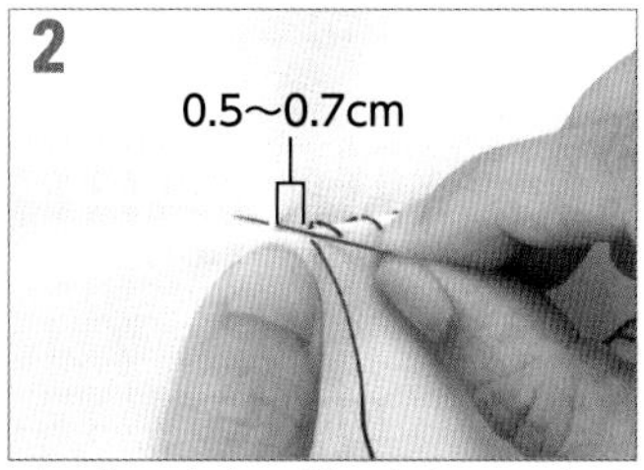

少し先の表布の織り糸を1～2本すくう。

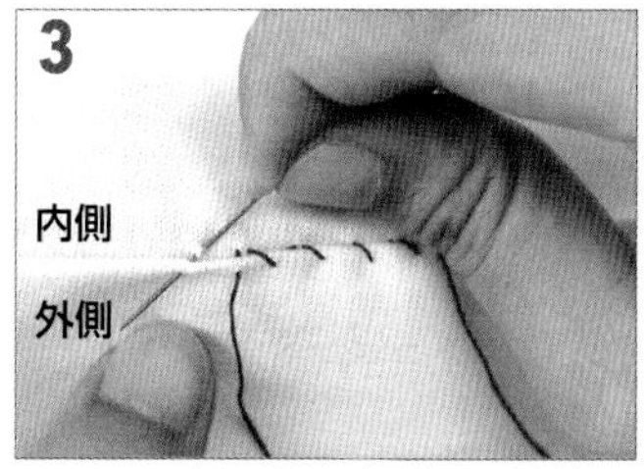

そのまま折り山の内側から外側の0.1cmのところに針先を出す。

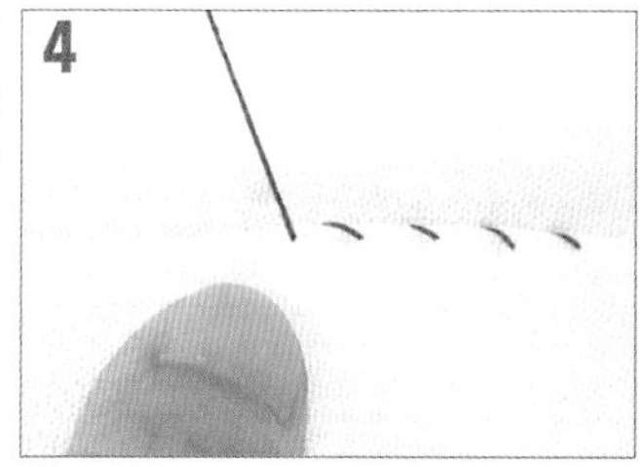

針を抜く。この時糸を強く引きすぎないようにする。

● 針の運び方

右利きの場合

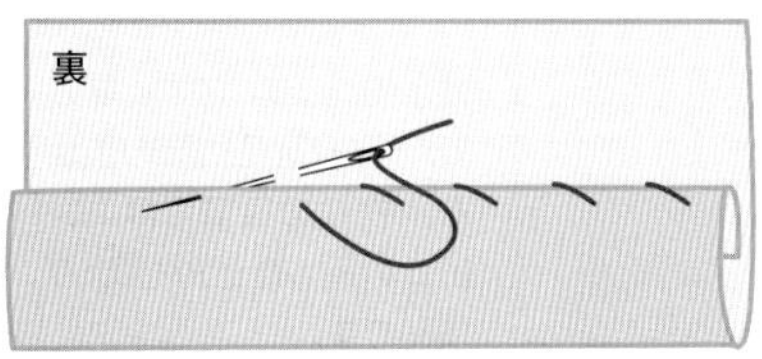

左利きの場合

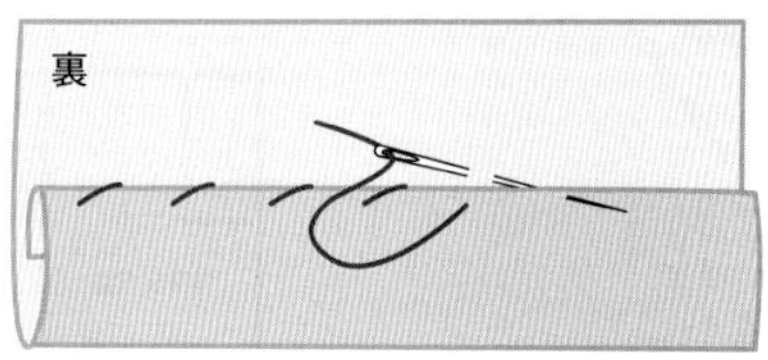

5 できあがり

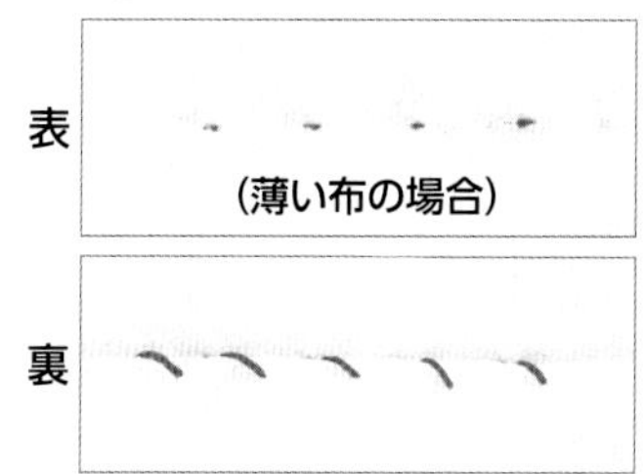

表に糸があまり見えないように縫う。

スナップつけ

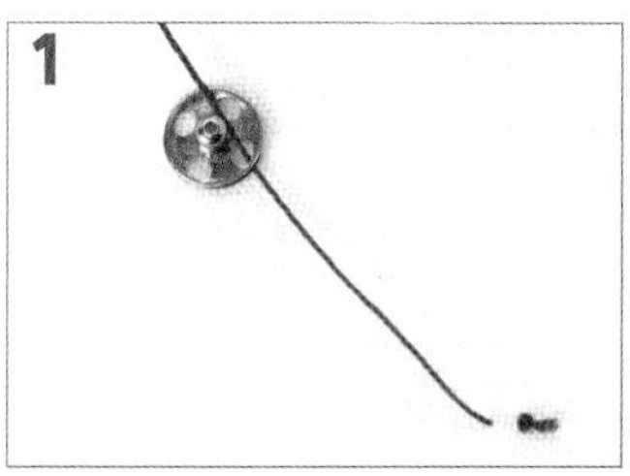

玉結びをし，表から針を入れてひと針すくい，スナップの穴に通す。

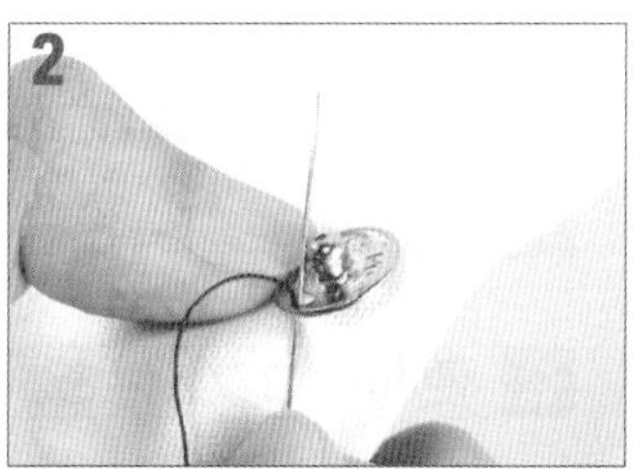

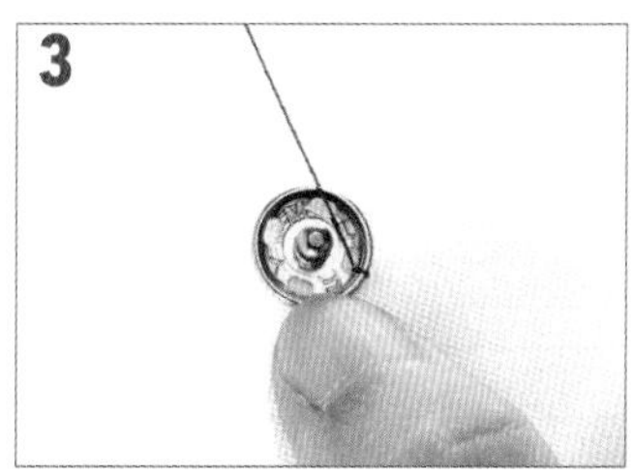

布をすくいながら，もう一度スナップの同じ穴に針を通す。これを3～4回繰り返す。

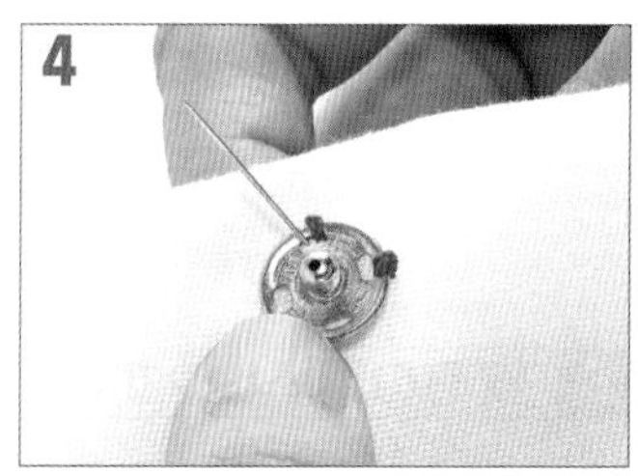

隣の穴も縫いつける。残りの穴にも3～4回ずつ縫いつける。

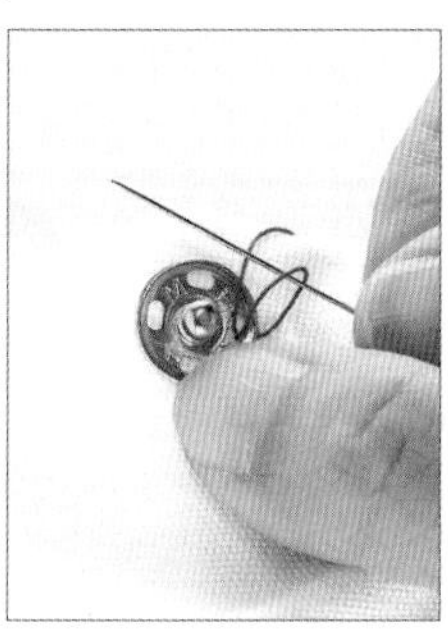

じょうぶなつけ方

スナップの穴に針を通して引っ張る際，糸の輪に針をくぐらせるようにすると，よりじょうぶに縫いつけることができる。

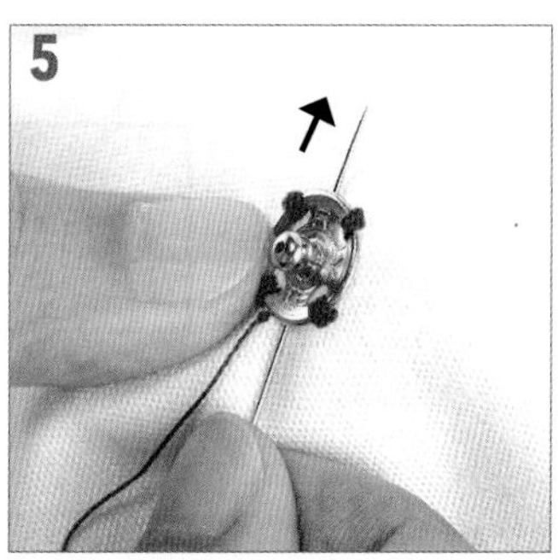

最後は玉止めをし，スナップと布の間に糸を引き込んで切る。

6 できあがり

上前用

下前用

布を重ねた時，上になる方に凸（上前用），下になる方に凹（下前用）をつける。

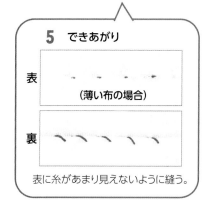

衣生活

39 高校卒業後，どんな部屋に住む?

目標・課題
❶自分にとって住まいとはどんな場所か考えよう。
❷自分の近い将来の住まい方について想像してみよう。
❸理想の住まいや住環境のイメージをふくらませよう。

Part 6 住生活

1 ひとり暮らしするならどこに住む?

あなたは高校卒業後に，今の住まいを離れて，進学先に通うための住居を探しているとする。不動産情報をインターネットで探していたら，下のA～Eの5件が見つかった。あなたはどの部屋を選ぶ？　間取りや記載情報を見比べ，それぞれの部屋で生活するメリットやデメリットを考えてみよう。

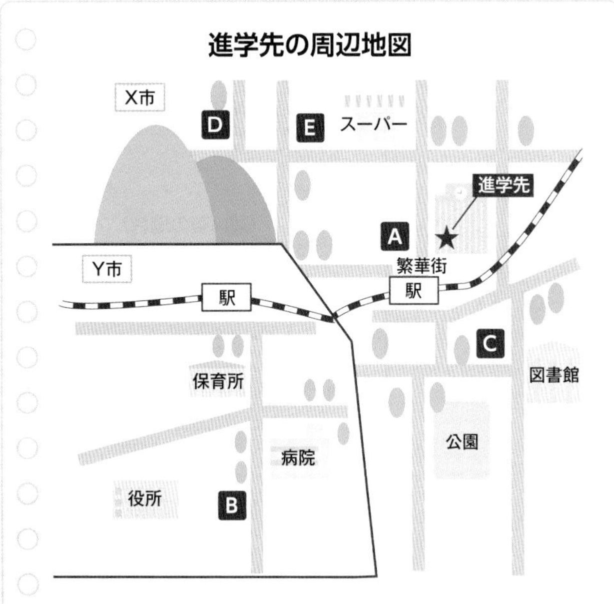

デジタルWORK 部屋選びシミュレーション

デジタルコンテンツで，希望する生活スタイルについての質問に答え，A～Eのどの部屋があなたに合っているか考えよう。

A 駅・進学先まで徒歩3分

進学先から歩いてすぐなので，遅刻の心配がありません。物件の東隣にはコンビニの入ったビルもあり，便利です。

家賃 4.0万円　**間取り** 1K／約10㎡　**築年数** 5年
階 4階建ての1階　**敷金** 1か月分　**礼金** 1か月分
駅からの距離 徒歩3分　**進学先からの距離** 徒歩3分
設備 エアコン　ケーブルテレビ対応　ネット回線完備　フローリング
その他 近隣に繁華街あり。中部屋。

B 安心の暮らしやすさ

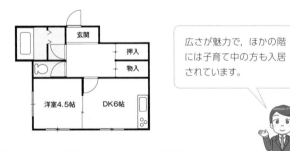

広さが魅力で，ほかの階には子育て中の方も入居されています。

家賃 5.0万円　**間取り** 1DK／約35㎡　**築年数** 15年
階 3階建ての2階　**敷金** 0.5か月分　**礼金** 0.5か月分
駅からの距離 バス25分　**進学先からの距離** 電車・徒歩計60分
設備 バス・トイレ別　駐輪場　室内洗濯機置き場　給湯器付き　追い焚き可能
その他 近隣に保育所・病院・役所あり。角部屋。

C 便利なロフト付き

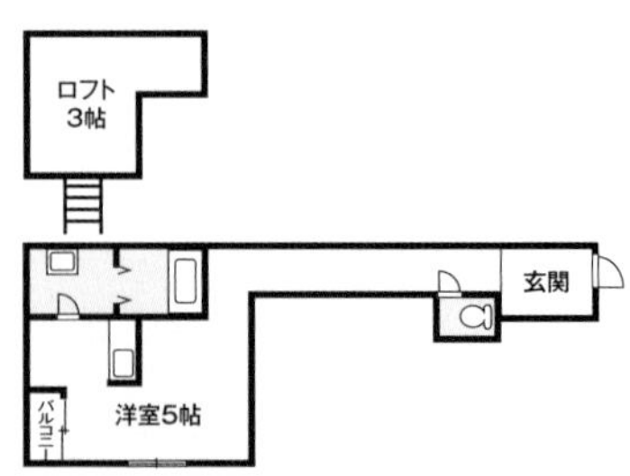

ロフト部分を収納として活用できるので便利ですよ。セキュリティ対策もバッチリです。

家賃 6.0万円　**間取り** 1R／約15㎡　**築年数** 新築
階 3階建ての3階　**敷金** なし　**礼金** なし
駅からの距離 徒歩10分　**進学先からの距離** 徒歩10分
設備 オートロック　エアコン　テレビモニターフォン
その他 近隣に公園・図書館あり。角部屋。

あなたはこの部屋でどう生活したい?

1で選んだ部屋で，あなたはどのような生活をするだろうか。たとえば下にあげた生活行為を行うとき，部屋の中をどう移動する必要があるか，どのような家具が必要で，どれくらいのスペースが必要かなど，考えて，ほかの人と話し合ってみよう。

洗濯物干し	就　寝	来客対応
調　理	排　泄	趣　味
食　事	収　納	掃　除

物件を決めるときには次のポイントに注目!
- 日当たり
- 収納スペース
- 何階に住むか
- 他の住人の情報
- 通信状況
- 付近の施設
- 防音設備
- 付近の夜間の様子

D 規格外の安さ

今だけの特別価格でご紹介します! 部屋の広さはこの地域では最大級，駐車場まで完備していますよ。

家賃 2.0万円　**間取り** 2LDK／約45㎡　**築年数** 35年
階 2階建ての1階　**敷金** なし　**礼金** なし
駅からの距離 徒歩20分　**進学先からの距離** 徒歩20分
設備 バス・トイレ別　エアコン　駐輪場・駐車場　室内洗濯機置き場
その他 告知事項あり。他の部屋は空き多数。中部屋。

E ルームシェア可能

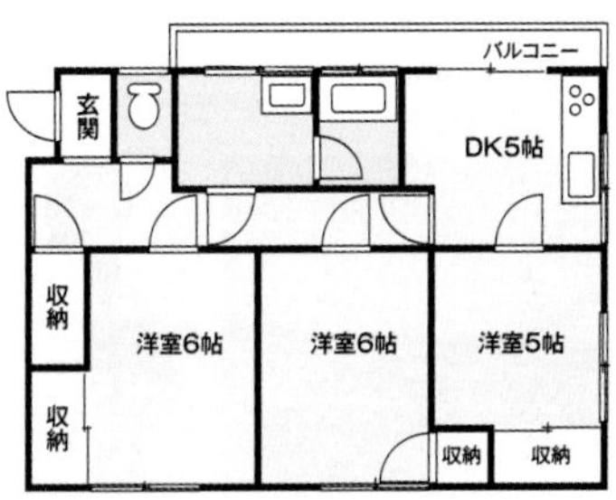

部屋は個室に分かれており，キッチンも広く，ルームシェアに最適です!

家賃 8.0万円　**間取り** 3LDK／約50㎡　**築年数** 15年
階 5階建ての5階　**敷金** 1か月分　**礼金** 1か月分
駅からの距離 徒歩15分　**進学先からの距離** 徒歩15分
設備 バス・トイレ別　エアコン　3口以上コンロ　敷地内ごみ置き場
ルームシェア相談　**その他** 近隣にスーパーあり。角部屋。

2 住生活で困ったとき，どうする?

あなたがひとり暮らしを始めてしばらくして，下の①～③のような事態に遭遇した。自分で解決するか，誰かに相談するか…住生活での困りごとにあなたはどう対処する?

デジタルWORK 住まいのトラブル解決クイズ

下の①～③をはじめとする住生活の困りごとを解決するために，クイズに答えよう。

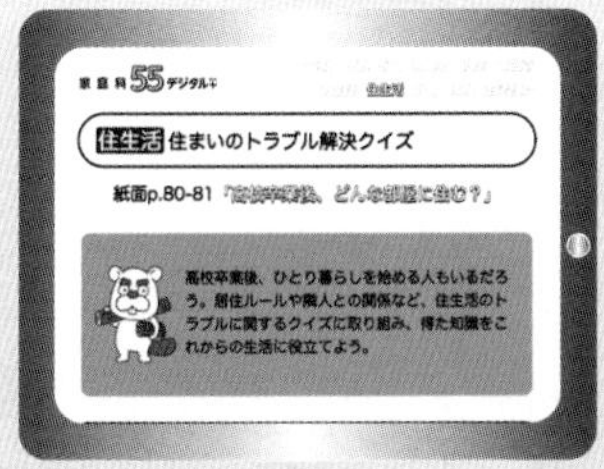

①サークルの友達を家に招いて深夜まで飲み会をした翌日。近隣の住人からドアに「騒音が迷惑です!」と貼り紙をされていた。かなり怒らせてしまったみたいだ…。

②アパートの向かいの家から，自分の部屋のなかが丸見えだと気づいた。なんだか視線を感じるし，どうしよう…

③大学で知り合った人と交際することになった。相手は，あなたの部屋で同棲したいと言っているが，自分の部屋の契約書には2人入居は不可と書かれていた…。

デジタルWORK 住生活のキホンドリル

住生活に関する基本問題10問に答えてみよう。また，住生活の学習を終えたあとでもう一度挑戦して，内容がどれくらい身についたか確認してみよう。

40 世界の住まいってどんなもの?

目標・課題

❶ 世界の人々がどのような住まいで暮らしているかを知ろう。
❷ 気候風土に適応していくために，各地の住まいに取り入れられた工夫を知ろう。

屋根の模様は，
星占いなど宗教的な
意味を持っているんだ。

トゥルッリ（イタリア）
石灰岩を積み上げて作られる。壁も石灰岩で作られているが，漆喰で白く色づけされている。漆喰の白は紫外線を防いだり，外気を遮断し保温効果を高めたりする効果がある。

ゲル（モンゴル）
木の骨組みを，羊の毛で作った布や木綿の布で覆った移動式の住まい。数人いれば，1時間ほどで組み立てられる。

格子窓の住まい（サウジアラビア）
紅海に面し，イスラム教の聖地であるメッカの玄関口，ジッダの旧市街にある住まい。伝統的な厚みのある格子窓が特徴の建物である。

牛のフンが材料でも，
乾燥してるから，
中は臭くないよ!

マサイ族の住まい（ケニア）
わらや牛糞，灰を木の骨組みに塗りつけて，乾燥させて作る。住まいを作るのは女性の仕事。男性は，住まいの周りを囲む柵を作る。

ベルベル人のテント（モロッコ）
農耕を行うベルベル人は，冬の間のみ，家畜の餌を求めて遊牧を行う。部屋は，男女で分けられている。

デジタルWORK　世界の住居クイズ

資料集で紹介しているものだけでなく，世界には，その地域の自然環境や文化的背景を反映したさまざまな住居がつくられている。住居の写真を見て，それがどの国･地域のものか考え，クイズに答えてみよう。

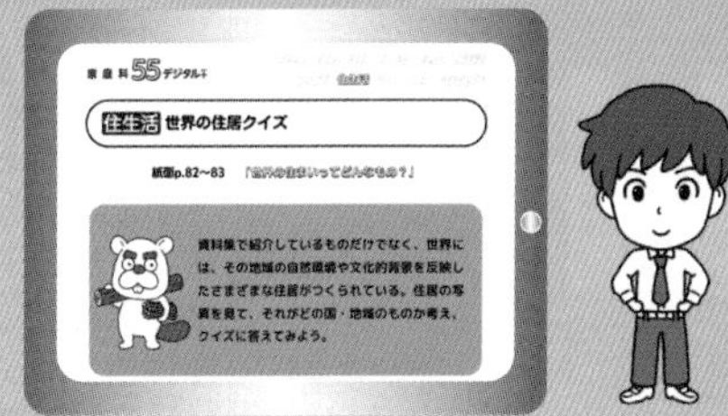

茅の交換は，「結」と呼ばれる村の寄合が行います。

合掌造り（日本）

急勾配な屋根の形が特徴。屋根はススキやチガヤを用いた茅葺き。古来より受け継がれてきた建築形式である。

高床式の住まい（タイ）

タイ北部の赤ラフ族の高床式住居。高温多湿な東南アジアでは，高床式の住まいで，湿気や洪水の被害を防ぐ。

チチカカ湖のトトラの住まい（ペルー）

トトラ（葦）と呼ばれる植物で，住まいと浮き島を作っている。トトラが腐れば肥料になり，浮き島の上の畑でじゃがいもなどを育てられる。

外の気温がマイナス40度でも内部の気温は15度くらいなんだよ。

イグルー（カナダ）

ブロックの氷を螺旋状に積み上げ，内側にトナカイなどの毛皮を貼る。内部は人の体温と，動物の脂が燃料のストーブを用いることで暖かい。

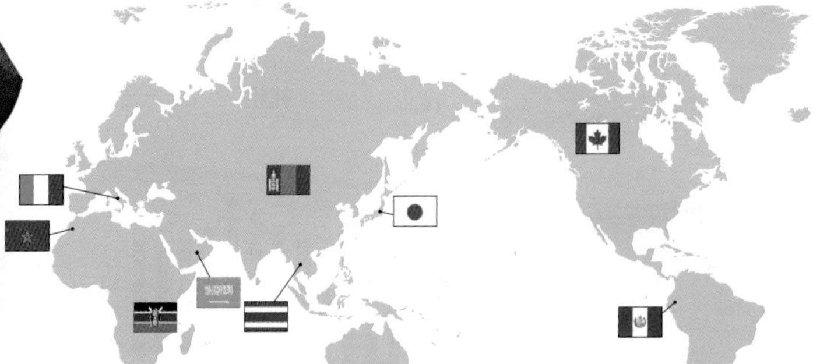

住生活

41 日本の住まいの変化を見つめよう

目標・課題
❶ これまで日本人がどのような住まいで暮らしてきたのかを知ろう。
❷ 気候風土に合わせた各地の住まいの工夫を知ろう。
❸ 洋館が入ってきたことで住まいや住まい方にどのような変化が起きたかを知ろう。

1 日本の住まいは気候との戦いだった?

❶高温多湿に立ち向かう

日本の気候の特徴は高温多湿である。日本の住まいの歴史は，この高温多湿の中，いかに快適に暮らすかを問い続けてきた。例えば竪穴住居の内部は年間を通じて温度が大きく変わらず，夏は涼しく冬は暖かいとされる。また高床倉庫は，食物などを湿気から遠ざけ，長く保存するための工夫である。日本だけでなく，アジアでも用いられた。

時代は下り，民家の土壁や畳などは，湿気を吸収しやすい素材が用いられた。部屋は引き戸で仕切られたが，取り外しが可能で，空気が流れやすく，開放的なつくりだった。しかし，個人のプライバシーの観点は無いに等しかった。

竪穴住居（青森県教育庁文化財保護課所蔵）

江戸時代中期の農家の家屋（宮城県角田市旧佐藤家住宅）

高床倉庫（国営海の中道海浜公園事務所所有）

●各地域の気温と湿度を比べてみよう

図の見方
―●― 平均気温（℃） ▒相対湿度（%）
気象庁のデータ（2016年）より 以下同

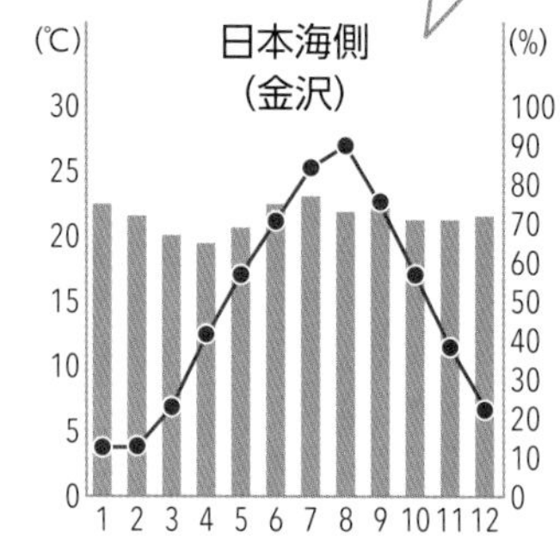

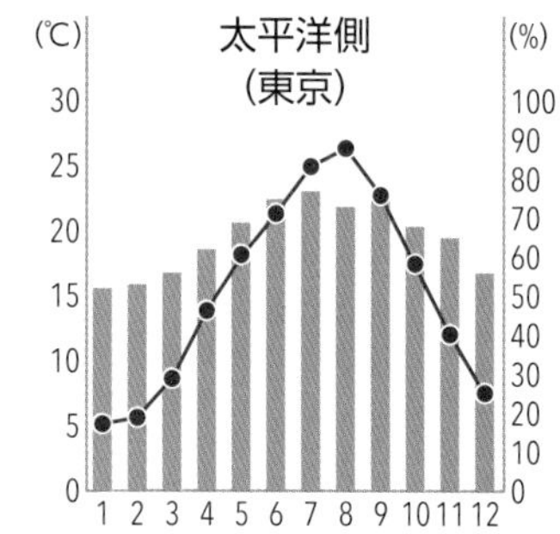

❷雪や台風に立ち向かう

北海道

北海道に住むアイヌ民族の伝統的な住まいは「チセ」と呼ばれる。屋根や壁に使われる植物は地域によって異なるが，ササや樹皮などが用いられた。真冬に埋もれるほどの雪が降っても，断熱材として効果があるとされている。掘立式（ほったて）で，釘は用いず，柱は植物のツルなどで縛りつけて作る。

チセ（旭川市嵐山公園）

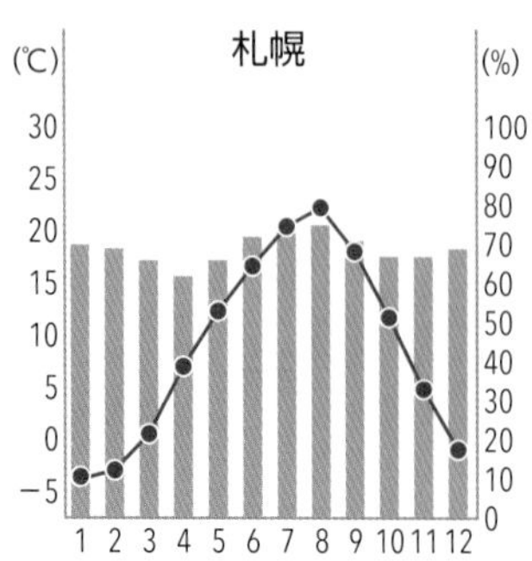

沖縄

日差しに強く断熱効果があるとされる赤い瓦は，台風で瓦が飛ばされないように漆喰（しっくい）で塗り固められている。また，東と南側に庇（ひさし）がとられ，強い直射日光や雨が室内に入らないように工夫されている。写真手前のヒンプンと呼ばれる石垣は，通りからの目隠しとなっており魔よけの役割もあるとされている。

近年の民家（海洋博公園　おきなわ郷土村）

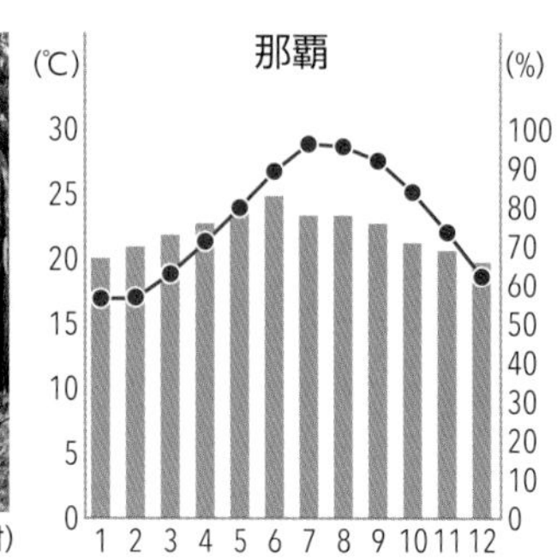

デジタルWORK　日本の建築にクローズアップ

日本の気候・風土と日本人の感性に適した住居とされる「聴竹居」。どのような工夫がされていて，なぜ日本人の感性に適しているのか，資料を見て話し合ってみよう！

2 洋館の登場と住まい方の変化

江戸末期の外国人居留地には，これまでの日本の住まいとは違った欧米の住まい（洋館）が並んだ。明治・大正期の政治家や豪商も，接待用の施設として洋館を自宅の一部に取り入れたが，彼らの生活の主体は和室であった。

日本の住まいと洋館との大きな違いは，各部屋が壁やドアに仕切られて独立している点にある。明治期以降，日本でも次第に**プライバシー**が重視されるようになり，家長中心の生活から個人が中心の生活へと変わり始めた。子ども部屋や夫婦の寝室が取り入れられるようになっていった。

旧岩崎邸（公益財団法人東京都公園協会）

3 戦後に浸透した新しい住まい～和風と洋風の融合～

洋館が登場した後，大正時代になると都市部を中心に一般庶民の間でも欧米風の生活様式が取り入れられるようになった。しかし，本格的に浸透していくのは，第二次世界大戦後である。戦後の住宅難で建てられた集合住宅は，和風と洋風を組み合わせた間取りを促進させた。中でも公団住宅が果たした役割は大きい。食事をする部屋と寝る部屋を分ける**食寝分離**という考え方が間取りに用いられ，台所（キッチン）と食事室（ダイニング）が合わさったダイニングキッチンが誕生し，その後の日本の間取りに大きな影響を与えた。下の写真は昭和30年代の団地の生活の様子を再現したものである。

欧米風の生活様式が取り入れられた結果，和室にいすが置かれるなどいす座が浸透していった。

（松戸市立博物館）

団地に幅広く用いられたステンレスの台所は，それまでのジメジメして暗いイメージを一蹴し，台所を主婦のための明るいスペースとして作り変えた。当時，多くの女性の憧れだったという。

（松戸市立博物館）

住生活

42 空気は目に見えないけれど…

目標・課題
❶ 快適に暮らすためには換気が重要であることを知ろう。
❷ 換気の方法にはいろいろな種類があることを知ろう。
❸ 換気や掃除をしないことでどのような影響があるかをまとめよう。

1 閉めっぱなしの住まいにたまるモノ

住まいの機能が高まるにつれて，これまでのような開放的な建築様式から，防寒，断熱や防音のために隙間をなくした高気密化住宅に変化していった。エアコンで作られた快適な温度を保つために断熱材やアルミサッシ，二重窓が効果的に用いられている。高気密になったことで，空気は部屋の中から出ていかなくなった。そんな室内には，どんなモノがたまっていくのだろう?

室内で検出されるおもな化学物質

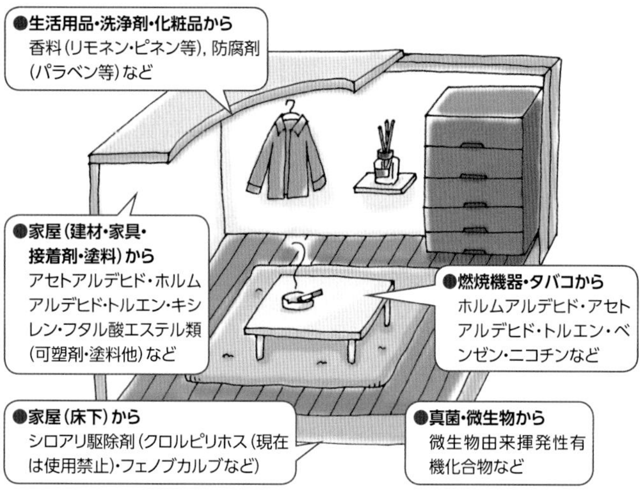

●生活用品・洗浄剤・化粧品から
香料（リモネン・ピネン等），防腐剤（パラベン等）など
●家屋（建材・家具・接着剤・塗料）から
アセトアルデヒド・ホルムアルデヒド・トルエン・キシレン・フタル酸エステル類（可塑剤・塗料他）など
●燃焼機器・タバコから
ホルムアルデヒド・アセトアルデヒド・トルエン・ベンゼン・ニコチンなど
●家屋（床下）から
シロアリ駆除剤（クロルピリホス（現在は使用禁止）・フェノブカルブなど）
●真菌・微生物から
微生物由来揮発性有機化合物など

（平成26-27年度厚生労働科学研究費補助金健康安全・危機管理対策総合研究事業科学的エビデンスに基づく「新シックハウス症候群に関する相談と対策マニュアル（改訂版）」の作成研究班「研究科学的根拠に基づくシックハウス症候群に関する相談マニュアル（改訂新版）」より）

湿気の発生源と発生量

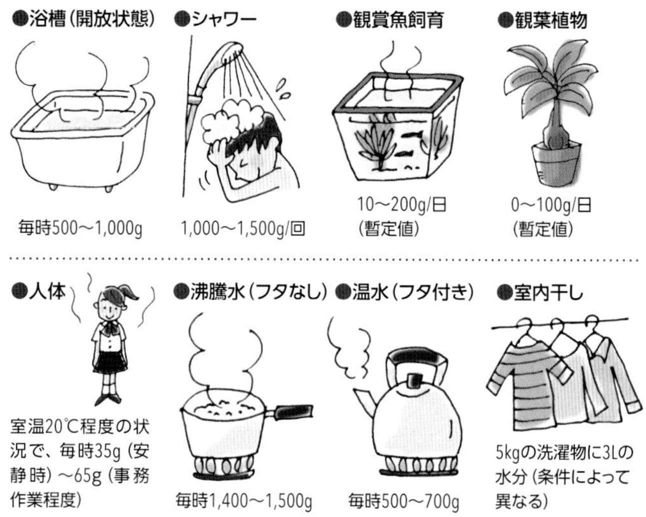

（堀清孝著「図解入門よくわかる最新断熱・気密の基本と仕組み」株式会社秀和システム及び東京ガス株式会社「話のたまご2014年6月号」より作成）

二酸化炭素

●寝室の一晩の二酸化炭素濃度の変化

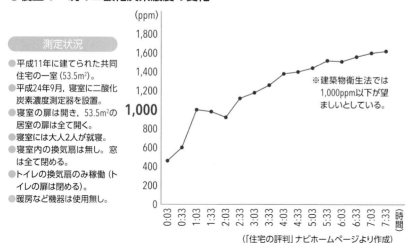

測定状況
- 平成11年に建てられた共同住宅の一室（53.5m²）。
- 平成24年9月，寝室に二酸化炭素濃度測定器を設置。
- 寝室の扉は開き，53.5m²の居室の扉は全て開く。
- 寝室には大人2人が就寝。
- 寝室内の換気扇は無し。窓は全て閉める。
- トイレの換気扇のみ稼働（トイレの扉は閉める）。
- 暖房など機器は使用無し。

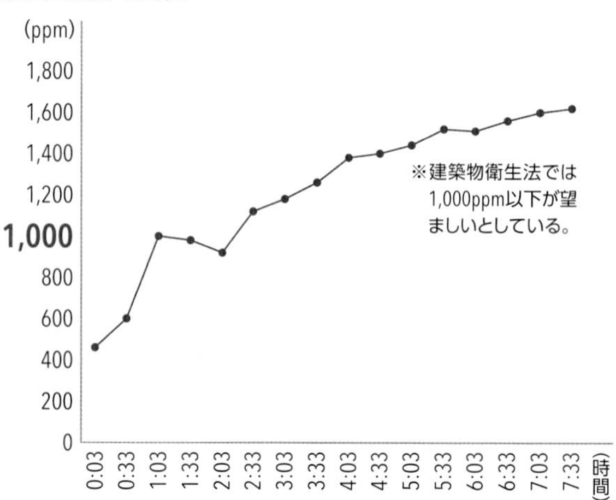

（「住宅の評判」ナビホームページより作成）

花粉の侵入経路

●さまざまな経路から花粉は部屋に入ってくる

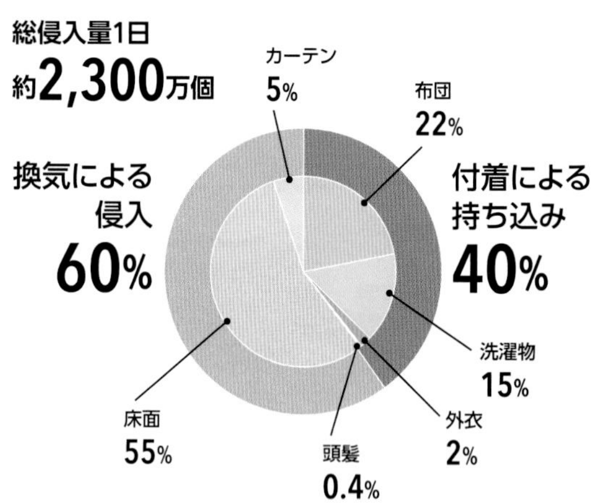

条件:平均的な3～4人家族を想定（花王調べ）

デジタルWORK　快適な暮らしクイズ

「たんすを置くとき，壁との間にどれくらいの隙間をあければよい?」など，掃除や換気をはじめとする，快適な住生活を送るために必要な知識について，クイズに答えながら身につけよう。

2 汚れた空気によって

部屋にたまった汚れた空気は，身体に悪い影響を与える。シックハウス症候群は，その代表と言える。有害物質の他に，カビなどの微生物も原因となる。カビは空気中に水分が多いほど発生しやすい。

シックハウス症候群の症状例

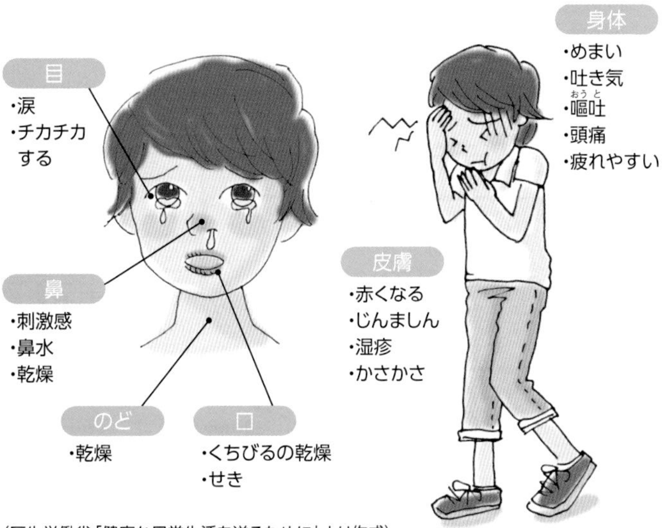

(厚生労働省「健康な日常生活を送るために」より作成)

家具への被害

窓を開けないためにカビが生えたカラーボックスの裏側。

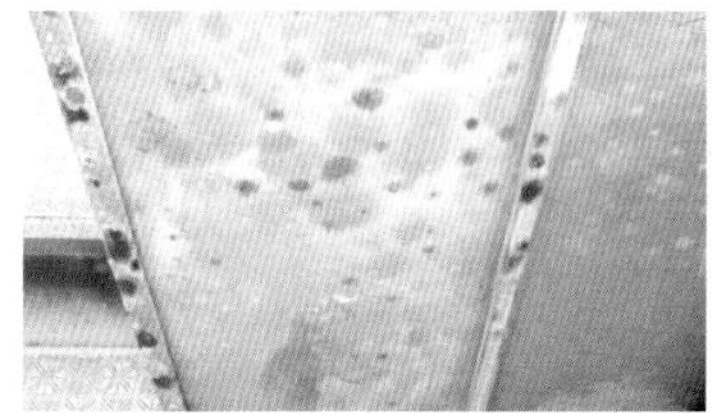

(有限会社プレモ)

ペットの花粉症

春と秋といった花粉が多く飛ぶ時期に，ペットに以下のような症状がみられたことはありますか?

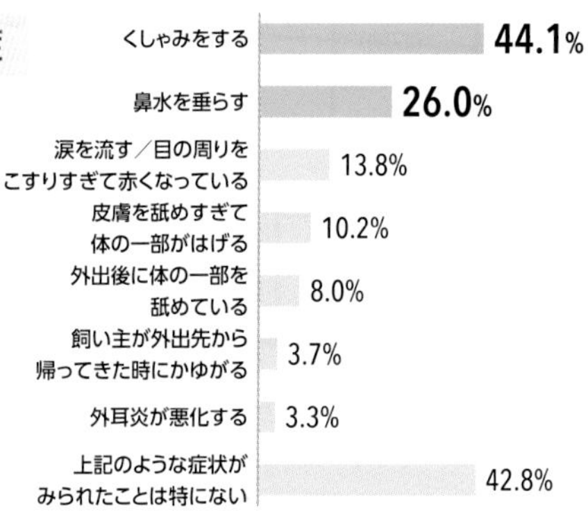

(アイペット損害保険株式会社「ペットの花粉症に関する調査」より)

3 たまった空気を入れ替える

●換気の種類

全般換気　住宅全体を換気する。シックハウス症候群対策のため24時間換気システムの設置が法律で義務づけられた。

局所換気　室内の一部を換気する。台所やトイレ，風呂など水蒸気や臭気が発生しやすい場所で行うことが多い。

快適な環境の目安

- **湿度：40〜60%**
  60%を超えると，カビやダニが発生しやすくなる。
  湿度が低すぎると，のどを痛めたり，静電気が発生しやすくなる。

- **温度(暖房)：17〜22℃**
- **温度(冷房)：25〜28℃**
  部屋を移動する時には温度差に注意する。

(東京都福祉保健局「健康・快適居住環境の指針」より作成)

住生活

43 住まいの機能を考えてみよう

目標・課題

❶ 生活行為と部屋の関係性について知ろう。
❷ 間取り図を見ながら，どこでどんな生活行為をするか考えてみよう。
❸ 家族の生活に応じた適切な住まいについて考えよう。

1 生活行為と住まいの機能を考えてみよう

❶今と昔の間取りを比べてみよう

江戸時代の長屋の間取り図

庶民が多く暮らした一般的な間取り。長屋はこうした部屋がいくつも並んだ。

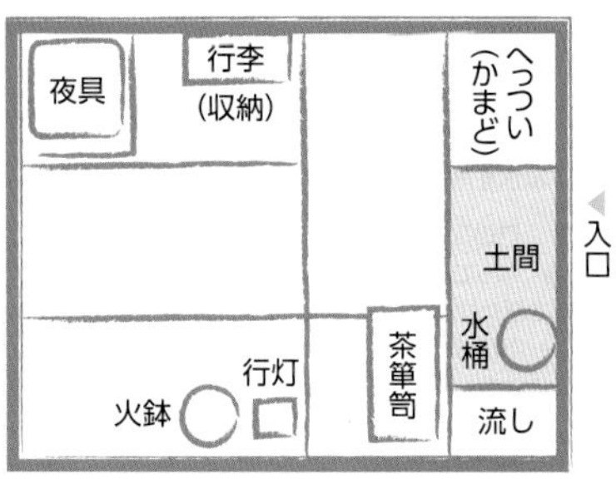

(中江克己著「図説見取り図で読み解く江戸の暮らし」青春出版社より)

曲がり屋の間取り図

岩手県に多く見られた民家の形式。土間の先に馬小屋があり，人と馬が一つ屋根の下で一緒に暮らす。

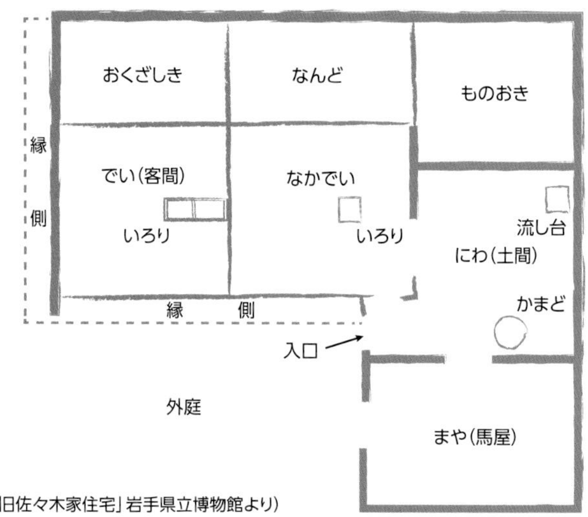

(「旧佐々木家住宅」岩手県立博物館より)

公営住宅51c型原案図

1951年に計画された公営住宅の間取りの原案となったもの。ダイニング・キッチンといった用語はここからできたとされる。

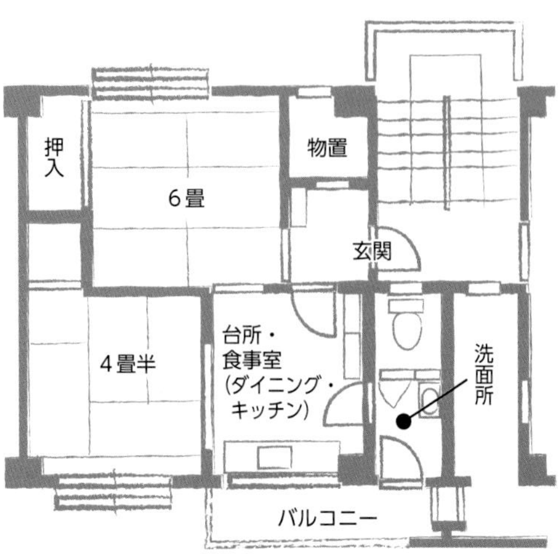

現代のある夫婦の住まいの間取り図

都市近郊に夫婦2人で暮らしている住まいの間取りである。

デジタルWORK 本当に住みやすい? 間取りクイズ

デジタルコンテンツで,「生活する上で問題のある間取り図」が表示される。その間取り図について,生活における動線などを想像しながら,どこが暮らしにくいのか考え,クイズに答えてみよう。

❷海外の間取りを見てみよう

ペルー:チチカカ湖のトトラの住まいの間取り図

壁と屋根の編み方は異なるが,トトラ(葦(あし))でできた3.5畳ほどの小屋。床は張られていない。軸組は木材で作られる。(p.83参照)

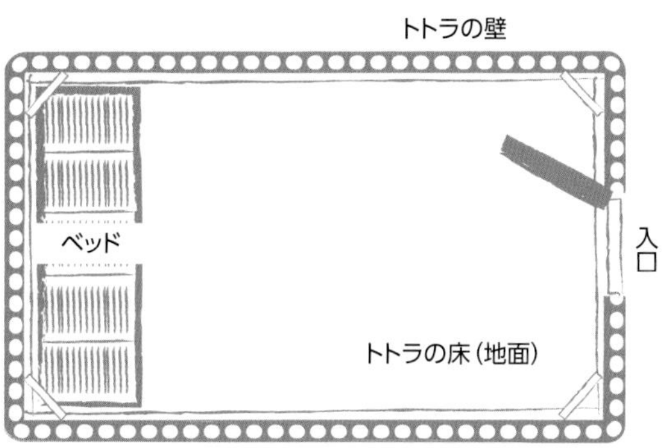

(益子義弘+東京大学益子研究所著
「百の知恵双書012　湖上の家,土中の家　世界の住まい環境を測る」農文協より)

どの部屋でどんな行為をする?

おもな生活行為

睡眠　起床　洗顔　調理
食器洗い　歯みがき　排泄(はいせつ)
着替え　洗濯　靴磨き
洗濯物干し・取り込み・畳む　入浴
テレビ視聴　ゲーム　充電
化粧　読書　音楽を聴く
家族との会話　育児　介護
リラックス　仕事　勉強
インターネット　楽器の演奏
食事　友達を招く　など

モンゴル:ゲルの間取り図

男性と女性の座る場所が決まっている。
上座は部屋の一番奥になる。(p.82参照)

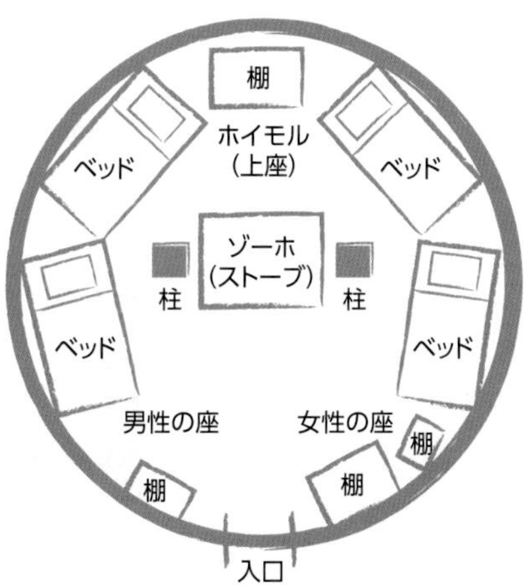

どんな機能があるのかな?
どこで何をするの?

(那須モンゴルビレッジホームページより)

考えてみよう!

変な部屋の間取り図

ちょっと変わった部屋。使い勝手はどうだろう?

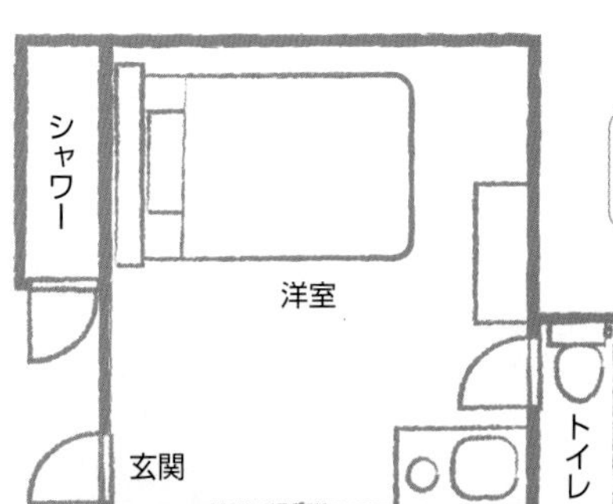

どこが変…?

(佐藤和歌子著「間取りの手帖remix」筑摩書房より)

住生活

44 災害時，あなたなら，どう動く？

目標・課題
❶ 共助の重要性を知ろう。
❷ 地域の要配慮者に対して自分ならどのようなことができるか考えよう。
❸ 地域の防災対策について，自分にできることは何か考えよう。

1 近隣の方々と防災～共助～

共助とは，地域の人々との助け合いや支え合いのことである。近年，地震や洪水，大雨，豪雪などの災害が多発しており，自分や家族だけで問題を解決する（自助）ことが難しい場合がある。災害の規模によっては，消防などの公的な救助（公助）が到着するまで，かなりの時間がかかってしまう。そのような時，共助が大きな力を発揮する。

●阪神・淡路大震災における救助の主体と救出者数

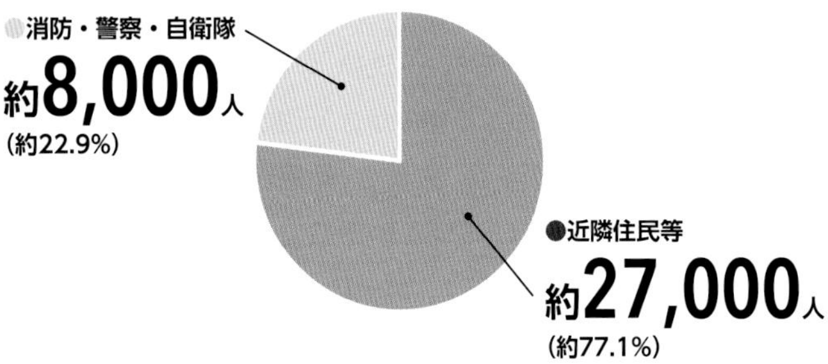

（内閣府「防災白書」平成26年版，河田恵昭著「大規模地震災害による人的被害の予測」自然科学第16巻第1号より）

●国民が重点をおくべきだと考えている防災政策

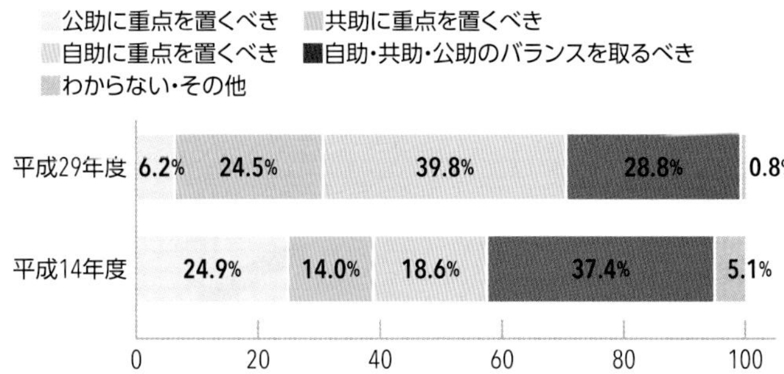

（内閣府「防災白書」平成30年版より）

❶早め早めの避難が大切―避難準備―

豪雨などの時，避難をいつするかは避難準備情報などを参考にする。避難準備情報は市町村のウェブサイト，防災無線等で発表される。ただ避難準備情報に頼るのではなく，前もって自分が住んでいる地域にどのような災害が起こりうるのか知っておくことも重要である。

●避難準備・高齢者等避難開始
避難に時間を要する人（高齢者，障がい者，乳幼児等）とその支援者は避難を開始する。その他の人は，避難の準備を整える。

●避難勧告
速やかに避難場所へ避難をする。

●避難指示（緊急）
まだ避難していない人は，緊急に避難場所へ避難する。

避難勧告や指示が発令されても，外出することでかえって命に危険が及ぶような状況では，近くの安全な場所への避難や，自宅内のより安全な場所に避難をする。

（内閣府「避難勧告等に関するガイドライン」より要約）

❷避難に配慮の必要な人（要配慮者）への思いやり

●障がい者
避難誘導の際には，まずは冷静な態度で，状況を伝えることが大事である。さまざまな障がいがあるので，特性に応じて配慮する。

〈おもな障がいに対する配慮例〉
- **視覚障がい**……… 状況を伝える時は，より正確になるように言葉を選ぶ。
- **聴覚・言語障がい**…筆談できるように道具を揃えておく。
- **肢体不自由**……… 車いすやストレッチャーなどをきちんと確保しておく。
- **知的障がい**……… 安全な場所に誘導し，精神的に不安定にならないように対応できる人を確保しておく。

●女性・妊婦
更衣の問題や授乳の不安を解消したり，また妊娠中や産後まもない方への健康面やプライバシーに配慮する。

●子ども
遊ばせてストレスを発散させる。また気持ちを表に出せるような空間や時間などを確保し，気分転換が図れるようにする。

●高齢者
不便があっても自分から言い出せないことがある。明るい声で頻繁に話しかけ，孤立感や不安感を抱かないようにする。

●外国人
生活文化の相違や言葉の問題から不安を抱えてしまう可能性がある。外国語を理解できる仲介者や通訳を介し，正確な情報を伝える。

（「東京防災」などを参考に作成）

デジタルWORK あなたの防災意識をチェック

地震や台風，豪雨などの災害時に対して，どのような備えが必要だろう?チェックリストに回答して，防災への意識を高め，いざというときのために備えよう!

2 東日本大震災時，高校生が避難所をひらく

Sさん（震災当時，高校2年生）

ちょうど外で部活動の準備運動をしているときに地震がきました。その後，生徒全員が校庭に避難しました。点呼をとっていたところ，うちの学校は高台にあったので，下に住んでいる人たちがどんどん避難してきました。けれど，うちの高校は，県立高校で避難所指定をされていませんでした。そのため備蓄も，避難マニュアルも全然ありません。しかし，人がどんどん来るし，雪も降っているから，とにかく体育館にいれるしかないとなりました。避難所指定をされていないから先生たちは対応できない，卒業式も終わっていたのでもう高3生もいない。だから高2生がなにかやるしかないとなって，避難所の運営が始まりました。

（中略）

とにかく寒かったので学校からストーブを持ってきたり，教室のカーテンを持ってきて，全部集めて配りました。1人で行動しないようにして，友達と5人1組くらいで何箇所かに配りました。

（中略）

人も多かったので1時間に1回くらいの割合でごみ収集をしました。感染症予防で保健室からマスクをとってきたり。感染症予防は先生に言われて，ごみ箱は自分達で考えてやりました。大きい体育館は土足で入っていました。3日目に掃除をして，ビニールシートを敷いて靴を置くようになったので，それまでは土足ですごく汚かった。身体も弱っていたんでみんな，そういうところは気をつけなきゃって。いきあたりばったりでしたが，みんなで考えながらやりました。

（公益社団法人セーブ・ザ・チルドレン・ジャパン「震災後に中高生が果たした役割の記録プロジェクト報告書」（2013年4月）より）

3 事前に知っておきたい地域の防災対策

避難場所は公園や大きな広場などに指定され，かまどベンチや防災井戸などが設置されていることが多い。身近な避難場所として，学校の体育館も活用される。

災害がいつ起きてもいいように，地域との絆を深める，防災訓練に参加する，防災グッズを準備しておくことなどが大切である。肩の力を抜いた防災訓練としては，電気を極端に使わないアウトドアキャンプなども考えられる。ハザードマップで地域の地盤や地形を調べておくのも重要である。また，最後に頼りになるのはやはり家族である。家族で防災について話し合い，常日頃から意識するように心がけたい。

かまどベンチ　（株式会社コトブキ）

座る部分の板を外すとかまどになる。

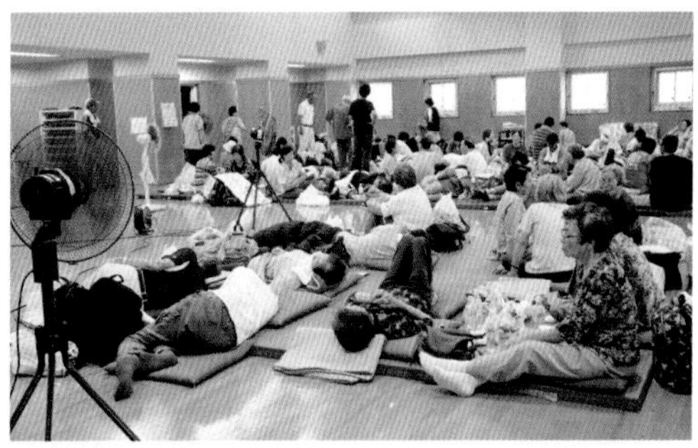

2016年台風10号により避難している人々

かまどベンチの使用の様子　（厚木市役所）

地域の防災訓練

45 住まいは持つもの？　借りるもの？

目標・課題
- ❶ 自分が住まいに求めることは何か，考えよう。
- ❷ 持ち家と賃貸住宅の長所と短所を調べよう。
- ❸ 住まいをめぐるトラブルの例を調べ，これからの住生活を考えよう。

1 所有と賃貸，あなたにとってどちらが魅力的？

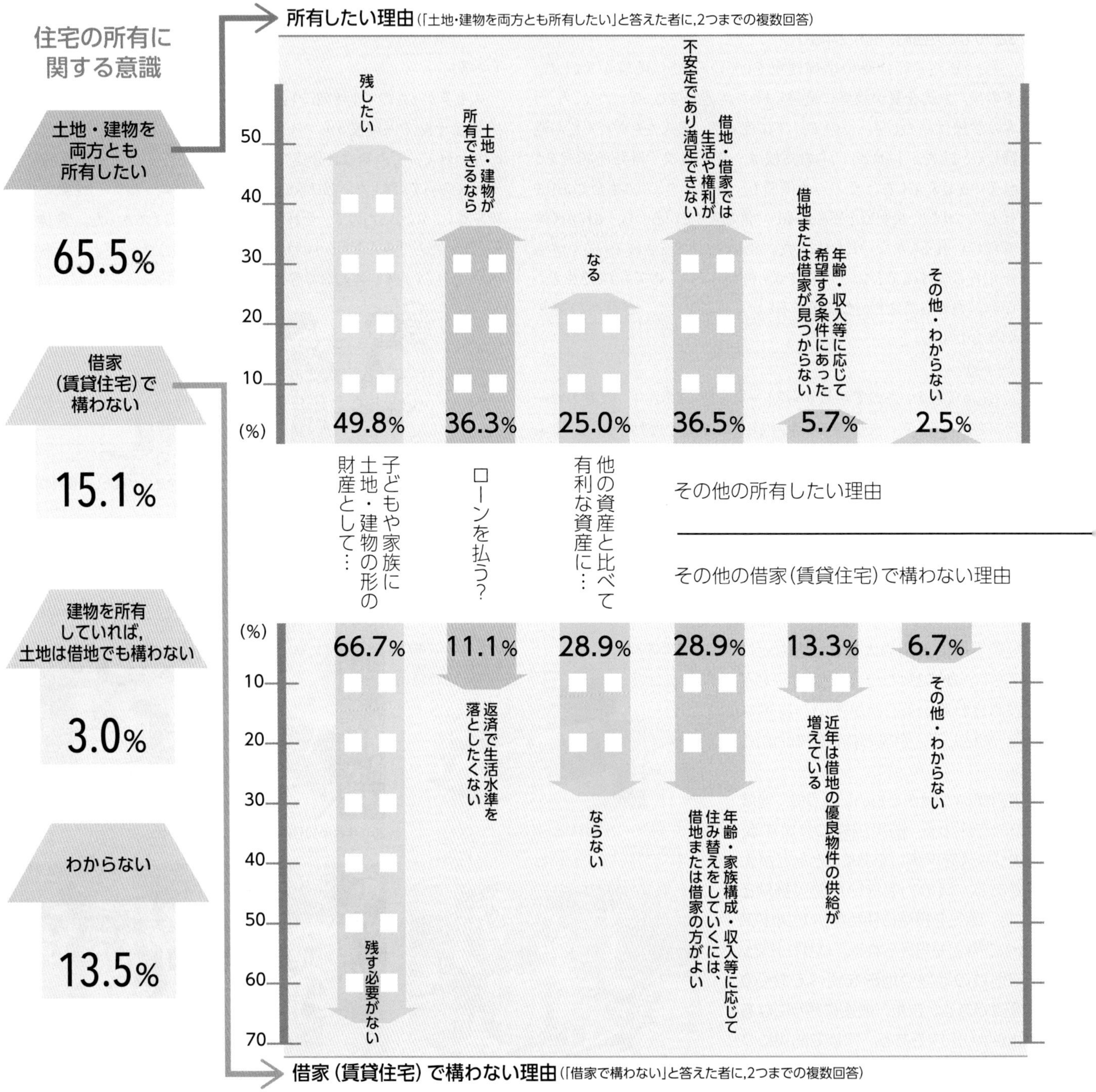

（国土交通省「土地問題に関する国民の意識調査」令和4年度より作成）

デジタルWORK　チャットで学ぶ持ち家・賃貸住宅

あなたは結婚を機に「持ち家・賃貸住宅のどちらに住むか」について婚約者と話し合うことになった。会話を選択しながらストーリーに沿って，人生と住まいのことを考えてみよう。

東京で30年ローンの土地付注文住宅を購入したら

東京の土地付注文住宅の平均所要資金は6,110万円。そこで，頭金として1,110万円払い，残り5,000万円を30年ローンで払うとすると…

平均所要資金は住宅金融支援機構「2020年度フラット35利用者」調査による

▼

返済例

毎月の返済金額（金利1.5%）　**13.9万円**

6か月毎のボーナス払い　**20.8万円**

トータルの支払額　6,216万円

（住宅金融支援機構ホームページのシミュレーションを使用）

新築・リフォームをめぐる問題

住まいの新築時やリフォーム時のトラブルに関する相談件数は増加傾向だったが，2020年は減少した。相談の対象となった住宅の80%が戸建住宅で，相談のおもな内容のうち，住宅のトラブルに関する相談は約65%を占めている。

●相談件数の推移

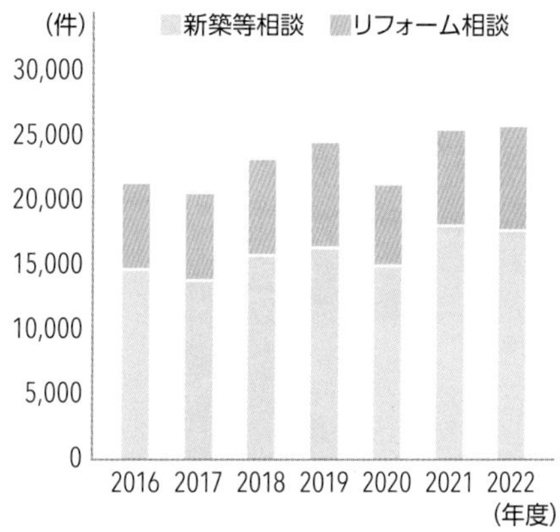

●戸建住宅のおもな不具合事象

事象	件数(%)	よく見られる部位
ひび割れ	20.0	外壁，基礎など
雨漏り	13.8	屋根，外壁，開口部・建具など
性能不足	13.2	設備機器，開口部・建具など
はがれ	11.1	外壁，内装など
変形	10.5	床，開口部・建具など

（公財）住宅リフォーム・紛争処理支援センター「住宅相談統計年報2022」より

東京で30年間賃貸マンションで暮らしたら

更新料は2年に1回（1か月分）として計算

▼

ワンルーム（平均家賃…71,954円）

トータルの支払額　約2,698万円

1LDK～2DK（平均家賃…107,751円）

トータルの支払額　約4,041万円

2LDK～3DK（平均家賃…133,949円）

トータルの支払額　約5,023万円

（平均家賃は住宅新報2017年5月9日掲載）

賃貸をめぐる問題

部屋の退去時に，ハウスクリーニング，クロス張替え，畳表替え等の原状回復費用として，高額な料金を請求されるトラブルに注目が集まっている。そのため国土交通省は，「原状回復をめぐるトラブルとガイドライン」を1998年に取りまとめ，その後改訂を行っている。

おもなトラブル例

- 半年で賃貸アパートを退去したら畳と襖（ふすま）の修理代を強引に請求された。汚していないのに修理費用を請求するのはおかしい。返金してほしい。
- 賃貸アパートを退去したが，管理会社に原状回復費用として10万円程請求すると言われた。納得できない。

ガイドラインのポイント

「原状回復とは賃借人が借りた当時の状態に戻すことではない」ということを明確化した。また経年変化，通常の使用による損耗（そんもう）等の修繕費用は，賃料に含まれるものとした。

●近年の相談件数

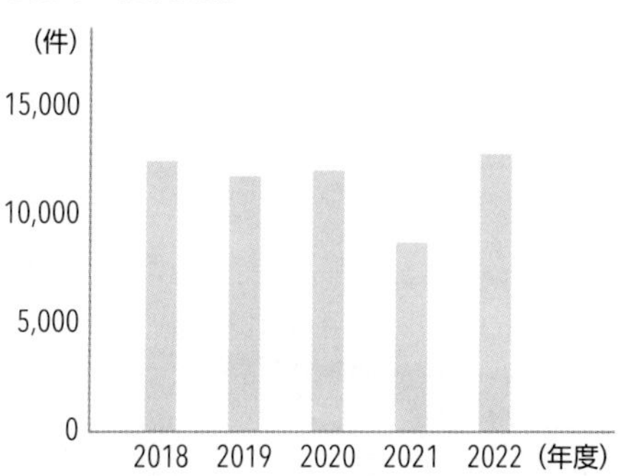

相談件数は2023年5月31日現在（消費生活センター等からの経由相談の件数を除いている）
（国民生活センター「賃貸住宅の敷金・原状回復トラブル」より作成）

住生活

46 人や地域をつなげる住まいとは?

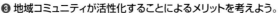

目標・課題
❶ いろいろな住まいや住まい方があることを知ろう。
❷ 他人とつながって住まうことのよさや難しさを挙げよう。
❸ 地域コミュニティが活性化することによるメリットを考えよう。

1 人と人をつなげる

世代間ホームシェア

(NPO法人リブ&リブ)

一人暮らしの高齢者宅に大学生が同居し共同生活を行う。世代の交流によって新しい絆が生まれている。

高齢者のシェアハウス

(NPO法人COCO湘南)

高齢者同士で助け合って生活していく。施設と違い，何事も自分達で考え，行動し，決定している。

シングルマザーのシェアハウス

(ペアレンティングホーム)

シングルマザー同士で暮らすことで，仕事と家庭の両立や子育ての悩みなどの解決をはかっている。

学生はシェアハウスをどう思っているのだろう?

シェアハウスに住んでみたい?

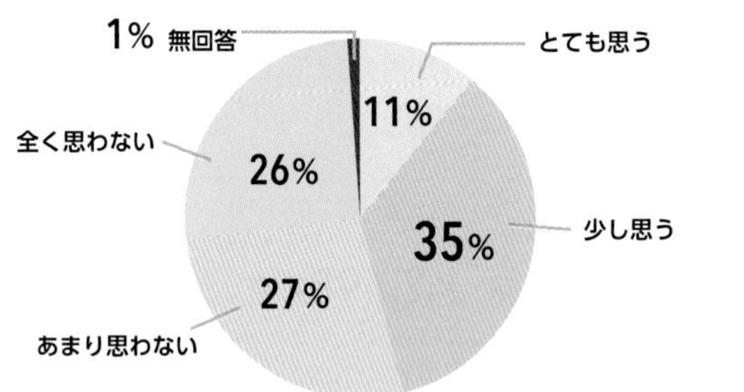

一人暮らしを始める時，検討した物件は?(複数回答)

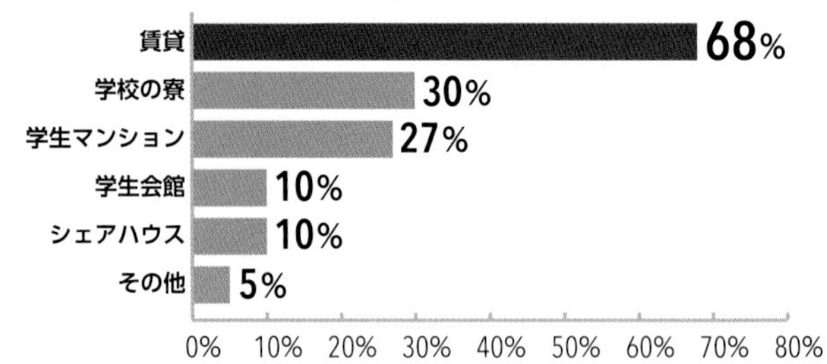

students lab調べ(2015年)

デジタルWORK これからの住まいのあり方とは？

近年では，シェアハウスなどのほかにも，さまざまな住まい方がとられるようになった。デジタルコンテンツで紹介する「多拠点居住」などの例を見ながら，これからの住まいのあり方を考えてみよう。

2 人と地域をつなげる

団地コミュニティを作る

（UR都市機構）

年齢構成が高齢者に傾きかけている団地だが，子育て世代をサポートする試みが行われるなど，団地の新しいコミュニティが築かれてきている。

外国人と一緒に街を盛り上げる

（公益財団法人目黒区国際交流協会）

外国人が多く住むようになり，それぞれの文化の紹介などを通して，相互理解をすすめ，交流の輪を広げて地域や街を盛り上げていこうとする取り組みがある。写真は東京都目黒区で開催された「第11回MIFA国際交流フェスティバル」の様子。

空き家を活用する

（大分県豊後高田市）

豊後高田市の野地地区は空き家を改修して地域の集会所として活用している。健康作り教室など地域のコミュニティ作りの一助となっている。

住まいを開いておもてなし

（長野県小布施町）

長野県小布施町では，自宅の庭を開放するオープンガーデンを実施している。自身で育てた花でもてなし，会話を通して交流を図るという取り組みである。

47 人生にかかるお金っていくら？

目標・課題
❶将来必要になるお金の目安を知ろう。
❷生活に必要なお金の目安を知ろう。
❸自分でお金の管理ができるようになろう。

Part 7
消費・環境

高校生の収入と支出

収入 (金融広報中央委員会「子どものくらしとお金に関する調査」2015年度より)

おこづかいの平均
5,114円

アルバイトの平均
4万3,000円

支出の割合

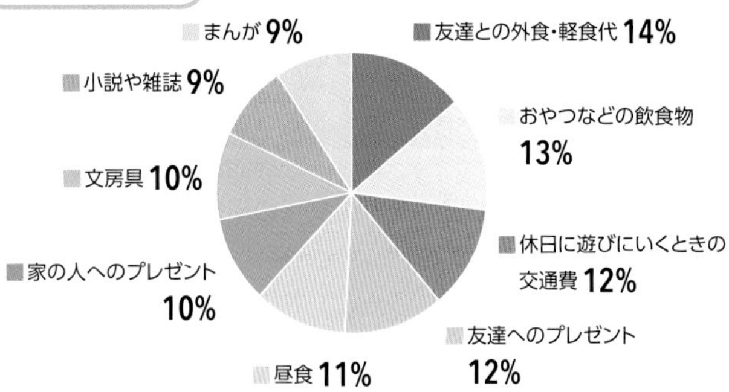

収入についてはおこづかいを定期的にもらっている高校生は約8割，アルバイトをしている高校生は約2割となっている。支出については，飲食代が4割近くを占めている。

おこづかいが足りなくなったらどうする？

1位	がまんし，節約する
2位	貯めておいたお金を使う
3位	親，祖父母などからお金をもらう
4位	翌月分のおこづかいを前借りする
5位	手伝いやアルバイトでお金をもらう
6位	親・兄弟姉妹から借りる
7位	友だちから借りる

(金融広報中央委員会「子どものくらしとお金に関する調査」2015年度より)

社会人1年目の収入と支出 (ひとり暮らしの場合)

収入 (厚生労働省「令和元年賃金構造基本統計調査結果（初任給）の概況」より)

高校卒業者の平均
16万7,000円

大学卒業者の平均
21万円

支出 **支出合計約15万円**

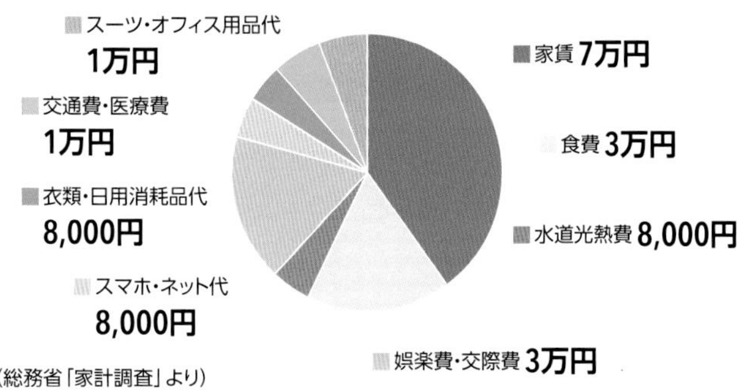

(総務省「家計調査」より)

ひとり暮らしをする場合，収入の三分の一以上が家賃としてかかっている。20代からお金を貯めるのは簡単ではなく約4割が貯蓄や株式などの金融資産を持っていないというデータもある。

給与明細で見る，もらえるお金と納めるお金

支給	基本給	役職手当	家族手当	住宅手当	
	190,000				
	時間外手当	交通費	遅刻早退控除	欠勤控除	総支出額
	6,000	10,000			**206,000**
控除	健康保険	介護保険	厚生年金	雇用保険	社会保険合計
	10,000		18,500	500	29,000
	所得税	住民税			控除合計
	4,000	6,000			**39,000**

差引総支給額 16万7,000円

税金や社会保険料などは天引きされ，残りが支給される。

求人などで給与は総支給額で示されることが多いが，手取り額はそれより少なくなることを知っておこう。

デジタルWORK お金のやりくりシミュレーション

高校・大学を卒業して会社に就職したあなた。アパートでひとり暮らしを始めることにした。1か月の収入でうまく家計をやりくりできるかシミュレーションしてみよう。

子ども2人，家族4人世帯の収入と支出（住宅を購入した場合）

収入 （総務省「家計調査」より）

子ども2人，
4人世帯の平均
62万円
※もっとも多い世帯は45万円

支出 支出合計約46万円

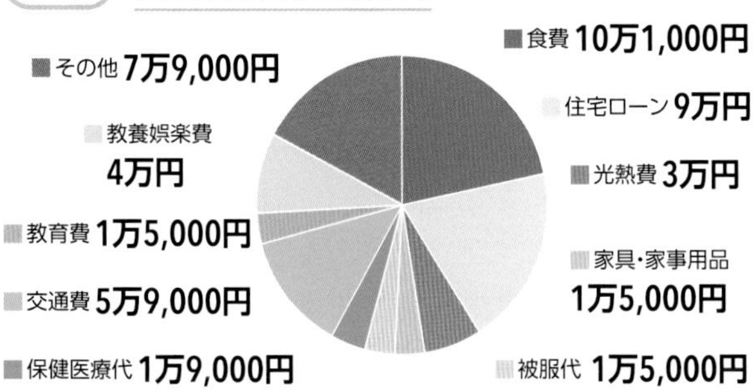

（総務省「家計調査」のデータ，住宅ローンは「令和2年度住宅市場動向調査報告書」より）

家族が増えれば当然，日々の生活費の支出も増えていく。さらに住宅ローンは30年程度かけて返済していかなければならない。収入については約6割以上の世帯が共働き世帯と言われている。

家計に関する意識調査

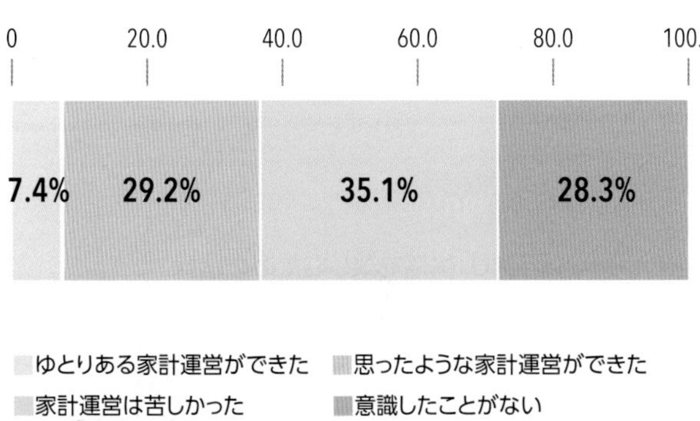

（金融広報中央委員会「家計の金融行動に関する世論調査2022年」より）

定年退職した65歳以上の夫婦の収入と支出

収入 （日本年金機構より）

国民年金のみの場合
13万円

厚生年金の場合
22万円

支出 支出合計約22万5,000円

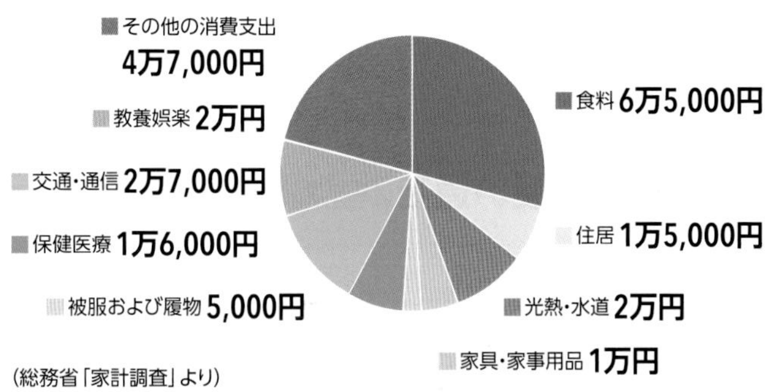

（総務省「家計調査」より）

定年退職後はそれまでの貯えと年金で生活していくことになる。年金制度の持続可能性が危ぶまれる昨今，老後に豊かな生活をおくるために自分で資産を形成することが求められている。

老後2000万円問題とは？

2019年に金融庁が取りまとめた報告書では，ゆとりある定年後の生活をおくるためには公的年金だけでは足りず，2000万円の資産が必要だとされ波紋を呼んだ（後に撤回）。年金制度が今後も持続可能かどうかは少子高齢化が進むなか懸念されている。

デジタルWORK 消費・環境のキホンドリル

消費・環境に関する基本問題10問に答えてみよう。学習を終えたあとでもう一度挑戦して，内容がどれくらい身についたか，確認してみよう。

48 どうしたらお金は貯まる?増やせる?

目標・課題

❶ お金を貯蓄・支出、消費・投資などに分けて考えてみよう。
❷ 投資についての基本的な考え方を知ろう。
❸ 人生全体の収入と支出を、知ろう。

1 支出と収入を貯蓄の関係を知ろう

一般的には給料などの収入から，生活費などの支出を引き，残ったお金が貯蓄となる。しかし確実に貯蓄するためには，決めた額を先に貯蓄に回し，残ったお金でやりくりする方が効率がよい。こうした方法は**「先取り貯蓄」**と言われる。給料の振り込まれる口座から貯蓄口座へ，自動的に送金してくれる銀行のサービスなどもある。

○ 収入ー貯蓄=支出
△ 収入ー支出=貯蓄

2 お金の使い道を2種類に分けて考えよう

消費

今，必要なものを購入したり，生活を楽しむためにお金を使うことが消費。

食べ物を買う，旅行に行く，外食を楽しむ，服を買う，光熱費を支払う，家賃を払う，車を買う，ライブに行くなど。

投資

今，消費することを我慢して，将来のためにお金を使うことが投資。

貯金をする，株式を買う，塾に通う，英会話教室に通う，参考書を買うなど。※貯蓄などだけでなく，たとえば学力や能力を磨いて将来成功するためのお金の使い方は教育投資と考えられる。

ニーズ Needs

生活になくてはならない物，必需品を購入するための消費。

食費，家賃，ガソリン代，電話代，教育費，日用品の購入，交通費など。

ウォンツ Wants

欲しい物を買ったり，生活を楽しむための消費。

ライブや映画に行く，レストランで食事をする，ブランド品のバッグを買うなど。

デジタルWORK あなたの人生，いくら費やされている?

食費，衣服代，学費，塾代，おこづかい…高校生のあなたがこれまで生きてくるのに費やされたお金の概算を計算してみよう。あなたの人生にはどのくらいのお金がかかってきたのだろう?

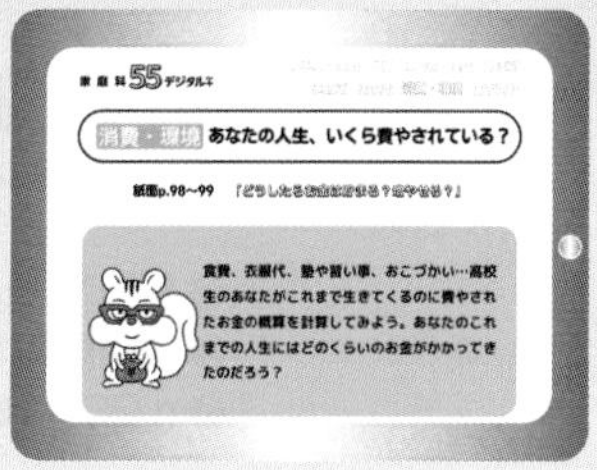

3 投資でお金を貯める，増やすコツ

積み立て投資

毎月，決めた額を少しずつ投資する方法と，一度に大きな額を投資する方法のどちらが効率的だろうか。答えは前者で**「積み立て投資」**という。積み立て投資のメリットは少ない負担で投資できること，長期的に投資することでリスクを分散できることなどがある。

分散投資

たとえば全資金を株式へ投資している場合，相場が下がると，大きな損失が出てしまう。リスクを分散させるため，株式や国債，貯金などさまざまな金融商品へ分けて投資することを**「分散投資」**という。卵を複数のかごに分けて保管するイメージが分かりやすい。

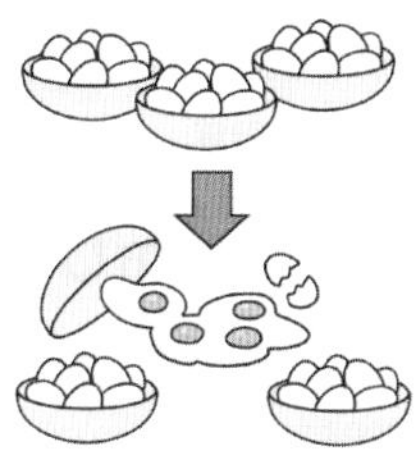

卵をいくつかのかごに分散して保管しておけば，落としたときのリスクを軽減できる。

4 人生の収入と支出をイメージしてみよう

ライフプランシミュレーターで，あなたの人生の収支を計算してみよう!
(出典:金融庁ウェブサイト)

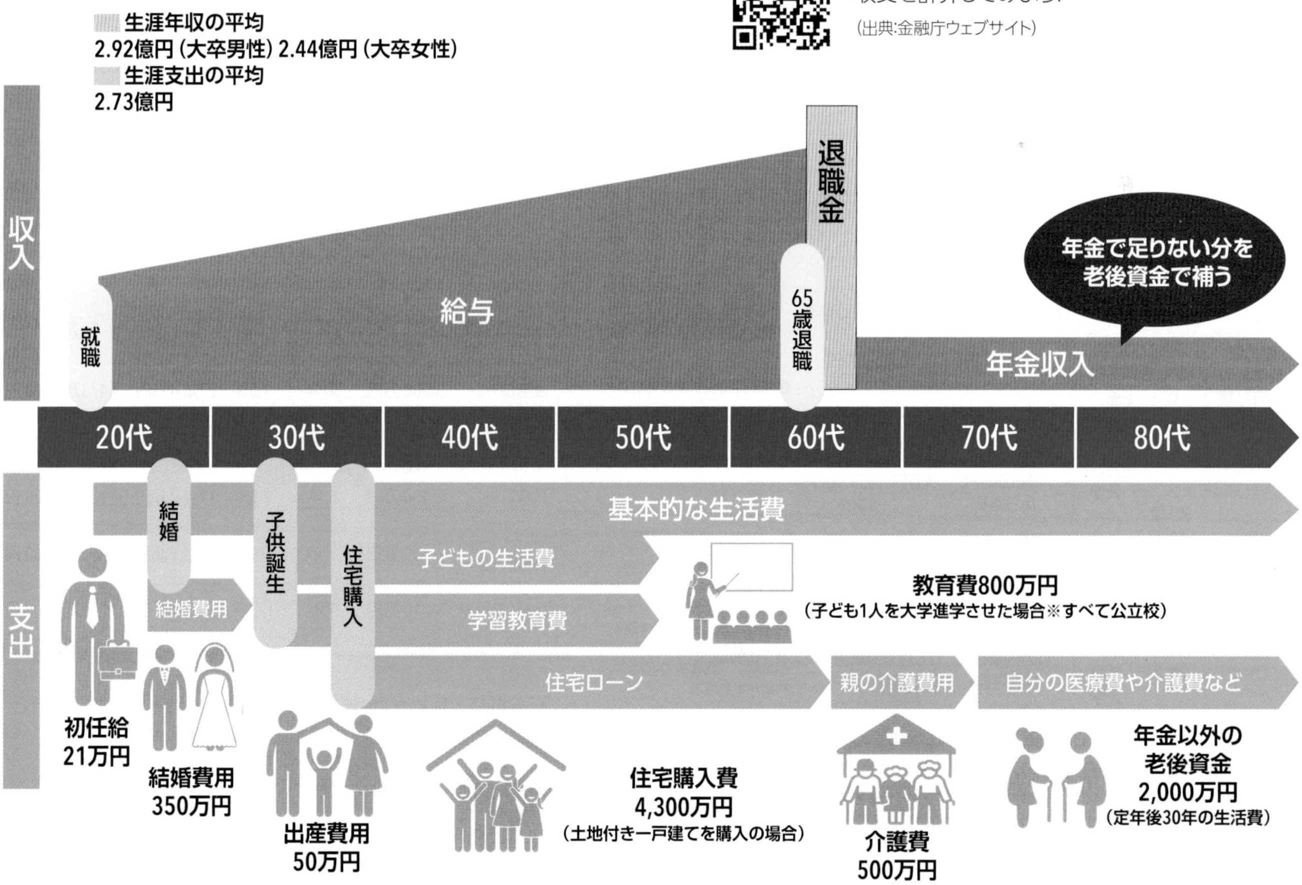

49 お金を借りる，投資するとどうなる？

目標・課題
❶ 貯蓄やローン返済のシミュレーションから，お金の計画の重要性に気づこう。
❷ 金融商品の種類や特徴を知り，目的に合わせて選べるようになろう。
❸ p.98～99も参考にしながら，生涯の経済計画を立てよう。

1 お金を貯めるなら貯金？ 投資？

❶30歳までに住宅購入の頭金500万円をパートナーと半分ずつ（250万円）貯めるなら？

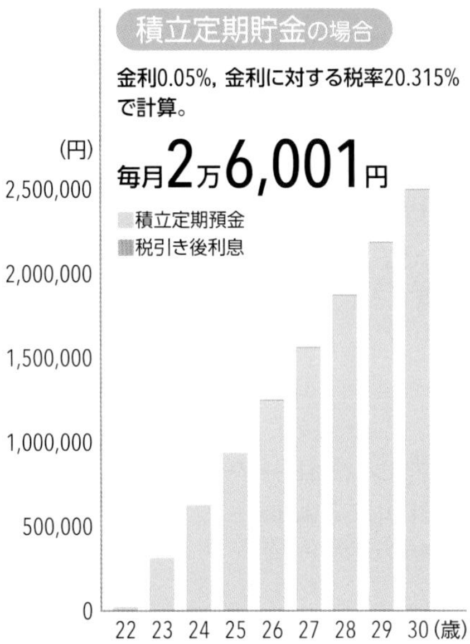

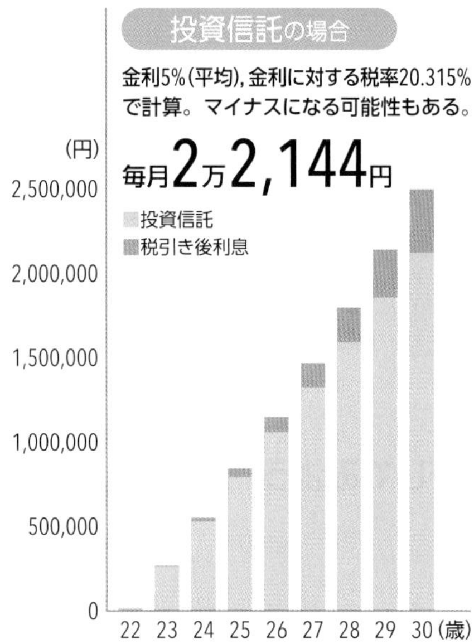

❷貯金と投資信託のリスクとリターンを知ろう

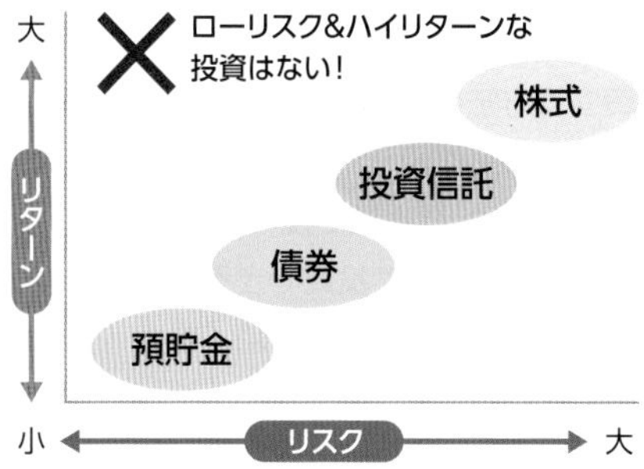

リスクとは資産が目減りする不確実性のことで，リターンは投資から得られる収益のこと。リスクとリターンは相反関係にあり，リスクの大きい株式や投資信託は資産を失う危険もあるが，大きく増える可能性もある。**リスクが小さくリターンが大きい投資は存在せず**，詐欺の疑いが強いので要注意だ。

2 目的に合わせてお金を借りる

❶奨学金について知ろう

			自宅通学の場合	自宅外通学の場合	備考
給付型奨学金の支給月額（返済不要）	国公立（大学，短大，専修学校）		2万9,200円	6万6,700円	住民税非課税世帯の支給額
	私立（大学，短大，専修学校）		3万8,300円	7万5,800円	
貸与型奨学金の支給月額（返済が必要）	第1種（無利子）	国公立大学	2万円、3万円、4万5,000円から選択	2万円、3万円、4万円、5万1,000円から選択	
		私立大学	2万円、3万円、4万円、5万4,000円から選択	2万円、3万円、4万円、6万4,000円から選択	
	第2種（有利子）	国公立大学	2万円～12万円（1万円単位で選択可能）	2万円～12万円（1万円単位で選択可能）	利率固定方式／年利0.437% 利率見直し方式／年利0.008% ※5年後ごとに利率が変動する
		私立大学			

独立行政法人 日本学生支援機構が融資している奨学金制度には，返済不要の**給付型**と返済が必要な**貸与型**の2種類がある。貸与型奨学金は，卒業してから7か月後に返済が始まる。返済が遅れると延滞金が発生する場合もある。奨学金を受けられる資格は、世帯の収入や本人の学力などによる。詳しくは日本学生支援機構のホームページで確認しよう。https://www.jasso.go.jp/index.html

❷さまざまなローンによる借り入れの例

ローンの種類	借入額の例	借入期間の例	金利の例	毎月の返済額	返済総額
住宅ローン	3,000万円	30年	1.0%	9万6,491円	3,473万6,760円
自動車ローン	300万円	5年	2.0%	5万2,583円	315万4,980円
教育ローン	100万円	5年	2.5%	1万7,747円	106万4,820円
フリーローン（結婚資金）	50万円	3年	5.0%	1万4,985円	53万9,460円
カードローン	10万円	1年	12.0%	8,884円	10万6,608円

元利均等払い。ボーナスの支払いはなし。

一般的に，目的がはっきりしているほど，借入期間が長いほど，金利は低くなる。

借金シミュレーターで，返済期間と金利を計算してみよう。
（出典:金融庁ウェブサイト）

デジタルWORK チャットで学ぶ投資のイロハ

あなたは卒業旅行のための資金を貯めようとしているがうまくいかない高校生だとする。投資で財をなした親戚のおじさんに相談に行った。ストーリーに沿って投資の基本を学ぼう。

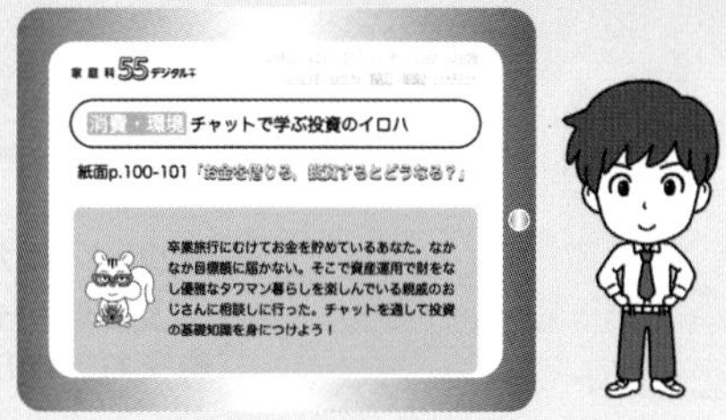

3 金融商品のいろいろ

❶預金・貯金

銀行・ゆうちょ銀行などにお金を預け，利子を受け取る。いつでも引き出せる普通預金（通常貯金，普通貯金），決められた期日まで引き出せない定期預金（定期貯金）などがある。

メリット

普通預金はいつでもお財布代わりに使える。

デメリット

金利がとても低い。

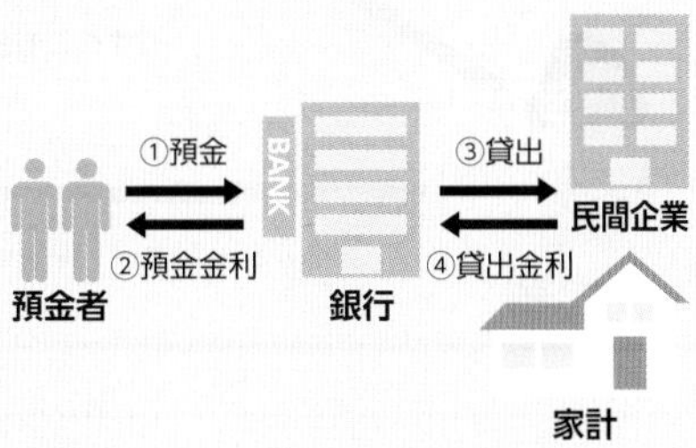

❷保険

たくさんの人がお金を出し合い，その中で困った人が出た時に，必要なお金が支払われる仕組みをいう。解約時に保険料が戻ってくるものもある。

メリット

万が一の事態に備えることができる。

デメリット

長期にわたり支払い続ける必要がある。解約時に戻ってくる保険料が支払った額より少ない。

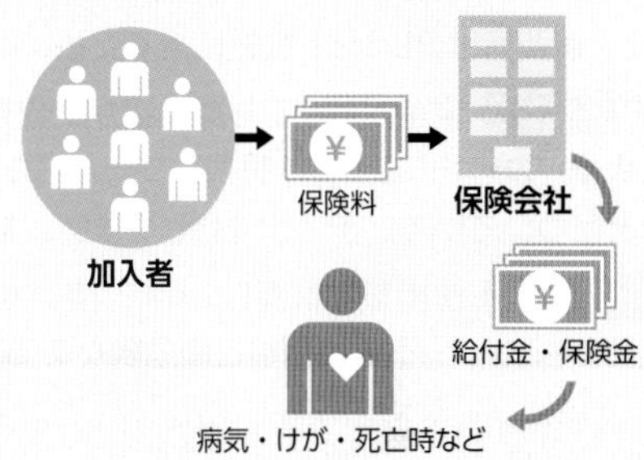

❸株式投資

会社に投資して，その会社が利益を出したら，利益の一部を配当金として受け取る。また，株価が上昇した時に売却することで収益が得られる。

メリット

大きな利益がでることがある。株主優待を受けられる。

デメリット

株価の下落で大きな損失を被る場合がある。

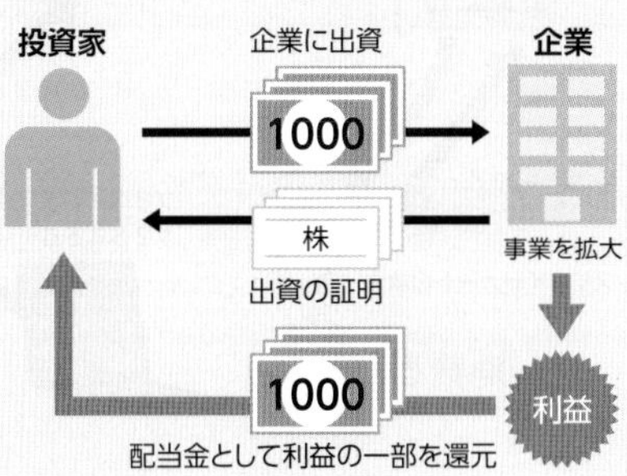

❹投資信託

多くの人からお金を集め，資産運用の専門家が効率的に投資を行う。

メリット

少額の資金で始めることができる。資産運用の知識がなくても参加できる。

デメリット

運用がうまくいかず資産が減ることがある。売買の手数料，信託報酬などを支払う必要がある。

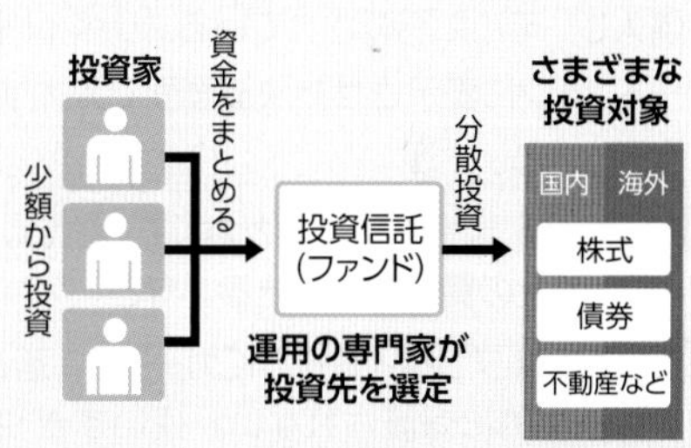

❺債券

国や地方自治体，企業などに，あらかじめ期間を決めてお金を貸す。保有している間は利息を受け取ることができ，満期になれば貸したお金が戻ってくる。

メリット

安全性が比較的高く，決まった利息を定期的に受け取ることができる。

デメリット

発行元の倒産などでお金が戻ってこないことがある。流動性が低い。

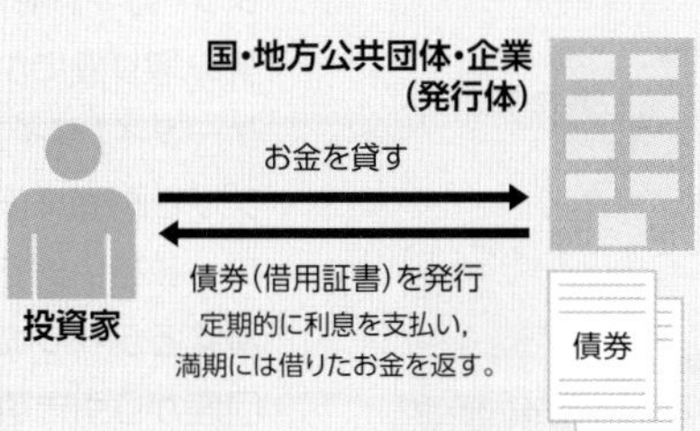

NISAってなんだろう？

株式や投資信託で得た利益が非課税になる口座のことでNippon Individual Savings Account の略称。たとえば株式の売買で10万円の利益が出た場合，通常2割に当たる2万円は税金として徴収されるが，NISA口座の場合は10万円全額が受け取れる。

消費・環境

50 見えないお金とのつきあい方を知ろう

目標・課題
❶ クレジットカードや電子マネーを利用する支払い方法（見えないお金での支払い:キャッシュレス決済）の仕組みや，メリット，デメリットを知ろう。
❷ それぞれの支払い方法の利用時の注意点をまとめよう。

1 見えないお金の仕組み

❶クレジットカード

「クレジット」とは，消費者の信用をもとに商品やサービスの代金を後払いにすることをいい，消費者の信用の証としてクレジットカードが発行されている。クレジット会社が代金をお店に立て替え払いをし，消費者はクレジット会社に後で支払いを行う。

メリット 現金がなくても買い物ができる。ポイントやマイルがたまる。カードによっては特典，サービスが受けられる。盗難保険などがついている。データを残しやすい。など

デメリット 使用額を把握しにくく，使いすぎてしまいやすい。盗難，スキミング，不正使用などの危険がある。など

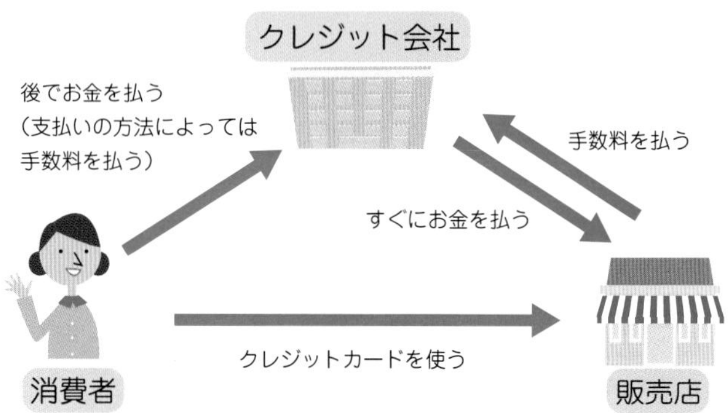

❷電子マネー

電子マネーには，ICカード方式とサーバ方式がある。ICカード方式では，ICカードにチャージ（入金）することにより，残高がなくなるまで，決済端末にかざすことで簡単に買い物ができる。一方，サーバ方式では，コンビニエンスストアや家電量販店でプリペイドカードを購入し，そこに記載されているプリペイド番号をパソコン端末やスマートフォンに表示させた決済画面で入力することにより，利用することができる。

メリット 現金を持ち歩かなくてもよい。サイン等が不要。インターネット上の買い物ができる。など

デメリット プリペイド式のICカードは，落としたり，盗難に遭ったりしても基本的に保証されない。使いすぎやすい。電子マネーの種類によって使える場所が限られる。など

〈サーバ方式の場合〉

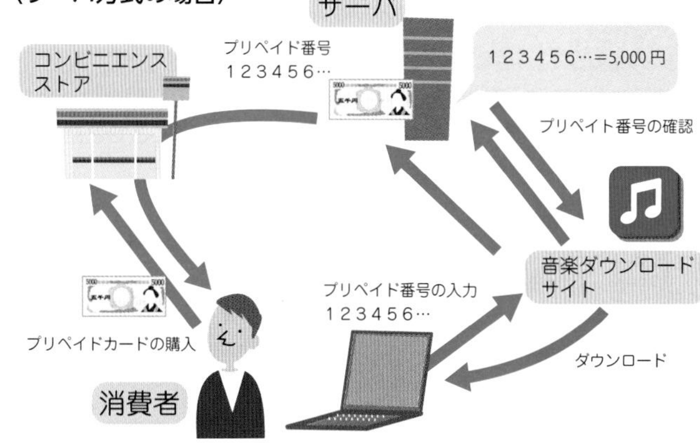

❸デビットカード

銀行などの金融機関から発行されたキャッシュカードを提示し，端末に暗証番号を入力することで，代金がその場で銀行口座から引き落とされ，支払うことができる。

メリット 後払い，分割払いができないので使いすぎない。使用履歴が通帳に記載されるので管理しやすい。ATM手数料がかからない。ポイントが付くものもある。など

デメリット 預金がないと買い物ができない。一部使用できないお店がある。など

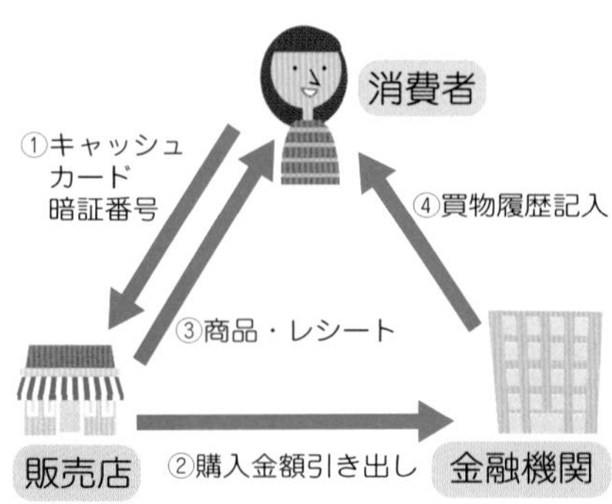

❹スマホ決済

スマホ決済には2種類ある。一つはICカード機能がスマホに内蔵され，クレジットカードや電子マネーと同じように読み取り機にかざして使える「おさいふケータイ」タイプ。もう一つは専用のアプリで画面に表示したバーコードやQRコードをレジで読み取らせ，代金を決済するタイプだ。どちらもお金は銀行口座から引き落としにしたり，クレジットカードで支払うなど選択できる。

デジタルWORK クレジットカードの使える豆知識

「カードの暗証番号は誕生日で大丈夫?」「18歳になればだれでも作れるの?」「リボ払いと分割払い，どっちがお得?」など実生活で使えるクレジットカードの知識を2択のクイズに答えて身につけよう。

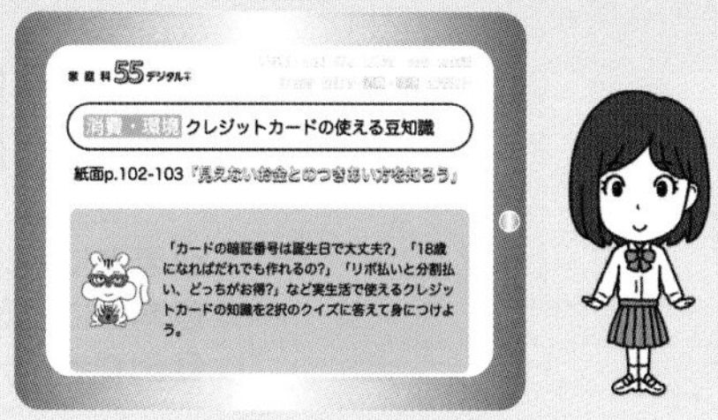

2 リボルビング払い（リボ払い）とは

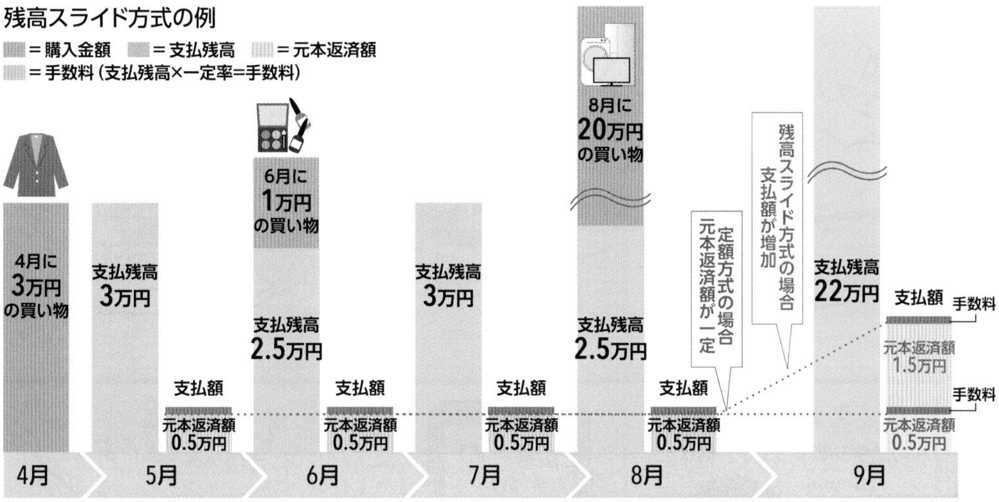

※上記の他に別途，支払残高に応じた手数料がかかる。（一般社団法人日本クレジット協会パンフレットより）

リボルビング払いとはクレジットカードの支払い方法の一つで，毎月の支払額を一定にするものである。**残高スライド方式**と**定額方式**がある。残高スライド方式では，支払残高のランクによって毎月の支払額が増減する。定額方式は，支払残高にかかわらず毎月の支払額が一定となる。リボルビング払いでは，後から発生した債務の支払いは，その前の支払いが終わるまでは始まらないため，支払期間が長期化し，その分手数料を多く払うことになる。

3 なぜ多重債務におちいるのか

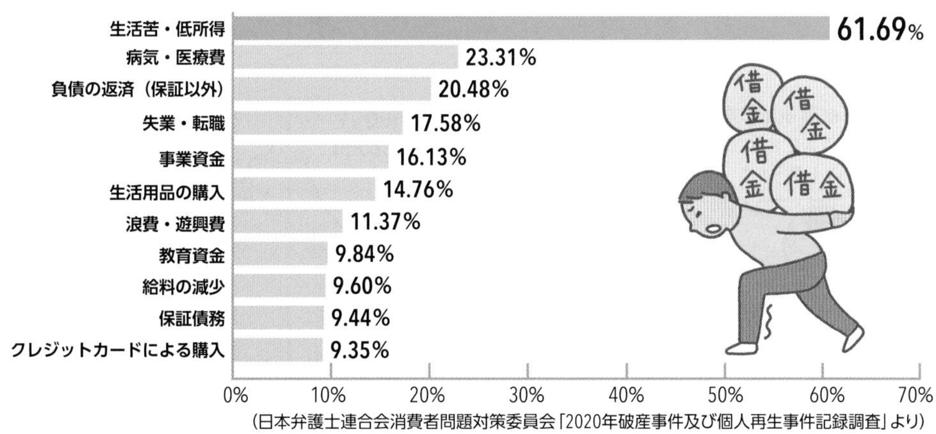

（日本弁護士連合会消費者問題対策委員会「2020年破産事件及び個人再生事件記録調査」より）

借金の返済に行き詰まり,別の金融機関から借金をすることをくり返し,多額の借金を抱え込むことを**「多重債務」**という。グラフは自己破産や個人再生の理由だが，収入が伸びなかったり，病気や失業など想定外のことが起こったりすることがおもな理由である。借金は余裕をもって返済できる範囲に抑えることが大切である。

消費・環境

4 知っておきたいお金に関する用語

❶ネットバンキング

パソコンやスマホで，お金の振り込みや残高照会，公共料金の支払いなどができるサービス。銀行窓口まで行かなくてもよく，手数料が安いなど便利な反面，IDやパスワードは自分でしっかり管理しないと不正に使用される恐れもある。

❷暗号資産（仮想通貨）

円やドルのように国が発行した通貨ではなく，インターネット上のみで存在する通貨。一部のモノやサービスを購入する際に使用でき，交換業者を通じて現実の通貨と交換もできる。ただし価格の変動が激しく，投機的な側面が強い。

❸ECサイト

ECとはElectronic Commerceの略で，直訳すると電子商取引となるが，いわゆるインターネットショッピングのこと。価格を比較したり，口コミなどを見ながらで，世界中のさまざまな商品を購入することができる。

51 消費のトラブルにあわないために!

目標・課題
❶ 若者に多い消費者トラブルを知ろう。
❷ 年齢によるトラブルの内容が少しずつ異なる理由を考えよう。
❸ 消費者トラブルを防ぐ方法を具体的に考えよう。

1 代表的な悪質商法の例

悪質なネット通販

ワンクリック請求

キャッチセールス

マルチ商法

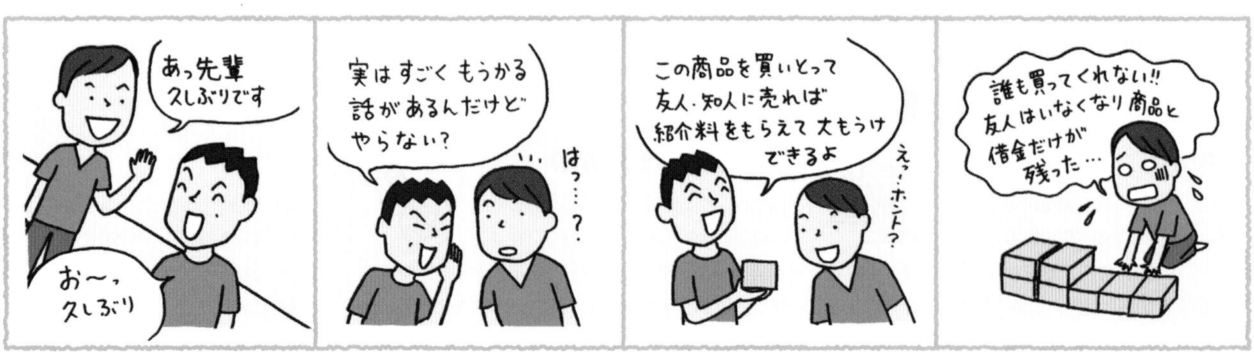

デジタルWORK マルチ商法撃退シミュレーション

高校時代の先輩からしつこくマルチ商法への勧誘を受けているあなた。先輩の友人も現れ，あの手この手で勧誘してくる手練れをどう撃退するか？ チャット形式で体験してみよう。

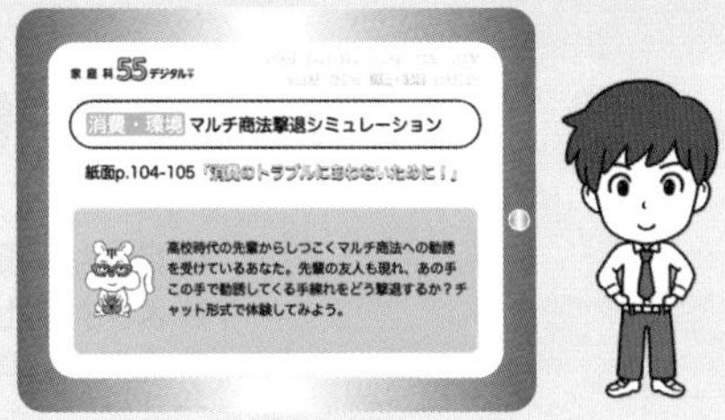

2 若者に多い消費者トラブルの例

美容系トラブル

格安のコンタクトレンズで目に傷がついた，まつ毛のエクステンションで目が痛くなった，カラーリング剤でやけどをしたなど，おしゃれに関連するトラブルが多くなっている。この他，エステティックサロン，ネイルサロン，脱毛，豊胸手術，包茎手術など，費用が高額な上，一度施術を受けると元に戻せないものもあるため，契約前の十分な確認が必要である。

SNSトラブル

SNSで知り合った人から「ものを買う約束をして代金を振り込んだが，ものが送られてこない」「リゾート会員権の購入を勧められた」など，SNS上での人間関係がトラブルの原因となるケースが増えている。相手の身元が確認できない場合は，お金や個人情報を送らない，怪しいと思ったらすぐに消費生活センターに相談するなどの対策が必要である。

オンラインゲーム

ゲーム自体は無料だが，ゲームの中で使う有料のアイテムを購入し，気がついたら高額な代金を請求されたというケースが，10代男子では多くなっている。事前に課金する金額の上限を決めておく，無断で保護者のクレジットカードを使わないなど，ルールを守って楽しむようにすることが大切である。

サクラサイト

芸能人や弁護士，占い師などになりすましたメールやメッセージが届き，巧妙にサイトに誘導してお金を振り込ませようとする。例えば，芸能人から直接，「事務所に内緒でメールをしたいから，ここのメール交換サイトに登録して。ポイント代は後で返すから」というようなメールが届く。発信者がだれかを確認するとともに，別のサイトに誘導されたり，お金を立て替えるという話が出た場合は，十分注意して，消費生活センターに相談する。

タレント・モデル契約

タレント・モデルのオーディションに合格し，事務所との契約を結んだが，「レッスン費用として高額な費用を払うように言われた」「実際の仕事がアダルトDVDだった」などのトラブルが多発している。タレント・モデル契約をする場合は，その場ですぐにはせず，費用の負担や仕事の内容など，内容をよく確認してから行う。

アポイントメントセールス

電話やはがき，SNSなどで，懸賞に当たった，安く旅行に行ける，アンケートに答えて欲しいなど，本来の目的を隠して営業所等に呼び出し，高額な商品を売りつける。怪しげな呼び出しには応じないことが大切である。

3 若者の消費に関する相談件数

(2022年)

	順位	項目	件数
15-19歳男性	1	インターネットゲーム	715
	2	商品一般	464
	3	脱毛剤	394
	4	出会い系サイト・アプリ	319
	5	他の健康食品	311
	6	アダルト情報	298
	7	化粧品その他	259
	8	他の娯楽等情報配信サービス	148
	9	賃貸アパート	136
	10	他の内職・副業	132
15-19歳女性	1	脱毛エステ	1,099
	2	他の健康食品	564
	3	商品一般	388
	4	脱毛剤	265
	5	他の内職・副業	244
	6	コンサート	214
	7	出会い系サイト・アプリ	193
	8	医療サービス	186
	9	アダルト情報	176
	10	インターネットゲーム	136

(消費者庁「令和5年版消費者白書」より)

4 18歳成人になると消費者トラブルでの扱いが変わる

購入後に商品を返品したい，契約を解除したい場合において18歳未満と18歳以上で法的な扱いが変わる。18歳未満の子どもが親などの同意を得ずに結んだ契約については，民法で定められた「**未成年取消権**」により，親などが取り消すことができる。他方で，18歳以上の成年者はおとなとして扱われるため，自己責任となる。クーリング・オフなどの手続きも本人が行う必要がある。

52 消費者の権利と責任を考えよう

目標・課題

❶ 自分が消費者トラブルにあったときにどのように行動するかイメージしよう。
❷ よりよい社会をつくるための消費者の行動のあり方を考えよう。
❸ 消費者の声を活かす企業の取り組みを知ろう。

1 消費者被害・トラブルにあったら，どうする?

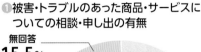

❶被害・トラブルのあった商品・サービスについての相談・申し出の有無

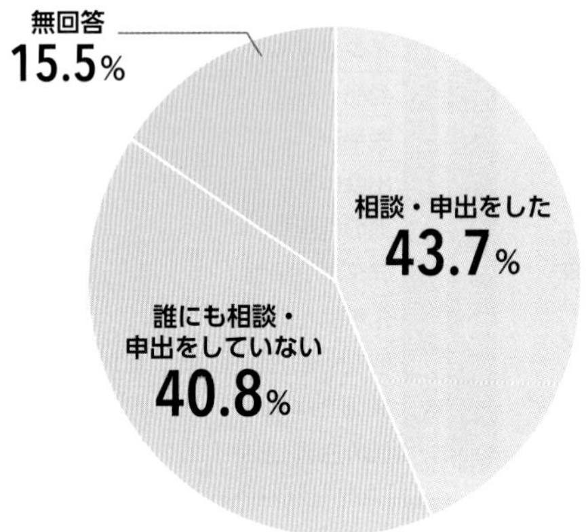

❷被害・トラブルについての相談または申し出をした相手

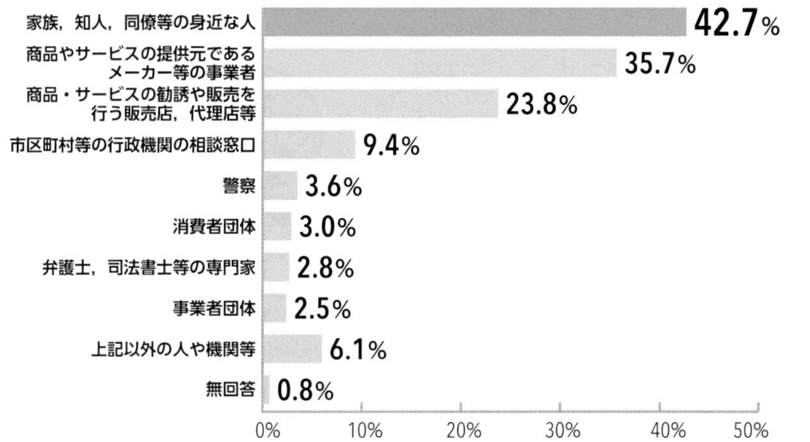

(消費者庁「消費者意識基本調査(令和4年度)」より作成)

2 消費者の行動が社会を変える

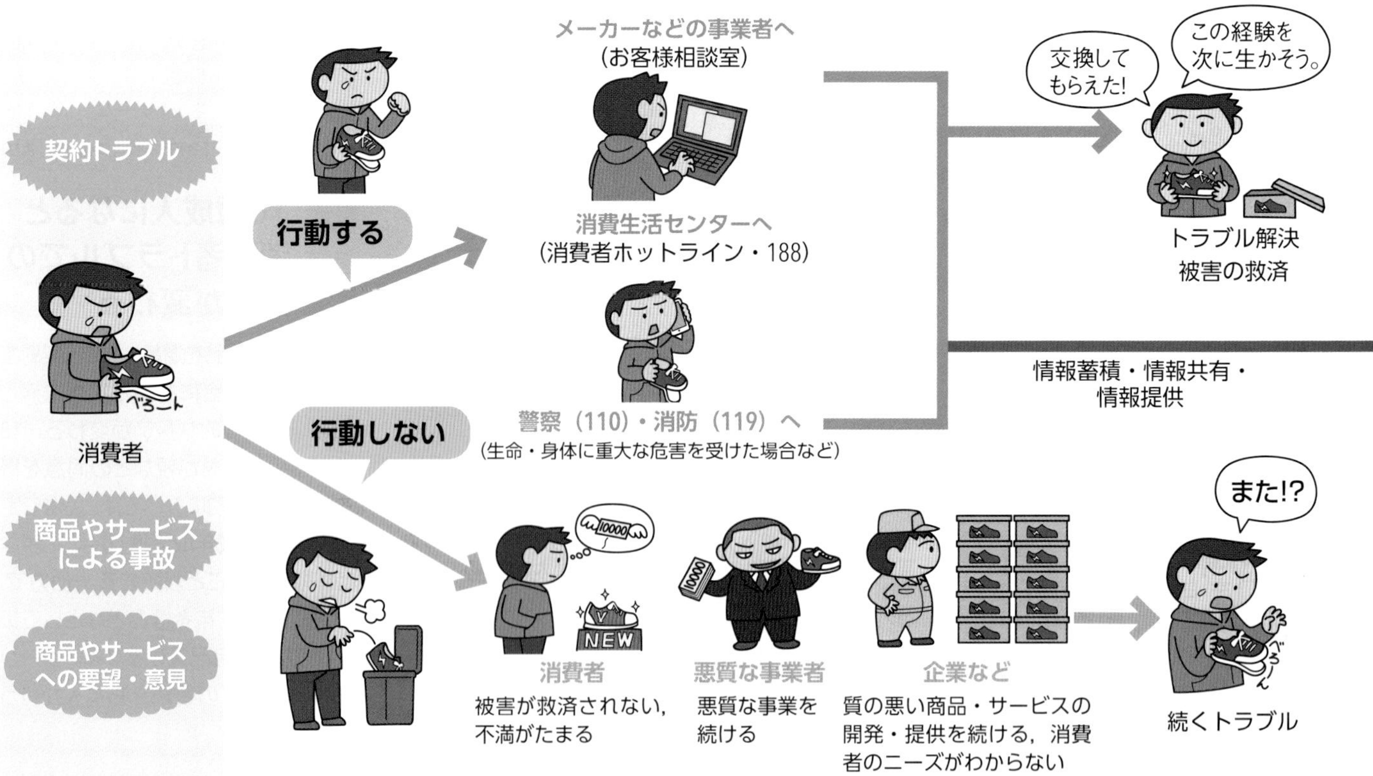

デジタルWORK　消費者トラブル対処法入門

アダルトサイトをついクリックしてしまったら高額請求がきた…どうしたらいい? あなたの選択を○×でジャッジ! 日常生活のなかに潜む消費者トラブルの正しい対処法を知ろう。

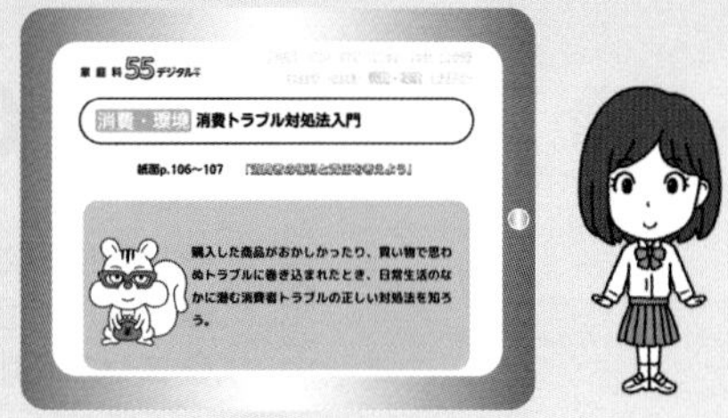

3 消費者の声を活かす取り組みの例

JR西日本では，消費者のニーズを把握し，事業に反映するしくみを整備している。たとえば，駅や電車等の利用客からの意見・要望や問い合わせに対して，対面で駅係員や乗務員等が対応するほか，電話や電子メールなどでも対応している。また，主要駅には「キク象ボックス」を設置し，文書での問い合わせにも対応している。受け取った消費者の声に対しては，速やかに内容を確認し回答を作成するとともに，社員への指導に活かすなど，必要な改善を実施している。また，「お客様の声」の内訳や，「お客様の声」からの改善事例などをホームページで公開し，情報提供をしている。

4 クレーマーと消費者の権利の境界線

消費者がトラブルや被害に合った場合，適切に対処，救済される権利をもつ。一方で消費者による自己中心的で理不尽な要求や悪質なクレームなどの迷惑行為も最近，問題になっている。悪質なクレームはカスハラ（カスタマー・ハラスメント）とも呼ばれ，執拗に謝罪や弁償を要求し，威圧的な言動をとる行為を指す。また軽い気持ちでSNSなどで店員の実名や店舗名をさらして苦情を書き込み拡散するなどの行為は，名誉棄損などの罪に問われる場合もある。消費者トラブルにあった場合は，まずは企業のお客様相談窓口や消費生活センターなどに問い合わせてみよう。

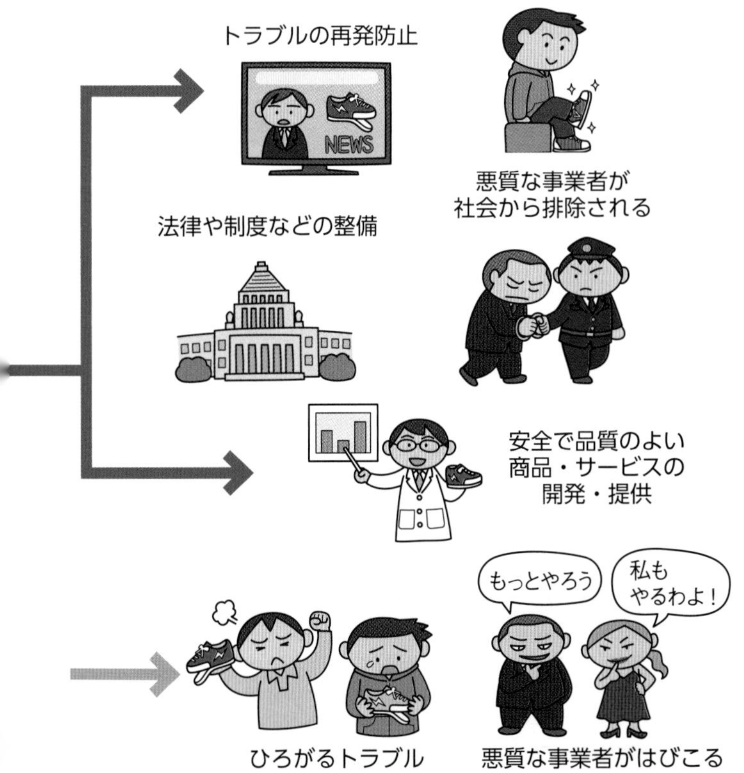

消費生活センターの仕事

消費生活センターとは，消費者保護を目的とした都道府県・市町村（特別区を含む）の行政機関のこと。自治体によって名称は異なるが，役所の中や駅近くの施設など，地域の人が立ち寄りやすいところに設置され，以下のような仕事を行う。

●消費生活相談

消費生活全般に関する商品・サービスへの苦情や相談について，問題解決の手伝い。

●情報提供・啓発活動

消費者被害の防止のための情報や，暮らしに役立つ情報などを発信している。また，消費生活にかかわる講座の開催や，商品テストなどを行うところもある。最近では，twitterやfacebookなどのSNSを使った情報発信も行われている。

●消費者ホットライン　☎188（イヤヤ）

電話をすると地方公共団体が設置している身近な消費生活相談窓口を案内してくれる。

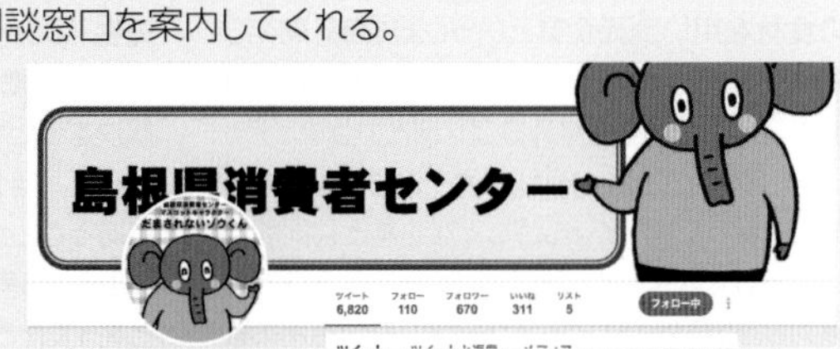

島根県消費者センターtwitter「だまされないゾウくん」

53 あなたの消費行動が社会を変える

目標・課題

❶ 2030年にむけて世界が合意した「持続可能な開発目標（SDGs）」を知ろう。
❷ 1～17の目標について，自分にできることを考え，行動しよう。
❸ エシカル消費（倫理的消費）を知り，社会を変える消費行動を実践しよう。

1 持続可能な開発目標（SDGs）とは

（出典:国連広報センター）

2015年の9月25日～27日，ニューヨーク国連本部で「国連持続可能な開発サミット」が開催され，150を超える加盟国首脳の参加のもと，「我々の世界を変革する：持続可能な開発のための2030アジェンダ」が採択され，**「持続可能な開発目標（SDGs：Sustainable Development Goals）」**として，「世界を変えるための17の目標」と「目標を達成するための具体的な169のターゲット」が示された。上記はその目標とロゴ（日本語版）である。

高校生が実践しているSDGs活動 愛知県立南陽高等学校 Nanyo Company部の取り組み

Nanyo Company部のみなさん

Nanyo Company部とは愛知県立南陽高校の部活動で，2010年に創部し，商品の開発・販売・経理を通して地域貢献を目的とした活動を行っている。活動を通してフェアトレード，脱炭素，温暖化対策などに取り組み，その成果が評価され2021年に政府が主催する「第5回ジャパンSDGsアワード」で特別賞を受賞した。

―部の活動内容について教えてください

先生 部活動の主な内容はフェアトレードや地産の食材を用い地元企業といっしょに商品開発して，イベントなどで販売することなどです。これまでフィリピン産のマスコバド糖というフェアトレード黒糖を使ったわらび餅や，流通規格外のりんごを使ったドライりんごなどを企業と共同開発し販売してきました。今は，地元の農協さんと協力し，規格外のスイートコーンの有効活用に取り組んでいます。和菓子屋さんとコラボしたスイートコーン風味の葛餅を使った「くずバー」や，先日試作品ができたスイートコーンジェラートなどを手がけています。市場に出回らないスイートコーンを使用しており，食品ロスやエシカル消費の課題に取り組んでいます。

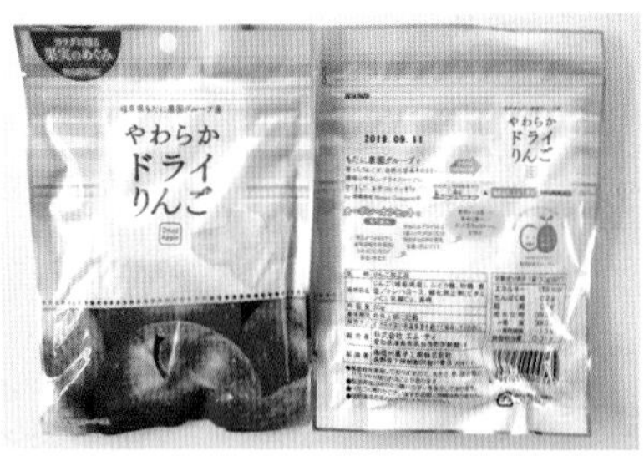

流通規格外のりんごを使ったドライりんご

―SDGsの目標はどう意識していますか?

先生 SDGsを意識するというよりは，困っていること，こうしたらよいのになと思うことを見つけ，解決するためにできることを常に意識している感じです。自分や自分に身近な人たちがハッピーであることが大前提ですね。最近はアップサイクルという考え方に注目しています。リサイクルと違って，これまで捨てられてきた素材を使って新しい商品をつくることです。スイートコーンもそうですが，コーヒー豆を入れる麻袋を利用したコースターやエコたわしの開発に取り組んでいます。

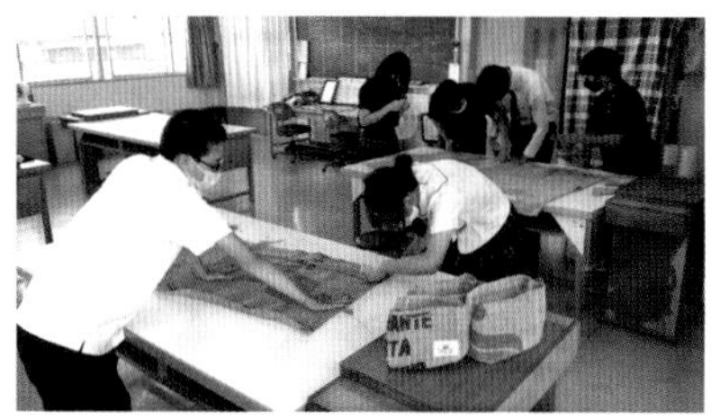

コーヒー豆の麻袋を再利用した小物づくり

―部員のみなさんにお聞きします。入部したきっかけは何ですか?

生徒 Nanyo Company部は，近所のお店に商品が置いてあったり，新聞で取り上げられたりと地元では有名で，南陽高校に入学したらここに入部しようと決めていました。みんなで商品開発するのはもちろん，イベントでお客さんに商品の説明をするのも楽しいです。地元の農家や企業，商品を買ってくれる人など，いろんな人とのつながりを感じられるところに面白さを感じています。活動を通じて，フェアトレードや環境問題への関心はとても強くなってきました。自分が商品を買うときも，どこでどんな風に作られているか気にするようになりました。

デジタル WORK SDGsについての17のクエスチョン

「ハンバーガー1個を作るのに必要な水は何リットル?」「男女平等の実現度合を示すジェンダーギャップ指数, 日本は世界何位?」目からうろこ! SDGs17の目標に関する意外な事実をクイズで知ろう。

2 消費行動で社会を変えよう

❶商品・サービスの選択の基準は?

あなたは商品やサービスを購入する際に, どんなことを基準にして選択しているだろうか。静岡県が行った若者の消費行動の調査結果では, 「価格」が90.3%と最も高く, 「品質」「見た目」などで選んでいる人も多かった。一方で, 「環境に配慮したもの(包装が少ない, リサイクルできるなど)」は1.3%, 「社会貢献(オーガニック, フェアトレード, 被災地支援など)」は0.8%と, 関心が低いことがわかった。

❷エシカル消費とは?

よりよい社会に向けて, 人や社会・環境に配慮した消費行動のことを**エシカル消費**という。エシカルとは「倫理的な」という意味で, エシカル消費には環境や人権に配慮しない企業の商品を買わない(回避, ボイコットする)ことなども含まれる。商品を選ぶ時に, 価格や品質だけでなく, 社会に目を向けて, 応援の気持ちや思いやりの気持ちを込めてみてはどうだろうか。一人ひとりの行動が, 未来のあり方を変える力を持っている。

商品・サービスなどをどのような基準でえらびますか?(複数回答)

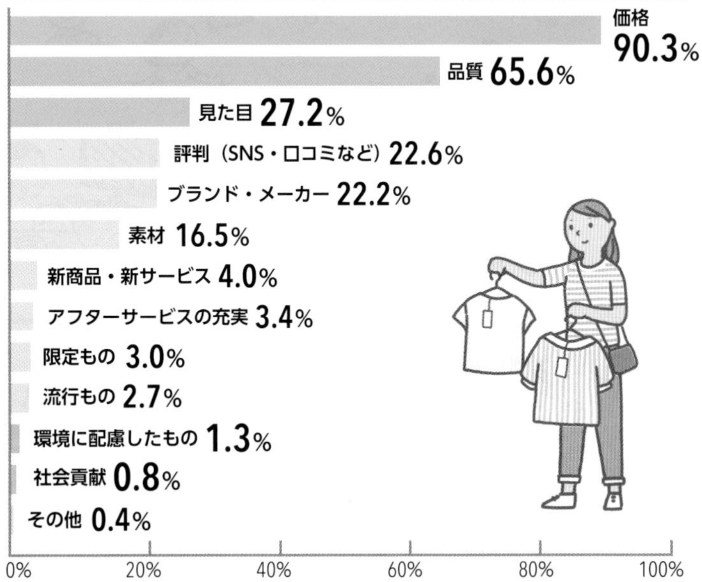

(静岡県「静岡県の若者の「消費」に関する動向調査」より)

エシカル消費の例

COFFEE
❶フェアトレードの商品を買う
復興支援
❷被災地の商品を買う
エコマーク
❸環境に配慮した商品を買う
❹障がい者の支援につながる商品を買う
地元産野菜
❺地産地消を意識する
❻職人のつくったもの(伝統工芸品など)を買う

ファストファッション生産現場で起きた事故

2013年4月, バングラデシュの首都ダッカ近郊にある商業ビルが崩壊し, 1,100人以上の命が犠牲になり, 2,500人以上の負傷者が出た。このビルは違法な増築がくり返された違法建築で, 衣料品の縫製工場などが入っていた。犠牲となったのは劣悪な環境の中で働いていた労働者たちで, 労働者たちが作っていたのは世界的に著名なアパレルメーカーの衣料品であった。この事故により, 大量生産・大量消費, 低価格の裏側には強制労働や低賃金労働, 長時間労働などの人権を無視した搾取があったことが浮き彫りになり, 多くの注目を集めた。

54 エコライフ宣言30

目標・課題
❶ 自分が実践していることの番号に○をつけ，○がつかない理由を考えよう。
❷ 特に重要だと思うものの番号と，その理由を挙げよう。
❸ 自分の消費行動と環境とのかかわりについて考え，工夫できるようになろう。

省エネ

1 エアコンの設定温度は，夏の冷房時は25～28℃，冬の暖房時は20℃前後を目安にします。

2 エアコンのフィルターはこまめに掃除します。

3 暑い日は涼しい服，寒い日は暖かい服を着て過ごします。

4 テレビや音楽をつけっ放しにするのはやめます。

5 寝る時や外出する時は，テレビの主電源を落とすなど，待機電力を減らします。

6 テレビの音を大きくしすぎたり，画面を明るくしすぎたりしません。

7 家族団らんの時間を増やして，空いた部屋の電気などは消します。

8 照明器具などをたくさん使う夜型の生活から朝型の生活に切り替えます。

9 「あとで友達にコピーさせてもらえばいいや…」っていう考え方はやめます。

10 冷蔵庫の詰め込み過ぎや，開けっ放しをやめます。

11 なべで湯をわかす時は，ふたをして火にかけます。

12 エレベーターよりも，なるべく階段を使います。

13 出かける時は，できるだけ徒歩や自転車，公共の交通機関を使います。

節水

14 トイレで音消しのためには水を流しません。

15 歯みがきや手洗いの時に，水を出しっ放しにしません。

16 お風呂のシャワーは出しっ放しにしません。

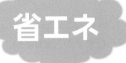

デジタルWORK　あなたのエコ意識を30項目で判定

このページに記載されているエコ活動をあなたはいくつ実践できているだろうか。30の項目にチェックを入れてエコについての意識度を確認し，今の生活を見直してみよう。

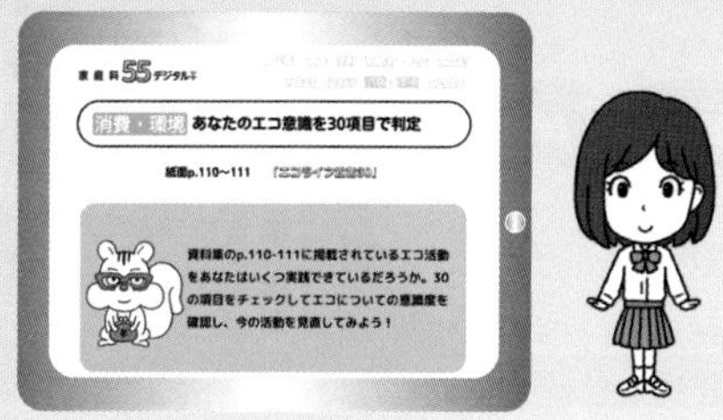

ごみを減らす

17 ハンカチを持ち歩き，ペーパータオルは使いません。

18 ペットボトルや空き缶は，分別回収に協力します。

19 モノは長く大切に使います。

20 「不要になったけれど，まだ使える」というものは，有効活用の方法を考えます。

21 食べ残しをなくします。

22 エコマークやグリーンマークなどのついているものを上手に利用します。

23 なるべく地元で作られている，旬の食品を選びます。

買い物

24 買う前に，本当に必要か，慎重に考えます。

25 必要な分だけ買います。

26 詰め替えられるものを買います。

27 不要な袋や包装は断ります。

みんなで協力

28 環境イベントや地域の活動などに，積極的に参加します。

29 環境に配慮した企業の商品を買います。

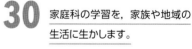

30 家庭科の学習を，家族や地域の生活に生かします。

55 家庭科は人生の必修科目！

Part 8 生活設計

目標・課題
❶人生のなかで何を重視して生きたいか考えよう。
❷自分のライフプランを立て，起こりうるライフイベントを考えよう。
❸リスクに対処する上で家庭科の知識が役立つことを知ろう。

1 未来はあなた自身がつくる

高校卒業後，あなたはどんな未来を歩んでいくだろうか。進学や就職をはじめ，さまざまなできごと（ライフイベント）があなたを待っているが，それらをいつ，どのように迎えるかは人それぞれである。あなたが望む人生を歩むために，将来の生き方についてじっくり考えてみよう。家庭科で学んだことが，人生のさまざまな選択の局面で役に立つはずだ。

デジタルWORK チャットで学ぶ人生の課題解決

下で示された人生における課題・困りごとについて，あなたならどう解決する？

人生は選択の連続

人生はさまざまな選択によって変化していく。学習内容をふり返りながら，あなた自身はどのような選択肢を選ぶか，また，生活の課題や困りごとをどう解決していくか考えよう。

高校や大学を卒業

2
どんな働きかたをする？
① 正社員
② 非正規社員
③ フリーランス
④ 働かない

青年期の課題・困りごと
問 会社で働いていたが，あまりの忙しさに体を壊し，退職しなければならなくなった…次の仕事が見つかるまで，どうやって生活しよう…？

4
誰と暮らす？
① パートナー
② 友人
③ 父母
④ ペット
⑤ ひとり暮らし

家族の課題・困りごと
問 結婚が決まったが，パートナーの両親と同居するかどうかで揉めている…2人で新生活を楽しみたいんだけどな…。

23
普段の食事は？
① 毎食料理したい
② 忙しいので中食利用
③ 外食中心

食生活の課題・困りごと
問 浪費しすぎて，給料日を前に金欠状態に…1日500円しか使えないが，どんなものを食べよう…？

32
服はどうする？
① ファストファッション
② こだわりのブランド
③ エシカル商品

衣生活の課題・困りごと
問 仕事用のYシャツにソースをこぼしてしまった！ どうやってシミを落とせばよい？

何を重視して生きる?

この資料集では，生きていくうえで重要な55のテーマについてまとめている。あなたが今後の人生を生きていくうえで，どのテーマを大事にしていきたいだろうか。右のように，55のテーマのうち重要だと思うものをランキング形式で3位まで書き出してみよう。選んだテーマについて，なぜそれを重視したいと思ったか自分の考えをまとめ，ほかの人の考えと比べてみよう。

生徒の回答例

あなたが今後の人生で大事にしたいテーマを資料集から選び，1～3位の順位をつけよう。

1位　48 どうしたらお金は貯まる? 増やせる?

2位　2 仕事・職業について考えてみよう

3位　13 子育てしやすい社会をめざそう!

1～3位を選んだ理由
将来は家族をもち、子どもを育てたいと考えているが、ライフステージごとにたくさんお金がかかることを知った。仕事の収入だけでなく、お金の知識を身につけたいと思った。

45 家はどうする?

① 戸建て住宅を購入
② マンションを購入
③ 賃貸物件を借りる
④ 親元で暮らす

住生活の課題・困りごと

問 そこそこの広さのマンションを買ったが，双子が生まれて手狭になってきた。今後の生活スペースを確保するにはどうしようか…?

49 お金をどう運用する?

① 貯金
② 保険加入
③ 投資信託
④ とくに考えていない

消費・環境の課題・困りごと

問 将来子どもの大学進学などに備えてお金を用意しておきたい。どんな方法が効率的かな…?

8 子どもはほしい?

① もつ
② もたない
③ 養子をとる
④ 地域の子どもとかかわる

保育の課題・困りごと

問 仕事の大事な会議の日に，子どもが急に熱を出してしまった。保育所では預かってもらえなさそうで，パートナーも一日忙しい。どうすればよいだろう?

6 13 家事・育児を家族でどう分担する?

① どちらかが中心
② できるときにやる
③ 公平に分ける

16 高齢者になったらどう暮らす?

① まだ働く
② 趣味を楽しむ
③ 地域に貢献する
④ 学び直しをする

高齢期の課題・困りごと

問 足が不自由になり，今までの日常生活を送るのが難しくなってきた。誰かに助けを求めたいけれど…。

資料編さくいん

食品図鑑編

―目　次―

献立作成・栄養計算アプリ

パソコン，スマートフォン，タブレットなどから付録のコンテンツをご利用できます。資料編や食品図鑑編に載っている食品・料理の栄養計算をしたり，献立を立てたりしてみましょう。
以下のURLまたは，右の二次元コードを読み込み，パスワードを入力してご利用ください。

【パスワード】
kt0121

https://www.kyoiku-tosho.co.jp/kondate-calc/

※利用料は無料ですが，通信費は自己負担となります。

食品図鑑編の使い方

食品図鑑となかよくなって，健康になろう！

第１部　加工食品・調理加工食品データ集

スーパーやコンビニエンスストアで売られている食品や，ファストフード店，外食チェーン店で食べられる料理など **165 品**について，含まれるエネルギーや栄養素の量を紹介している。

食品写真・データ
企業から提供された食品写真やデータを掲載している（未公表のデータは「ー」で示した）。

データの活用
データを見ながら，食事の際の料理の組み合わせを考えたり，一度に摂取する量を考えたりすることができる。

第２部　食品図鑑（写真と解説）

身近な食品を，鮮やかで大きな写真と簡潔な文章で紹介している。各食品に含まれる成分は「第４部　食品成分表」で紹介している。

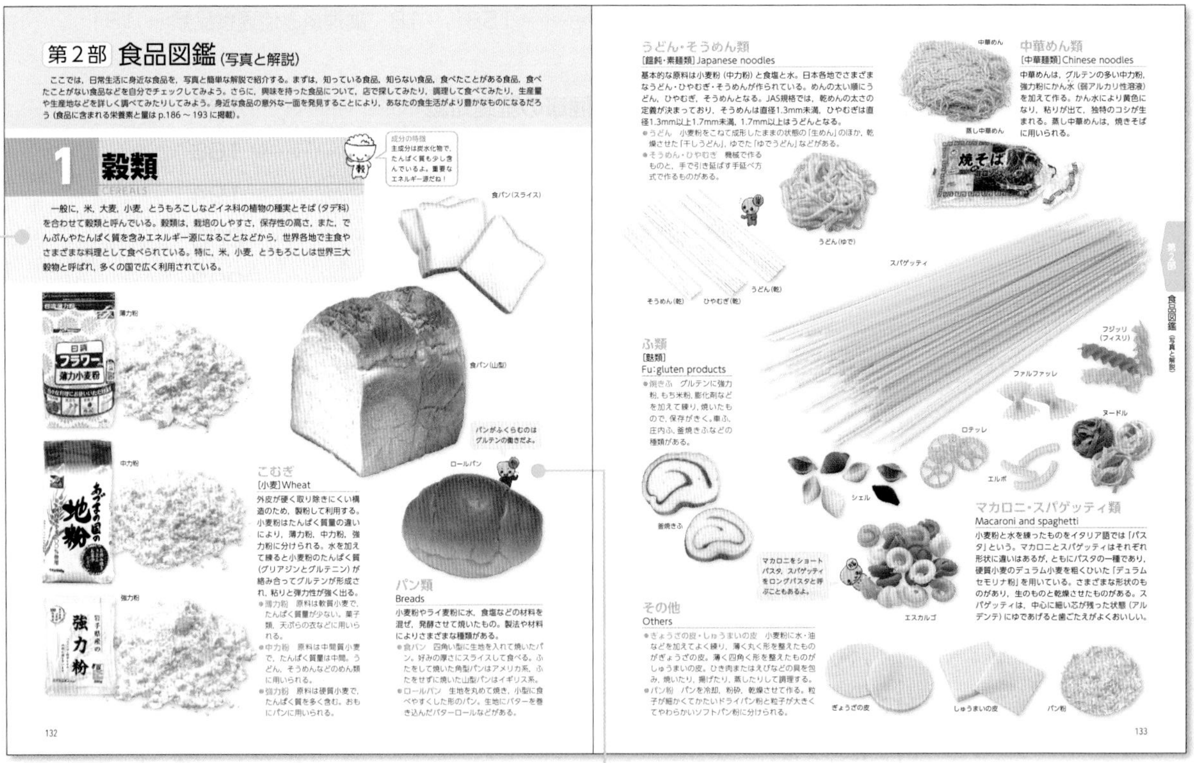

各食品群について
それぞれのカテゴリー（食品群）の冒頭のページでは，その食品群のおもな特徴について解説している。

キャラクターのつぶやき
食品の写真のそばでは，栄養素のキャラクターたちが自由気ままにつぶやいているので，探してみよう。

さくいん（p.204~205）
巻末のさくいんには，その食品の掲載されているページを掲載した。別名や，普段よく呼ばれているような名前もできるだけ多く掲載している。

第4部　食品成分表

この食品成分表では，エネルギーや栄養素の含まれている量の多いものを黄色で表した（右の「成分表の見方」参照。全食品の成分値の上位30%に色付け）。ページをめくり，どの食品にどの栄養素が多く含まれているのか探してみよう。

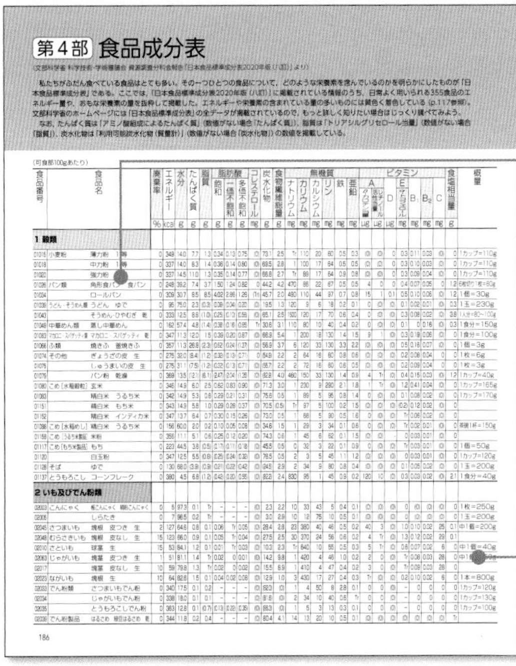

食品の数，分類と並び方

「日本食品標準成分表2020（八訂）」に掲載されている2,478食品の中から，日常生活で身近な**355食品**の成分値を紹介している。18のカテゴリー（食品群）ごとに，基本的に食品名が五十音順に並んでいる。

概量

一般的に目にする1個，1本，1枚あたりのおおよその重量を入れた。（個体によって異なる）

可食部と廃棄率

食品成分表の成分値はすべて，**食べられる部分（可食部という）100gあたりの数値**を掲載している。骨や殻など食べられない部分がついている食品については，それを除いたもの100gの成分値が掲載されている。捨てられる部分の割合を廃棄率という。廃棄率は，ふつうの食習慣で捨てられる部分を，食品全体または買うときの形態に対する重量の割合（%）で示してある。

成分表の見方

		0または微量	多い
エネルギー	kcal	0, (0) ,-, tr	245～
水分	g	0, (0) ,-, tr	80.2～
たんぱく質	g	0, (0) ,-, tr	16.1～
脂質	g	0, (0) ,-, tr	6.8～
飽和脂肪酸	g	0, (0) ,-, tr	2.22～
一価不飽和脂肪酸	g	0, (0) ,-, tr	3.45～
多価不飽和脂肪酸	g	0, (0) ,-, tr	1.37～
コレステロール	mg	0, (0) ,-, tr	65～
炭水化物	g	0, (0) ,-, tr	22.5～
食物繊維総量	g	0, (0) ,-, tr	2.5～
ナトリウム	mg	0, (0) ,-, tr	190～
カリウム	mg	0, (0) ,-, tr	340～
カルシウム	mg	0, (0) ,-, tr	48～
リン	mg	0, (0) ,-, tr	180～
鉄	mg	0, (0) ,-, tr	1.2～
亜鉛	mg	0, (0) ,-, tr	1.2～
ビタミンA　βカロテン当量	μg	0, (0) ,-, tr	54.3～
レチノール活性当量	μg	0, (0) ,-, tr	27～
ビタミンD	μg	0, (0) ,-, tr	0.1～
ビタミンE　αトコフェロール	mg	0, (0) ,-, tr	1.2～
ビタミンB_1	mg	0, (0) ,-, tr	0.11～
ビタミンB_2	mg	0, (0) ,-, tr	0.15～
ビタミンC	mg	0, (0) ,-, tr	5～
食塩相当量	g	0, (0) ,-, tr	1.1～

記号の意味

0 ……… 食品成分表の最小記載量の1／10未満，又は検出されなかったことを示す。

Tr ……… TrとはTraceの略。含まれているが最小記載量に達していないことを示している（ただし，食塩相当量の0は算出値が最小記載量（0.1g）に達していないことを示す）。

(0) ……… 文献等により含まれていないと推定される成分については測定をしていないが，何らかの数値を示して欲しいとの要望が強いことから(0)と表示している。

(Tr) …… 微量に含まれていると推定されるもの。

(6.4) …… 0やTr以外で（　）に数値が入っているものは，組成を諸外国の食品成分表の収載値や原材料配合割合レシピなどをもとに推計した値であることを示す。

– ……… 未測定のものなど。

各成分値の単位について

廃棄率の表示は重量に対する%で示し，10%未満は1きざみ，10%以上は5きざみで記載した。／エネルギーの単位はkcal（キロカロリー）とし，整数で表示した。1kcal = 4.184kJで換算される。／水分，たんぱく質，脂質，炭水化物の単位はgとし，小数第1位まで表示した。／脂肪酸の単位はgとして小数第2位まで表示した。／コレステロールの単位はmgとして整数で示した。／食物繊維の単位はgとして小数第1位まで表示した。／無機質のナトリウム，カリウム，カルシウム，リンは単位をmgとし整数で，鉄，亜鉛は単位をmgとし小数第1位まで表示した。／ビタミンAの単位はμgとして，整数で表示した。ビタミンDの単位はμg，ビタミンEの単位はmgとして，小数第1位まで表示した。ビタミンB_1，B_2の単位はmgとして，小数第2位まで表示した。ビタミンCの単位はmgとして，整数で表示した。／食塩相当量の単位はgとして小数第1位まで表示した。／数値の丸め方は，最小表示桁の一つ下の桁を四捨五入したが，整数で表示するもの（エネルギーを除く）では，原則として大きい位から3桁目を四捨五入して有効数字2桁で示した。

（文部科学省「日本食品標準成分表2020年版（八訂）」より要約）

第3部，第5～7部

健康な食生活を送るために知っておいてほしいことをまとめている。家庭科の教科書と合わせて確認しよう。

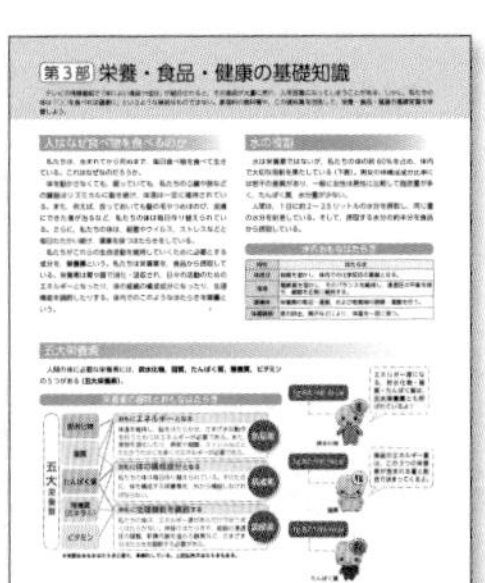

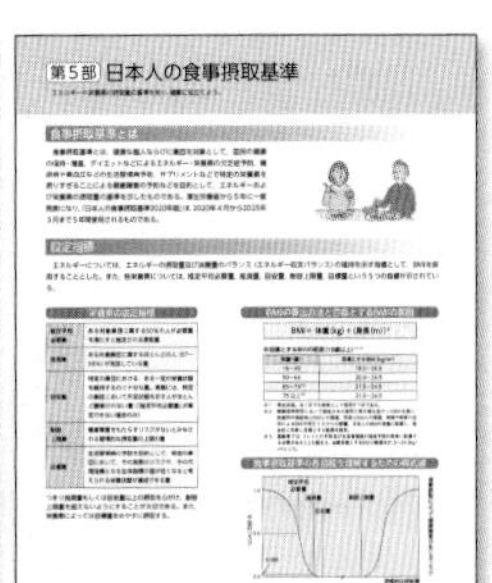

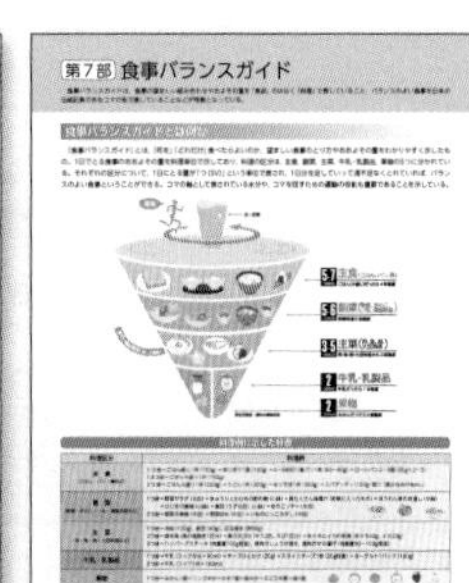

第１部 市販食品・調理加工食品データ集

ここでは，市販食品と一般的な調理加工食品について，おもな原材料とエネルギーおよび主要成分値を掲載する。

※数値は，各企業の発表に基づく(2021年調べ)。
※成分値の(－)は未測定、未公表のもの。
※商品の内容や商品名などは変更になることがある。

データの見方

分類　食品名

菓子　森永乳業（株）—協力会社名

ピノ　1粒＝10mL—概量（1個，1食など単位量あたりの分量）

●乳製品・チョコレートコーチング・砂糖・水あめ／乳化剤・安定剤(増粘多糖類)・香料・(一部に乳成分・大豆を含む)—原材料

食品写真

▼1粒あたり

エネ	31kcal	…エネルギー
たん	0.4g	…たんぱく質
脂質	2.0g	…脂質
炭水	2.9g	…炭水化物
カル	—	…カルシウム
鉄	—	…鉄
A	—	…ビタミンA
B₁	—	…ビタミンB₁
B₂	—	…ビタミンB₂
C	—	…ビタミンC
食塩	0.01g	…食塩相当量

(2021年7月現在)

ファストフード　日本マクドナルド（株）

ハンバーガー

1個＝104g

●バンズ・ビーフパティ・オニオン・ピクルス・ケチャップ・マスタード

▼1個あたり

エネ	256kcal
たん	12.8g
脂質	9.4g
炭水	30.3g
カル	30mg
鉄	1.2mg
A	14μg
B₁	0.10mg
B₂	0.09mg
C	1mg
食塩	1.4g

(2021年7月現在)

ファストフード　日本マクドナルド（株）

チーズバーガー

1個＝118g

●バンズ・ビーフパティ・オニオン・ピクルス・スライスチーズ・ケチャップ・マスタード

▼1個あたり

エネ	307kcal
たん	15.8g
脂質	13.4g
炭水	30.8g
カル	121mg
鉄	1.2mg
A	61μg
B₁	0.10mg
B₂	0.16mg
C	1mg
食塩	1.9g

(2021年7月現在)

ファストフード　日本ケンタッキー・フライド・チキン(株)

チキンフィレサンド

1個＝165g

●全粒粉バンズ・チキンフィレ・レタス・オリーブオイル入りマヨソース

▼1個あたり

エネ	415kcal
たん	19.5g
脂質	21.8g
炭水	34.1g
カル	21mg
鉄	0.8mg
A	31μg
B₁	0.13mg
B₂	0.13mg
C	3mg
食塩	2.7g

ファストフード　日本マクドナルド（株）

ビッグマック

1個＝217g

●バンズ・ビーフパティ・オニオン・ピクルス・レタス・スライスチーズ・ビッグマックソース

▼1個あたり

エネ	525kcal
たん	26.0g
脂質	28.3g
炭水	41.8g
カル	143mg
鉄	2.2mg
A	74μg
B₁	0.17mg
B₂	0.24mg
C	2mg
食塩	2.6g

(2021年7月現在)

ファストフード　日本マクドナルド（株）

フィレオフィッシュ

1個＝137g

●バンズ・フィッシュポーション・スライスチーズ・タルタルソース

▼1個あたり

エネ	323kcal
たん	14.4g
脂質	13.9g
炭水	35.8g
カル	75mg
鉄	0.5mg
A	28μg
B₁	0.11mg
B₂	0.09mg
C	0mg
食塩	1.6g

(2021年7月現在)

ファストフード　(株)モスフードサービス

テリヤキバーガー

1個＝167.8g

●牛肉・レタス・小麦粉・醤油・味噌

▼1個あたり

エネ	377kcal
たん	14.7g
脂質	16.8g
炭水	41.7g
カル	29mg
鉄	1.1mg
A	19μg
B₁	0.09mg
B₂	0.11mg
C	3mg
食塩	2.5g

(2021年7月現在)

ファストフード　（株）ロッテリア

エビバーガー

1個＝169g

●小麦粉・エビ・キャベツ・タルタルソース

▼1個あたり

エネ	486kcal
たん	12.6g
脂質	30.8g
炭水	38.5g
カル	—
鉄	—
A	—
B₁	—
B₂	—
C	—
食塩	2.3g

ファストフード　日本マクドナルド（株）

エッグマックマフィン

1個＝139g

●イングリッシュマフィン・卵・カナディアンベーコン(ロースハム)・スライスチーズ

▼1個あたり

エネ	311kcal
たん	19.2g
脂質	13.5g
炭水	27.1g
カル	171mg
鉄	1.3mg
A	118μg
B₁	0.13mg
B₂	0.31mg
C	0mg
食塩	1.6g

(2021年7月現在)

ファストフード　（株）ロッテリア

フレンチフライポテト(S)

1個＝68g

●じゃがいも

▼1個あたり

エネ	210kcal
たん	2.4g
脂質	10.9g
炭水	26.3g
カル	—
鉄	—
A	—
B₁	—
B₂	—
C	—
食塩	0.5g

ファストフード　日本ケンタッキー・フライド・チキン(株)

オリジナルチキン

1個=87g

●鶏肉・小麦粉・卵・牛乳・食塩・スパイス類

▼1個あたり

エネ	237kcal
たん	18.3g
脂質	14.7g
炭水	7.9g
カル	28mg
鉄	0.6mg
A	18µg
B₁	0.07mg
B₂	0.33mg
C	2mg
食塩	1.7g

ファストフード　日本マクドナルド（株）

サイドサラダ(低カロリー玉ねぎドレッシング)

1個=85g

●レタス・紫キャベツ・赤パプリカ・黄パプリカ

▼1個あたり

エネ	17kcal
たん	0.9g
脂質	0.1g
炭水	3.5g
カル	16mg
鉄	0.3mg
A	27µg
B₁	0.04mg
B₂	0.03mg
C	15mg
食塩	1.0g

ファストフード　日本ケンタッキー・フライド・チキン(株)

コールスロー（M）

1個=130g

●キャベツ・ニンジン・タマネギ風味が加わったコールスロードレッシング

▼1個あたり

エネ	150kcal
たん	1.6g
脂質	11.5g
炭水	10.4g
カル	44mg
鉄	0.4mg
A	42µg
B₁	0.04mg
B₂	0.04mg
C	39mg
食塩	0.9g

ファストフード　（株）ロッテリア

シェーキ（バニラ風味）

1杯=194g

●シェーキ用ミックス・バニラシロップ

▼1杯あたり

エネ	182kcal
たん	3.9g
脂質	6.2g
炭水	27.7g
カル	—
鉄	—
A	—
B₁	—
B₂	—
C	—
食塩	0.4g

ファストフード　日本マクドナルド（株）

チキンマックナゲット5ピース バーベキューソース

1個=120g

●鶏肉

▼100gあたり

エネ	303kcal
たん	16.0g
脂質	17.3g
炭水	20.8g
カル	12mg
鉄	0.6mg
A	26µg
B₁	0.10mg
B₂	0.10mg
C	2mg
食塩	1.8g

コンビニ食品　ミニストップ（株）

紀州南高梅

1個

●ご飯(国産米)・梅干加工品・海苔・昆布粉末入り食塩／増粘剤(加工デンプン・キサンタン)・酸味料・pH調整剤・酒精・調味料(アミノ酸等)・メタリン酸Na・カラメル色素・V・B₁・甘味料(スクラロース)・香料・野菜色素・(一部に大豆・りんごを含む)

▼1個あたり

エネ	172kcal
たん	3.2g
脂質	1g
炭水	37.6g
カル	—
鉄	—
A	—
B₁	—
B₂	—
C	—
食塩	1.7g

コンビニ食品

のり弁当

1食=440g

●白飯(米(国産))・白身魚フライ・竹輪磯辺天・コロッケ・茹卵・スパゲティ・タルタルソース・しば漬・金平ごぼう・ボトル醤油・味付おかか・ケチャップ・海苔／pH調整剤・調味料(アミノ酸等)・加工澱粉・グリシン・増粘多糖類・膨張剤・酒精・乳化剤・着色料(ウコン・カロチノイド・赤106・赤102・赤3)・酸味料・甘味料(V.C)・香料・香辛料・

▼1食あたり

エネ	743kcal
たん	20.5g
脂質	26.9g
炭水	104.8g
カル	—
鉄	—
A	—
B₁	—
B₂	—
C	—
食塩	3.1g

コンビニ食品

幕の内弁当

1食=460g

●白飯・焼鮭・厚焼玉子・春巻・ハンバーグ・鶏唐揚・白身魚フライ・ウインナー・小女子・煮物(人参・角こんにゃく・筍・いんげん)／調味料(アミノ酸等)・pH調整剤・グリシン・カロチン色素・リン酸Na・保存料(しらこ)・亜硝酸Na(原材料の一部に小麦・卵・乳・大豆を含む)

▼1食あたり

エネ	821kcal
たん	54.8g
脂質	27.7g
炭水	89.0g
カル	—
鉄	—
A	—
B₁	—
B₂	—
C	—
食塩	2.0g

コンビニ食品

唐揚げ弁当

1食=480g

●ご飯・鶏唐揚・ハンバーグ・スパゲティ・ポテトサラダ・付合せ／調味料(アミノ酸等)・pH調整剤・リン酸塩(Na)・着色料(カラメル・クチナシ・野菜色素)・増粘多糖類・ソルビット・保存料(ソルビン酸K)・甘味料(ステビア)・香辛料・グリシン(小麦・卵・乳・牛肉・鶏肉・豚肉・リンゴを原材料の一部として含む)

▼1食あたり

エネ	807kcal
たん	32.1g
脂質	25.1g
炭水	78.0g
カル	—
鉄	—
A	—
B₁	—
B₂	—
C	—
食塩	0.8g

コンビニ食品　ミニストップ（株）

1/2日分緑黄色野菜のサンド

1食=124g

●パン・赤パプリカレモンペッパーオイル焼・かぼちゃサラダ・卵フィリング・ほうれん草ドレッシング和え・レタス・かぼちゃ・マヨネーズ・玉葱人参入りソース・人参バジル入りオイルソース和え／乳化剤・イーストフード・糊料(アルギン酸エステル・加工デンプン・増粘多糖類)・V.C・酢酸(Na)・グリシン・調味料(アミノ酸等)・pH調整剤・酸化防止剤(V.C・V.E)・着色料(カロテノイド)・香料・香辛料抽出物(一部に小麦・卵・乳成分・ごま・大豆・鶏肉・豚肉・りんご・魚肉すり身(魚介類)を含む)

▼1食あたり

エネ	271kcal
たん	6.2g
脂質	14.9g
炭水	28g
カル	—
鉄	—
A	—
B₁	—
B₂	—
C	—
食塩	1.4g

コンビニ食品

コンビニパスタ（たらこ）

1食=420g

●スパゲティ・明太子ソース・バター・たらこ・のり／調味料(アミノ酸等)・糊料(増粘多糖類・アルギン酸Na)・環状オリゴ糖・着色料(カロチノイド・紅麹)・酵素・ナイアシン・香料・加工でん粉・pH調整剤・乳化剤・発色剤(亜硝酸Na)・貝Ca・香辛料抽出物・酢酸Na・酒精・酸化防止剤(V.C)・グリシン・トレハロース・甘味料(ソルビット)・酸化ケイ素(一部に卵・乳成分・小麦・牛肉・大豆・鶏肉・豚肉・ゼラチンを含む)

▼1食あたり

エネ	691kcal
たん	25.1g
脂質	16.9g
炭水	109.6g
カル	—
鉄	—
A	—
B₁	—
B₂	—
C	—
食塩	5.3g

コンビニ食品

油そば

1食=470g

●ゆで中華めん・半熟卵・スープ・もやし木耳ごま油和え・焼豚・メンマ・のり／加工でん粉・調味料(アミノ酸等)・かんすい・酒精・増粘剤(増粘多糖類・アルギン酸Na)・乳化剤・着色料(カラメル・クチナシ)・pH調整剤・ピロリン酸Na・グリシン・ダイズ多糖類・酸味料(一部に卵・乳成分・小麦・牛肉・ごま・大豆・鶏肉・豚肉・ゼラチンを含む)

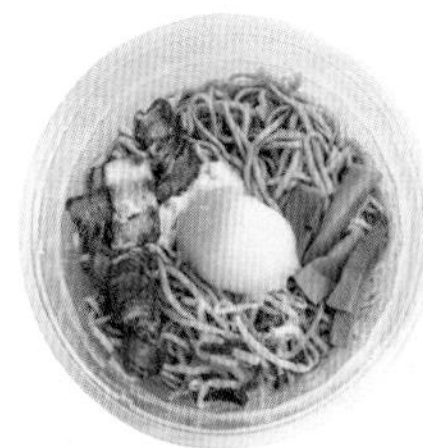

▼1食あたり

エネ	713kcal
たん	29.9g
脂質	25.3g
炭水	91.4g
カル	—
鉄	—
A	—
B₁	—
B₂	—
C	—
食塩	6.3g

コンビニ食品

パスタサラダ

1食=190g

●スパゲティ・味付茹卵・ローストチキン・キャベツ・添付パスタソース（醤油・ぶどう糖果糖液糖・玉葱・水あめ・砂糖・その他）・植物油脂・醤油・醸造酢・レタス・リーフレタス・人参・食塩／リン酸塩（Na）・調味料（アミノ酸）・pH調整剤・増粘剤（キサンタン）・セルロース（一部に小麦・卵・乳成分・大豆・鶏肉・りんごを含む）

▼1食あたり

エネ	306kcal
たん	15.4g
脂質	9.8g
炭水	38.8g
カル	—
鉄	—
A	—
B_1	—
B_2	—
C	—
食塩	3.2g

コンビニ食品　井村屋（株）

井村屋肉まん

1個=85g

●小麦粉（国内製造）・たまねぎ・豚肉・砂糖・たけのこ・ラード・ばれいしょでん粉・しょうゆ・食塩・イースト・パン粉・がらスープ・発酵調味料・野菜エキスパウダー・ホタテエキスパウダー・香辛料／調味料（アミノ酸等）・膨脹剤・加工でん粉・トレハロース・（一部に乳成分・小麦・牛肉・大豆・鶏肉・豚肉を含む）

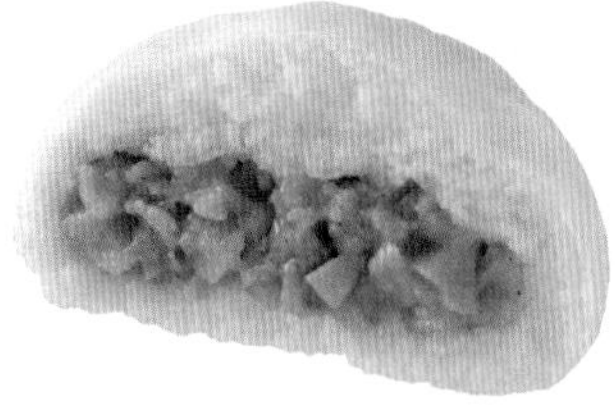

▼1個あたり

エネ	197kcal
たん	5.4g
脂質	5.7g
炭水	31g
カル	—
鉄	—
A	—
B_1	—
B_2	—
C	—
食塩	0.8g

コンビニ食品　井村屋（株）

井村屋あんまん

1個=89g

●小麦粉（国内製造）・砂糖・小豆・水あめ・ラード・米粉・イースト・酒粕加工品・食塩・小麦たん白／膨脹剤・乳化剤・（一部に小麦を含む）

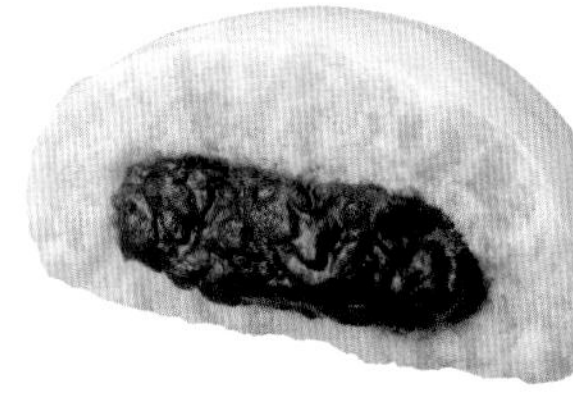

▼1個あたり

エネ	247kcal
たん	6.4g
脂質	2.8g
炭水	49.1g
カル	—
鉄	—
A	—
B_1	—
B_2	—
C	—
食塩	0.3g

コンビニ食品　ミニストップ（株）

フランクフルト

1本

●原材料非公表

▼1本あたり

エネ	244kcal
たん	9.9g
脂質	20.6g
炭水	4.7g
カル	—
鉄	—
A	—
B_1	—
B_2	—
C	—
食塩	1.8g

コンビニ食品　（株）ローソン

Lチキ　レギュラー

1個

●原材料非公表

▼1個あたり

エネ	270kcal
たん	17.4g
脂質	17.1g
炭水	11.7g
カル	—
鉄	—
A	—
B_1	—
B_2	—
C	—
食塩	1.8g

カロリーは地域により異なる

コンビニ食品

カット野菜

1食=70g

●きゃべつ（国産）・コーン・レタス・グリーンリーフ・人参・紫きゃべつ・胡瓜・パプリカ赤・パプリカ黄

▼1食あたり

エネ	31kcal
たん	1.3g
脂質	0.4g
炭水	6.2g
カル	—
鉄	—
A	—
B_1	—
B_2	—
C	—
食塩	4.7g

コンビニ食品

おでん

1食=380g

●だいこん・はんぺん・からし練り・しらたき・鶏卵・さつま揚げ・りしりこんぶ煮干し・こいくちしょうゆ・車糖・かつお昆布だし

▼1食あたり

エネ	286kcal
たん	18.3g
脂質	7.2g
炭水	34.3g
カル	226mg
鉄	2.6mg
A	116μg
B_1	0.21mg
B_2	0.34mg
C	9mg
食塩	7.4g

コンビニ食品　山崎製パン（株）

ランチパック（ピーナッツ）

1個

●ピーナッツフラワーペースト（国内製造）・小麦粉・砂糖混合異性化液糖・マーガリン・パン酵母・食塩・脱脂粉乳／乳化剤・増粘多糖類・香料・酢酸Na・酸味料・イーストフード・V.C・（一部に乳成分・小麦・落花生・アーモンド・大豆を含む）

▼1個あたり

エネ	180kcal
たん	4.5g
脂質	7.8g
炭水	22.9g
カル	—
鉄	—
A	—
B_1	—
B_2	—
C	—
食塩	0.4g

コンビニ食品　フジパン（株）

金城軒カリーパン

1個

●カレーフィリング（じゃがいも・タマネギ・砂糖・食用動物油脂・水あめ・大豆たん白・にんじん・その他）（国内製造）・小麦粉・ショートニング・パン粉・卵・砂糖・パン酵母・乳等を主要原料とする食品・食塩・小麦たん白／増粘剤（加工デンプン）・調味料（アミノ酸等）・pH調整剤・膨脹剤・乳化剤・着色料（カラメル・紅麹）・酢酸Na・グリシン・イーストフード・酸味料・香辛料・香料・V.C

▼1個あたり

エネ	346kcal
たん	5.9g
脂質	20.1g
炭水	35.3g
カル	—
鉄	—
A	—
B_1	—
B_2	—
C	—
食塩	1.35g

コンビニ食品　敷島製パン（株）

ロングライフクリームパン

1個

●カスタードクリーム（国内製造）・小麦粉・糖類・パネトーネ種・マーガリン・卵・パン酵母・発酵風味液・アーモンド・食塩・乳等を主要原料とする食品／ソルビトール・炭酸Ca・セルロース・乳化剤・増粘剤（カラギナン）・イーストフード・香料・酸化防止剤（ビタミンE）・ビタミンC・着色料（カロチン）・酒精・（一部に卵・小麦・乳成分・大豆を含む）

▼1個あたり

エネ	376kcal
たん	5.1g
脂質	21.2g
炭水	41.1g
カル	—
鉄	—
A	—
B_1	—
B_2	—
C	—
食塩	0.3g

コンビニ食品　フジパン（株）

特撰メロンパン

1個

●小麦粉（国内製造）・砂糖・卵・発酵バター入りマーガリン・乳等を主要原料とする食品・マーガリン・パン酵母・ぶどう糖・加工油脂・食塩・小麦たん白・ミックス粉（でん粉・大豆粉・コーンフラワー・デキストリン・小麦粉）／乳化剤・香料・イーストフード・調味料（アミノ酸）・V.C・酸味料・カロチン色素

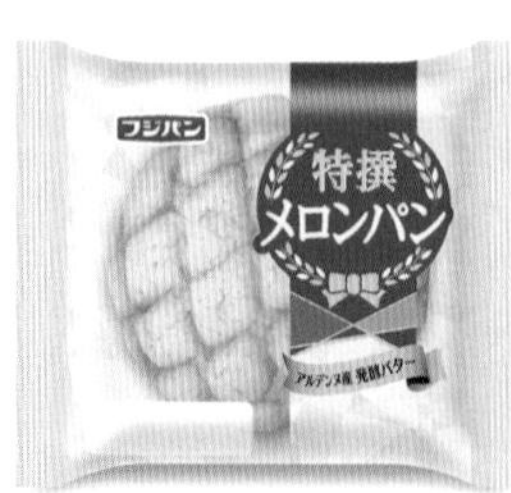

▼1個あたり

エネ	405kcal
たん	7.5g
脂質	13.4g
炭水	63.6g
カル	—
鉄	—
A	—
B_1	—
B_2	—
C	—
食塩	0.39g

コンビニ食品　敷島製パン（株）

あらびきソーセージ

1個

●小麦粉（国内製造）・ウインナーソーセージ・マスタードソース・砂糖・ショートニング・マヨネーズ・パン酵母・小麦粉加工品（小麦粉）・卵・食塩・乳等を主要原料とする食品・小麦たんぱく・大豆粉・加工油脂／加工デンプン・調味料（アミノ酸等）・乳化剤・酢酸Na・リン酸塩（Na）・増粘多糖類・イーストフード・酸化防止剤（ビタミンC）・着色料（カロチン・ターメリック色素）・香辛料・発色剤（亜硝酸Na）・ビタミンC・（一部に卵・小麦・乳成分・大豆・豚肉を含む）

▼1個あたり

エネ	296kcal
たん	7g
脂質	15.8g
炭水	31.5g
カル	—
鉄	—
A	—
B_1	—
B_2	—
C	—
食塩	1.5g

冷凍食品　日清フーズ（株）

マ・マー THE PASTA じっくり煮込んだ濃厚ボロネーゼ

1人前＝290g

●めん(スパゲッティ(デュラム小麦のセモリナ))、ミートソース(牛肉、たまねぎ、トマトペースト、にんじん、豚肉、トマト・ジュースづけ、デミグラスソース、砂糖、発酵調味料、食塩、植物油脂、きのこペースト、小麦粉、にんにく、酵母エキス、バター、香辛料、セロリ、ミルポワ、ワイン、ビーフエキス、ローストガーリック、酵母エキス粉末、チキンコンソメ)(タイ製造)、植物油脂、ショートニング、トマトペースト、ビーフエキス、砂糖、調製ラード、ブロード、食塩、たん白加水分解物、乾燥パセリ／調味料(アミノ酸等)、増粘剤(加工でん粉、増粘多糖類)、着色料(カラメル)、乳化剤、酢酸Na、香料、キシロース、グリシン、pH調整剤、酸味料、(一部に小麦・卵・乳成分・牛肉・大豆・鶏肉・豚肉・ゼラチンを含む)

▼1人前あたり	
エネ	422kcal
たん	15.5g
脂質	12.0g
炭水	63.0g
カル	—
鉄	—
A	—
B_1	—
B_2	—
C	—
食塩	2.9g

(2021年9月現在)

冷凍食品　（株）明治

明治レンジピッツァ&ピッツァ 2 枚入

1枚＝125g

●小麦粉(国内製造)・ナチュラルチーズ(チェダー・ゴーダ・モッツァレラ・パルメザン)・ソフトサラミソーセージ・トマトペースト・野菜(とうもろこし・ピーマン)・植物油脂加工品・植物油脂・ショートニング・果糖ぶどう糖液糖・イースト・脱脂濃縮乳・食塩・パン粉・乳等を主要原料とする食品・でん粉加工品・クリーム・ソテーオニオン・食物繊維・香辛料・濃縮トマト・チキンシーズニングパウダー・ぶどう酢・バター・ワイン／ソルビトール・増粘剤(加工デンプン・ペクチン)・トレハロース・セルロース・キシロース・加工デンプン・乳化剤・調味料(アミノ酸等)・リン酸塩(Na・Ca)・グリシン・酸化防止剤(V.E・V.C)・酢酸(Na)・発色剤(亜硝酸Na)・イーストフード・くん液・着色料(β-カロテン)・香料・V.C・(一部に小麦・卵・乳成分・大豆・鶏肉・豚肉を含む)

▼1枚あたり	
エネ	336kcal
たん	12.4g
脂質	13.8g
炭水	40.5g
カル	125mg
鉄	—
A	—
B_1	—
B_2	—
C	—
食塩	1.5g

冷凍食品　（株）ニチレイフーズ

蔵王えびグラタン

1個＝210g

●牛乳(国内製造)・マカロニ・乳又は乳製品を主要原料とする食品・えび・小麦粉・ナチュラルチーズ(ゴーダチーズ・パルメザンチーズ・モッツァレラチーズ・チェダーチーズ)・マーガリン・植物油脂・バター・コンソメパウダー・糖類(ぶどう糖・砂糖)・粉末油脂・食塩・パン粉・酵母エキスパウダー／カラメル色素・増粘剤(加工でん粉・キサンタンガム)・加工でん粉・セルロース・香料・重曹・クエン酸Na・炭酸Na・調味料(アミノ酸)・(一部にえび・小麦・乳成分・大豆・鶏肉を含む)

▼1個あたり	
エネ	316kcal
たん	10.9g
脂質	16.8g
炭水	30.2g
カル	—
鉄	—
A	—
B_1	—
B_2	—
C	—
食塩	1.8g

(2021年7月現在)

冷凍食品　テーブルマーク（株）

ごっつ旨いお好み焼

1食＝300g

●【お好み焼】野菜〔キャベツ(国産)・ねぎ・やまいも〕・魚肉(いか・えび)・全卵・小麦粉・牛脂・食塩・こんぶエキス調味料・砂糖・風味調味料・香辛料・酵母エキス／トレハロース・調味料(アミノ酸等)・増粘剤(キサンタンガム)・(一部にえび・小麦・卵・乳成分・いか・牛肉・大豆・やまいもを含む)【ソース】糖類(砂糖・果糖ぶどう糖液糖)・野菜・果実(トマト・りんご・たまねぎ・にんにく)・たん白加水分解物・醸造酢・食塩・香辛料／増粘剤(加工デンプン)・着色料(カラメル色素)・調味料(アミノ酸等)・酸味料・(一部に大豆・りんごを含む)【マヨネーズ風ソース】食用植物油脂・砂糖・卵黄・醸造酢・食用精製加工油脂・食塩・乳たん白・香辛料／加工デンプン・調味料(アミノ酸)・(一部に卵・乳成分を含む)【かつお削りぶし】かつおぶし【あおさ加工品】あおさ

▼1食あたり	
エネ	407kcal
たん	12.9g
脂質	18.0g
炭水	48.3g
カル	—
鉄	—
A	—
B_1	—
B_2	—
C	—
食塩	4.1g

冷凍食品　テーブルマーク（株）

ごっつ旨い大粒たこ焼

1袋＝197g

●【たこ焼】野菜(キャベツ・ねぎ・やまいも)・小麦粉(国内製造)・たこ・全卵・植物油脂・揚げ玉・紅しょうが・還元水あめ・魚介エキス調味料・砂糖・こんぶだし・魚粉・食塩・たん白加水分解物・デキストリン・酵母エキス／加工デンプン・調味料(アミノ酸等)・膨張剤・増粘剤(キサンタンガム)・酸味料・着色料(紅麹)・(一部に小麦・卵・さば・大豆・やまいもを含む)【ソース】水あめ混合異性化液糖・醸造酢・食塩・トマトピューレー・砂糖・しょうゆ・りんご果汁・香辛料／増粘剤(加工デンプン)・調味料(アミノ酸等)・カラメル色素・酒精・甘味料(アセスルファムK・スクラロース)・V.B1・香辛料抽出物・(一部に小麦・大豆・りんごを含む)【マヨネーズ風ソース】植物油脂・卵黄・醸造酢・砂糖・食塩・乳たん白・香辛料・魚介エキス調味料・こんぶエキス調味料／増粘剤(加工デンプン)・(一部にえび・卵・乳成分・大豆・鶏肉・ゼラチンを含む)【かつお削りぶし】かつおぶし【あおさ加工品】あおさ

▼1袋あたり	
エネ	321kcal
たん	10.8g
脂質	13.4g
炭水	39.2g
カル	—
鉄	—
A	—
B_1	—
B_2	—
C	—
食塩	2.9g

冷凍食品　（株）ニチレイフーズ

お肉たっぷりジューシーメンチカツ

1個＝21g

●食肉(豚肉・牛肉)・たまねぎ・つなぎ(パン粉・卵白)・牛脂・豚脂・砂糖・ビーフエキス・ソテーオニオン・食塩・ビーフオイル・たん白加水分解物・しょうゆ・香辛料・ゼラチン・衣(パン粉(国内製造)・植物油脂・小麦粉・粉末卵白・卵殻粉・粉末状植物性たん白・脱脂粉乳)・揚げ油(パーム油・なたね油)／加工でん粉・調味料(アミノ酸等)・増粘剤(キサンタンガム)・ゲル化剤(ジェランガム)・乳酸Ca・ベーキングパウダー・(一部に小麦・卵・乳成分・牛肉・大豆・豚肉・ゼラチンを含む)

▼1個あたり	
エネ	75kcal
たん	1.8g
脂質	5.7g
炭水	4.1g
カル	—
鉄	—
A	—
B_1	—
B_2	—
C	—
食塩	0.3g

(2021年7月現在)

冷凍食品　（株）ニチレイフーズ

お弁当にGood!® パリパリの春巻

1個＝25g

●皮(小麦粉(国内製造)・植物油脂・デキストリン・でん粉・ショートニング・粉末状植物性たん白・加工油脂・食塩・粉末卵白・果糖加工品)・野菜(たけのこ・にんじん)・粒状植物性たん白・しょうゆ・植物油脂・砂糖・しいたけ・ポークエキス・豚肉・はるさめ・乾燥キャベツ・中華風調味料・食塩・上湯(鶏骨・野菜(たまねぎ・にんじん)・生ハム・干し貝柱)・酵母エキス・ポークハムエキス・揚げ油(なたね油)／加工でん粉・増粘剤(加工でん粉・キサンタンガム)・乳化剤・酢・未焼成Ca・アセロラ濃縮果汁・香料・(一部に小麦・卵・ごま・大豆・鶏肉・豚肉を含む)

▼1個あたり	
エネ	87kcal
たん	1.5g
脂質	5.4g
炭水	8.1g
カル	
鉄	
A	
B_1	
B_2	
C	
食塩	0.3g

(2021年7月現在)

冷凍食品　（株）ニチレイフーズ

お弁当にGood!® ミニハンバーグ

1個＝21g

●食肉(牛肉(輸入)・豚肉)・たまねぎ・粒状植物性たん白・つなぎ(鶏卵・パン粉・粉末卵白)・ぶどう糖・植物油脂・しょうゆ・ソテーオニオン・食塩・食物繊維・発酵調味料・香辛料・しょうゆ加工品・卵殻粉／加工でん粉・(一部に小麦・卵・乳成分・牛肉・大豆・豚肉を含む)

▼1個あたり	
エネ	41kcal
たん	2.5g
脂質	2.5g
炭水	2.1g
カル	
鉄	
A	
B_1	
B_2	
C	
食塩	0.3g

(2021年7月現在)

冷凍食品　（株）ニチレイフーズ

お弁当にGood!® ミニオムレツ

1個＝30g

●液卵(国内製造)・野菜(たまねぎ・にんじん)・牛肉・植物油脂・粒状植物性たん白・砂糖・チキンブイヨン・デキストリン・食塩・しょうゆ・ラード・酵母エキス・香辛料・しょうゆ加工品・全粉乳／加工でん粉・増粘剤(加工でん粉)・クエン酸・(一部に小麦・卵・乳成分・牛肉・大豆・鶏肉を含む)

▼1個あたり	
エネ	45kcal
たん	2.3g
脂質	2.8g
炭水	2.6g
カル	
鉄	
A	
B_1	
B_2	
C	
食塩	0.4g

(2021年7月現在)

冷凍食品　味の素冷凍食品（株）

エビ寄せフライ

1個＝23g

●えび・魚肉すり身・野菜(えだまめ・たまねぎ)・植物油脂・豆腐・粉末状大豆たん白・卵白・食塩・でん粉・粉末状小麦たん白・えび風味調味料・えびエキス調味料・蝦醤・ホタテエキス調味料・衣(パン粉・植物油脂・卵白粉・小麦粉)・揚げ油(なたね油)／加工でん粉・トレハロース・pH調整剤・調味料(アミノ酸等)・乳化剤・増粘剤(キサンタン)・パプリカ色素・ビタミンB_1・豆腐用凝固剤・酸味料・(一部にえび・小麦・卵・大豆を含む)

▼1個あたり	
エネ	65kcal
たん	2g
脂質	4.4g
炭水	4.4g
カル	—
鉄	—
A	—
B_1	—
B_2	—
C	—
食塩	0.35g

(2021年7月現在)

冷凍食品　味の素冷凍食品（株）

プリプリのエビシューマイ

1個＝14g

●たまねぎ・えび・魚肉すり身・豚脂・つなぎ(でん粉・卵白・粉末状大豆たん白)・パーム油・砂糖・蝦醤・食塩・なたね油・やまいも粉・発酵調味料・香辛料・えび風味調味料・ホタテエキス調味料・皮(小麦粉・大豆粉)／加工でん粉・調味料(アミノ酸等)・酸味料・(一部にえび・小麦・卵・大豆・豚肉・やまいもを含む)

▼1個あたり	
エネ	24kcal
たん	0.9g
脂質	1.2g
炭水	2.5g
カル	—
鉄	—
A	—
B_1	—
B_2	—
C	—
食塩	0.16g

(2021年7月現在)

冷凍食品　味の素冷凍食品（株）

ギョーザ

1個＝23g

●野菜(キャベツ・たまねぎ・にら・にんにく)・食肉(豚肉・鶏肉)・豚脂・粒状大豆たん白・砂糖・しょうゆ・なたね油・食塩・風味油・オイスターソース・ごま油・卵白・香辛料・酵母エキス・皮(小麦粉・なたね油・でん粉・食塩・粉末状小麦たん白・粉末状大豆たん白・大豆粉)／調味料(アミノ酸等)・加工でん粉・乳化剤・増粘剤(キサンタン・アルギン酸Na)・クエン酸Na・塩化Ca・カゼインNa・(一部に小麦・卵・乳成分・ごま・大豆・鶏肉・豚肉を含む)

▼1個あたり	
エネ	40kcal
たん	1.6g
脂質	2.1g
炭水	3.7g
カル	—
鉄	—
A	—
B_1	—
B_2	—
C	—
食塩	0.33g

(2021年7月現在)

冷凍食品 味の素冷凍食品（株）

やわらか若鶏から揚げ　ボリュームパック

1袋＝300g

●鶏肉・しょうゆ・でん粉・砂糖・食塩・香辛料・衣（米粉・コーンフラワー・香辛料・醸造酢・粉末しょうゆ・砂糖）・揚げ油（大豆油・パーム油）／加工でん粉・調味料（アミノ酸）・増粘剤（グァー）・重曹・（一部に大豆・鶏肉を含む）

▼100gあたり

エネ	175kcal
たん	13g
脂質	8.8g
炭水	11g
カル	—
鉄	—
A	—
B1	—
B2	—
C	—
食塩	1.5g

（2021年7月現在）

冷凍食品 味の素冷凍食品（株）

ザ★® チャーハン

1/2袋＝300g

●米・全卵・焼き豚・ねぎ・風味油・パーム油・食塩・発酵調味料・みりん・香辛料・しょうゆ・チキンエキス調味料・ポークエキス調味料・チキンエキス・酵母エキス・いため油（ショートニング・ラード・なたね油）／ 調味料（アミノ酸等）・加工でん粉・カラメル色素・カロチン色素・（一部に小麦・卵・大豆・鶏肉・豚肉を含む）

▼1/2袋あたり

エネ	539kcal
たん	12g
脂質	15g
炭水	89g
カル	—
鉄	—
A	—
B1	—
B2	—
C	—
食塩	4.1g

（2021年7月現在）

冷凍食品 （株）ニチレイフーズ

焼おにぎり10個入

1個＝48g

●米（国産）・しょうゆ・しょうゆだれ・砂糖・食塩・かつおぶしエキス・発酵調味液・発酵調味料・デキストリン・しょうゆ加工品・でん粉・加工油脂・酵母エキスパウダー・こんぶエキス／増粘剤（加工でん粉・キサンタンガム）・（一部に小麦・大豆・ゼラチンを含む）

▼1個あたり

エネ	79kcal
たん	1.6g
脂質	0.3g
炭水	17.5g
カル	—
鉄	—
A	—
B1	—
B2	—
C	—
食塩	0.6g

（2021年7月現在）

冷凍食品 （株）キンレイ

お水がいらない　鍋焼うどん

1食＝558g

●めん〔小麦粉・食塩／加工でん粉〕・つゆ〔しょうゆ・本みりん・さば削りぶし・いわし削りぶし・砂糖・食塩・ゼラチン・そうだかつお削りぶし・かつお削りぶし・昆布・酵母エキス・椎茸粉末／調味料（アミノ酸等）・増粘剤（加工でん粉）〕・具〔野菜（白菜・ほうれん草）・鶏つくね・ボイル椎茸・ボイルえび・かまぼこ・きざみ揚げ・麩・しょうゆ・食塩・酒／加工でん粉・増粘剤（加工でん粉）・酸化防止剤（V. E）・豆腐用凝固剤〕・（一部に小麦・卵・えび・大豆・鶏肉・豚肉・さば・ゼラチンを含む）

▼1食あたり

エネ	339kcal
たん	12.4g
脂質	2.8g
炭水	66g
カル	—
鉄	—
A	—
B1	—
B2	—
C	—
食塩	5.8g

インスタント食品 日清食品（株）

カップヌードル

1食＝78g

●油揚げめん（小麦粉（国内製造）・植物油脂・食塩・チキンエキス・ポークエキス・しょうゆ・ポーク調味料・たん白加水分解物・香辛料）・かやく（味付豚ミンチ・味付卵・味付えび・味付豚肉・ねぎ）・スープ（糖類・粉末しょうゆ・食塩・香辛料・たん白加水分解物・香味調味料・ポーク調味料・メンマパウダー）／加工でん粉・調味料（アミノ酸等）・炭酸Ｃａ・カラメル色素・かんすい・増粘多糖類・カロチノイド色素・乳化剤・酸化防止剤（ビタミンE）・香辛料抽出物・くん液・香料・ビタミンＢ２・ビタミンＢ１・酸味料・（一部にえび・小麦・卵・乳成分・ごま・大豆・鶏肉・豚肉を含む）

▼1食あたり

エネ	351kcal
たん	10.5g
脂質	14.6g
炭水	44.5g
カル	105mg
鉄	—
A	—
B1	0.19mg
B2	0.32mg
C	—
食塩	4.9g

インスタント食品 日清食品（株）

日清カレーメシ　ビーフ

1食＝107g

●ライス（米（国産）・乳化油脂・食塩）・カレールゥ（動物油脂（豚・牛）・オニオンパウダー・小麦粉・食塩・砂糖・トマトパウダー・乳等を主要原料とする食品・香辛料・カレー粉・香味調味料・ココアパウダー）・味付牛ミンチ・フライドポテト・人参／調味料（アミノ酸等）・カラメル色素・トレハロース・増粘剤（加工でん粉・増粘多糖類）・乳化剤・酸味料・香料・リン酸塩（Ｎａ）・酸化防止剤（ビタミンＥ）・甘味料（スクラロース・アセスルファムＫ）・香辛料抽出物・くん液・（一部に小麦・卵・乳成分・牛肉・大豆・鶏肉・豚肉を含む）

▼1食あたり

エネ	465kcal
たん	7.2g
脂質	15.5g
炭水	74.1g
カル	—
鉄	—
A	—
B1	—
B2	—
C	—
食塩	2.9g

インスタント食品 日清食品（株）

チキンラーメン

1食＝85g

●油揚げめん（小麦粉・植物油脂・しょうゆ・食塩・チキンエキス・香辛料・糖類・たん白加水分解物・卵粉・デキストリン・香味調味料・オニオンパウダー）／加工でん粉・調味料（アミノ酸等）・炭酸Ca・かんすい・酸化防止剤（ビタミンE）・ビタミンB2・ビタミンB1・（一部に小麦・卵・乳成分・ごま・大豆・鶏肉を含む）

▼1食あたり

エネ	377kcal
たん	8.2g
脂質	14.5g
炭水	53.6g
カル	278mg
鉄	—
A	—
B1	0.61mg
B2	0.74mg
C	—
食塩	5.6g

インスタント食品 サンヨー食品（株）

サッポロ一番　塩らーめん

1食＝100g

●油揚げめん（小麦粉（国内製造）・食用油脂（ラード・植物油脂）・でん粉・食塩・やまいも粉）・スープ（食塩・香辛料・砂糖・ねぎ・チキンエキス・味付豚肉・ポークエキス・鶏肉野菜調理品・かつおエキス）・やくみ（ごま）／調味料（アミノ酸等）・炭酸カルシウム・かんすい・香料・酸化防止剤（ビタミンE）・酸味料・クチナシ色素・ビタミンB2・ビタミンB1・（一部に小麦・乳成分・ごま・大豆・鶏肉・豚肉・やまいもを含む））

▼1食あたり

エネ	455kcal
たん	10.1g
脂質	18.6g
炭水	61.9g
カル	243mg
鉄	—
A	—
B1	0.33mg
B2	0.58mg
C	—
食塩	6.1g

インスタント食品 東洋水産（株）

マルちゃん正麺　醤油味

1食＝105g

●めん（小麦粉・食塩・植物油脂・植物性たん白・卵白）・添付調味料（醤油・チキンエキス・食塩・植物油・鶏脂・ポークエキス・香辛料・砂糖・野菜エキス・発酵調味料・たん白加水分解物・酵母エキス・ミート風味パウダー・香味油脂）・加工でん粉・調味料（アミノ酸等）・トレハロース・かんすい・酒精・炭酸カルシウム・レシチン・酸化防止剤（ビタミンE）・カラメル色素・クチナシ色素・増粘多糖類・甘味料（カンゾウ）・香辛料抽出物・（原材料の一部に小麦・卵・乳成分・大豆・鶏肉・豚肉・ゼラチンを含む）

▼1食あたり

エネ	333kcal
たん	10.1g
脂質	4.6g
炭水	62.8g
カル	179mg
鉄	—
A	—
B1	—
B2	—
C	—
食塩	5.6g

（2021年7月現在）

インスタント食品 サンヨー食品（株）

サッポロ一番　塩らーめんどんぶり

1食＝76g

●油揚げめん（小麦粉（国内製造）・植物油脂・でん粉・食塩・粉末卵・やまいも粉・糖類）・スープ（食塩・香辛料・ごま・糖類・小麦粉・食物繊維・チキンエキス・油脂加工品・ねぎ・味付豚肉・ポークエキス・鶏肉野菜調理品・かつおエキス・酵母エキス・デキストリン・発酵調味料・植物油脂）・かやく（白菜・キャベツ・チンゲン菜・コーン・糖類・植物油脂・人参・でん粉・食塩・ゼラチン）／加工でん粉・調味料（アミノ酸等）・炭酸カルシウム・香料・かんすい・クチナシ色素・酸味料・酸化防止剤（ビタミンE）・増粘剤（キサンタン）・ビタミンB2・ビタミンB1・（一部に小麦・卵・乳成分・ごま・大豆・鶏肉・豚肉・やまいも・ゼラチンを含む

▼1食あたり

エネ	326kcal
たん	6.1g
脂質	13.2g
炭水	47g
カル	220mg
鉄	—
A	—
B1	0.33mg
B2	0.58mg
C	—
食塩	5.3g

インスタント食品 日清食品（株）

日清焼そばU.F.O.

1食＝128g

●油揚げめん（小麦粉（国内製造）・植物油脂・食塩・しょうゆ・香辛料）・ソース（ソース・糖類・植物油脂・還元水あめ・食塩・香辛料・ポークエキス・ポーク調味油・たん白加水分解物・香味油）・かやく（キャベツ・味付豚肉・青のり・紅生姜）／加工でん粉・カラメル色素・調味料（アミノ酸等）・炭酸Ca・かんすい・香料・酸味料・グリセリン・ベニコウジ色素・香辛料抽出物・酸化防止剤（ビタミンE）・炭酸Mg・ビタミンB2・ビタミンB1・（一部に小麦・乳成分・大豆・鶏肉・豚肉・りんご・ゼラチンを含む）

▼1食あたり

エネ	556kcal
たん	9.4g
脂質	20.9g
炭水	82.6g
カル	167mg
鉄	—
A	—
B1	0.47mg
B2	0.69mg
C	—
食塩	5.9g

インスタント食品 日清食品（株）

日清ラ王　背脂醤油

1食＝112g

●めん（小麦粉（国内製造）・食塩・植物油脂・チキン調味料・大豆食物繊維・卵粉）・スープ（しょうゆ・豚脂・チキンエキス・鶏脂・オニオン調味油・食塩・たん白加水分解物・にぼし調味料・さば調味油・香味油・糖類・魚粉・チキン調味料・香味調味料・香辛料）・かやく（チャーシュー・のり・ねぎ）／加工でん粉・調味料（アミノ酸等）・かんすい・リン酸Ca・カラメル色素・酒精・香料・カロチノイド色素・乳化剤・酸化防止剤（ビタミンE）・増粘剤（キサンタンガム）・ビタミンB2・ビタミンB1・香辛料抽出物・（一部に小麦・卵・乳成分・さば・大豆・鶏肉・豚肉・ゼラチンを含む）

▼1食あたり

エネ	412kcal
たん	11.5g
脂質	13.4g
炭水	61.4g
カル	139mg
鉄	—
A	—
B1	0.22mg
B2	0.32mg
C	—
食塩	6.3g

インスタント食品　東洋水産（株）

赤いきつねうどん（東向け）　1食=96g

●油揚げめん（小麦粉・植物油脂・でん粉・食塩・植物性たん白・乾燥酵母・卵白）・かやく（味付油揚げ・たまご・かまぼこ）・添付調味料（食塩・醤油・魚介エキス・たん白加水分解物・粉末こんぶ・香辛料・ねぎ・砂糖・植物油）・加工でん粉・調味料（アミノ酸等）・リン酸塩（Na）・炭酸カルシウム・カラメル色素・レシチン・増粘多糖類・酸化防止剤（ビタミンE）・ベニコウジ色素・ビタミンB_2・ビタミンB_1・カロチン色素・（原材料の一部に小麦・卵・乳成分・さば・大豆・ゼラチンを含む）

▼1食あたり

エネ	432kcal
たん	10.6g
脂質	19.1g
炭水	54.4g
カル	172mg
鉄	—
A	—
B_1	0.01mg
B_2	0.31mg
C	—
食塩	6.6g

（2021年7月現在）

インスタント食品　東洋水産（株）

緑のたぬき天そば（東向け）　1食=101g

●油揚げめん（小麦粉・そば粉・植物油脂・植物性たん白・食塩・とろろ芋・卵白）・かやく（小えび天ぷら・かまぼこ）・添付調味料（砂糖・食塩・醤油・魚介エキス・たん白加水分解物・乳糖・香辛料・ねぎ・香味油脂）・加工でん粉・調味料（アミノ酸等）・炭酸カルシウム・カラメル色素・リン酸塩（Na）・増粘多糖類・レシチン・酸化防止剤（ビタミンE）・クチナシ色素・ベニコウジ色素・香料・ビタミンB_2・ビタミンB_1・カロチン色素・香辛料抽出物・（原材料の一部にえび・小麦・そば・卵・乳成分・大豆・豚肉・やまいも・ゼラチンを含む）

▼1食あたり

エネ	480kcal
たん	11.2g
脂質	24.8g
炭水	52.9g
カル	152mg
鉄	—
A	—
B_1	0.37mg
B_2	0.28mg
C	—
食塩	5.9g

（2021年7月現在）

インスタント食品　東洋水産（株）

MARUCHAN QTTA　コクしょうゆ味　1食=78g

●油揚げめん（小麦粉（国内製造）・植物油脂・精製ラード・でん粉・食塩・植物性たん白・砂糖・しょうゆ・チキンエキス・卵白）・かやく（味付豚肉・えび・卵・ねぎ）・添付調味料（チキンエキス・砂糖・ゼラチン・ポークエキス・野菜エキス・しょうゆ・食塩・香辛料・香味油脂・たん白加水分解物・酵母エキス）／加工でん粉・調味料（アミノ酸等）・炭酸カルシウム・増粘多糖類・かんすい・カラメル色素・クチナシ色素・酸化防止剤（ビタミンE・ローズマリー抽出物）・香料・パプリカ色素・カロチン色素・ビタミンB2・ビタミンB1・（一部にえび・小麦・卵・乳成分・ごま・大豆・鶏肉・豚肉・ゼラチンを含む）

▼1食あたり

エネ	345kcal
たん	9.7g
脂質	13g
炭水	47.2g
カル	172mg
鉄	—
A	—
B_1	0.6mg
B_2	0.3mg
C	—
食塩	4.3g

（2021年7月現在）

インスタント食品　マルコメ（株）

カップ料亭の味　とん汁　1食=61g

●調味みそ［米みそ・たまねぎ・大根・食塩・砂糖・ポークエキス・粉末油脂・野菜エキス・かつおエキス・酵母エキス・たん白加水分解物・醤油・昆布エキス・かつお節粉末／酒精・調味料（アミノ酸等）・（一部に乳成分・小麦・豚肉・大豆を含む）］　具［じゃがいも・人参・豚肉・ごぼう・植物油脂・食塩・（一部に豚肉・大豆を含む）］

▼1食あたり

エネ	70kcal
たん	3.8g
脂質	2.3g
炭水	8.5g
カル	—
鉄	—
A	—
B_1	—
B_2	—
C	—
食塩	2.6g

インスタント食品　アサヒグループ食品（株）

いつものおみそ汁　なす　1食=9.5g

●揚げなす（外国製造）・米みそ・調合みそ・ねぎ・風味調味料・でん粉・デキストリン混合物・みりん・乾燥わかめ・オニオンエキスパウダー・酵母エキスパウダー・こんぶエキスパウダー/調味料（アミノ酸等）・酸化防止剤（ビタミンE）・酸味料・（一部にさば・大豆・鶏肉・魚醤（魚介類）を含む）

▼1食あたり

エネ	41kcal
たん	1.8g
脂質	2.1g
炭水	3.8g
カル	—
鉄	—
A	—
B_1	—
B_2	—
C	—
食塩	1.5g

インスタント食品　東洋水産（株）

ワンタン　しょうゆ味　1食=32g

●油揚げワンタン（小麦粉・植物油脂・味付豚肉・粉末野菜・食塩）・添付調味料（食塩・醤油・チキンエキス・ごま・粉末野菜・デキストリン・ねぎ・たん白加水分解物・ねぎ・香味油脂・香辛料・食酢）・かやく（たまご）・調味料（アミノ酸等）・増粘多糖類・カラメル色素・カロチン色素・かんすい・酸化防止剤（ビタミンE）・酸味料・香料・（原材料の一部に乳成分・ゼラチンを含む）

▼1食あたり

エネ	163kcal
たん	3.1g
脂質	10.7g
炭水	13.9g
カル	—
鉄	—
A	—
B_1	—
B_2	—
C	—
食塩	2.8g

インスタント食品　ポッカサッポロフード&ビバレッジ（株）

じっくりコトコト こんがりパン 濃厚コーンポタージュカップ　1食=31.7g

●乾燥パン（国内製造）・スイートコーンパウダー・砂糖・乳糖・クリーミングパウダー・ホエイパウダー・クリーム加工品（植物油脂・クリーム・乳糖・乳たんぱく・その他）・乾燥スイートコーン・食塩・チキンブイヨン・たまねぎエキス・酵母エキス・粉末発酵調味料・香辛料／増粘剤（加工でん粉・ヴァーガム）・調味料（アミノ酸等）・香料・（一部に小麦・乳成分・大豆・鶏肉・豚肉を含む）

▼1食あたり

エネ	140kcal
たん	2.6g
脂質	4.5g
炭水	22.1g
カル	—
鉄	—
A	—
B_1	—
B_2	—
C	—
食塩	1.5g

インスタント食品　エースコック（株）

スープはるさめ　ワンタン　1食=22g

●春雨（中国製造（でん粉・醸造酢））・かやく（ワンタン・卵・ねぎ）・スープ（食塩・ごま・粉末しょうゆ・チキン調味料・オニオンパウダー・たん白加水分解物・砂糖・香辛料・チキンパウダー・香味調味料・全卵粉）/調味料（アミノ酸等）・カラメル色素・香料・酸味料・カロチノイド色素・微粒二酸化ケイ素・酸化防止剤（ビタミンE）・香辛料抽出物・（一部に小麦・卵・乳成分・ごま・大豆・鶏肉・豚肉を含む）

▼1食あたり

エネ	78kcal
たん	1.3g
脂質	1.1g
炭水	16g
カル	—
鉄	—
A	—
B_1	—
B_2	—
C	—
食塩	2.1g

（2021年7月現在）

栄養補助食品　森永製菓（株）

inゼリー　エネルギー　1袋=180g

●液状デキストリン、果糖ぶどう糖液糖、マスカット果汁／乳酸Ca、クエン酸、ゲル化剤（増粘多糖類）、V.C、クエン酸Na、香料、塩化K、乳化剤、パントテン酸Ca、ナイアシン、V.E、V.B_1、V.B_2、V.B_6、V.A、葉酸、V.D、V.B_{12}

▼1袋あたり

エネ	180kcal
たん	0g
脂質	0g
炭水	45g
カル	50mg
鉄	—
A	45～120μg
B_1	0.09～0.25mg
B_2	0.11～0.21mg
C	80～190mg
食塩	—

栄養補助食品　大塚製薬（株）

カロリーメイト ブロック（チョコレート味）　1箱=4本

●小麦粉（国内製造）・チョコレートスプレッド・砂糖・卵・アーモンド・脱脂粉乳・大豆タンパク・小麦タンパク・食塩・でん粉／カゼインナトリウム・加工でん粉・香料

▼1箱あたり

エネ	400kcal
たん	8.7g
脂質	22.4g
炭水	41.7g
カル	200mg
鉄	2.5mg
A	385μg
B_1	0.60mg
B_2	0.70mg
C	50mg
食塩	0.8g

栄養補助食品　マース ジャパン リミテッド

スニッカーズ®　ピーナッツ シングル　1本=標準51g

●砂糖・ピーナッツ・水あめ・脱脂粉乳・ココアバター・カカオマス・乳糖・植物油脂・乳脂肪・食塩・卵白（卵を含む）／乳化剤（大豆由来）・香料

▼1本あたり

エネ	248kcal
たん	4.4g
脂質	12.2g
炭水	29.5g
カル	—
鉄	—
A	—
B_1	—
B_2	—
C	—
食塩	0.3g

栄養補助食品　アサヒグループ食品（株）

クリーム玄米ブラン　ブルーベリー　個包装1袋=36g

●小麦粉（国内製造）・ショートニング・砂糖・オールブラン（小麦外皮・砂糖・その他）・ブランフレーク（米・全粒小麦・砂糖・小麦外皮・その他）・全卵・玄米粉・難消化性デキストリン・ブルーベリー加工品・ぶどう糖・乳糖・アーモンド・ブルーベリー果汁パウダー・食塩・サワークリームエキスパウダー／卵殻Ca・セルロース・トレハロース・グリセリン・炭酸Mg・酸味料・乳化剤（大豆由来）・ピロリン酸第二鉄・酸化防止剤（V.E）・香料・ナイアシン・V.E・パントテン酸Ca・V.B_6・V.A・V.B_2・V.B_1・葉酸・V.D・V.B_{12}

▼個包装1袋あたり

エネ	174kcal
たん	5.0g
脂質	9.4g
炭水	18.7g
カル	227mg
鉄	2.3mg
A	70～210μg
B_1	0.19mg
B_2	0.25mg
C	—
食塩	0.27g

栄養補助食品　大塚製薬（株）

SOYJOY　ストロベリー

1本＝30g

●大豆粉(国内製造・遺伝子組換えでない)・レーズン・マーガリン・ストロベリー加工品・卵・ココナッツ・難消化性デキストリン・パイナップル加工品・クランベリー加工品・イヌリン・砂糖・ホワイトチョコレート・脱脂粉乳・食塩・乳等を主要原料とする食品／香料

▼1本あたり

エネ	133kcal
たん	3.9g
脂質	7.1g
炭水	15.6g
カル	—
鉄	—
A	—
B_1	—
B_2	—
C	—
食塩	0.07~0.17mg

ビタミンCは季節等により80～90の間で変動

惣菜　（株）グリーンハウスフーズ（とんかつ新宿さぼてん）

三元麦豚ロースかつ

1枚＝110g

●豚肉・パン粉・卵・小麦粉・揚げ油（原材料の一部にえび・かに・大豆を含む）

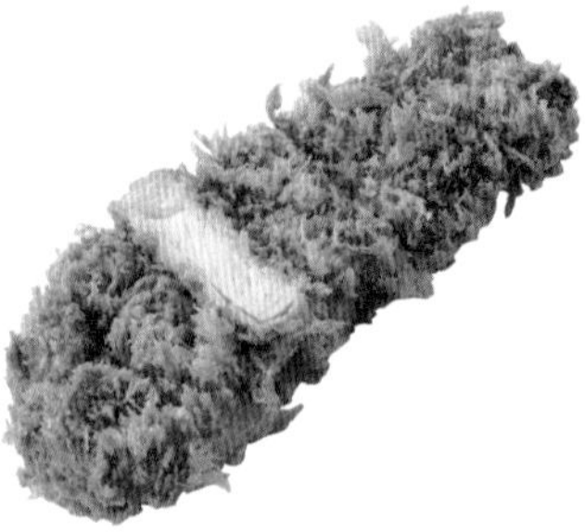

▼1枚あたり

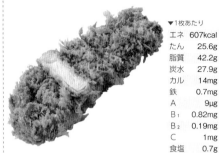

エネ	607kcal
たん	25.6g
脂質	42.2g
炭水	27.9g
カル	14mg
鉄	0.7mg
A	9μg
B_1	0.82mg
B_2	0.19mg
C	1mg
食塩	0.7g

惣菜　バーミヤン

本格焼き餃子(6コ)

1食

●原材料非公表

▼1食あたり

エネ	475kcal
たん	10.2g
脂質	31.6g
炭水	35.6g
カル	—
鉄	—
A	—
B_1	—
B_2	—
C	—
食塩	1.7g

惣菜　バーミヤン

武蔵野麻婆

1食

●原材料非公表

▼1食あたり

エネ	475kcal
たん	18.5g
脂質	35.8g
炭水	18.6g
カル	—
鉄	—
A	—
B_1	—
B_2	—
C	—
食塩	3.1g

主食　不二家レストラン

不二家ビーフカレー

1食＝490g

●ビーフカレー・ライス

▼1食あたり

エネ	1039kcal
たん	—
脂質	—
炭水	—
カル	—
鉄	—
A	—
B_1	—
B_2	—
C	—
食塩	—

主食　バーミヤン

チャーハン

1食

●原材料非公表

▼1食あたり

エネ	768kcal
たん	20.1g
脂質	34.7g
炭水	96.1g
カル	—
鉄	—
A	—
B_1	—
B_2	—
C	—
食塩	4.7g

主食　ロイヤルホスト（株）

ロイヤルオムライス～ハッシュドビーフソース～

1食

●原材料非公表

▼1食あたり

エネ	993kcal
たん	35.3g
脂質	55g
炭水	85.4g
カル	—
鉄	—
A	—
B_1	—
B_2	—
C	—
食塩	4.9g

主食　なか卯

カツ丼（並盛）

1食

●白飯（国産米使用）・ローストンカツ・鶏卵・玉ねぎ・カツ丼のタレ

▼1食あたり

エネ	820kcal
たん	29.9g
脂質	28.4g
炭水	107.8g
カル	
鉄	
A	
B_1	
B_2	
C	
食塩	4.0g

（2021年7月現在）

主食　天丼・天ぷら本舗　さん天

海老天丼

1食

●ご飯・小麦粉（天ぷら粉用）・天丼たれ・海老・なすび・かぼちゃ・レンコン・オクラ

▼1食あたり

エネ	640.1kcal
たん	15.2g
脂質	13.2g
炭水	109.7g
カル	—
鉄	—
A	—
B_1	—
B_2	—
C	—
食塩	2.2g

主食　すき家

とろ～り３種のチーズ牛丼

1食

●ご飯・牛肉・チーズ（チーズソース含む）・玉ねぎ・タレ

▼1食あたり

エネ	911kcal
たん	34.3g
脂質	38.4g
炭水	107.7g
カル	320mg
鉄	1.4mg
A	81μg
B_1	0.1mg
B_2	0.3mg
C	2mg
食塩	3.5g

（2021年7月現在）

主食　なか卯

親子丼（並盛）

1食

●白飯（国産米使用）・鶏肉・鶏卵・親子丼のタレ・玉ねぎ

▼1食あたり

エネ	620kcal
たん	28.8g
脂質	12.1g
炭水	94.9g
カル	
鉄	
A	
B_1	
B_2	
C	
食塩	3.7g

（2021年7月現在）

主食

赤飯

1杯＝108g

●もち米・うるち米・あずき乾・食塩・ごま

▼1杯あたり

エネ	380kcal
たん	8.2g
脂質	1.5g
炭水	80.1g
カル	15.9mg
鉄	0.9mg
A	0.1μg
B_1	0.16mg
B_2	0.04mg
C	0mg
食塩	1.7g

主食 （株）永谷園

お茶づけ海苔

1袋＝6g

●調味顆粒（食塩・砂糖・抹茶・昆布粉）・あられ・海苔／調味料（アミノ酸等）

▼1袋あたり

エネ	15kcal
たん	0.5g
脂質	0g
炭水	3.1g
カル	—
鉄	—
A	—
B₁	—
B₂	—
C	—
食塩	2.2g

写真は調理例（成分値はご飯を除く）

主食 なか卯

きつねうどん（並）

1食

●うどんだし・うどん・味付け油揚げ・青ねぎ・あおさ入りかまぼこ

▼1杯あたり

エネ	417kcal
たん	14.7g
脂質	12.9g
炭水	60.6g
カル	
鉄	
A	
B₁	
B₂	
C	
食塩	5.5g

（2021年7月現在）

主食 富士そば

もりそば

1枚＝120g

●そば・しょうゆ・砂糖・食塩・昆布エキス・アルコール・みりん・鰹節・鯖節・ねぎ

▼1枚あたり

エネ	375kcal
たん	16.2g
脂質	—
炭水	89.3g
カル	—
鉄	—
A	—
B₁	—
B₂	—
C	—
食塩	2.8g

主食 バーミヤン

野菜たっぷりタンメン

1食

●原材料非公表

▼1食あたり

エネ	748kcal
たん	22.4g
脂質	33.9g
炭水	89.5g
カル	—
鉄	—
A	—
B₁	—
B₂	—
C	—
食塩	9.2g

主食 バーミヤン

バーミヤンラーメン

1食

●原材料非公表

▼1食あたり

エネ	825kcal
たん	27g
脂質	38.5g
炭水	87.8g
カル	—
鉄	—
A	—
B₁	—
B₂	—
C	—
食塩	9.1g

主食 （株）サイゼリヤ

ミートソースボロニア風

1食＝339.5g

●ボイルスパゲッティ・ミートソース・ナチュラルチーズ・食塩・乳等を主原料とする食品・香辛料

▼1食あたり

エネ	576kcal
たん	23.1g
脂質	16.8g
炭水	82.6g
カル	—
鉄	—
A	—
B₁	—
B₂	—
C	—
食塩	2.87g

主食 （株）サイゼリヤ

カルボナーラ

1食＝351.4g

●ボイルスパゲッティ・半熟卵・ベリーハム・ナチュラルチーズ・乳等を主原料とする食品・食塩・食用オリーブ油・香辛料

▼1食あたり

エネ	719kcal
たん	33.6g
脂質	30.6g
炭水	74.1g
カル	—
鉄	—
A	—
B₁	—
B₂	—
C	—
食塩	2.08g

主食 バーミヤン

五目焼そば

1食

●原材料非公表

▼1食あたり

エネ	950kcal
たん	19.4g
脂質	62.3g
炭水	77.6g
カル	—
鉄	—
A	—
B₁	—
B₂	—
C	—
食塩	5.4g

主食 バーミヤン

天津飯

1食

●原材料非公表

▼1食あたり

エネ	812kcal
たん	22.3g
脂質	46.9g
炭水	72.9g
カル	—
鉄	—
A	—
B₁	—
B₂	—
C	—
食塩	3.5g

主食 くら寿司（株）

極み熟成　まぐろ

2貫

●米・寿司酢・メバチ／キハダ／ミナミマグロ

▼2貫あたり

エネ	88kcal
たん	—
脂質	—
炭水	—
カル	—
鉄	—
A	—
B₁	—
B₂	—
C	—
食塩	—

主食 くら寿司（株）

サーモン

2貫

●米・寿司酢・アトランティックサーモン／サーモントラウト／ギンザケ

▼2貫あたり

エネ	93kcal
たん	—
脂質	—
炭水	—
カル	—
鉄	—
A	—
B₁	—
B₂	—
C	—
食塩	—

主食 くら寿司（株）

やりいか

2貫

●米・寿司酢・やりいか

▼2貫あたり

エネ	73kcal
たん	—
脂質	—
炭水	—
カル	—
鉄	—
A	—
B₁	—
B₂	—
C	—
食塩	—

主食　くら寿司（株）

味付いくら

2貫

●米・寿司酢・ますの卵／さけの卵

▼2貫あたり	
エネ	94kcal
たん	—
脂質	—
炭水	—
カル	—
鉄	—
A	—
B_1	—
B_2	—
C	—
食塩	—

主食　ピザーラ

イタリアンバジル　Mサイズ

1ピース

●チーズ・オニオン・ピーマン・マッシュルーム・イタリア風ソーセージ・ペッパーハム・スライストマト・スモークベーコン・トマトソース・ブラックペッパー・バジル・ベーコン風ビッツ・みじん切りガーリック

▼1ピースあたり	
エネ	173kcal
たん	9.4g
脂質	7.5g
炭水	17.7g
カル	—
鉄	—
A	—
B_1	—
B_2	—
C	—
食塩	1.1g

主食　フジパン（株）

本仕込　6枚切

1枚

●小麦粉（国内製造）・砂糖・バター入りマーガリン・脱脂粉乳・食塩・食用油脂・パン酵母・醸造酢加工品／ビタミンC

▼1枚あたり	
エネ	168kcal
たん	5.7g
脂質	1.9g
炭水	31.9g
カル	—
鉄	—
A	—
B_1	—
B_2	—
C	—
食塩	0.82g

主食　日本ケロッグ合同会社

コーンフレーク

1食=40g

●コーングリッツ（インド製造又は国内製造（5%未満））・砂糖・麦芽エキス・食塩・ぶどう糖果糖液糖／ビタミンC・酸化防止剤（ビタミンE）・乳化剤（大豆由来）・ナイアシン・鉄・酸味料・ビタミンB_2・ビタミンB_1・ビタミンA・ビタミンD

▼1食あたり	
エネ	151kcal
たん	2.2～3.9g
脂質	0～0.9g
炭水	34.8g
カル	0.5～2.5mg
鉄	1.9mg
A	79～328μg
B_1	0.25mg
B_2	0.28mg
C	20mg
食塩	0.5g

牛乳は除く。カルシウムは0.5～2.5で変動

主食　カルビー（株）

フルグラ

1食=50g

●オーツ麦（オーストラリア又はフィンランド又はその他）・ライ麦粉・砂糖・乾燥果実（パパイヤ・レーズン・りんご・いちご）・小麦粉・ココナッツ・マルトデキストリン・植物油・米粉・水溶性食物繊維・コーンフラワー・かぼちゃの種・アーモンドパウダー・食塩・小麦ふすま・玄米粉・りんご果汁・乳糖／グリセリン・クエン酸鉄Na・酸味料・酸化防止剤（ビタミンE・ローズマリー抽出物）・加工デンプン・ナイアシン・パントテン酸Ca・ビタミンA・ビタミンB_6・ビタミンB_1・葉酸・ビタミンD・ビタミンB_{12}

▼1食あたり	
エネ	219kcal
たん	4.1g
脂質	7.5g
炭水	36g
カル	15mg
鉄	5mg
A	257μg
B_1	0.4mg
B_2	—
C	—
食塩	0.2g

菓子　カルビー（株）

ポテトチップス　のりしお

1袋=60g

●じゃがいも（国産又はアメリカ）・パーム油・米油・食塩・青のり・あおさ・唐辛子・ごま油／調味料（アミノ酸等）

▼1袋あたり	
エネ	335kcal
たん	3.2g
脂質	21.5g
炭水	32.1g
カル	—
鉄	—
A	—
B_1	—
B_2	—
C	—
食塩	0.7g

菓子　カルビー（株）

ピザポテト

1袋=63g

●じゃがいも（国産又はアメリカ）・植物油・チーズ味フレーク・砂糖・ぶどう糖・食塩・ガーリックパウダー・酵母エキスパウダー・ビーフパウダー（小麦・大豆・鶏肉・ゼラチンを含む）・野菜エキスパウダー・粉末植物油脂・たん白加水分解物・チーズパウダー・ミート風味調味料・トマトパウダー・赤唐辛子・パセリ・サラミ風チップ（豚肉を含む）・オレガノ／調味料（アミノ酸等）・香料（りんごを含む）・酸味料・乳化剤・着色料（カロチノイド・カラメル・紅麹）・香辛料抽出物・くん液・甘味料（ステビア）

▼1袋あたり	
エネ	348kcal
たん	3.5g
脂質	21.7g
炭水	34.7g
カル	—
鉄	—
A	—
B_1	—
B_2	—
C	—
食塩	0.8g

菓子　カルビー（株）

かっぱえびせん

1袋=85g

●小麦粉（国内製造）・植物油・でん粉・えび・砂糖・食塩・えびパウダー／膨張剤・調味料（アミノ酸等）・甘味料（甘草）

▼1袋あたり	
エネ	423kcal
たん	5.7g
脂質	19g
炭水	57.2g
カル	154g
鉄	—
A	—
B_1	—
B_2	—
C	—
食塩	1.4g

菓子　カルビー（株）

じゃがりこ　サラダ

1カップ=60g

●じゃがいも（国産）・植物油・乾燥じゃがいも・脱脂粉乳・粉末植物油脂・乳等を主要原料とする食品・食塩・乾燥にんじん・パセリ・こしょう／乳化剤（大豆を含む）・調味料（アミノ酸等）・酸化防止剤（V.C）・香料

▼1カップあたり	
エネ	299kcal
たん	4.3g
脂質	14.4g
炭水	38.1g
カル	—
鉄	—
A	—
B_1	—
B_2	—
C	—
食塩	0.8g

菓子　ハウス食品（株）

とんがりコーン　あっさり塩

1箱=75g

●コーングリッツ（国内製造）・植物油脂・砂糖・食塩・しょう油加工品・香辛料・粉末しょう油／調味料（無機塩等）・重曹・カラメル色素・酸化防止剤（ビタミンE）・（一部に小麦・大豆を含む）

▼1箱あたり	
エネ	409kcal
たん	3.8g
脂質	23.4g
炭水	45.8g
カル	—
鉄	—
A	—
B_1	—
B_2	—
C	—
食塩	1.2g

菓子　（株）湖池屋

スティックカラムーチョ　ホットチリ味

1袋=105g

●馬鈴薯（日本：遺伝子組換えでない）・植物油・砂糖・ぶどう糖・香辛料・食塩・チキンエキスパウダー・野菜エキスパウダー（乳成分・大豆・豚肉・ゼラチンを含む）・たんぱく加水分解物（大豆を含む）・オリゴ糖／調味料（アミノ酸等）・パプリカ色素・酸味料・香辛料抽出物・カラメル色素・香料

▼100gあたり	
エネ	539kcal
たん	5.7g
脂質	32.0g
炭水	57.0g
カル	—
鉄	—
A	—
B_1	—
B_2	—
C	—
食塩	1.6g

菓子　モンデリーズ・ジャパン（株）

リッツ　クラッカーS

6枚

●小麦粉・植物油脂・砂糖・ぶどう糖果糖液糖・モルトエキス・食塩・膨張剤・レシチン（大豆由来）・酸化防止剤（V.E・V.C）

▼6枚あたり	
エネ	101kcal
たん	1.6g
脂質	4.8g
炭水	12.9g
カル	—
鉄	—
A	—
B_1	—
B_2	—
C	—
食塩	0.3g

菓子　亀田製菓（株）

ハッピーターン
1個包装=4g

●うるち米(米国産・国産)・植物油脂・砂糖・でん粉・もち米粉(タイ産)・たん白加水分解物・食塩・粉末油脂・酵母パウダー／加工でん粉・調味料(アミノ酸)・植物レシチン・(一部に大豆を含む)

▼1個包装あたり	
エネ	20kcal
たん	0.2g
脂質	1.0g
炭水	2.6g
カル	—
鉄	—
A	—
B_1	—
B_2	—
C	—
食塩	0.06g

菓子　亀田製菓（株）

亀田の柿の種
1個包装=31.6g

●うるち米粉(国産)・でん粉・ピーナッツ(ピーナッツ・植物油脂・食塩)・しょうゆ・砂糖・魚介エキス調味料・たん白加水分解物・こんぶエキス・食塩／加工でん粉・調味料(アミノ酸等)・ソルビトール・着色料(カラメル・パプリカ色素)・乳化剤・香辛料抽出物・(一部に小麦・卵・落花生・大豆・鶏肉・豚肉を含む)

▼1個包装あたり	
エネ	144kcal
たん	3.8g
脂質	4.5g
炭水	22.0g
カル	—
鉄	—
A	—
B_1	—
B_2	—
C	—
食塩	0.41g

菓子　ジャパンフリトレー（株）

マイクポップコーン　バターしょうゆ味
1袋=50g

●コーン(遺伝子組換えでない)(米国産)・植物油・粉末醤油・ぶどう糖・食塩・砂糖・たん白加水分解物・カツオエキスパウダー・酵母エキスパウダー・バターパウダー(北海道産バター100%使用)／調味料(アミノ酸等)・香料・カラメル色素・(一部に小麦・乳成分・大豆を含む)

▼1袋あたり	
エネ	241kcal
たん	4.3g
脂質	12.2g
炭水	30.9g
カル	—
鉄	—
A	—
B_1	—
B_2	—
C	—
食塩	1.1g

菓子　新宿中村屋

新宿カリーあられ
1袋=11g

●もち米粉(タイ産米)・植物油脂(なたね油・コーン油・米油)・チキンシーズニング・カレー粉・香辛料・食塩／加工でん粉・調味料(アミノ酸等)・(一部に乳成分・大豆・鶏肉を含む)

▼1個あたり	
エネ	53kcal
たん	0.6g
脂質	2g
炭水	8.1g
カル	—
鉄	—
A	—
B_1	—
B_2	—
C	—
食塩	0.2g

菓子　（株）ロッテ

ガーナミルク
1箱=50g

●砂糖(国内製造)・全粉乳・カカオマス・ココアバター・植物油脂／乳化剤(大豆由来)・香料

▼1箱あたり	
エネ	278kcal
たん	3.8g
脂質	16.6g
炭水	28.3g
カル	—
鉄	—
A	—
B_1	—
B_2	—
C	—
食塩	0.08g

菓子　チロルチョコ（株）

チロルチョコ(コーヒーヌガー)
1個=標準9.5g

●砂糖・水飴・全粉乳・カカオマス・植物油脂(大豆を含む)・ココアバター・コーヒー・加糖練乳・でん粉・食塩／乳化剤・香料

▼1個あたり	
エネ	48kcal
たん	0.5g
脂質	2.6g
炭水	5.9g
カル	—
鉄	—
A	—
B_1	—
B_2	—
C	—
食塩	0.012g

菓子　ネスレ日本（株）

ネスレ キットカット ミニ 3枚
1枚=標準11.6g

●砂糖(外国製造・国内製造)・全粉乳・乳糖・小麦粉・カカオマス・植物油脂・ココアバター・ココアパウダー・イースト／乳化剤・重曹・イーストフード・香料・(一部に小麦・乳成分・大豆を含む)

▼1枚あたり	
エネ	62kcal
たん	0.9g
脂質	3.5g
炭水	7g
カル	—
鉄	—
A	—
B_1	—
B_2	—
C	—
食塩	0.009~0.029g

(2021年7月現在)

菓子　（株）ロッテ

コアラのマーチ(チョコ)
1箱=50g

●砂糖(国内製造又は外国製造)・小麦粉・植物油脂・カカオマス・でん粉・ショートニング・乳糖・全粉乳・液卵・ホエイパウダー・脱脂粉乳・クリームパウダー・食塩・ココアパウダー・ココアバター／膨脹剤・カラメル色素・乳化剤(大豆由来)・香料

▼1箱あたり	
エネ	266kcal
たん	2.6g
脂質	14.5g
炭水	31.3g
カル	—
鉄	—
A	—
B_1	—
B_2	—
C	—
食塩	—

菓子　江崎グリコ（株）

ポッキーチョコレート
1袋=標準36g

●小麦粉(国内製造)・砂糖・カカオマス・植物油脂・全粉乳・ショートニング・モルトエキス・でん粉・イースト・食塩・ココアバター／乳化剤・香料・膨脹剤・アナトー色素・調味料(無機塩)・(一部に乳成分・小麦・大豆を含む)

▼1袋あたり	
エネ	182kcal
たん	3.0g
脂質	8.2g
炭水	24.0g
カル	—
鉄	—
A	—
B_1	—
B_2	—
C	—
食塩	0.18g

菓子　（株）明治

チェルシーバタースカッチ
1箱=45g

●砂糖・水あめ・バター・ぶどう糖・ホエイパウダー・植物油脂・デキストリン・カラメルシラップ・食塩・乳化剤(大豆を含む)・カラメル色素・調味料(アミノ酸)

▼1箱あたり	
エネ	199kcal
たん	0.2g
脂質	5.1g
炭水	38.2g
カル	—
鉄	—
A	—
B_1	—
B_2	—
C	—
食塩	0.3g

菓子　（株）ロッテ

のど飴
1パック=11粒

●砂糖・水あめ・濃縮カリン果汁・ハーブエキス・カリンエキス・モルトエキス／香料・カラメル色素・酸味料・乳化剤

▼1パックあたり	
エネ	232kcal
たん	0g
脂質	0g
炭水	58g
カル	—
鉄	—
A	—
B_1	—
B_2	—
C	—
食塩	0.01g

菓子　森永製菓（株）

ハイチュウ　ストロベリー
1粒=標準4.6g

●水あめ(国内製造)・砂糖・植物油脂・ゼラチン・ストロベリーピューレ・濃縮ストロベリー果汁・ストロベリー果汁パウダー・乳酸菌飲料(乳成分を含む)／酸味料・香料・乳化剤・アカキャベツ色素

▼1粒あたり	
エネ	19kcal
たん	0.07g
脂質	0.36g
炭水	3.8g
カル	—
鉄	—
A	—
B_1	—
B_2	—
C	—
食塩	0g

菓子　(株) ロッテ

キシリトールガム(ライムミント)　1パック=21g

●マルチトール／甘味料(キシリトール・アスパルテーム・L-フェニルアラニン化合物)・ガムベース・香料・増粘剤(アラビアガム)・光沢剤・リン酸一水素カルシウム・フクロノリ抽出物・着色料(紅花黄・クチナシ)・ヘスペリジン・(一部にゼラチンを含む)

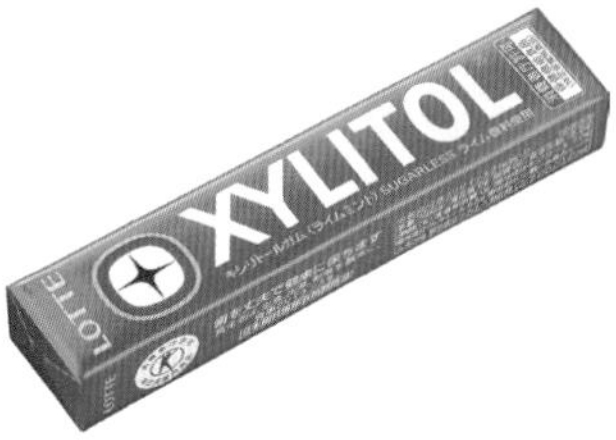

▼1パックあたり

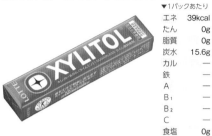

エネ	39kcal
たん	0g
脂質	0g
炭水	15.6g
カル	—
鉄	—
A	—
B_1	—
B_2	—
C	—
食塩	0g

菓子　アサヒグループ食品 (株)

ミンティア　ワイルド&クール　1箱=7g

●甘味料(ソルビトール・アスパルテーム・L-フェニルアラニン化合物)・香料・微粒酸化ケイ素・ショ糖エステル・クチナシ色素・(一部にゼラチンを含む)

▼1箱あたり

エネ	22kcal
たん	0.01~0.2g
脂質	0.03~0.3g
炭水	6.7g
カル	—
鉄	—
A	—
B_1	—
B_2	—
C	—
食塩	0g

菓子　(株) 明治

果汁グミぶどう　1袋=51g

●水あめ・砂糖・濃縮ぶどう果汁・ゼラチン・植物油脂・でん粉／酸味料・ゲル化剤(ペクチン)・香料・光沢剤・(一部にりんご・ゼラチンを含む)

▼1袋あたり

エネ	167kcal
たん	3.2g
脂質	—
炭水	38.6g
カル	—
鉄	—
A	—
B_1	—
B_2	—
C	—
食塩	0.03g

菓子　ロイヤルホスト (株)

パンケーキ　1食

●原材料非公表

▼1食あたり

エネ	471kcal
たん	13.2g
脂質	23.9g
炭水	50.1g
カル	—
鉄	—
A	—
B_1	—
B_2	—
C	—
食塩	1.9g

菓子　(株) シャトレーゼ

ダブルシュークリーム　1個=77g

●牛乳・卵・乳製品・砂糖・小麦粉・植物油脂・ファットスプレッド(大豆を含む)・乳等を主要原料とする食品・でん粉・アーモンドプードル・ショートニング・粉末しょうゆ・デキストリン・食塩・バニラペースト・粉あめ・寒天・卵加工品／加工でん粉・グリシン・カゼインNa・乳化剤・トレハロース・膨脹剤・香料・リン酸塩(Na)・安定剤(増粘多糖類)・調味料(アミノ酸等)

▼1個あたり

エネ	229kcal
たん	4.9g
脂質	16.1g
炭水	15.4g
カル	57mg
鉄	0.7mg
A	65μg
B_1	0.05mg
B_2	0.13mg
C	1mg
食塩	0.3g

菓子　ミスタードーナツ

オールドファッション　1個=65g

●原材料非公表

▼1個あたり

エネ	293kcal
たん	3.3g
脂質	18.0g
炭水	28.5g
カル	—
鉄	—
A	—
B_1	—
B_2	—
C	—
食塩	0.8g

(2021年7月現在)

菓子　(株) シャトレーゼ

スペシャル苺ショート　1個=100.2g

●苺・乳製品・卵・砂糖・植物油脂・小麦粉・乳等を主要原料とする食品・でん粉・牛乳・水あめ・ショートニング・洋酒・デキストリン／乳化剤(大豆由来)・香料・メタリン酸Na・安定剤(増粘多糖類)

▼1個あたり

エネ	293kcal
たん	3.2g
脂質	21.3g
炭水	21.8g
カル	23mg
鉄	0.4mg
A	26μg
B_1	0.03mg
B_2	0.08mg
C	16mg
食塩	0.08g

菓子　(株) シャトレーゼ

ふわふわスフレチーズケーキ　1個=94.5g

●乳製品・卵・牛乳・砂糖・小麦粉・転化糖・でん粉・植物油脂・水あめ／乳化剤(大豆由来)・キシロース・安定剤(増粘多糖類)・香料・pH調整剤

▼1本あたり

エネ	291kcal
たん	7.3g
脂質	19.8g
炭水	21.5g
カル	53mg
鉄	0.7mg
A	90μg
B_1	0.04mg
B_2	0.19mg
C	0mg
食塩	0.3g

菓子　不二家レストラン

ストロベリーのミルキーソフトクリームパフェ　1食=230g

●ミルキーソフトクリーム・ストロベリーアイス・バニラアイス・ホイップクリーム・苺・シフォン・ラズベリーソース・ミント

▼1食あたり

エネ	581kcal
たん	—
脂質	—
炭水	—
カル	—
鉄	—
A	—
B_1	—
B_2	—
C	—
食塩	—

菓子　江崎グリコ (株)

Bigプッチンプリン　1個=160g

●加糖練乳(国内製造)・砂糖・植物油脂・バター・脱脂粉乳・ローストシュガー・生乳・カラメルシロップ・加糖卵黄・食塩・寒天／糊料(増粘多糖類)・香料・酸味料・カロチン色素・(一部に卵・乳成分を含む)

▼1個あたり

エネ	223kcal
たん	2.7g
脂質	11.2g
炭水	27.9g
カル	—
鉄	—
A	—
B_1	—
B_2	—
C	—
食塩	0.32g

菓子　(株) 明治

明治ブルガリアヨーグルト　LB81低糖　1個=180g

●乳・乳製品・砂糖・甘味料(ステビア)

▼1個あたり

エネ	144kcal
たん	6.2g
脂質	5.5g
炭水	17.5g
カル	216mg
鉄	—
A	—
B_1	—
B_2	—
C	—
食塩	0.2g

菓子　森永乳業 (株)

森永アロエヨーグルト　1個=118g

●アロエベラ(葉内部位使用)(タイ産)・生乳・乳製品・砂糖・乳たんぱく質／香料・増粘多糖類・酸味料

▼1個あたり

エネ	101kcal
たん	3.9g
脂質	2.6g
炭水	15.6g
カル	130mg
鉄	—
A	—
B_1	—
B_2	—
C	—
食塩	—

(2021年7月現在)

菓子　メイホウ食品（株）

どら焼

1個

●砂糖（氷砂糖・上白糖）（国内製造）・小麦粉・卵・小豆・水あめ・ぶどう糖・植物油脂・みりん・脱脂粉乳／膨脹剤・ソルビトール・乳化剤（大豆由来）・香料

▼1個あたり	
エネ	219kcal
たん	4.1g
脂質	2.2g
炭水	45.6g
カル	—
鉄	—
A	—
B1	—
B2	—
C	—
食塩	0.1g

菓子　（株）追分だんご本舗

みたらし団子

1本

●米（国産）・砂糖・正油（大豆・小麦を含む）・加工澱粉・みりん・（水飴・米・アルコール・塩・米麹・クエン酸）

▼100gあたり	
エネ	172kcal
たん	1.85g
脂質	0.2g
炭水	40g
カル	—
鉄	—
A	—
B1	—
B2	—
C	—
食塩	0.93g

菓子　井村屋（株）

58g　ミニようかん　煉

1本＝58g

●砂糖（国内製造）・生あん（小豆）・水あめ・寒天・食塩

▼1本あたり	
エネ	161kcal
たん	2.0g
脂質	0g
炭水	38.3g
カル	—
鉄	—
A	—
B1	—
B2	—
C	—
食塩	0.04g

菓子　赤城乳業（株）

ガリガリ君ソーダ

1本＝110g

●異性化液糖・砂糖・りんご果汁・ぶどう糖・ライム果汁・水飴・リキュール・食塩／香料・安定剤（ペクチン）・酸味料・着色料（スピルリナ青・クチナシ・紅花黄）

▼1本あたり	
エネ	69kcal
たん	0g
脂質	0g
炭水	18.1g
カル	—
鉄	—
A	—
B1	—
B2	—
C	—
食塩	0.04g

（2021年7月現在）

菓子　森永乳業（株）

ピノ

1粒＝10mL

●乳製品・チョコレートコーチング・砂糖・水あめ／乳化剤・安定剤（増粘多糖類）・香料・（一部に乳成分・大豆を含む）

▼1粒あたり	
エネ	31kcal
たん	0.4g
脂質	2.0g
炭水	2.9g
カル	—
鉄	—
A	—
B1	—
B2	—
C	—
食塩	0.01g

（2021年7月現在）

菓子　ハーゲンダッツジャパン（株）

ハーゲンダッツ ミニカップ（バニラ）

1カップ＝110mL

●クリーム（生乳（北海道））・脱脂濃縮乳・砂糖・卵黄／バニラ香料・（一部に乳成分・卵を含む）

▼1カップあたり	
エネ	244kcal
たん	4.6g
脂質	16.3g
炭水	19.9g
カル	—
鉄	—
A	—
B1	—
B2	—
C	—
食塩	0.1g

菓子　江崎グリコ（株）

パピコ（チョココーヒー）

1本＝80mL

●乳製品（国内製造又は韓国製造又はシンガポール製造）・砂糖・果糖ぶどう糖液糖・生チョコレート・植物油脂・コーヒー・麦芽糖・コーヒーペースト／香料・安定剤（増粘多糖類・ゼラチン・寒天）・乳化剤・（一部に乳成分・ゼラチンを含む）

▼1本あたり	
エネ	87kcal
たん	1.7g
脂質	2.9g
炭水	13.6g
カル	—
鉄	—
A	—
B1	—
B2	—
C	—
食塩	0.06g

菓子　森永製菓（株）

チョコモナカジャンボ

1個＝150mL

●チョコレートコーチング・砂糖・モナカ（小麦・卵を含む）・乳製品・植物油脂・水あめ・デキストリン／加工デンプン・乳化剤（大豆由来）・安定剤（増粘多糖類）・香料・アナトー色素・カロテン色素

▼1個あたり	
エネ	303kcal
たん	3.8g
脂質	16.8g
炭水	34.1g
カル	—
鉄	—
A	—
B1	—
B2	—
C	—
食塩	0.11g

飲料　キリンビバレッジ（株）

生茶

1本＝525mL

●緑茶（国産）・生茶葉抽出物（国産）・ビタミンC

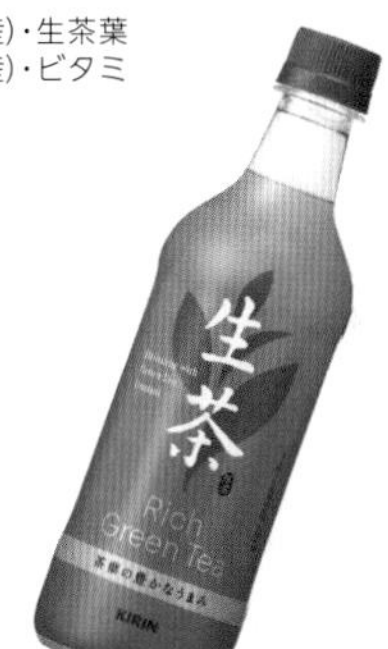

▼1本あたり	
エネ	0kcal
たん	0g
脂質	0g
炭水	0g
カル	—
鉄	—
A	—
B1	—
B2	—
C	—
食塩	—

飲料　（株）伊藤園

ウーロン茶

1本＝500mL

●烏龍茶／ビタミンC

▼1本あたり	
エネ	0kcal
たん	0g
脂質	0g
炭水	0g
カル	—
鉄	—
A	—
B1	—
B2	—
C	—
食塩	0.15g

飲料　日本コカ・コーラ（株）

コカ・コーラ

1本＝500mL

●糖類（果糖ぶどう糖液糖・砂糖）／炭酸・カラメル色素・酸味料・香料・カフェイン

▼1本あたり	
エネ	225kcal
たん	0g
脂質	0g
炭水	56.5g
カル	—
鉄	—
A	—
B1	—
B2	—
C	—
食塩	0g

飲料　日本コカ・コーラ（株）

コカ・コーラ ゼロ

1本＝500mL

●炭酸・カラメル色素・酸味料・甘味料（スクラロース・アセスルファムK）・香料・カフェイン

▼1本あたり	
エネ	0kcal
たん	0g
脂質	0g
炭水	0g
カル	—
鉄	—
A	—
B1	—
B2	—
C	—
食塩	0g

飲料　サントリー食品インターナショナル（株）

C.C. レモン　1本=500mL

●糖類（果糖ぶどう糖液糖（国内製造）・砂糖）・レモン果汁／炭酸・香料・ビタミンC・酸味料・ベニバナ色素・パントテン酸カルシウム・ビタミンB_6・カロチン色素

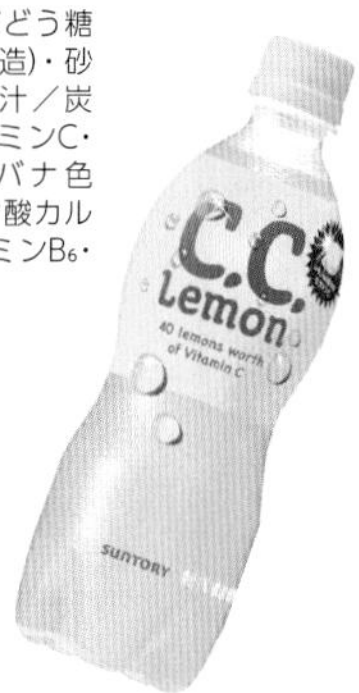

▼100mLあたり	
エネ	40kcal
たん	0g
脂質	0g
炭水	10.0g
カル	—
鉄	—
A	—
B_1	—
B_2	—
C	160mg
食塩	0.05g

飲料　アサヒ飲料（株）

カルピスウォーター　PET500ml　1本=500mL

●果糖ぶどう糖液糖（国内製造）・脱脂粉乳・乳酸菌飲料／酸味料・香料・安定剤（大豆多糖類）

▼100mLあたり	
エネ	47kcal
たん	0.3g
脂質	0g
炭水	11g
カル	約10mg
鉄	—
A	—
B_1	—
B_2	—
C	—
食塩	0.04g

飲料　サントリー食品インターナショナル（株）

なっちゃん　オレンジ　1本=425mL

●果実（オレンジ・マンダリンオレンジ）・糖類（果糖ぶどう糖液糖・砂糖）／酸味料・香料・ビタミンC

▼100mLあたり	
エネ	44kcal
たん	0g
脂質	0g
炭水	10.7g
カル	—
鉄	—
A	—
B_1	—
B_2	—
C	—
食塩	0.05g

飲料　（株）えひめ飲料

POM　ポンジュース　1本=800mL

●果実（オレンジ（ブラジル）・うんしゅうみかん（国産））・香料

▼100mLあたり	
エネ	44kcal
たん	0.8g
脂質	0g
炭水	10.2g
カル	12mg
鉄	0.1mg
A	7μg
B_1	0.07mg
B_2	0.02mg
C	32mg
食塩	0g

飲料　キリンビバレッジ（株）

トロピカーナ　100% アップル　1本=250mL

●りんご・香料・酸化防止剤（ビタミンC）

▼1本あたり	
エネ	112kcal
たん	0g
脂質	0g
炭水	28g
カル	—
鉄	—
A	—
B_1	—
B_2	—
C	—
食塩	—

飲料　キリンビバレッジ（株）

午後の紅茶　ストレートティー　1本=500mL

●砂糖類（果糖ぶどう糖液糖・砂糖）・紅茶（ディンブラ20%）・香料・ビタミンC

▼1本あたり	
エネ	80kcal
たん	0g
脂質	0g
炭水	20g
カル	—
鉄	—
A	—
B_1	—
B_2	—
C	—
食塩	0.1g

飲料　大塚製薬（株）

ポカリスエット　1本=500mL

●砂糖（国内製造）・果糖ぶどう糖液糖・果汁・食塩／酸味料・香料・塩化K・乳酸Ca・調味料（アミノ酸）・塩化Mg・酸化防止剤（ビタミンC）

▼100mLあたり	
エネ	25kcal
たん	0g
脂質	0g
炭水	6.2g
カル	2mg
鉄	—
A	—
B_1	—
B_2	—
C	—
食塩	0.1g

飲料　サントリー食品インターナショナル（株）

ヨーグリーナ&サントリー天然水　1本=540mL

●ナチュラルミネラルウォーター・糖類（高果糖液糖（国内製造）・砂糖）・乳清発酵液（乳成分を含む）・食塩・はちみつ・ミントエキス／酸味料・香料・調味料（アミノ酸）・酸化防止剤（ビタミンC）

▼100mLあたり	
エネ	24kcal
たん	0g
脂質	0g
炭水	6.1g
カル	—
鉄	—
A	—
B_1	—
B_2	—
C	—
食塩	0.08g

飲料　ポッカサッポロフード&ビバレッジ（株）

ポッカコーヒー　オリジナル　1本=190mL

●砂糖・コーヒー・牛乳・全粉乳・デキストリン・乳等を主要原料とする食品／乳化剤（一部に乳成分・大豆を含む）

▼100mLあたり	
エネ	39kcal
たん	0.6g
脂質	0.5g
炭水	8.1g
カル	—
鉄	—
A	—
B_1	—
B_2	—
C	—
食塩	—

飲料　大塚製薬（株）

オロナミン C ドリンク　1本=120mL

●糖類（砂糖（国内製造）・ぶどう糖果糖液糖）・ハチミツ・食塩／炭酸・香料・ビタミンC・クエン酸・カフェイン・ナイアシンアミド・ビタミンB_6・ビタミンB_2・溶性ビタミンP・イソロイシン・トレオニン・フェニルアラニン・グルタミン酸Na

▼1本あたり	
エネ	79kcal
たん	0g
脂質	0g
炭水	19g
カル	—
鉄	—
A	—
B_1	—
B_2	2.4mg
C	220mg
食塩	0g

飲料　（株）ヤクルト本社

Newヤクルト　1本=65mL

●ぶどう糖果糖液糖（国内製造）・砂糖・脱脂粉乳／香料

▼1本あたり	
エネ	50kcal
たん	0.8g
脂質	0.1g
炭水	11.5g
カル	—
鉄	—
A	—
B_1	—
B_2	—
C	—
食塩	0〜0.1g

飲料　（株）ヤクルト本社

ジョア 1日分のカルシウム&ビタミンD プレーン　1本=125mL

●脱脂粉乳（国内製造）・砂糖／リン酸Ca・香料・安定剤（スクシノグリカン）・ビタミンD

▼1本あたり	
エネ	75kcal
たん	4.6g
脂質	0.1g
炭水	13.8g
カル	680mg
鉄	—
A	—
B_1	—
B_2	—
C	—
食塩	0.1〜0.2g

飲料　（株）明治

明治プロビオヨーグルトR-1 ドリンクタイプ　1本=112mL

●乳製品・ぶどう糖果糖液糖・砂糖・安定剤（ペクチン）・甘味料（ステビア）・香料・酸味料

▼1本あたり	
エネ	76kcal
たん	3.6g
脂質	0.67g
炭水	13.9g
カル	129mg
鉄	—
A	—
B_1	—
B_2	—
C	—
食塩	0.1g

飲料　森永製菓（株）

ミルクココア　1杯=20g

●砂糖・ココアパウダー（ココアバター22〜24%）・ぶどう糖・脱脂粉乳・乳糖・クリーミングパウダー・麦芽糖・全粉乳・カカオマス・食塩／香料・pH調整剤・乳化剤

▼1杯あたり	
エネ	77kcal
たん	1.9g
脂質	1.6g
炭水	15.1g
カル	—
鉄	—
A	—
B_1	—
B_2	—
C	—
食塩	0.09g

飲料　（株）明治

明治ブルガリアのむヨーグルト　LB81プレーン　1本=450g

●乳製品・ぶどう糖果糖液糖・砂糖・安定剤（ペクチン）・香料

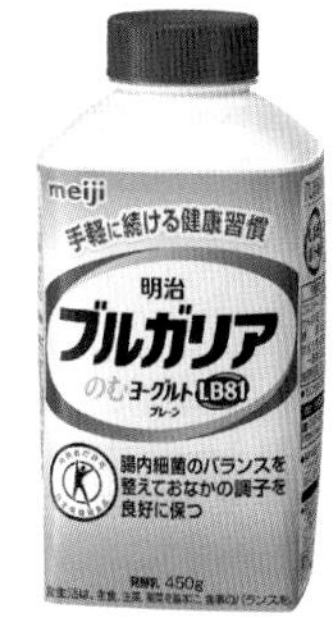

▼1本あたり	
エネ	306kcal
たん	14.0g
脂質	2.7g
炭水	56.3g
カル	513mg
鉄	—
A	—
B_1	—
B_2	—
C	—
食塩	0.45g

飲料　森永乳業（株）

リプトン レモンティー　1本=500mL

●砂糖混合果糖ぶどう糖液糖（国内製造）・レモン果汁・紅茶／香料・pH調整剤・甘味料（アセスルファムK・スクラロース）

▼コップ1杯（200mL）	
エネ	53kcal
たん	0g
脂質	0g
炭水	13.2g
カル	—
鉄	—
A	—
B_1	—
B_2	—
C	—
食塩	0g

（2021年7月現在）

飲料　森永乳業（株）

リプトン ミルクティー　1本=470mL

●砂糖混合果糖ぶどう糖液糖（国内製造）・乳製品・砂糖・紅茶・ココナッツオイル／香料・乳化剤・pH調整剤

▼コップ1杯（200mL）	
エネ	84kcal
たん	1.4g
脂質	1.9g
炭水	15.2g
カル	—
鉄	—
A	—
B_1	—
B_2	—
C	—
食塩	0.09g

（2021年7月現在）

飲料　江崎グリコ（株）

マイルドカフェオーレ　1パック=500mL

●砂糖（外国製造）・乳製品・乳・果糖ぶどう糖液糖・コーヒー・植物油脂／カラメル色素・pH調整剤・乳化剤・香料・（一部に乳成分を含む）

▼100mLあたり	
エネ	50kcal
たん	1.0g
脂質	0.7g
炭水	10.0g
カル	38mg
鉄	—
A	—
B_1	—
B_2	—
C	—
食塩	0.10g

飲料　（株）ローソン

グリーンスムージー　1本=200g

●野菜汁（ケール・にんじん・さつまいも・こまつな・セロリ・パセリ・クレソン・キャベツ・ラディッシュ・ほうれん草・みつば）・果汁（りんご（中国）・レモン）・果糖・寒天・スピルリナ・ボタンボウフウ（長命草）末／香料

▼1本あたり	
エネ	78kcal
たん	1.2g
脂質	0g
炭水	19g
カル	—
鉄	—
A	—
B_1	—
B_2	—
C	—
食塩	0.2g

飲料　（株）ゴンチャジャパン

ブラック（紅茶）ミルクティー＋パール（タピオカ）　1杯=460mL

●紅茶、タピオカ、乳製品、シロップ

▼1杯あたり	
エネ	346kcal
たん	5.8g
脂質	11.3g
炭水	49.5g
カル	—
鉄	—
A	—
B_1	—
B_2	—
C	—
食塩	0.09g

（2021年7月現在）

飲料　カゴメ（株）

カゴメトマトジュース　食塩無添加　1本=200mL

●トマト

▼1本あたり	
エネ	39kcal
たん	1.8g
脂質	0g
炭水	8.7g
カル	3〜28mg
鉄	—
A	—
B_1	—
B_2	—
C	—
食塩	0〜0.18g

飲料　カゴメ（株）

野菜生活100　オリジナル　1本=200mL

●野菜（にんじん・小松菜・ケール・ブロッコリー・ピーマン・ほうれん草・アスパラガス・赤じそ・だいこん・はくさい・セロリ・メキャベツ（プチヴェール）・紫キャベツ・ビート・たまねぎ・レタス・キャベツ・パセリ・クレソン・かぼちゃ）、果実（りんご・オレンジ・レモン）／クエン酸・香料・ビタミンC

▼1本あたり	
エネ	68kcal
たん	0.8g
脂質	0g
炭水	16.9g
カル	2〜63mg
鉄	—
A	360〜1400μg
B_1	—
B_2	—
C	46〜140mg
食塩	0〜0.3g

飲料　森永乳業（株）

森永牛乳　1本=200mL

●生乳100%（国産）

▼1本あたり	
エネ	137kcal
たん	6.8g
脂質	7.8g
炭水	9.9g
カル	227mg
鉄	—
A	—
B_1	—
B_2	—
C	—
食塩	0.21g

（2021年7月現在）

飲料　キッコーマンソイフーズ（株）

キッコーマン 調製豆乳　1本=200mL

●大豆（カナダ又はアメリカ）（遺伝子組換えでない）・砂糖・米油・天日塩／乳酸カルシウム・乳化剤・糊料（カラギナン）・香料

▼1本あたり	
エネ	116kcal
たん	7.0g
脂質	7.7g
炭水	4.8g
カル	109mg
鉄	0.9mg
A	—
B_1	—
B_2	—
C	—
食塩	0.46g

（2021年7月現在）

第2部 食品図鑑（写真と解説）

ここでは，日常生活に身近な食品を，写真と簡単な解説で紹介する。まずは，知っている食品，知らない食品，食べたことがある食品，食べたことがない食品などを自分でチェックしてみよう。さらに，興味を持った食品について，店で探してみたり，調理して食べてみたり，生産量や生産地などを詳しく調べてみたりしてみよう。身近な食品の意外な一面を発見することにより，あなたの食生活がより豊かなものになるだろう（食品に含まれる栄養素と量はp.186 ～ 193 に掲載）。

1 穀類
CEREALS

成分の特徴
主成分は炭水化物で，たんぱく質も少し含んでいるよ。重要なエネルギー源だね！

一般に，米，大麦，小麦，とうもろこしなどイネ科の植物の種実とそば（タデ科）を合わせて穀類と呼んでいる。穀類は，栽培のしやすさ，保存性の高さ，また，でんぷんやたんぱく質を含みエネルギー源になることなどから，世界各地で主食やさまざまな料理として食べられている。特に，米，小麦，とうもろこしは世界三大穀物と呼ばれ，多くの国で広く利用されている。

食パン（スライス）

食パン（山型）

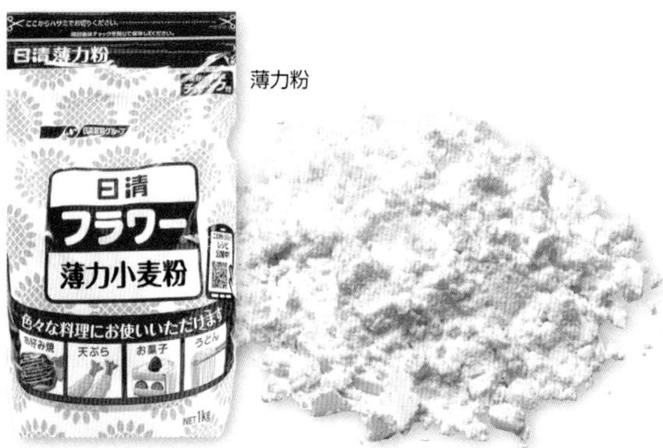

薄力粉

中力粉

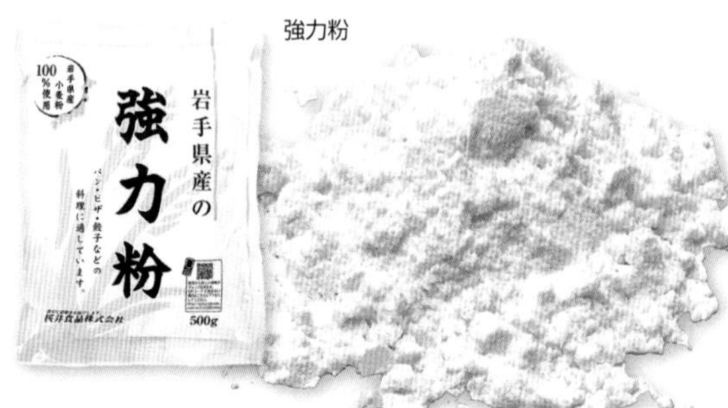

強力粉

パンがふくらむのは
グルテンの働きだよ。

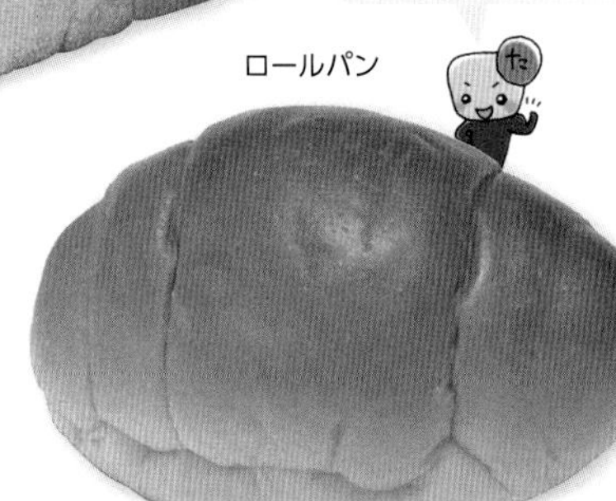
ロールパン

こむぎ
[小麦] Wheat

外皮が硬く取り除きにくい構造のため，製粉して利用する。小麦粉はたんぱく質量の違いにより，薄力粉，中力粉，強力粉に分けられる。水を加えて練ると小麦粉のたんぱく質（グリアジンとグルテニン）が絡み合ってグルテンが形成され，粘りと弾力性が強く出る。

- **薄力粉**　原料は軟質小麦で，たんぱく質量が少ない。菓子類，天ぷらの衣などに用いられる。
- **中力粉**　原料は中間質小麦で，たんぱく質量は中間。うどん，そうめんなどのめん類に用いられる。
- **強力粉**　原料は硬質小麦で，たんぱく質を多く含む。おもにパンに用いられる。

パン類
Breads

小麦粉やライ麦粉に水，食塩などの材料を混ぜ，発酵させて焼いたもの。製法や材料によりさまざまな種類がある。

- **食パン**　四角い型に生地を入れて焼いたパン。好みの厚さにスライスして食べる。ふたをして焼いた角型パンはアメリカ系，ふたをせずに焼いた山型パンはイギリス系。
- **ロールパン**　生地を丸めて焼き，小型に食べやすくした形のパン。生地にバターを巻き込んだバターロールなどがある。

うどん・そうめん類

[饂飩・素麺類] Japanese noodles

基本的な原料は小麦粉（中力粉）と食塩と水。日本各地でさまざまなうどん・ひやむぎ・そうめんが作られている。めんの太い順にうどん，ひやむぎ，そうめんとなる。JAS規格では，乾めんの太さの定義が決まっており，そうめんは直径1.3mm未満，ひやむぎは直径1.3mm以上1.7mm未満，1.7mm以上はうどんとなる。

- **うどん**　小麦粉をこねて成形したままの状態の「生めん」のほか，乾燥させた「干しうどん」，ゆでた「ゆでうどん」などがある。
- **そうめん・ひやむぎ**　機械で作るものと，手で引き延ばす手延べ方式で作るものがある。

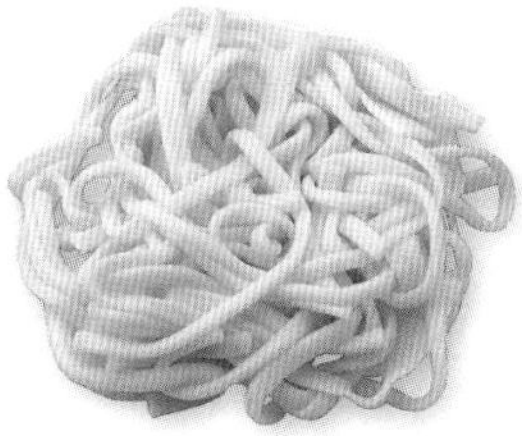

うどん（ゆで）

うどん（乾）

そうめん（乾）　ひやむぎ（乾）

中華めん

中華めん類

[中華麺類] Chinese noodles

中華めんは，グルテンの多い中力粉，強力粉にかん水（弱アルカリ性溶液）を加えて作る。かん水により黄色になり，粘りが出て，独特のコシが生まれる。蒸し中華めんは，焼きそばに用いられる。

蒸し中華めん

スパゲッティ

ふ類

[麩類]

Fu:gluten products

- **焼きふ**　グルテンに強力粉，もち米粉，膨化剤などを加えて練り，焼いたもので，保存がきく。車ふ，庄内ふ，釜焼きふなどの種類がある。

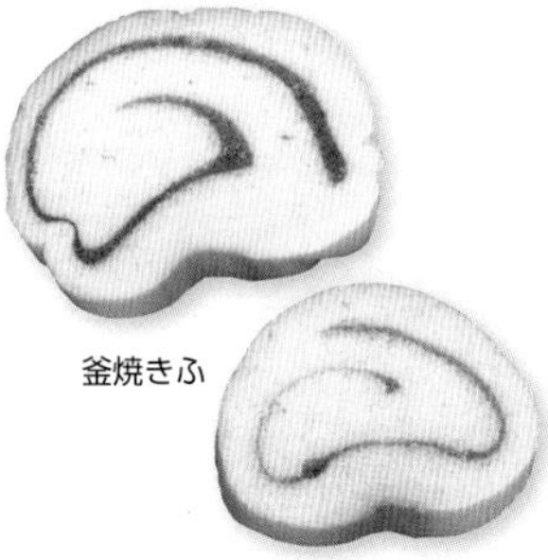

釜焼きふ

フジッリ（フィスリ）

ファルファッレ

ヌードル

ロテッレ

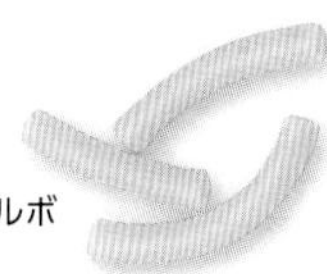

エルボ

シェル

マカロニ・スパゲッティ類

Macaroni and spaghetti

小麦粉と水を練ったものをイタリア語では「パスタ」という。マカロニとスパゲッティはそれぞれ形状に違いはあるが，ともにパスタの一種であり，硬質小麦のデュラム小麦を粗くひいた「デュラムセモリナ粉」を用いている。さまざまな形状のものがあり，生のものと乾燥させたものがある。スパゲッティは，中心に細い芯が残った状態（アルデンテ）にゆであげると歯ごたえがよくおいしい。

マカロニをショートパスタ，スパゲッティをロングパスタと呼ぶこともあるよ。

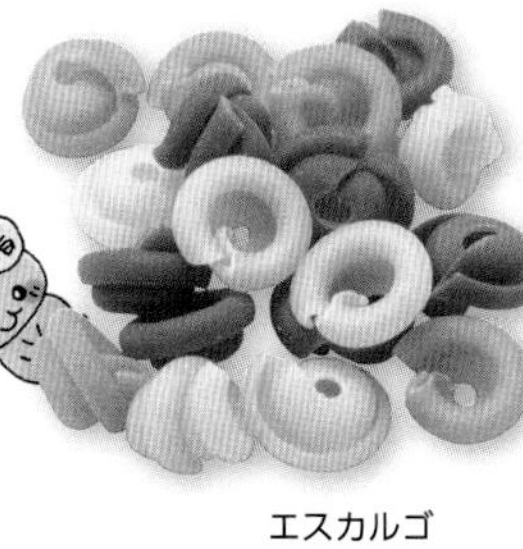

エスカルゴ

その他

Others

- **ぎょうざの皮・しゅうまいの皮**　小麦粉に水・油などを加えてよく練り，薄く丸く形を整えたものがぎょうざの皮。薄く四角く形を整えたものがしゅうまいの皮。ひき肉またはえびなどの具を包み，焼いたり，揚げたり，蒸したりして調理する。
- **パン粉**　パンを冷却，粉砕，乾燥させて作る。粒子が細かくてかたいドライパン粉と粒子が大きくてやわらかいソフトパン粉に分けられる。

ぎょうざの皮

しゅうまいの皮

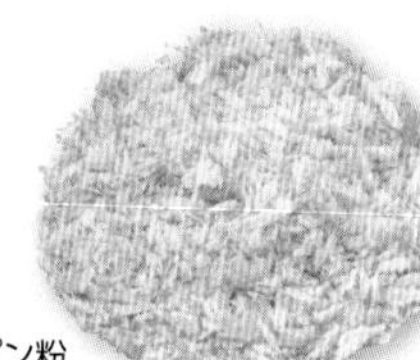

パン粉

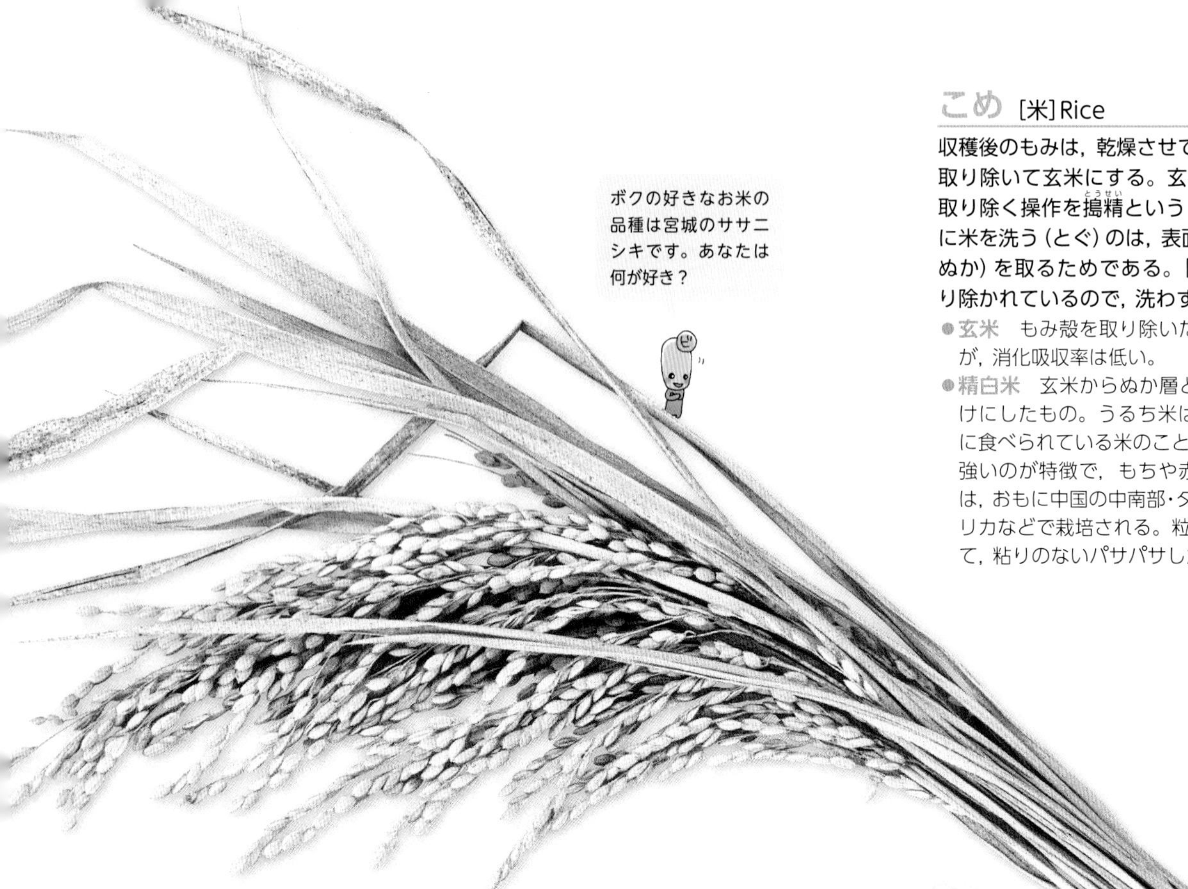

ボクの好きなお米の品種は宮城のササニシキです。あなたは何が好き？

こめ ［米］Rice

収穫後のもみは，乾燥させてもみずりをし，もみ殻を取り除いて玄米にする。玄米の外側にあるぬか層を取り除く操作を搗精（とうせい）という（精白ともいう）。炊飯前に米を洗う（とぐ）のは，表面に残った粘性のぬか（肌ぬか）を取るためである。「無洗米」は肌ぬかまで取り除かれているので，洗わずに炊くことができる。

- **玄米**　もみ殻を取り除いただけの米で栄養価が高いが，消化吸収率は低い。
- **精白米**　玄米からぬか層とはいがを取り，はい乳だけにしたもの。うるち米は日本でご飯として一般的に食べられている米のこと。もち米は，炊くと粘りが強いのが特徴で，もちや赤飯に使う。インディカ米は，おもに中国の中南部・タイ・ベトナム・インド・アメリカなどで栽培される。粒が細長く，炊くと香りが出て，粘りのないパサパサした食感になるのが特徴。

稲穂

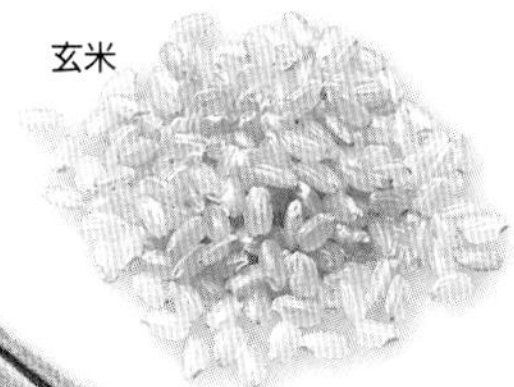

玄米

精白米

インディカ米

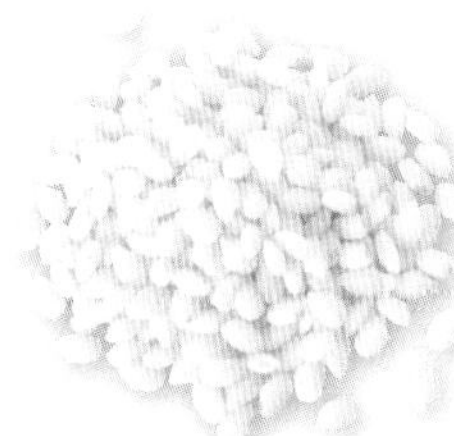

精白米（もち米）

もみから精白米へ

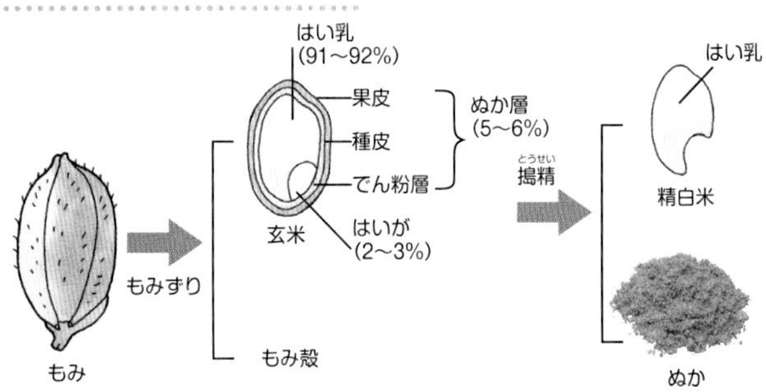

いろいろな米

玄米や精白米のほかにも，さまざまな米が市販されている。

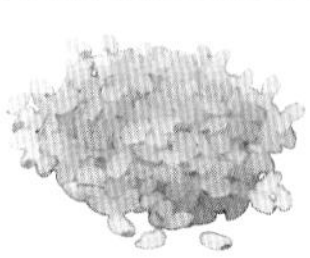

はいが精米
特殊な製法ではいが部分を残して精米したもの。

黒米・赤米
玄米が黒い米，赤褐色の米。稲の原種の特徴を受け継いでいる。

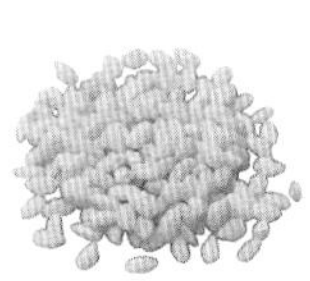

強化米
ビタミンなどの栄養素を米粒に吸収させたもの。

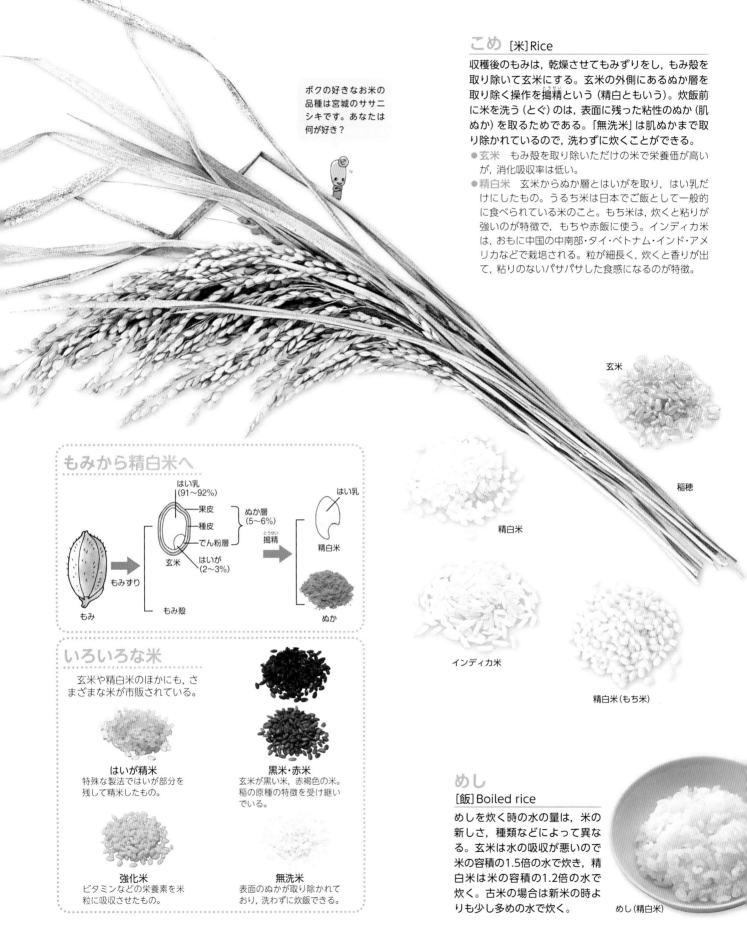

無洗米
表面のぬかが取り除かれており，洗わずに炊飯できる。

めし
［飯］Boiled rice

めしを炊く時の水の量は，米の新しさ，種類などによって異なる。玄米は水の吸収が悪いので米の容積の1.5倍の水で炊き，精白米は米の容積の1.2倍の水で炊く。古米の場合は新米の時よりも少し多めの水で炊く。

めし（精白米）

米粉

うるち米製品

[粳米製品]
Nonglutinous rice products

● 米粉　精白米を粉砕したもの。パンや菓子，めん作りや，さまざまな料理に利用される。

もち米製品

[糯米製品] Glutinous rice products

● もち　もち米を蒸して粘り気が出るまでついたもの。日本では昔から祝い事や行事に食べられることが多い。つきたてはそのまま食べられるが時間がたつと硬くなるので加熱して食べる。
● 白玉粉　もち米を水に浸してやわらかくし，すりつぶして脱水・乾燥させたもの。寒ざらし粉ともいう。白玉団子など和菓子に使われることが多い。

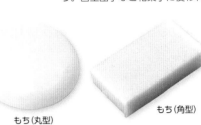

もち（丸型）

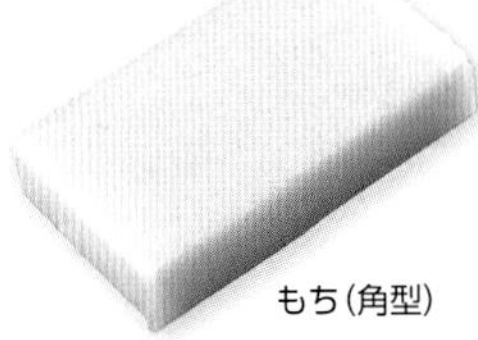

もち（角型）

白玉粉

穀類というと「炭水化物」のイメージが強いよね。でも，たんぱく質も含んでいるよ。

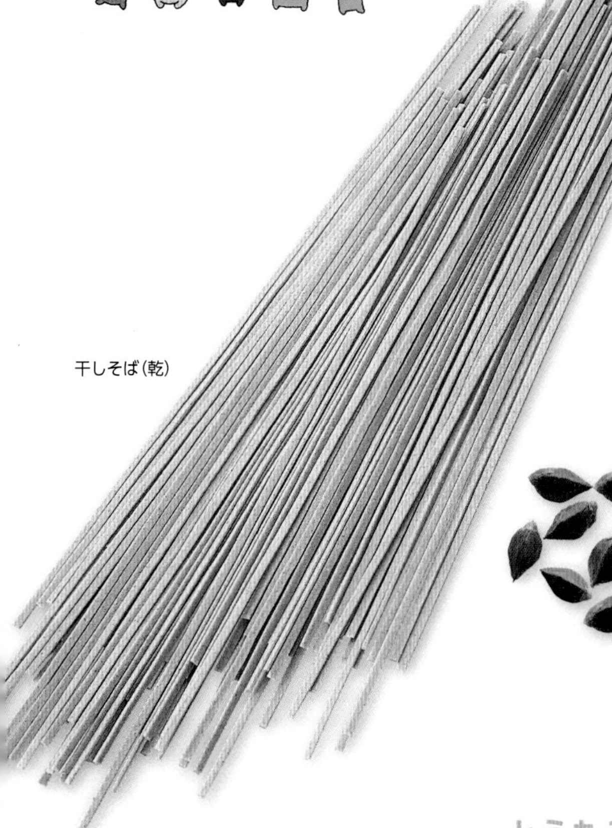

干しそば（乾）

そば（生）

そば（ゆで）

そばの実

そば

[蕎麦] Buckwheat

タデ科の一年草。やせた土地でも育ち，短期間で収穫できることから，古くから日本各地で栽培されてきた。現在も北海道や東北，北関東などでそばの栽培が行われているが，多くを輸入している。

● そば　そば粉だけでは成形しにくいので，つなぎとして小麦粉や山いも，海そうなどが加えられることがある。そば粉だけで打ったそばを「十割そば」や「生粉打ちそば」と呼び，小麦粉が2割・そば粉が8割のそばを「二八そば」と呼ぶが，さまざまな配合でそばが作られている。

コーンフレークを最初に作った国はどこでしょうか？

コーンフレーク

とうもろこし

[玉蜀黍] Corn

● コーンフレーク　とうもろこしを煎り，つぶして乾燥させたもので，牛乳や砂糖をかけて食べる。消化がよく手軽なので，朝食やおやつに人気がある。

第2部 食品図鑑（写真と解説）

2 いも及びでん粉類

POTATOES AND STARCHES

成分の特徴
いも類の主成分は水分と炭水化物。
さつまいもやじゃがいもはビタミンCも豊富だよ！

地下茎あるいは根の一部が肥大し，多量にでん粉などの炭水化物を蓄えた作物をいも類と呼ぶ。いも類の主成分はでん粉で，西欧ではエネルギー源としてよく食べられている。また，冬期のビタミンCの供給源としても重要である。

いもは収穫量が安定しており，救荒作物としても利用されてきた。穀類に比べると水分が多いので，貯蔵性に乏しく，輸送に難があるという弱点もあるが，主食やそれに準ずる食物，でん粉の原料や飼料などとして，重要な食物である。

こんにゃくいも

こんにゃく [蒟蒻]Konjac

こんにゃくいもの原産地は東南アジアで，日本へは中国から伝わったとされている（諸説ある）。こんにゃくいもにはシュウ酸などが含まれているためアク，えぐみが強く，「焼く」「ゆでる」などの調理法だけでは食べることができない。

- **板こんにゃく**　こんにゃくいもに水と水酸化カルシウムなどのアルカリを加えてつくる。精粉を原料とする精粉こんにゃくと，生のいもを原料とする生いもこんにゃくがある。こんにゃくに含まれる黒い粒はひじきなどの海藻の粉である。
- **しらたき**　板こんにゃくと同様の原料を混ぜ，熱湯中に細く絞り出して固めたもので，糸こんにゃくと呼ぶ地域もある。

板こんにゃく（黒）

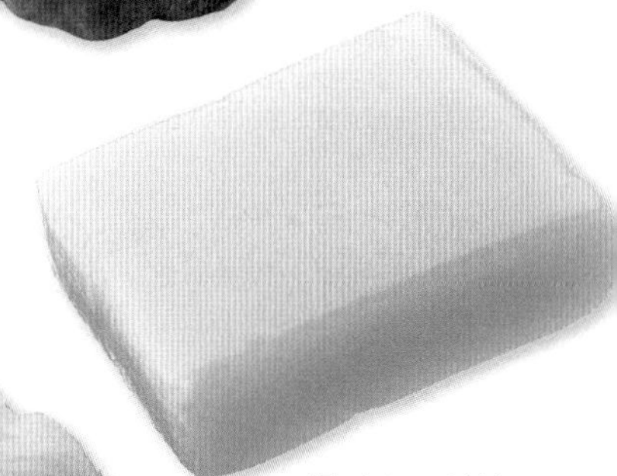

板こんにゃく（白）

しらたき

茨城県に旅行した時，干しいもをお土産に買ってきたよ。あの味が忘れられない…！

紅あずま

金時

さつまいも類 [薩摩芋類]Sweet potatoes

原産地は中央アメリカで，日本には江戸時代に伝わった。甘藷（かんしょ），唐芋（からいも）などとも呼ばれる。紅あずま，金時，安納（あんのう）いも，むらさきいもなど種類が多い。食用とするのは塊根部分で，いも類の中では甘味が強い。ビタミンCや食物繊維を多く含む。やせた土地でも育つので救荒作物として用いられてきた。旬は9～11月。

安納いも

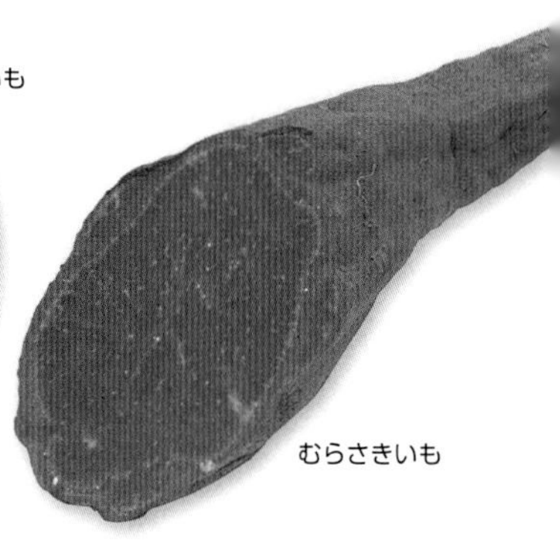

むらさきいも

さといも [里芋] Taro

インド原産。日本には縄文時代に伝わった。乾燥・寒さに弱い。成長過程で親いもから多数の子いもが分球するので，子孫繁栄のめでたい食品とされる。肉質は白く，ぬめりがあるのが特徴。土垂，石川早生などの品種がある。旬は10～11月。

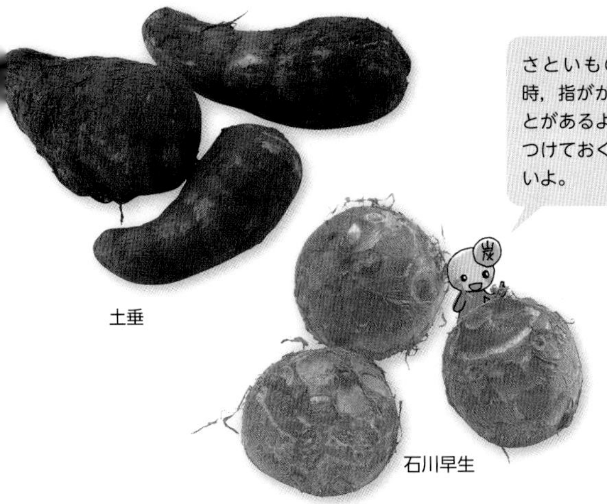

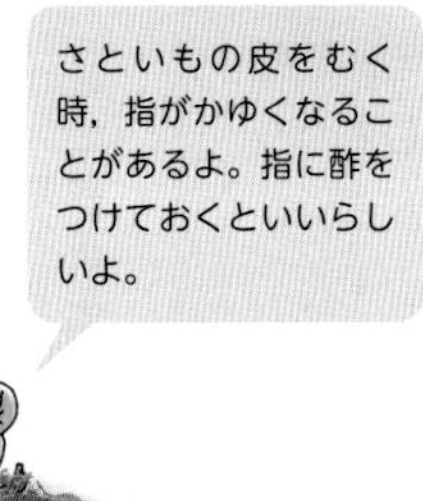

さといもの皮をむく時，指がかゆくなることがあるよ。指に酢をつけておくといいらしいよ。

土垂

石川早生

男爵

メークイン

やまのいも類 [薯蕷類] Yams

- **ながいも**　細長い形状。粘りがあり，生のままで食べることができる。酢の物やめん類のつなぎなどに用いられる。

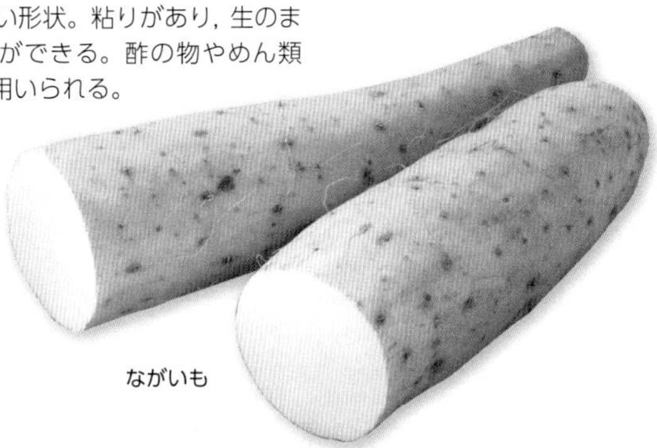

ながいも

じゃがいも [じゃが芋，馬鈴薯] Potato

原産地は南アメリカで，代表的な種は男爵とメークイン。男爵は芽の部分がくぼんだ球形，ホクホクとした食感で粉ふきいもなどに向く。細長いメークインは，煮崩れしにくく煮物などに向く。ビタミンCが多く含まれる。じゃがいもの芽や，光に当たって緑色になった部分には，天然毒素のソラニンやチャコニンが含まれているので，これらの部分を取り除いて調理する。旬は春と秋で，品種により異なる。

さつまいもでん粉

じゃがいもでん粉

とうもろこしでん粉

緑豆はるさめ

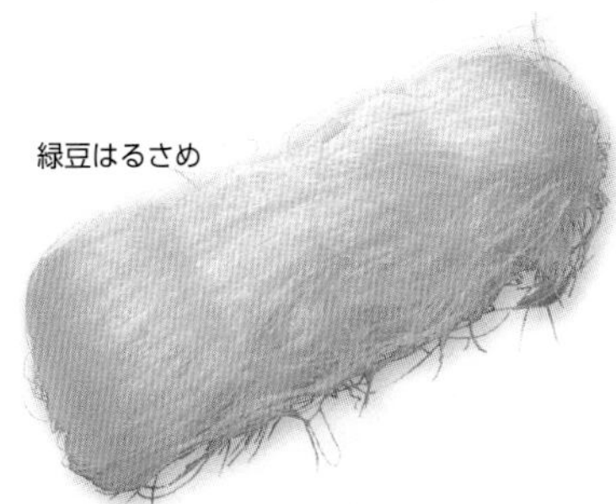

でん粉類 [澱粉類] Starches

穀類，いも類などを原料とし，無味・無臭である。でん粉には水を加えて加熱すると粘りが出るという性質がある。粘度や透明度などが異なるので，調理によって使い分ける必要がある。

- **さつまいもでん粉**　「甘藷でん粉」とも呼ばれる。水産練り製品やめん類のつなぎ，わらびもちなどに利用されている。
- **じゃがいもでん粉**　「片栗粉」として市販されており，料理のとろみづけ，水産練り製品のつなぎなどに使われる。
- **とうもろこしでん粉**　コーンスターチともいい，カスタードクリームなど洋菓子によく用いられるほか，病人食にも使われる。

とろみをつけた汁物は冷めにくくなるよ。

でん粉製品

[澱粉製品]
Starch products

- **はるさめ**　緑豆を材料とした緑豆はるさめと，じゃがいもでん粉やさつまいもでん粉を原料とした普通はるさめがある。水や湯で戻して調理する。

3 砂糖及び甘味類

SUGARS AND SWEETENERS

砂糖のおもな原料は，さとうきび（甘蔗）やてんさい（さとう大根，ビート）などである。砂糖及び甘味類には，製法・精製度合によってさまざまな種類がある。

現在私たちが利用している甘味類には，天然甘味料と人工甘味料がある。天然の甘味料には砂糖やはちみつなどがあり，人工甘味料には食品添加物としてサッカリンやアスパルテームなどがある。食生活の多様化や健康志向の動きから，新しい甘味料が次々と開発されている。

成分の特徴
砂糖類の主成分は糖質（炭水化物）。エネルギー源になるね！

砂糖類 Sugars

砂糖には，甘味の添加，食品の腐敗防止，酸化防止，糊化でんぷんの老化防止，ペクチンのゲル化，イースト発酵の促進，気泡の保持，菓子や煮物のつや出しなどのはたらきがある。

- **黒砂糖**　黒砂糖は純度が低いがカルシウム，鉄分を多く含み，風味がよい。
- **車糖（上白糖）**　上白糖は一般に白砂糖と呼ばれるもので，料理，製菓に広く用いられる。

国内のてんさいの産地は北海道で，さとうきびの産地は沖縄県と鹿児島県だよ。

黒砂糖

車糖（上白糖）

はちみつ

メープルシロップ

でん粉糖類，その他

Starch sweeteners, Others

- **はちみつ**　蜂が集めた花の蜜であり，花の種類（アカシア，レンゲなど）によって色や風味が異なる。中国から多く輸入されている。１歳未満の赤ちゃんがはちみつを食べると乳児ボツリヌス症にかかることがあるため，与えてはいけない（p.61参照）。
- **メープルシロップ**　カエデの樹液を煮詰めたもの。ホットケーキに添えられたりする。

いろいろな砂糖・甘味類

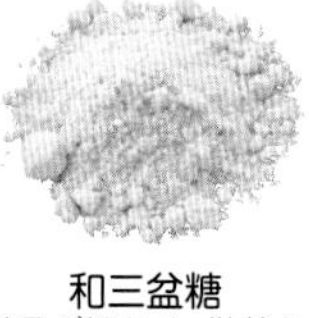

和三盆糖
結晶が細かく，独特な風味がある。和菓子などに利用される。

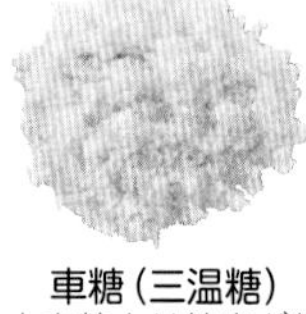

車糖（三温糖）
上白糖より純度が低く茶色い。独特な風味がある。

グラニュー糖
細かい結晶で，さらさらとしている。

角砂糖
グラニュー糖を濃厚な糖液で四角く固めたもの。

氷砂糖
グラニュー糖をとかし，大きな結晶としたもの。

果糖ぶどう糖液糖
液体の甘味料。ガムシロップとも呼ばれる。

水あめ
さつまいもやじゃがいものでん粉が原料。粘りが特徴。

4 豆類
PULSES

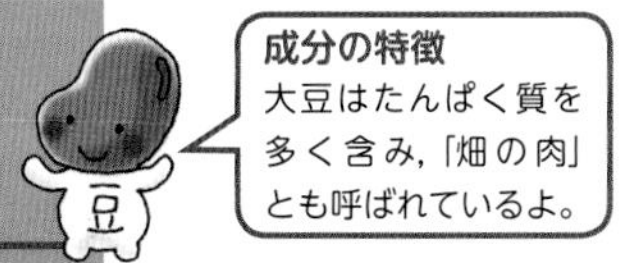

成分の特徴
大豆はたんぱく質を多く含み,「畑の肉」とも呼ばれているよ。

豆類とは，マメ科の植物の種子のうち，食用となるものをいう。大切なたんぱく質供給源であると同時に，エネルギー代謝に関係のあるビタミンB群や食物繊維を多く含むものが多い。豆類は，栽培や輸送が容易で貯蔵性がよいことなどから，世界の多くの人々の栄養源になっている。

成分によって分類すると，①たんぱく質・脂質を主成分とするもの（だいずなど），②でん粉及びたんぱく質を主成分とするもの（あずき，いんげんまめなど），③野菜的な性質のもの(えだまめ，さやいんげんなど）などに分けられる。

あずき

あずき
[小豆] Adzuki beans

でん粉を多く含むほか，腸の働きを高めるサポニンを含む。大納言，中納言，少納言，白小豆などの品種がある。赤飯などの料理や，甘納豆，ようかんなどの加工品に利用される。

- **こしあん**　甘く煮た小豆を裏ごししたもので口当たりがなめらか。
- **つぶしあん**　甘く煮た小豆を原料とした練りあん。裏ごししていないもの。

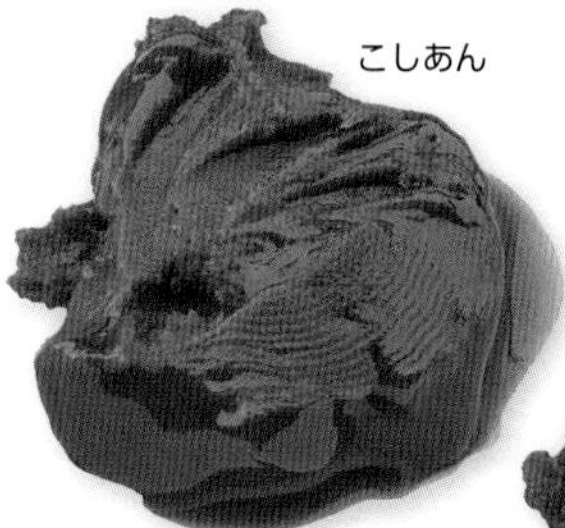
こしあん

つぶしあん

いんげん(うずら豆)

いんげん(手亡)

いんげん(虎豆)

いんげん(金時)

いんげんまめ [隠元豆] Kidney beans

中央アメリカ原産。日本には江戸時代に中国の僧，隠元が伝えた。三度豆，菜豆ともいう。種類が多く，金時豆，うずら豆，手芒，虎豆などがある。煮豆，甘納豆，白あんなど砂糖を添加する料理に使うことが多いが，スープやシチューなどの洋風料理にもよく合う。

青えんどうを使った「うぐいすパン」って知っている？

青えんどう

えんどう
[豌豆] Peas

えんどうには，熟した豆を食べる実えんどうと，若いさやごと食べるさやえんどう（p.143参照）がある。赤えんどうはみつ豆などに，青えんどうは塩豆やうぐいす豆などに用いられる。

あずきと似た豆「ささげ」

赤飯に使われる豆には「あずき」や「ささげ」があり，見た目はよく似ているが，実は味も風味も異なっている。あずきの方が色よく仕上がり，味も数段上とされるが，皮が薄く，破れやすいことから，関東では「腹が割れる（切腹につながる)」といって嫌い，あずきの代わりにささげが用いられることがある。豆の「へそ」部分がたて長なのがあずきで，丸いのがささげである。

ささげ

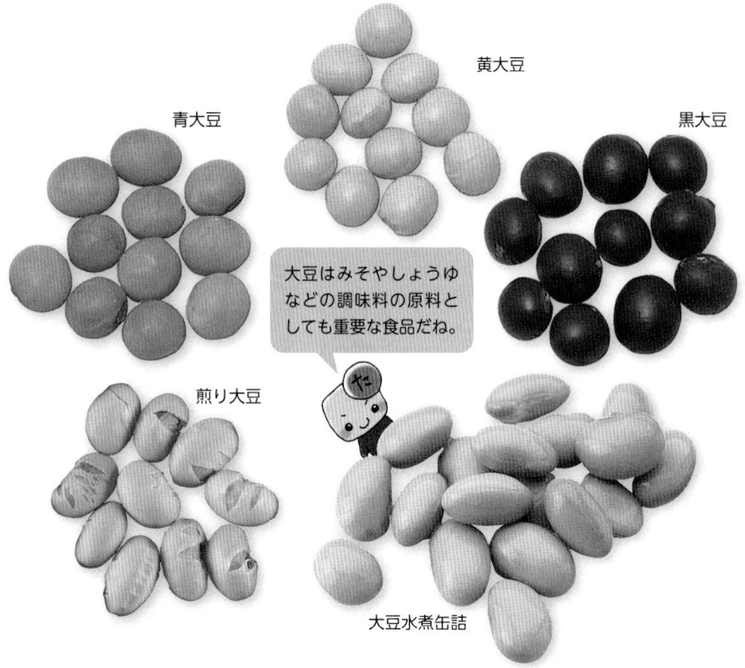

大豆はみそやしょうゆなどの調味料の原料としても重要な食品だね。

大豆水煮缶詰

だいず [大豆] Soybeans

中国が原産地。国内自給率はきわめて低い。たんぱく質のほかに鉄，ビタミンB_1を豊富に含む。組織がかたく消化が悪いので，さまざまに加工されて食べられている。黄大豆，青大豆，黒大豆の種類がある。

- **水煮缶詰**　大豆を水煮して，すぐに食べられる状態にしたもの。調理時間を短縮することができる。そのままサラダとして食べたり，煮物に利用したりする。
- **きな粉**　大豆を煎って製粉したもの。和菓子材料として使用される。青大豆で作ったきな粉は，うぐいすきな粉と呼ばれる。

きな粉（黄大豆）　きな粉（青大豆）

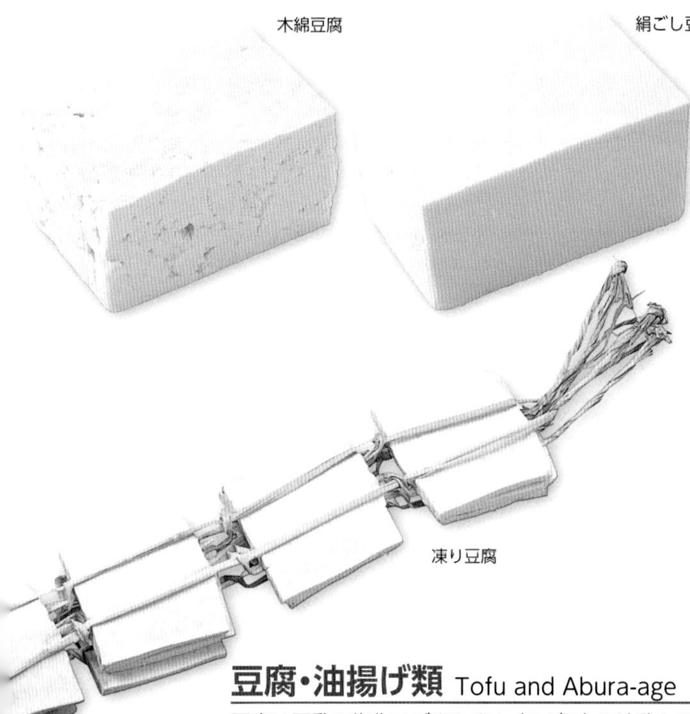

豆腐・油揚げ類 Tofu and Abura-age

豆腐は豆乳に塩化マグネシウム（にがり）や硫酸カルシウムなどの凝固剤を加えて凝固させたもの。木綿豆腐は布を敷いた型箱に入れ，重しをして水分を抜いて固めたもの。絹ごし豆腐は濃度の高い豆乳をそのまま凝固させたもので，木綿豆腐より水分が多くやわらかい。

- **生揚げ**　水気を切った豆腐を厚く切って揚げたもの。厚揚げともいう。カルシウムや鉄を多く含むが，高カロリー，高脂肪である。
- **油揚げ**　豆腐を薄く切って揚げたもの。うす揚げともいう。調理前に熱湯をかけ，油抜きをすると味がなじみやすくなる。
- **凍り豆腐**　豆腐を凍結乾燥したもので，高野豆腐ともいう。室町時代に自然の寒気によって凍った豆腐を食べたのが起源である。湯につけて戻し，水気を絞ってから含め煮などにする。

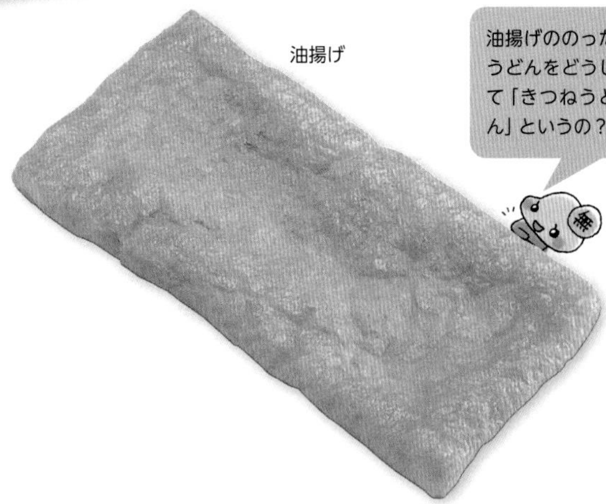

油揚げ
油揚げののったうどんをどうして「きつねうどん」というの？

糸引き納豆

稲藁（いなわら）についている天然の納豆菌を利用して，納豆を作ることができるよ。

納豆類 Natto

納豆は大きく分けると，蒸し煮した大豆を納豆菌で発酵させた糸引き納豆と，こうじ菌と塩で熟生させた糸を引かない寺納豆がある。糸引き納豆はビタミンB_1を多く含み，大豆に比べて消化がよい。納豆の食べ方は，家庭や地域によりさまざまである。ご飯にかけるだけでなく，パンやパスタと組み合わせたり，オムレツ，カレー，スイーツなどと組み合わせたりして楽しまれている。

おから

豆乳

調整豆乳

台湾旅行で，朝食の時に温かい豆乳を飲んだよ。

その他 Others

- **おから** 大豆から豆乳を絞ったあとの絞りかす。卯の花，雪花菜（きらず）とも呼ばれる。食物繊維が豊富なので便通をよくし，健康食品として注目される。
- **豆乳** 豆乳は大豆固形分が8％以上のもので，豆腐の原料液となる。調製豆乳は大豆固形分が6％以上のもので，糖類や食塩などを添加したもの。豆乳飲料は，飲みやすくするために果汁や乳製品などを添加したもの。

ひよこ豆（乾）

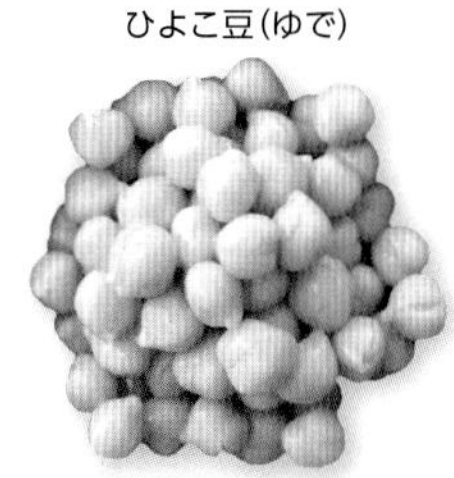

ひよこ豆（ゆで）

ひよこまめ [雛豆，鶏児豆] Chickpea

イラン原産。エジプト豆，ガルバンゾーともいい，中東では主要な食品。先端がとがってひよこに似ているので，この名がある。煮豆，あんの原料とする。

納豆Q＆A

●大豆以外の豆でも納豆はできる？

大豆以外の豆（あずき，えんどう豆など）でも，煮て，納豆菌で発酵せることにより，ある程度の糸を引かせることができる。しかし，納豆の独特のうま味や粘りは，大豆に含まれるたんぱく質を納豆菌が分解することによって生まれるため，たんぱく質の少ない豆からは，おいしい納豆を作ることが難しい。

●納豆は日本独自のもの？

納豆に似た大豆の発酵食品は，日本以外に，朝鮮半島の「清麹醤（チョングクジャン）」，東ネパールの「キネマ」，インド・ミャンマー国境地帯の「アクニ」，インドネシアの「テンペ」，タイ・ミャンマー国境地帯の「トゥア・ナオ」，中国の「豆司」などがある。

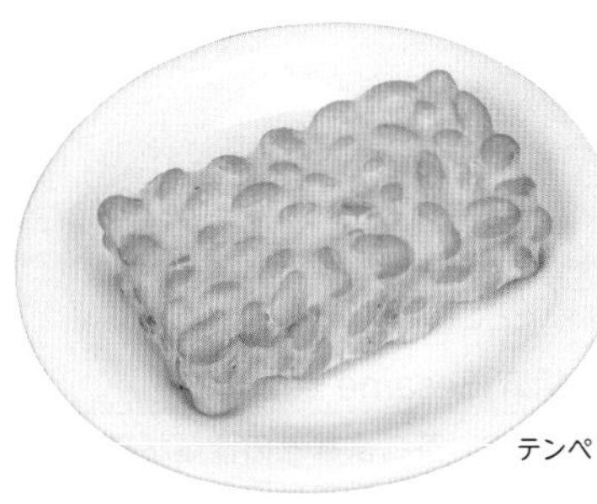

テンペ

5 種実類

NUTS AND SEEDS

種実類とは，植物の種子（かぼちゃやひまわりの種など）や堅果類の果実（くり，くるみなど）で食用になるものをいう。食用にする部分は，おもにはいやはい乳の部分である。

脂質を多く含むもの（アーモンド，ごま，らっかせいなど），炭水化物（糖質）を多く含むもの（ぎんなん，くりなど）など，各種実によって成分に特徴がある。種実類に含まれる脂肪酸は必須脂肪酸のリノール酸やリノレン酸が多いが，高カロリーなので食べ過ぎには注意したい。

成分の特徴
含まれる成分は各種実によって違いがあるよ。

アーモンド Almonds

脂質のほか，たんぱく質，ビタミン，無機質を多く含んでいるので手軽なエネルギー補給源となる。飲酒のつまみや製菓材料としても利用される。

アーモンド

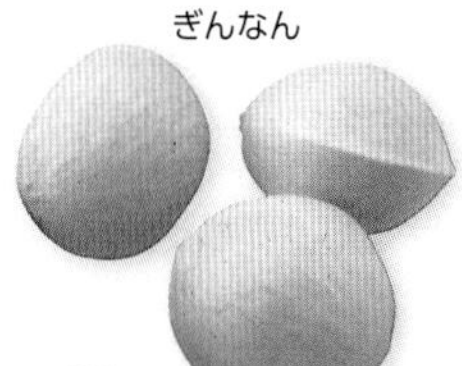
ぎんなん

ぎんなん（ゆで）

ぎんなん

[銀杏] Ginkgo nuts

イチョウの種子で主成分は糖質。ほかの種子に比べカロテンを多く含む。青酸を含有しており，大量に食べると消化不良を起こす場合がある。殻はかたいのではずして食べる。

くり類 [栗類] Chestnuts

糖質主体の種実類。低脂肪で消化がよい。世界各地で料理や製菓に広く利用される。中国種は渋皮が離れやすいので焼きぐりに適しており，天津甘栗として市販されている。

日本ぐり

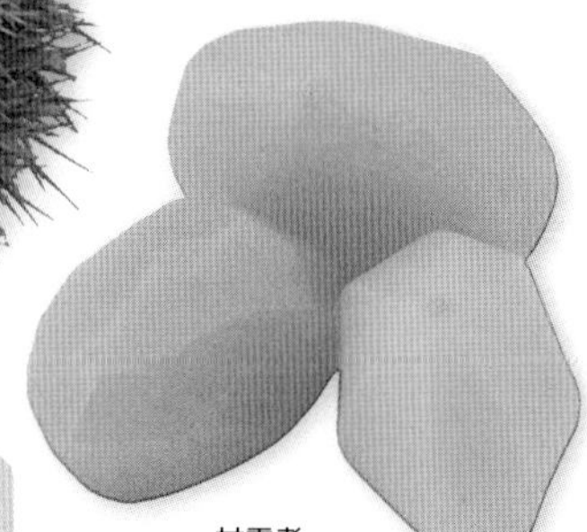
甘露煮

くるみ

くるみ [胡桃] Walnuts

日本ではおもに鬼ぐるみやひめぐるみという品種のものがとれるが，中国やアメリカなどからの輸入が多い。風味がよく，世界各地でつまみや菓子の材料として広く利用されている。果肉の70％近くが脂肪分。

お正月に食べる栗きんとんが大好きだよ。（p.52参照）

ごまのさやを開いたところ

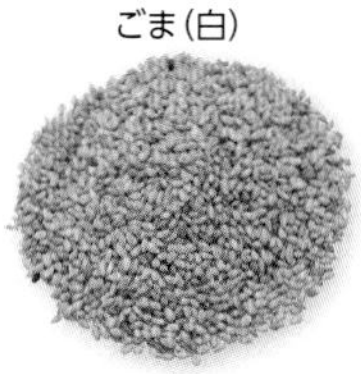
ごま（白）

ごま（黒）

ごま [胡麻] Sesame seeds

黒ごま，白ごま，茶ごまなどの種類がある。日本料理ではよく使われる食材だが，国内ではほとんど栽培されておらず，輸入品に頼っている。鉄，カルシウム，ビタミンB_1などを豊富に含んでいる。料理用，製菓用のほか，ごま油の原料にもなる。

らっかせい

らっかせい

[落花生] Peanuts

種実類の中で生産量が一番多い。ピーナッツ，南京豆ともいう。料理や菓子材料，油の原料やピーナッツバターなどとして利用。煎ったものはそのままつまみとして食される。

6 野菜類

VEGETABLES

成分の特徴
野菜は水分が多く，エネルギー量が少ないけれど，ビタミン・無機質や食物繊維の供給源として，重要な食品だよ！

野菜類は，食べる場所によって，葉茎菜類（葉や茎を食べるもの），根菜類（根を食べるもの），果菜類（実を食べるもの），花菜類（花を食べるもの）などに分類される。可食部100g中にカロテンを600µg以上含むもの，または600µg未満でも日常の食生活でよく利用され，1回の使用量が比較的多いものを緑黄色野菜という。

近年，わが国では品種改良，栽培技術の開発による周年化，輸入品の増加，貯蔵・輸送の改善などにより，市場に出回る野菜の種類が増加する傾向にある。

アスパラガス Asparagus

旬は春～初夏で，おもな産地は北海道，長野などだが，輸入品も多い。光に当てずに育てるホワイトアスパラガスは，おもに缶詰用となる。

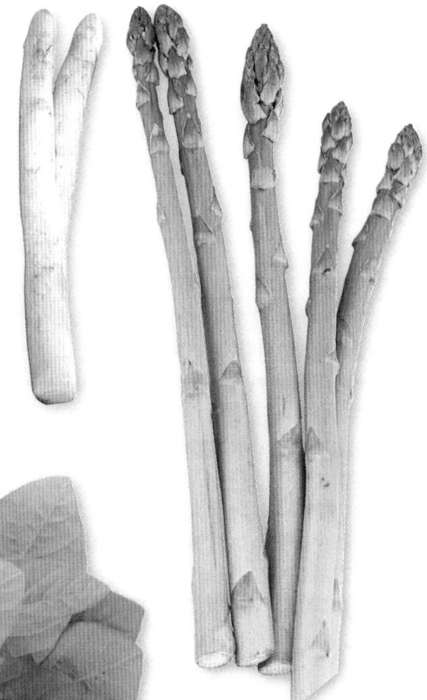

ホワイトアスパラガス

グリーンアスパラガス

いんげんまめ ［隠元豆］Kidney beans

- さやいんげん　若さやのうちに食べるいんげんで，さやの平たいもの，丸いものがある。おもな産地は千葉，福島，北海道など。一年中出回っているが，旬は6～9月頃。おひたし，炒め物，煮物などに用いられる。

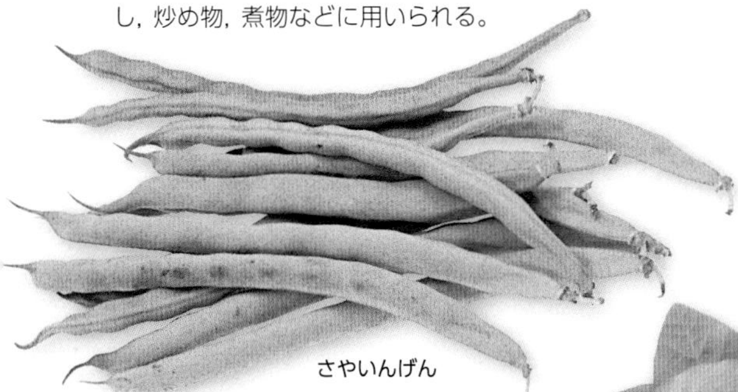

さやいんげん

最近は，外国人観光客に「EDAMAME」が大人気らしいよ。

えだまめ ［枝豆］Edamame

大豆を若いうちに収穫したもの。たんぱく質とビタミンを合わせ持つ。塩ゆでや，つぶしてもちにからめた「ずんだもち」，えだまめご飯などに用いる。旬は夏である。

えだまめ

えんどう類 ［豌豆類］Peas

- さやえんどう　さやごと食用にする未熟なえんどうで，オランダさやえんどう，きぬさやえんどうがよく用いられる。旬は春～初夏。
- グリーンピース　実えんどうともいう。食物繊維を多く含む。旬は春で，料理の彩りやソテーなどに用いられる。

さやえんどう

グリーンピース

オクラ Okra

原産地の北アフリカではガンボーと呼ばれている。食物繊維が豊富で，独特の粘性がある。さやのうぶ毛は塩でもんで取り除いて食べる。旬は夏である。

オクラ

かぶ ［蕪］Turnip

日本でも古くから栽培されていた野菜で，かぶら，すずなともいう。一年中出回っているが，本来は冬が旬で味もおいしい。春の七草の一つ。根は大根よりも肉質が緻密で，甘味がある。

かぶ

かぼちゃ類 ［南瓜類］ Pumpkins and squashes

中央アメリカ原産の日本かぼちゃ，南アメリカ原産の西洋かぼちゃがある。夏～秋に収穫されるが，貯蔵性がよいので冬のよいビタミン源とされてきた。日本かぼちゃは甘味が薄いが，肉質が粘質で水分が多くしっとりとしているので煮物などの日本料理に合う。西洋かぼちゃは甘味が強く，肉質は粉質でホクホクとしており，栗かぼちゃとも呼ばれる。カロテンを豊富に含む。

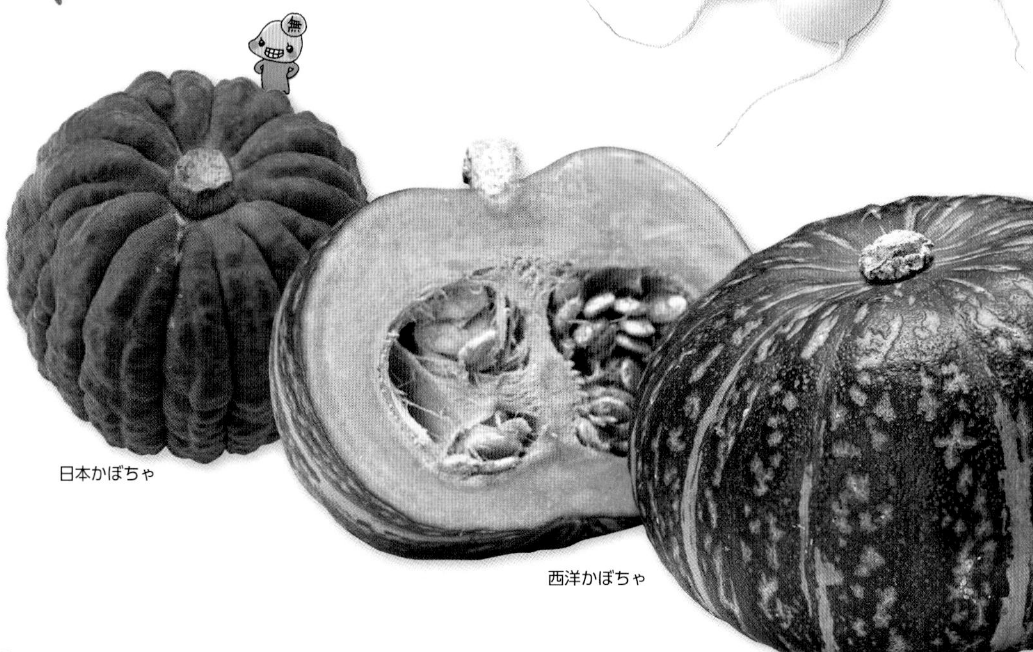

日本かぼちゃ

西洋かぼちゃ

カリフラワー

カリフラワー Cauliflower

キャベツの変種で，未熟な花芽を食用とする野菜。花野菜，花キャベツともいう。旬は冬で，サラダやホワイトシチューなどに利用される。

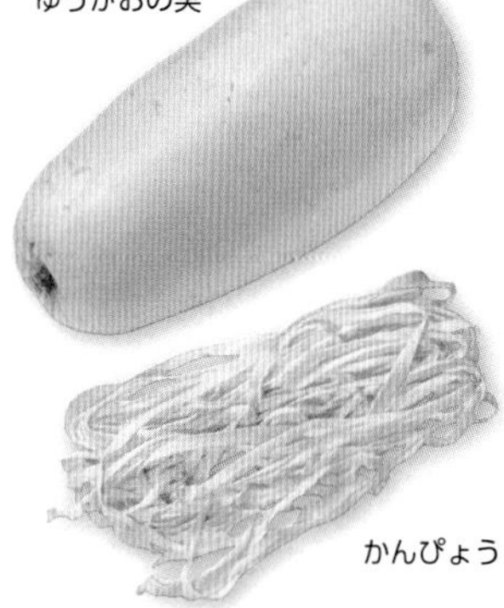

ゆうがおの実

かんぴょう（乾）

かんぴょう ［干瓢］Kanpyo

ウリ科の野菜であるゆうがおの果肉を，薄く長く回し切りにして乾燥させたもの。食物繊維が多い。甘く煮てのり巻きやちらしずしの具などに利用する。

シュークリームの「シュー」ってキャベツのことらしいよ。

キャベツ

キャベツ Cabbage

春に収穫する春キャベツは葉がやわらかいので生食に向く。晩秋～冬に出回る冬キャベツは葉がかたいので，ロールキャベツなどの煮込み料理に適している。ビタミンCが豊富。小振りで丸く，葉の緑色が濃いグリーンボールや，赤キャベツ，紫キャベツなどの種類もある。

きゅうり [胡瓜] Cucumber

本来は夏が旬だが，ハウス栽培がさかんなため，年間を通して栽培・出荷されている。成分のほとんどが水分で，栄養的な価値は高くないが，香りや食感がよく，利用しやすいので，消費量が多い野菜である。

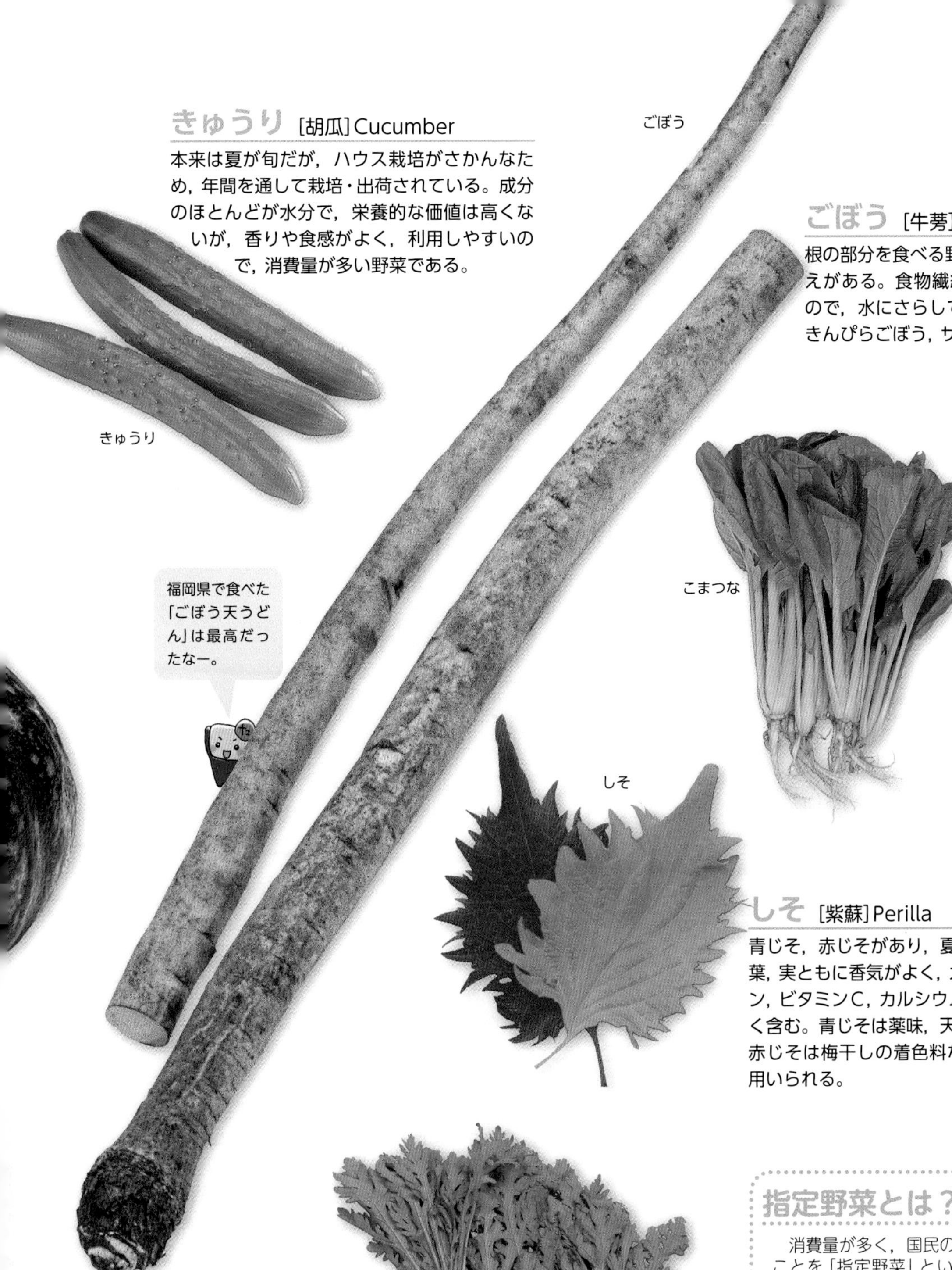

福岡県で食べた「ごぼう天うどん」は最高だったなー。

きゅうり

ごぼう

ごぼう [牛蒡] Edible burdock

根の部分を食べる野菜で，独特の香りや歯ごたえがある。食物繊維を多く含む。あくが強いので，水にさらして調理する。旬は冬と春で，きんぴらごぼう，サラダ，煮物，鍋物に用いる。

こまつな

こまつな [小松菜] Komatsuna

江戸時代に現在の東京都江戸川区の小松川付近で栽培されていたことからこの名前がついた。一年中出回っているが，旬は冬で，冬菜，雪菜とも呼ばれる。カルシウム，カロテン，食物繊維が豊富で，あくが少ない。おひたし，炒め物など，さまざまな料理に用いられる。

しそ

しそ [紫蘇] Perilla

青じそ，赤じそがあり，夏が旬。葉，実ともに香気がよく，カロテン，ビタミンC，カルシウムを多く含む。青じそは薬味，天ぷら，赤じそは梅干しの着色料などに用いられる。

しゅんぎく [春菊] Garland chrysanthemum

独特の香りを持つ緑黄色野菜。カロテン，鉄を多く含む。繊維がやわらかいので，長く煮すぎると形がくずれる。旬は冬で，おひたし，鍋物などに用いる。

しゅんぎく

指定野菜とは？

消費量が多く，国民の消費生活にとって重要な野菜のことを「指定野菜」という（いも類も含む）。だいこん，にんじん，はくさい，キャベツ，ほうれんそう，ねぎ，レタス，きゅうり，なす，トマト，ピーマン，じゃがいも，さといも，たまねぎの 14 種類で，野菜生産出荷安定法の規定に基づき，野菜指定産地を指定し，安定的に供給ができるようにしている。

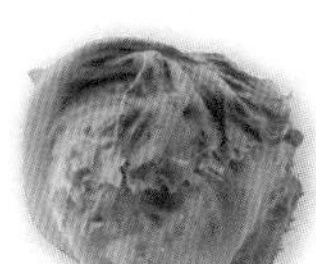

レタス

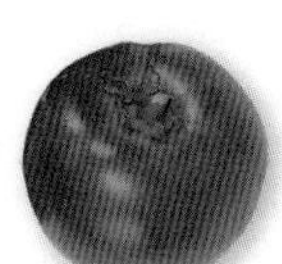

トマト

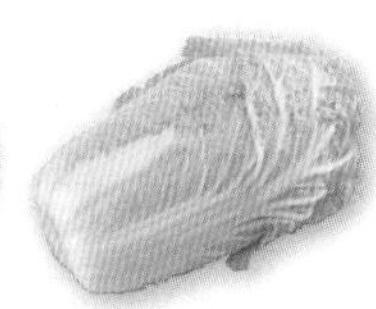

はくさい

しょうが類 [生姜類] Gingers

地下茎が独特の辛味と香りを持つ。はじかみとも呼ばれる。体を温めるなどの作用があり，漢方薬としても利用されている。葉しょうが（筆しょうが），芽しょうが（新しょうが，夏に出回る），根しょうが（ひねしょうが，秋が旬）がある。

- **しょうが**　根しょうがは，すりおろす，千切りやみじん切りにするなどして，食材のくさみ消し，香辛料などさまざまな料理に使われる。新しょうがは酢漬や甘酢漬などに用いられる。
- **漬物**　薄く切って甘酢漬にしたものは「ガリ」とも呼ばれ，すしに添えられる。酢漬は「紅しょうが」と呼ばれ，焼きそばなどに添えられる。

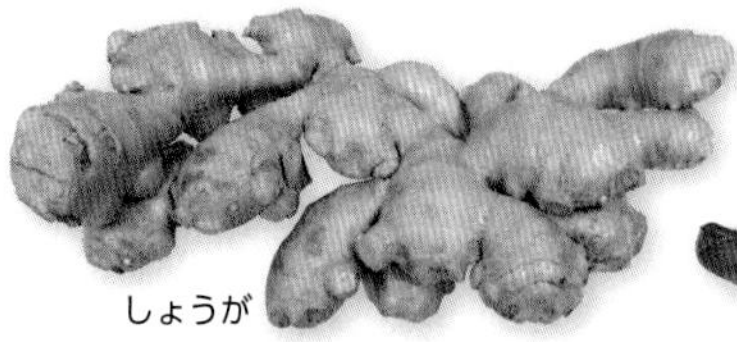
しょうが

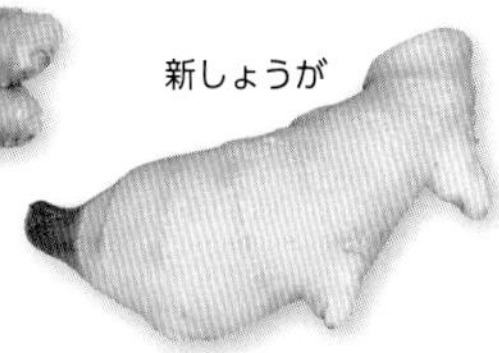
新しょうが

酢漬け

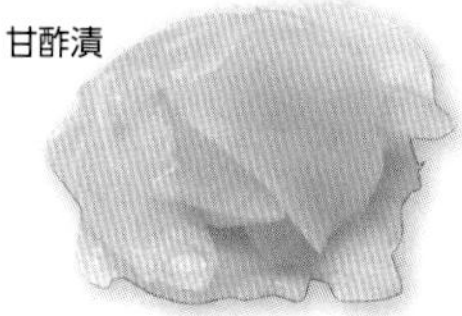
甘酢漬

ズッキーニ Zucchini

形はきゅうりに似ているが，かぼちゃの一種。黄色いものと緑色のものがあり，夏が旬である。味は淡泊で，ほのかな苦みがある。炒め物，煮物などにする。ラタトゥイユなどのイタリア料理でよく使われる。

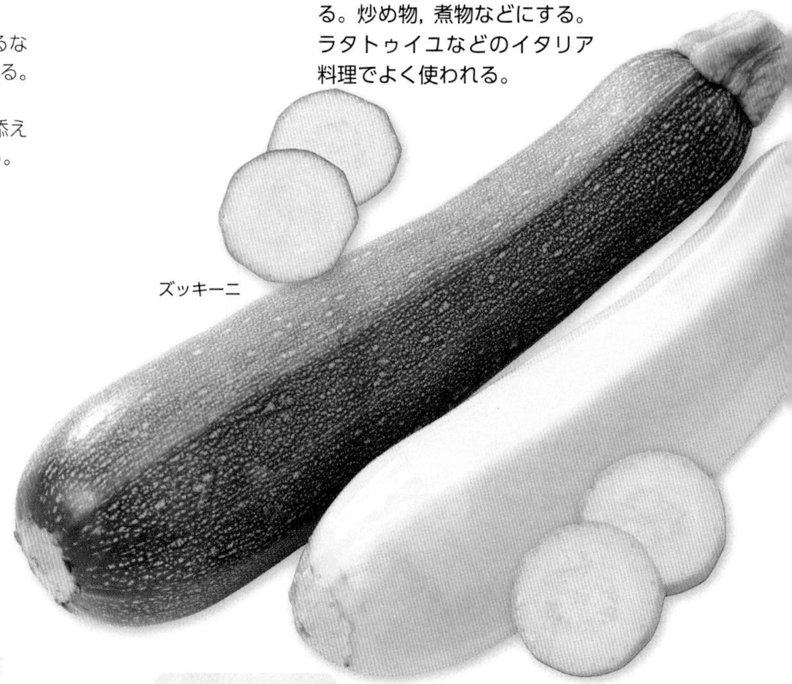
ズッキーニ

セロリ Celery

香りが強く，シャキシャキとした食感がよい。オランダみつば，白ぜりともいう。サラダ，炒め物，煮込み料理などに利用される。

セロリ

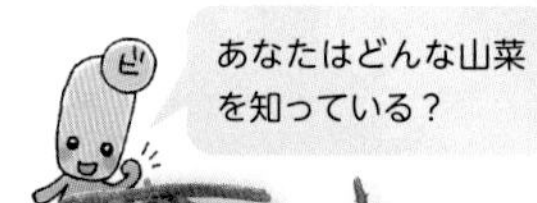

ぜんまい [薇] Japanese royal fern

日本各地の山野に自生する山菜。旬は春である。山菜ご飯，そばやうどんの具，あえ物などに利用される。干しぜんまいは，熱湯でゆで，十分にあく抜きしたあとに乾燥したものである。

干しぜんまい
（ゆで）

そらまめ [蚕豆，空豆] Broad beans

さやが空に向かって上向きにつくためこの名前がついた。完熟種子は豆類として扱われ，未熟種子は野菜として扱われる。旬は春で，塩ゆで，炒め物，あえ物などに使われる。

そらまめ

だいこん類
[大根類] Daikon：Japanese radishes

世界各地で栽培されており，日本でもさまざまな品種のものが出回っている。

- **かいわれだいこん（貝割れ大根）**　だいこんの種子を水耕栽培し，子葉がひらいたときに収穫したもの。サラダなどで生食する。
- **だいこん**　最近では，みずみずしく，甘味が強く，辛味が少ない青首だいこんが多く出回っている。葉はカルシウム，鉄，カロテン，ビタミンCが特に豊富。根は生食，煮物，漬物などに利用される。旬は冬である。
- **切干しだいこん**　だいこんを乾燥させたもので，さまざまな形状のものがある。煮物や漬物，あえ物などに利用される。

かいわれだいこん

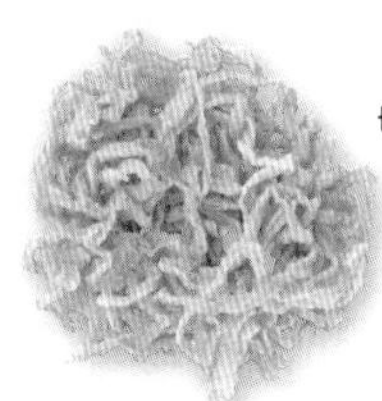
切干しだいこん（乾）

だいこん

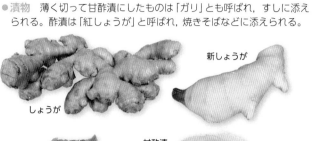

たけのこ [筍] Bamboo shoots

春に自然発生したものを収穫することが多い。食用とされるのはおもにモウソウチク（孟宗竹）。煮物，汁物などのほか，塩漬けしたものは「めんま」などと呼ばれ，ラーメンの具として用いられる。

たけのこ

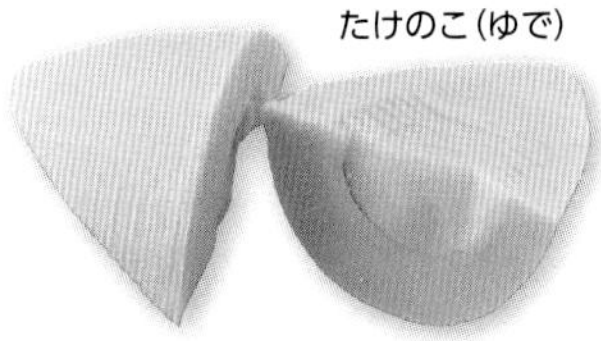
たけのこ（ゆで）

たまねぎ [玉葱] Onions

ユリ科に属し，りん茎の発達したもの。世界各地で食べられている野菜で，サラダや炒め物，煮込み料理，揚げ物など，用途が広い。一年中出回っているが，新玉ねぎの旬は春である。色鮮やかな赤玉ねぎ（紫たまねぎ，レッドオニオン）は辛味や刺激臭が弱く甘味が強いので，サラダなどの生食に向く。

たまねぎ

たまねぎを切ると涙が出るのはなぜかな？

チンゲンサイ

[青梗菜] Green bok choy

中国野菜のパクチョイの一種。やわらかく，くせのない味で，炒め物やクリーム煮などに利用される。一年中出回るが，旬は冬である。

チンゲンサイ

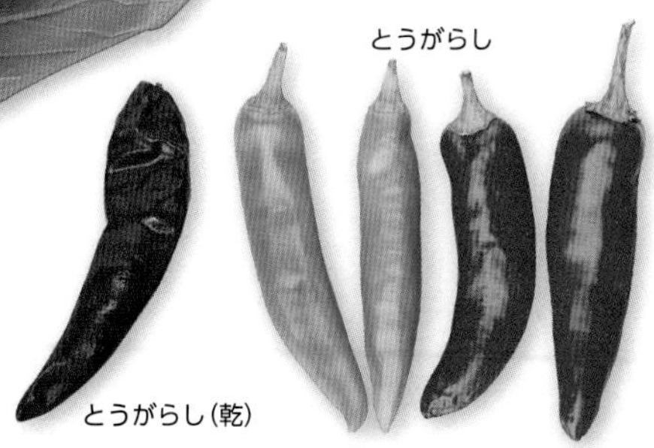
とうがらし
とうがらし（乾）

とうがらし

[唐辛子] Red peppers

辛味の強さによって辛味種と甘味種に分かれる。カイエンペッパー，タバスコソース，七味とうがらしなどの香辛料は，辛味種から作られたもの。旬は夏。

缶詰（ホールカーネルスタイル）

缶詰（クリームスタイル）

スイートコーン

とうもろこし類

[玉蜀黍類] Corns

- **スイートコーン**　甘味種。ハニーバンタムは実が黄色，ピーターコーンは黄色と白の実が混じり合っている。生のものは塩ゆですることにより，甘味がいっそう強く感じられる。バターしょうゆで焼いても美味。旬は夏。
- **缶詰**　ホールカーネルスタイルは，つぶ状のもの。つぶしてクリーム状にしたクリームスタイルのものは，スープを作るのに便利。

トマト

ミニトマト(赤)

ミニトマト(黄)

トマト類 Tomatoes

南アメリカ原産，ナス科の野菜。色や形状，味や食感が異なるさまざまな品種のものが出回っている。一年中出回っているが，旬は夏である。

- ミニトマト　プチトマトともいう。一般にふつうのトマトより糖度が高く，果皮がかたい。形や色の種類が多い。
- 缶詰（ホール）　トマトを丸ごと湯むきして，へたや皮を取り除き，缶に詰めたもの。赤色種で実が小さく，果肉のかたい品種が缶詰専用に栽培されている。

缶詰（ホール）

なす

小なす

べいなす

なす ［茄子］Eggplant

丸型や長型などいろいろな形のものがある。ナスニンという色素が紫色のもとになっている。張りがあり，へたがとがっているものを選ぶとよい。夏野菜の代表的なもので，揚げ物，炒め物，煮物，漬物など用途が広い。

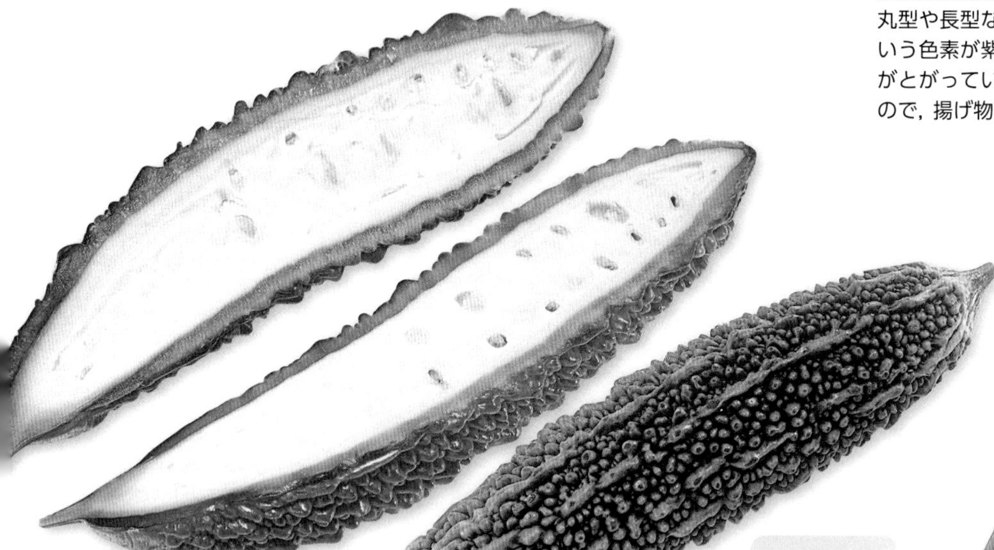

にがうり

にがうり ［苦瓜］Bitter gourd

おもに九州南部から沖縄で栽培されてきた夏が旬のウリ科の野菜で，つるれいし，ゴーヤとも呼ぶ。果皮のいぼと強い苦みが特徴。炒め物やサラダなどに。

にら

栃木県で食べた「ニラそば」は，シャキシャキしていておいしかったなぁ。

にら ［韮］Chinese chive

独特なにおいがあり，中国料理などに利用される。旬は春～夏。

にんじん類 ［人参類］Carrots

現在市場に出回っているものはほとんどが西洋種のもので，秋～冬が旬。カロテンを多く含む。サラダ，煮物，煮込み料理のほか，ジュースや製菓材料などとして幅広く用いられる。おもに根の部分を食べるが，葉も食べられる。他にきんときやミニキャロットなどの種類がある。

にんにく類 ［大蒜，葫類］Garlics

独特なにおいがあり，香辛料として広く用いられる。肉や魚の臭みを消す効果，殺菌作用，ビタミンB_1の吸収を促進する作用などがある。旬は初夏。茎にんにくは，にんにくの芽とも呼ばれる。

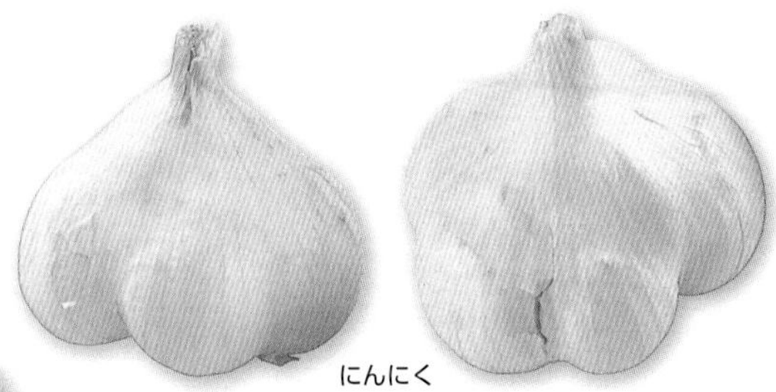

ねぎ類 ［葱類］Welsh onions

関東では根深ねぎ，関西では葉ねぎが多い。葉ねぎの方がカロテンを多く含む。ビタミンB_1の吸収を促進する作用のほか，殺菌作用も持つ。焼き物，揚げ物，鍋物，薬味などとして，幅広く利用される。一年中出回るが，旬は冬である。

緑黄色野菜とは？

可食部 100g 中にβ-カロテンを 600µg 以上含むもの，可食部 100g 中のβ-カロテンが 600µg 未満でも食べる機会が多く 1 回に食べる量が比較的多いものを緑黄色野菜と呼ぶ。アスパラガス，オクラ，かぶ（葉），かぼちゃ，こまつな，しそ，さやいんげん，さやえんどう，しゅんぎく，だいこん（葉），チンゲンサイ，にんじん，ブロッコリーなどがこれにあたる。p.187 ～ 188 の食品成分表では緑黄色野菜に★印を付けているので確認してみよう。

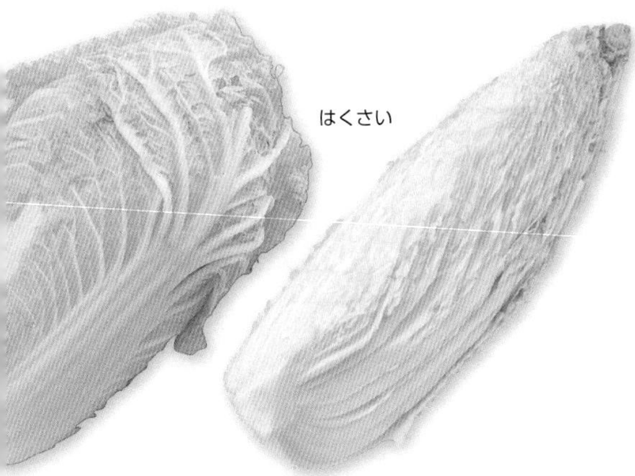

はくさい ［白菜］Chinese cabbage

40～90枚程度の葉からなる大型の野菜で，原産地は中国。旬は冬で，鍋物に欠かせない野菜となっている。また，漬け物の材料としても多く使われ，とうがらしやにんにく，野菜の千切りを加えたキムチもその一つである。

第2部 食品図鑑（写真と解説）

バジル Basil

シソ科の1年草で，バジリコともいう。さわやかな香りが特徴で，トマトと相性がよく，イタリア料理によく用いられる。

パセリ Parsley

西洋料理に広く用いられる香味野菜で，和名はオランダぜり。料理の付け合わせとしたり，みじん切りをスープの浮き実としたりする。

料理の付け合わせのパセリは，緑黄色野菜でビタミン類が豊富。残すともったいないよ！

ピーマン類 Sweet peppers

- **ピーマン**　とうがらしの甘味種。いろいろな色や形のピーマンが出回っているが，単にピーマンという場合は緑色のピーマンを指す。青臭く苦味があるので，炒め物など加熱料理に向く。緑色のものは，完熟すると赤くなる。旬は夏である。
- **赤ピーマン，黄ピーマン**　中果種または大果種のピーマンで，ビッグピーマン，ジャンボピーマン，パプリカとも呼ばれる。肉厚で甘味があり，マリネやサラダなどに用いられる。

ブロッコリー Broccoli

キャベツの一種で，花芽が発達したつぼみと茎を食用にする。ビタミンCや食物繊維などが豊富。炒め物やグラタンには，かために下ゆでしたものを用いるとよい。旬は冬。

水からゆでるか，熱湯でゆでるか

根菜やいも類など火の通りにくいものは水からゆで，緑色をきれいにゆで上げたいものや火の通りやすい葉菜類などは熱湯でさっとゆでる。一般に「土の中にできるものは水から，土の上にできるものは熱湯で」と言われるが，例外もある。

- **水からゆでる**
　だいこん，にんじん，かぶ，たけのこ（水に米ぬかを入れるか，米のとぎ汁でゆでる），とうもろこし，じゃがいもなど

- **熱湯でゆでる**
　青菜類（ほうれんそう，小松菜など），いんげん，ブロッコリー，さやえんどう，アスパラガス，キャベツなど

青菜を色よくゆでるには，熱湯で短時間ゆで，急冷するとよい。

脂溶性ビタミンは油といっしょに食べると吸収率がUPするよ。

ほうれんそう［菠薐草］Spinach

葉先の丸い西洋種と，葉先がとがって根元の赤い東洋種があるが，これらの交配種も出回っている。鉄とカロテンを多く含む。ほうれんそうのあく（苦味やえぐ味）の主成分はシュウ酸で，大量に摂取すると結石の原因となるが，ゆでて水にさらすとあくを取り除くことができる。あくが少なくやわらかい生食用の品種も出回っている。通年栽培されているが，旬は冬。冬採りのものはビタミンCの量が多い。

ほうれんそう

みずな

みずな［水菜］Mizuna

つけ菜の仲間。葉の切れ込みが異なるが，京菜，みぶ菜も同種であり，やや辛味がある。旬は冬で，漬物や鍋物などに利用される。

ワタシは「ほうれんそう」と「こまつな（p.145）」の見分けがつくよ。あなたは？

みつば

みつば［三葉］Mitsuba

日本原産の野菜で，旬は春。茎を白く育てた軟白みつばと，茎まで緑色の糸みつば（青みつば）がある。軟白みつばには，根を切って出荷する切りみつばと，根付きのまま出荷される根みつばがある。独特の香り，美しい緑色から，薬味や料理の彩りに用いられる。

レタス

サラダな

もやし類
［萌やし類］Bean sprouts

種子を暗所で発芽させたもの。もやしの原料には，米，麦，豆類，さまざまな野菜種子などが用いられるが，現在は豆類を用いたものが多い。

- **だいずもやし**　大豆を暗所に置き発芽させたもので，豆の部分にうまみがある。韓国料理のナムルなどに用いられる。
- **りょくとうもやし**　緑豆を発芽させたもの。日本で生産されるもやしでは一番多い。

だいず
もやし

りょくとう
もやし

レタス類 Lettuces

- **レタス**　レタス類は和名で「ちしゃ」という。一般的なのは玉レタスで，きちんと結球したものほど品質がよい。葉の歯切れのよさが特徴で，クリスプレタスともいう。結球しないタイプのリーフレタスやサニーレタスなどもある。
- **サラダな**　葉の巻きは弱く，開いている。玉レタスよりも緑色が濃くカロテンが多い。

れんこんが縁起のよい食べ物とされる理由は？
（p.53 参照）

れんこん

れんこん
［蓮根］
East Indian lotus root

はすの肥大化した地下茎。炒め物，煮物のほか，福神漬やからしれんこんの材料にもなる。旬は冬である。

7 果実類

FRUITS

成分の特徴
果実類は，ジューシー（水分が多い）で，おいしいね！　ビタミンCやカロテン，カリウム，糖質，食物繊維などを多くを含んでいるよ。

果実類は，原則として木本植物から収穫されたもの（木になったもの）だが，草本植物から収穫されるもの（木ではない植物の実など）であっても通常の食習慣で「果物」と考えられているいちご，スイカ，メロンなどは果実類としている。

果実類は生で食べることが多いが，成分の特徴を生かしてさまざまな調理に利用され，缶詰，ジャム，ジュースなどの加工品も作られている。近年は，世界各地からいろいろな果実類が輸入されており，また，日本産の品質のよい果実類が海外に輸出されてもいる。

アボカド Avocados

原産地は中央アメリカ。森のバターと呼ばれるほど脂肪が多く，濃厚な味。すしだねやサラダ，ディップ（ペースト状のソース）などに用いる。

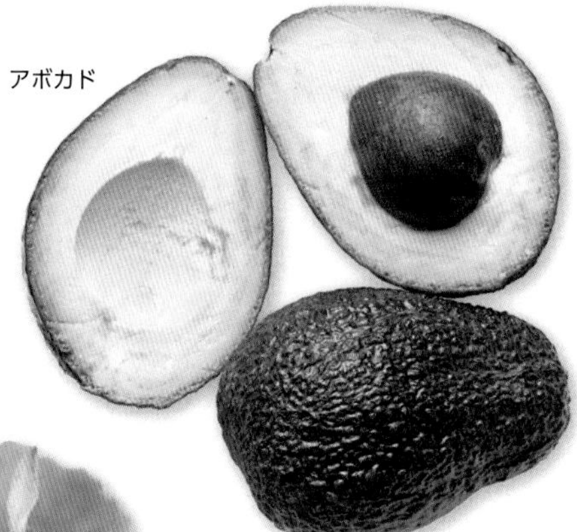

アボカド

アボカドの種を水につけておくと芽が出るらしいよ…。楽しそう〜。

いちご類 [苺類] Strawberries

日本は世界有数のいちごの生産国。「とよのか」「女峰」など，さまざまな品種がある。旬は春。ビタミンCが豊富。

- **ジャム**　いちごに砂糖を加え，煮詰めたもの。糖度は商品によって異なる。

ジャム

いちご

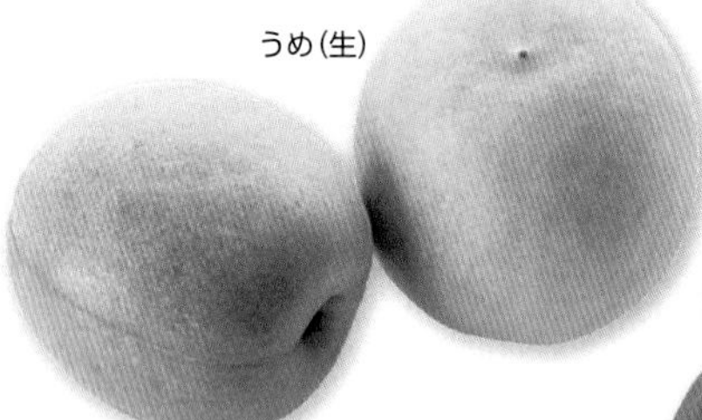

うめ（生）

梅干し

うめ

[梅] Mume：Japanese apricots

あんずの仲間で，酸味が強い。未熟な梅の核（胚または仁ともいう）や果実には青酸配糖体が含まれており，中毒を起こす場合があるので，梅干し，梅酒，ジャムなどに加工してから食べる。梅の実の未熟なものは，5〜6月に出回る。

- **梅干し**　梅を塩漬けした後に日干ししたもの。酸味と塩味が強く，殺菌作用があるため，弁当やおにぎりの具などにも利用される。

果実の木の花が大好きなの。例えば，梅の花，桃の花。

かき

かき [柿] Kaki：Japanese persimmons

日本特産の果実で，甘がきと渋がきに大別できる。旬は秋〜初冬。甘がきは生のまま，渋がきはしぶを抜いて，おもに干しがきとして出回る。種なしの品種の人気が高い。干しがきのうち，半乾燥状態のものをあんぽがき，さらに水分をとばしたものを枯露がきという。

みかんの花は
何色か知って
いる？
ビ

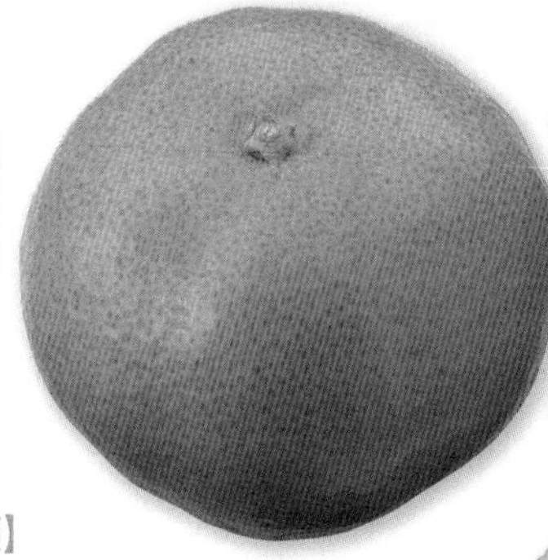

うんしゅうみかん

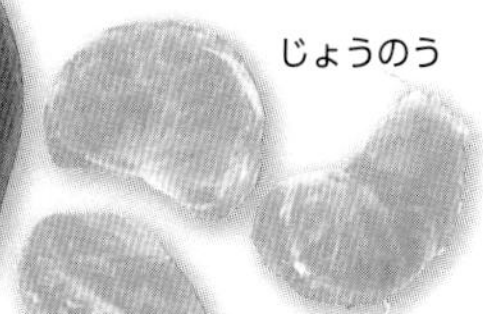

じょうのう

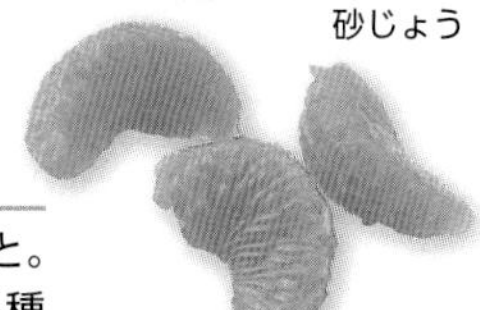

砂じょう

【かんきつ類】
うんしゅうみかん
[温州蜜柑]Satsuma mandarins

みかんといえば，一般にうんしゅうみかんのこと。旬は秋～冬。夏の終わり頃から出回る極早生品種のものは，果皮が緑色のうちに収穫・出荷される。外皮をむいた中にある薄皮（袋）のことを「じょうのう膜」といい，その中にある果肉部分を「砂じょう」という。ビタミンCが多く含まれており，薄皮ごと食べると食物繊維を摂取できる。

● **缶詰**　薄皮を取り除き，シロップ漬けにしたもの。

SUNYO
みかん

缶詰

ネーブルオレンジ

オレンジ Oranges

ネーブルオレンジとバレンシアオレンジが代表的な品種。ネーブルの尻にはへこみ（へそ）がある。ネーブルは生食に向き，バレンシアはジュースやジャム（マーマレード）などの加工品に向く。現在日本で流通しているものの多くは外国産である。

マーマレード

グレープフルーツ
Grapefruit

輸入自由化以来，一気に消費量が増えた果物の一つで，アメリカ産や南アフリカ産のものを多く輸入している。紅肉種と白肉種があり，果汁を多く含む。酸味と苦味がやや強い。

グレープフルーツ
（白肉種）

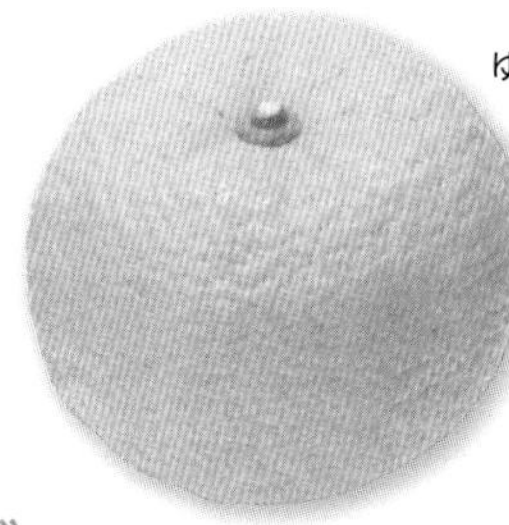

ゆず

ゆず [柚子]Yuzu

酸味が強く生食には向かないが，香気がよいので料理の風味づけに用いられる。果皮の粉末は七味とうがらしなどに，果汁はドレッシングなどにも利用される。未熟な青ゆずは夏に出回り，熟した黄ゆずは冬に出回る。

レモン

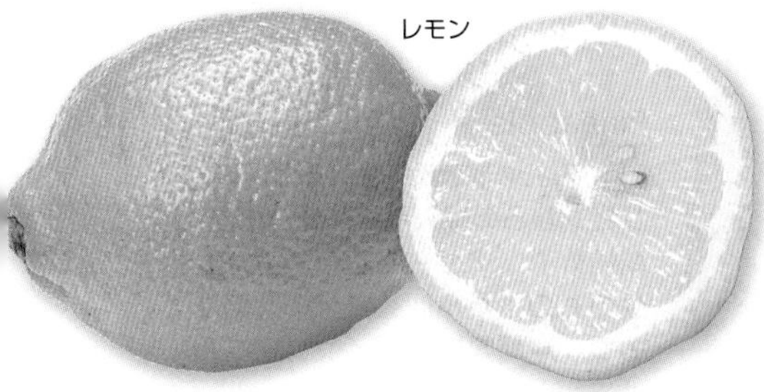

レモン [檸檬]Lemons

さわやかな香りと酸味が特徴。おもに料理や製菓の風味づけに用いられる。クエン酸，ビタミンCが豊富。アメリカからの輸入ものが多く，一年中出回っているが，国産レモンの旬は冬である。

果実の褐変

果実に含まれるポリフェノールが空気に触れると酸化酵素のはたらきによって酸化され，褐色に変化する。塩水や酸性水につけると褐変を防ぐことができる。

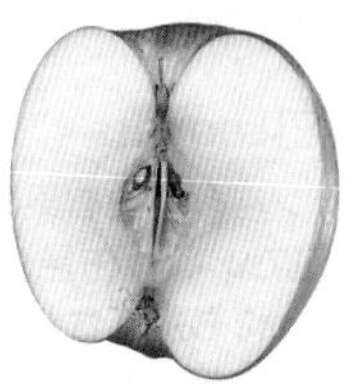

褐変した切り口

キウイフルーツ
（緑肉種）

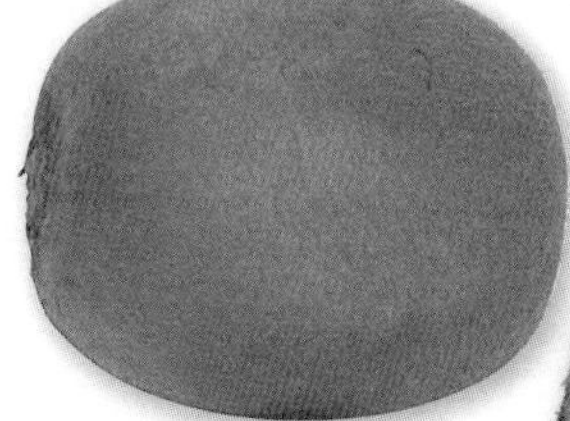

キウイフルーツ
Kiwifruit

ニュージーランドの国鳥，キウイバードに外観が似ているのでこの名がついた。ビタミンCを多く含んでいる。日持ちのよい果実。国産のものは冬～春に出回る。

さくらんぼ [桜桃] Cherries

おうとうとも呼ばれる。旬は初夏。果実の内側の色により，白肉種と赤肉種に分かれる。日本産は白肉種，外国産は赤肉種のものが多い。

さくらんぼ

すいか [西瓜] Watermelon

夏の風物詩ともいうべき果実。植物学的には野菜に分類されるが，果物として食べられることが多い。果肉の色は赤色，黄色がある。大玉種，小玉種など，品種が多い。

すいか

なし（幸水）

なし（二十世紀）

なし類 [梨類] Pears

日本なしは球状で，果肉がやわらかく，果汁を多く含むのが特徴。西洋なしはひょうたんに似た形で，果肉が緻密でもったりとした食感がある。なしの旬は夏の終わり頃で生食が一般的だが，砂糖液で煮詰めたコンポートにしても美味。

パインアップルは
どうやって育つか
知っている？

パインアップル

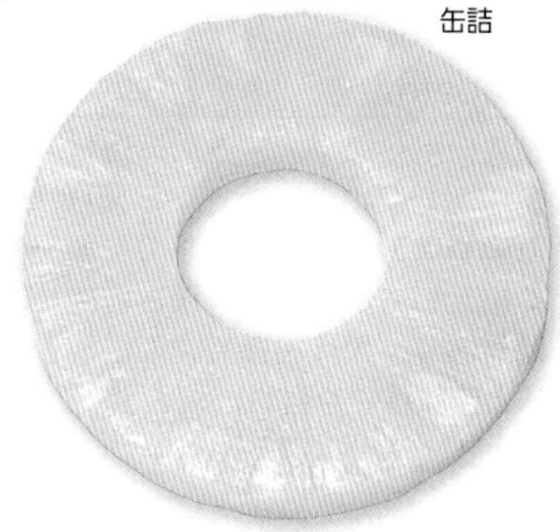

缶詰

パインアップル Pineapple

日本では沖縄で栽培されるが，フィリピンからの輸入品が多い。缶詰，乾燥菓子，ジュースの原料となる。生のものはたんぱく質分解酵素をもつ。沖縄県産のパインアップルは，初夏～夏が旬である。

バナナ Bananas

消化されやすいでん粉を豊富に含むので，スポーツをする時や疲労時のエネルギー補給源として適している。品質が落ちやすく，低温に弱いので，冷蔵保存には向かない。常温で吊るして保存するとよい。ほとんどがフィリピンからの輸入品である。

バナナ

びわ

びわ [枇杷] Loquats

比較的カロテンを多く含む果物。生の果実は5～6月が旬である。缶詰，シロップ漬け，ジャムなどにも加工されるが，原料価格が高いこともあり，あまり広くは出回らない。

ぶどう［葡萄］Grapes

世界には一万を超えるぶどうの品種があり，生食用，醸造（ワインなど）用，干しぶどう（レーズン）用，ジュース用に分けられる。夏の終わりから秋が旬である。

- **干しぶどう**　おもに種なしの品種の果実を天日乾燥か人工乾燥して作られる。ほとんどが輸入品。菓子やパン，ドライカレーなどに利用されることが多い。鉄や食物繊維が豊富。

ブルーベリー Blueberries

ツツジ科の落葉小低木。北米原産。小さい青い実は，生で食べる以外にジャム，洋菓子などにも使われる。アントシアニンという色素が含まれる。旬は夏。

南国フルーツのマンゴーが，北海道でも生産されているって本当!?

マンゴー Mangoes

インド原産で，「果物の王女」と称されるほど濃い甘味をもつ。日本で栽培されているもののほとんどは果皮が赤い品種で，アップルマンゴーとも呼ばれている。国産マンゴーの旬は夏である。

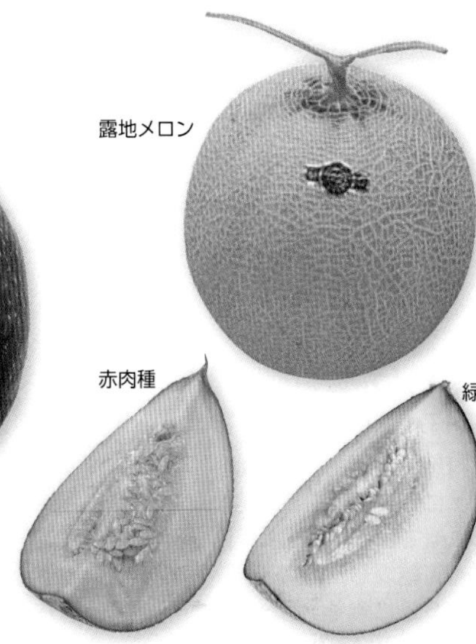

メロン Musk melon

ウリ科のつる性の一年草。品種が多く，ネット（網目）があるもの（ネットメロン）とないもの，赤肉種・緑肉種・白肉種などの違いがある。温室メロンはおもにガラス温室内で栽培されるもので，マスクメロンと呼ばれる高級メロンなど。露地メロンはビニルハウスやトンネルなどで栽培が行われるアムス，アンデス，プリンスメロンなど。温室メロンは一年中，露地物は春～夏に出回る。

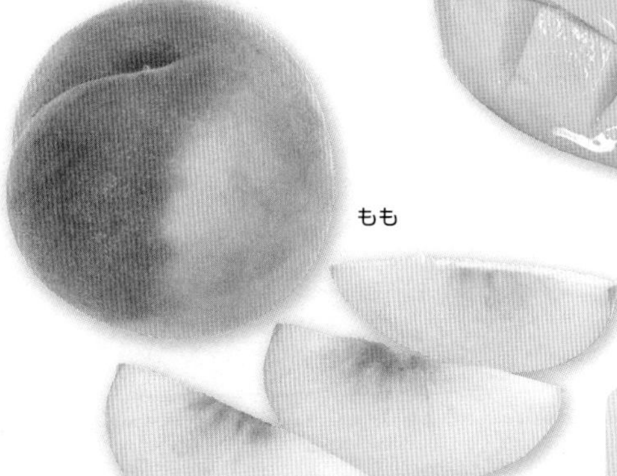

もも［桃］Peaches

白肉種は，酸味が少なく，熟したものは口中でとろけるようにやわらかい。黄肉種は，ほとんどが缶詰用。欧米諸国では黄肉種の栽培が多い。旬は夏。

1個の重さが1kgを超えるりんごもあるんだって。

りんご［林檎］Apples

多くの品種があり，世界のさまざまな国で栽培されているが，日本の品種は際立って甘く，実が大きい。日本のりんごは生食に適し，外国産のものは製菓材料に向くとされる。旬は秋～初冬。ジャム，ジュース，菓子などのさまざまな加工品も出回っている。

8 きのこ類

MUSHROOMS

成分の特徴
エネルギー量が小さく，食物繊維が多いという特徴があるよ！

きのこ類とは，菌類のうち，大型の子実体（胞子を形成する組織）を作るものをまとめていう。市販されているきのこのほとんどが栽培されたものであり，一年中食べることができるが，日本の山には多くのきのこが自生するので，秋になるときのこ採りが各地で楽しまれる。毒のあるものもたくさんあるので，不明なものは食べないようにすることが重要である。

生のきのこには各種の酵素が多く変質しやすいので，瓶詰めや塩漬けあるいは乾燥して保存されることが多い。海外のきのこ類も輸入され，市場に出回っている。

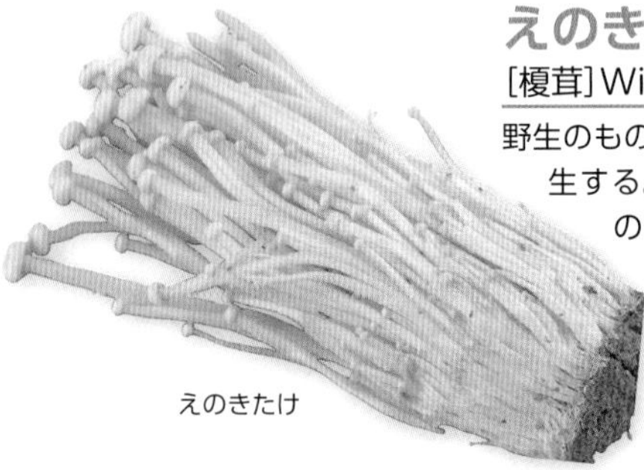
えのきたけ

えのきたけ
[榎茸]Winter mushrooms

野生のものは晩秋から冬にかけて発生する。日本で出回っているもののほとんどは暗室栽培されたもの。汁物，鍋物，揚げ物と用途が広い。

きくらげ
[木耳]Tree ears

中国料理の食材で，食感がクラゲに似ている。耳たぶの形に似ているため「木耳」と書く。乾燥したものを戻すと約5倍になる。スープや炒め物に用いる。

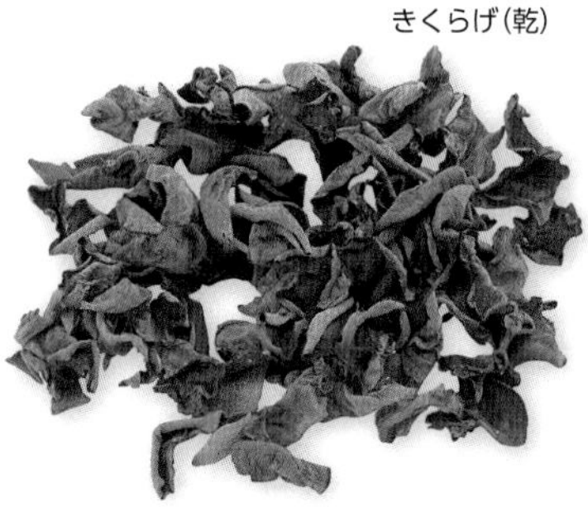
きくらげ(乾)

乾しいたけ(こうしん)

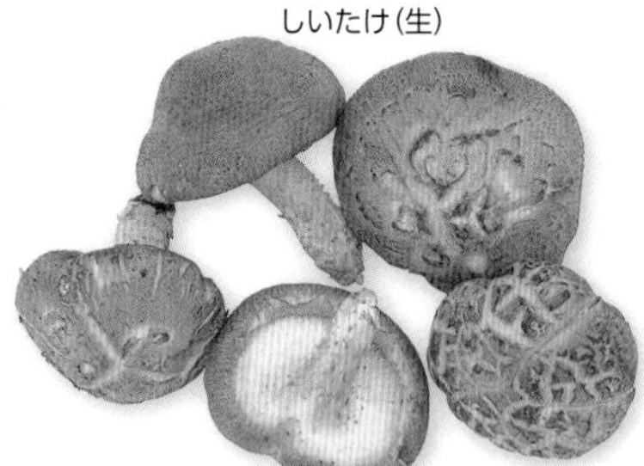
しいたけ(生)

乾しいたけ(どんこ)

しいたけ [椎茸]Shiitake

- **しいたけ**　栽培量の多いきのこ。香りがよくミネラル，ビタミンが豊富。うま味成分（グアニル酸など）を含む。焼き物，鍋物や汁物など，さまざまな料理に利用されている。
- **乾しいたけ（干ししいたけ）**　しいたけの乾燥品。干すと香りやうま味が増し，栄養価も増す。冬から春に収穫され，かさの開きの小さい肉厚の「どんこ」は最良品とされる。「こうしん」は，かさの開いたもの。

きのこは植物でも動物でもなくて，菌類だよ。
毒きのこの中には食べると死に至るものもあるんだって…。

しめじ類 [占地類]Shimeji

「香りまつたけ，味しめじ」の「しめじ」はほんしめじのこと。市販の「しめじ」の多くはぶなしめじの栽培品である。

ぶなしめじ

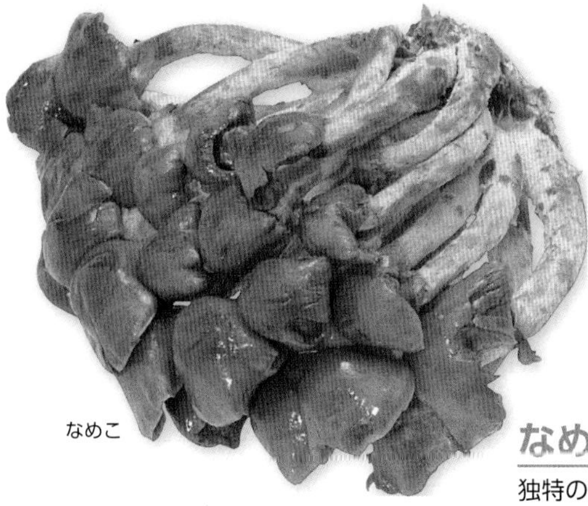
なめこ

なめこ水煮

なめこ [滑子]Nameko

独特のぬめりがある。ビンなどで菌床栽培したものを，収穫後に水煮し，袋詰めや缶詰にしたものが広く出回っている。

エリンギ

ひらたけ類 [平茸類]Oyster mushrooms

- **エリンギ**　かさが小さく柄が太いのが特徴。日本では自生しないので，栽培品が市場に出回っている。ソテーなどに。

まいたけ

まいたけ [舞茸]Maitake

花びらのようなかさが舞っているように見えることから名がついた。香りも味もよく，独特の歯触りを持つ。煮物，天ぷらなど，さまざまな料理に使われる。

マッシュルーム(白)

マッシュルーム(茶)

マッシュルーム
Button mushrooms

生のものと，水煮して缶詰にしたものが出回っている。スパゲッティやソテーなど，さまざまな西洋料理に合う。和名は「つくりたけ」である。

まつたけ

まつたけ
[松茸]Matsutake

おもに赤松のそばに生える。人工栽培が確立されておらず，収穫量が少ないため，国産品は高級品として扱われる。朝鮮半島や中国，カナダなどから輸入している。独特な香りや食感を持ち，日本人に好まれている。土瓶蒸し，炊き込みご飯などに。

9 藻類
ALGAE

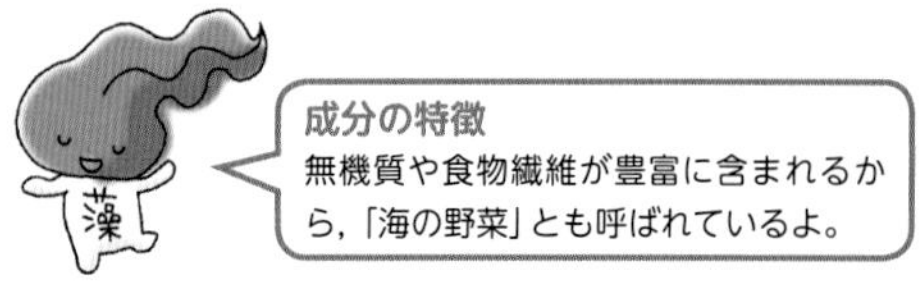

藻類とは，淡水，海水に生育する植物の総称である。特に食物としては，緑藻植物（あおさ，あおのりなど），褐藻植物（こんぶ，ひじき，わかめなど），紅藻植物（てんぐさなど）を指すことが多い。日本で食用にされるのは，大部分が海水に生育する海藻である。

藻類は水分を多く含み，いたみやすいので，乾物や塩蔵品に加工されて出回ることが多い。もともと歯ごたえや芳香などを楽しむものとされてきたが，無機質や食物繊維などの成分に注目が集まっている。

あまのり ［甘海苔］Purple laver

ウシケノリ科アマノリ属の総称。一般に市販されているのりは，アサクサノリやスサビノリなどの養殖されたものである。ビタミン，無機質を豊富に含む。

- **焼きのり**　ほしのりを高温で短時間加熱したもの。
- **味付けのり**　ほしのりにしょうゆや砂糖などの調味液をぬり，加熱乾燥させたもの。

富山県のコンビニでおにぎりを買ったら，とろろこんぶが巻いてあったよ。

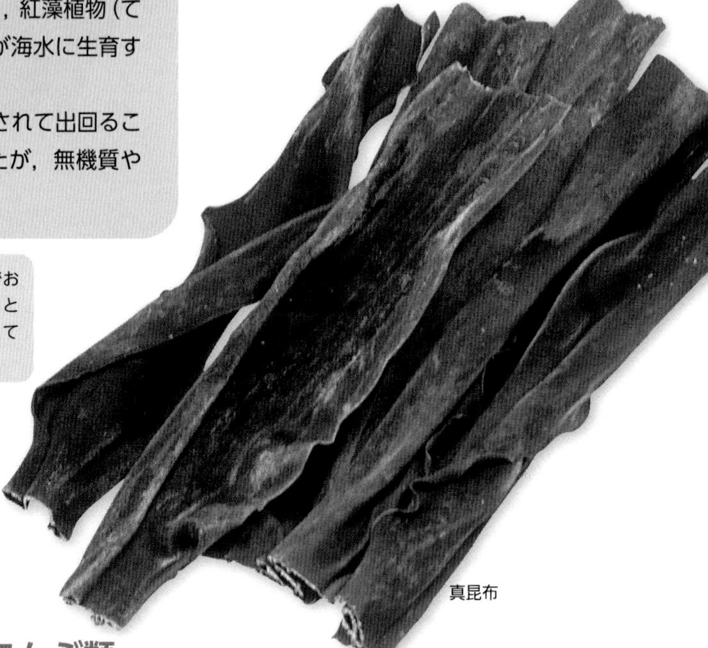

真昆布

焼きのり

味付けのり

削りこんぶ

つくだ煮

こんぶ類 ［昆布類］Kombu

干ししいたけとともに，日本の代表的な植物性のだし材料の1つで，うま味成分のグルタミン酸を含む。ヨウ素，カリウム，カルシウム，食物繊維などが豊富。主産地は北海道。真昆布は最も代表的なもので，幅20～30cm，長さ1～6m。ほかに利尻昆布，羅臼昆布，三石（日高）昆布などがある。

- **削りこんぶ**　乾燥させたこんぶの表面を酢で湿らせて削ったもので，幅の広いものをおぼろこんぶ，細くけずったものをとろろこんぶとも呼ぶ。
- **つくだ煮**　こんぶをしょうゆを主体とする調味液とともに煮詰めたもの。おにぎりの具として入れたり，ご飯にかけたりして食べる。

寒天

てんぐさ

粉寒天

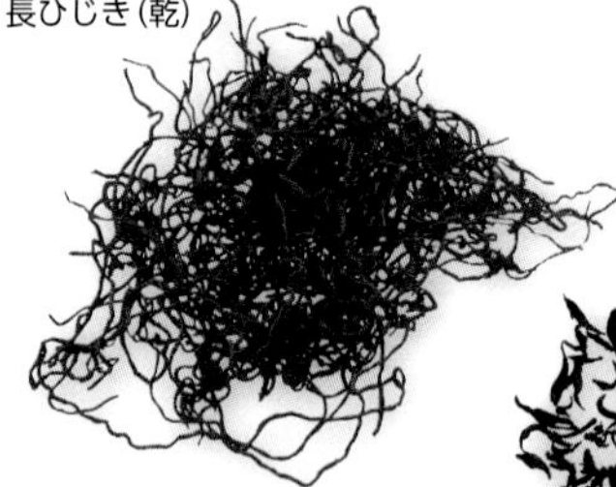

長ひじき（乾）

芽ひじき（乾）

湯通し塩蔵わかめ

カットわかめ

てんぐさ ［天草］Tengusa

テングサ科に属するマクサ，オバクサ，ヒラクサなどの総称。線状のものが木の枝のように分かれている。伊豆半島，伊豆七島などがおもな産地。寒天やところてんの原料となる。

- **粉寒天**　一般的にはおごのりを主成分とし，工場内にてゲル成分を抽出後，乾燥，粉砕したもの。寒天やゼリーを作る際には水と混ぜ，火にかけて煮溶かしてから冷やして固める。

ひじき ［鹿尾菜］Hijiki

春に採取される。乾燥ひじきは保存がきき，一年中出回っている。炒め煮などさまざまな料理に使われ，カルシウムや食物繊維などの供給源となる。ひじきには無機ヒ素が含まれるため，調理の際には下処理してから使用する。無機ヒ素は水に溶け出しやすいため，水洗いや水戻し，ゆでこぼしなどをすることで大幅に摂取量を減らすことができる。

わかめ ［若布］Wakame

養殖ものがほとんどで，塩蔵品，乾燥品が多く出回っている。

- **カットわかめ**　湯通し塩蔵わかめを食塩水で洗浄後に乾燥し，適当な大きさにカットしたもの。
- **湯通し塩蔵わかめ**　原藻を湯通ししてから冷水で冷却し，塩蔵後に脱水したもの。

10 魚介類

FISHES AND SHELLFISHES

一般に，食用となる水産動物の総称として「魚介類」が使われている。食品成分表では，魚類，貝類，えび・かに類，いか・たこ類，その他，水産練り製品という分類になっている。日本列島は四方が海に囲まれており，昔から魚介類は重要な食物であった。近年では技術の発達により消費者が魚介類を入手しやすくなっている一方で，過剰な漁獲による水産資源の枯渇が問題になっている。日本の食文化を守るためにも，限りある海の幸の持続的な利用を考えることは重要なことである。

まあじ

【魚類】

あじ類

[鯵類] Horse mackerels

全長約20～40cm

● **まあじ**　一般にあじと呼ばれているのは，まあじのこと。尾の近くに「ぜいご」と呼ばれるかたいうろこがあるのが特徴。すしだね，たたき，塩焼き，フライ，ムニエルなど料理の範囲が広い。旬は夏。

あゆ

あゆ [鮎] Ayu　全長約10～25cm

川底の藻を食べるため特有の香りを持つ。天然と養殖ものがある。ビタミン類，カルシウム，カリウムなどが多い。旬には地域差があり，6～8月頃。塩焼き，甘露煮などにする。

いかなごつくだ煮

いかなご

[玉筋魚] Japanese sand lance

全長約1～5cm

小型のいかなごは「こうなご」ともいい，煮干しやつくだ煮にして食べる。いかなごの釘煮は兵庫県の郷土料理として知られている。亜鉛や鉄，カルシウム補給源ともなる。

かたくちいわし（煮干し）

まいわし

かたくちいわし

陸に上げるとすぐに傷む弱い魚だから漢字で「鰯」と書くらしいよ。(諸説あり)
脂

しらす干し（微乾燥品）

しらす干し（半乾燥品）

いわし類 [鰯類] Sardines

● **かたくちいわし**　下あごが小さく上あごがないように見えることから「かたくち」といわれる。食塩水でゆでてから乾燥させたものが煮干しで，だし材料として用いられる。体長は10cmほど。

● **まいわし**　日本と朝鮮半島各地を回遊する。体長は 15～25cm ほど。身がやわらかいので手開きするとよい。ビタミンD，多価不飽和脂肪酸を多く含む。

● **しらす干し**　かたくちいわしやまいわしの稚魚を塩ゆでして軽く乾燥させたもの。おもに関東で消費される微乾燥品，関西で消費される半乾燥品がある。

うなぎ [鰻] Eel　全長約40cm

海で孵化(ふか)した稚魚（しらすうなぎ）は，川をさかのぼって淡水で成長する。市場に出回っているもののほとんどが養殖もの。ビタミン類が豊富で，特にビタミンAが多く含まれる。不飽和脂肪酸のＩＰＡ，ＤＨＡも豊富。

うなぎ

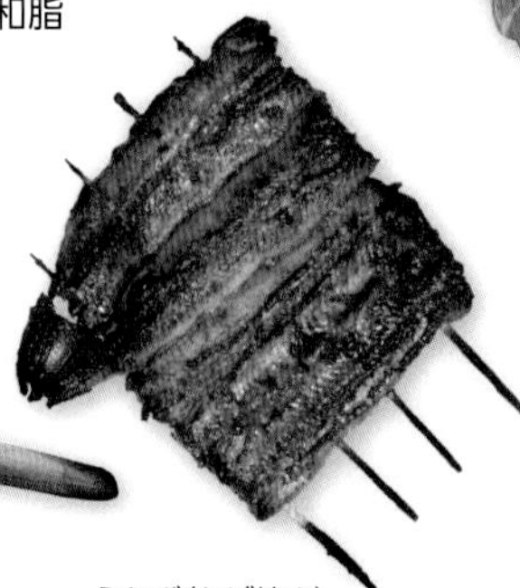
うなぎ（かば焼き）

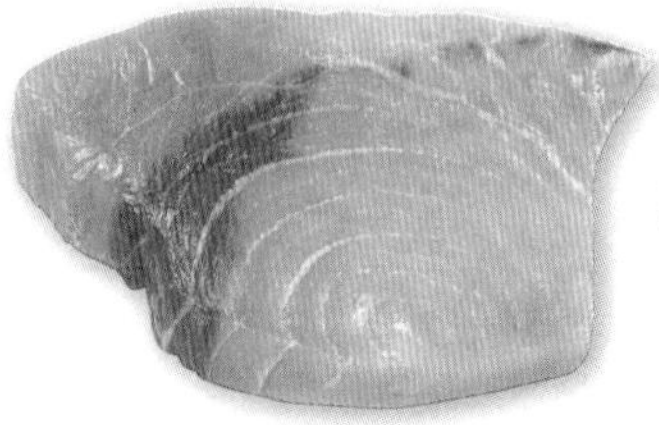
めかじき
（切り身）

かじき類
[梶木類] Swordfishes
全長約4〜5m

- **めかじき**　脂肪が多くやわらかいので，煮つけ，焼き物，練り製品の材料などに利用される。

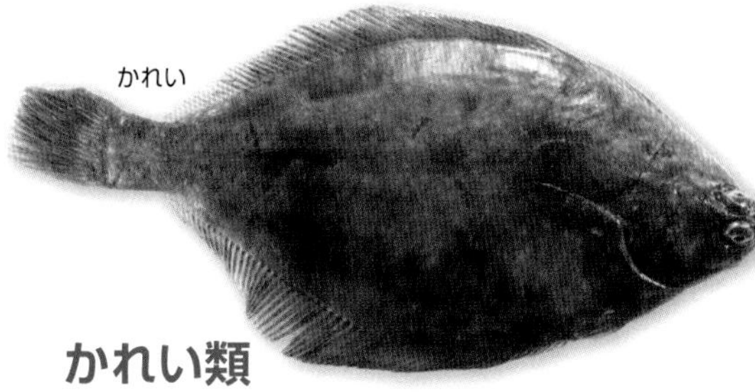
かれい

かれい類
[鰈類] Righteye flounders　全長約50cm

平たい体をしており，海底に住んでいる。例外はあるが，腹を下に置くと目が右側にあるのがかれい，左側にあるのがひらめ。刺身，煮つけ，焼き物，揚げ物などに利用される。ひれの付け根に並ぶ骨の間の身は「縁側」と呼ばれ，もっとも美味とされる。

かつお

かつお類
[鰹類] Skipjack tuna　全長約70cm

黒潮にのる回遊魚で，北海道沖まで北上すると，秋には三陸沖まで南下する。春捕りのものは「初がつお」とも呼ばれる。秋捕りのものは「戻りがつお」とも呼ばれ，脂がのっている。

- **削り節**　３枚におろしたかつおの身を煮て，火であぶって干し，さらに天日乾燥とかびつけをくり返したものをかつお節という。うま味の主成分はイノシン酸。かつお節を削ったものが削り節で，削り方により，厚いものや薄いもの，大きいものや小さいものがある。

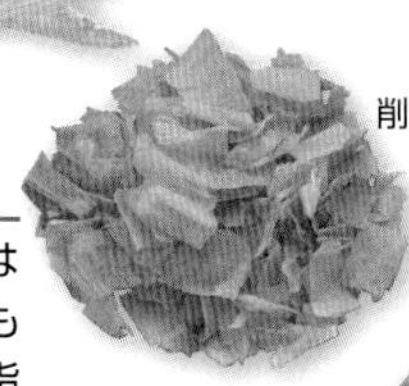
削り節

かつお節

すじこ

さけ・ます類
[鮭・鱒類] Salmons and trouts
全長約55cm〜１ｍ

一般に「さけ」といえば「しろさけ」を指すことが多いが，「べにざけ」「ぎんざけ」などさまざまな種類がある。

- **しろさけ**　日本の沿岸河川に溯上するのはこの種が大部分で，孵化放流の主力魚種。体長は５年で70cmになる。背側が黒っぽく，腹側は銀白色。旬は秋である。
- **塩ざけ**　さけの塩蔵品で，生のままよりも保存がきく。
- **イクラ**　「イクラ」とはロシア語で魚卵のことだが，日本ではさけやますの卵を卵巣からほぐして塩蔵したものをいう。卵をイクラのようにばらばらに分離せず，卵巣のまま塩蔵したものを「すじこ」と呼ぶ。

しろさけ

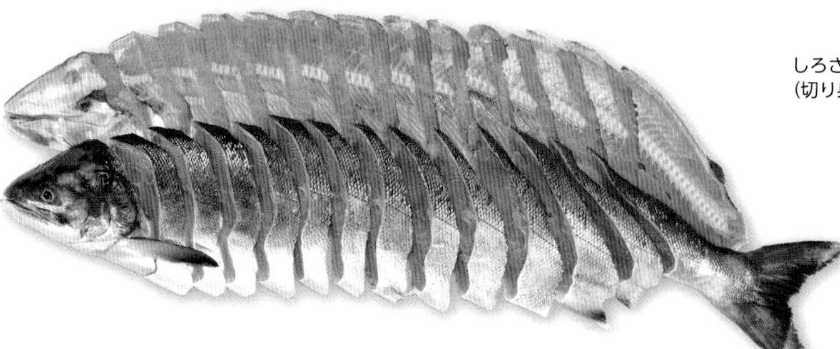

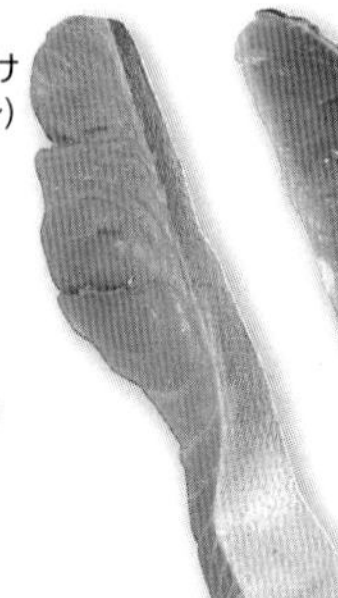
しろさけ
（切り身）

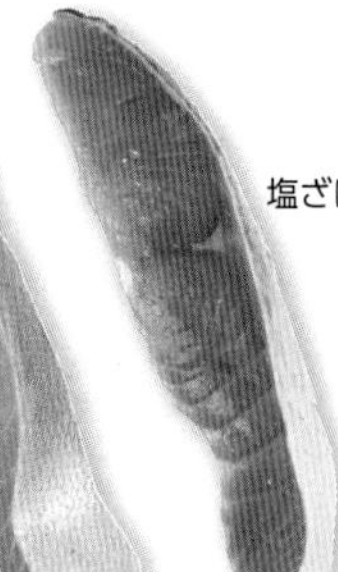
塩ざけ

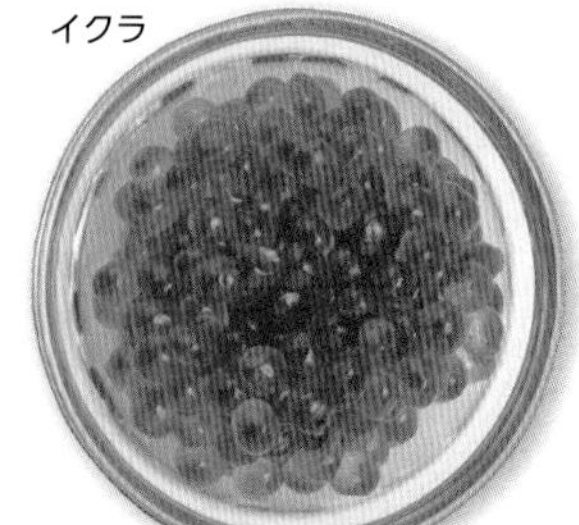
イクラ

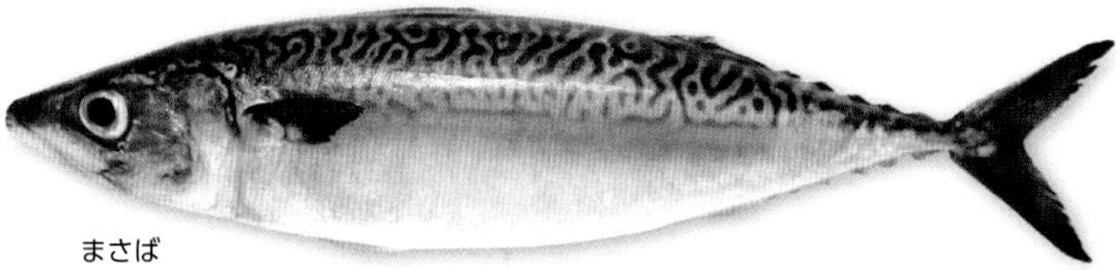

まさば

さば類 [鯖類] Mackerels 全長約40〜50cm

- **まさば** 栄養的に優れており脂肪，ＩＰＡ，ＤＨＡが多く，ビタミンB_2，D，Eなども豊富。鮮度が落ちやすいので生で食べることはあまりなく，酢締め，みそ煮，塩焼きなどで食べられる。旬は秋〜冬。

さわら

さわら

[鰆] Spanish mackerel

全長約1m

旬は春だが，回遊魚で日本列島を北上するため，関東などでは，「寒さわら」が美味という人もいる。照り焼き，粕漬けなど焼き物として料理することが多い。

さんま

さんま

[秋刀魚] Pacific saury

全長約35cm

夏に北海道から南下し，翌年の春には紀州沖まで下っていく。ＩＰＡ，ＤＨＡが多く含まれている。旬は秋で，塩焼きは秋の味覚の代表格。刺身，塩焼きのほか，開き干し，みりん干しや缶詰などにも加工される。

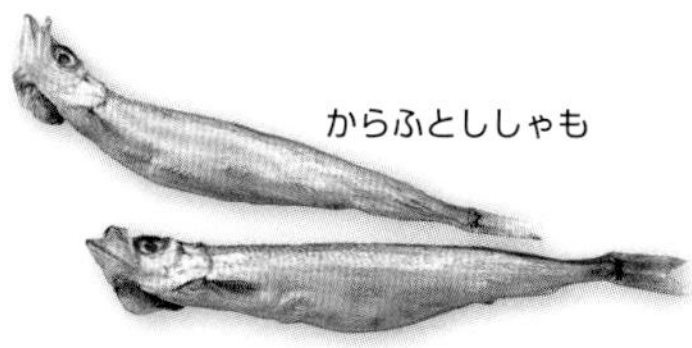

からふとししゃも

ししゃも類

[柳葉魚] Shishamo 全長約15cm

国産のししゃもは北海道の太平洋岸で獲れる。現在流通しているものはからふとししゃも（カペリン）が主流で，ノルウェーなどから輸入している。カルシウム，ビタミンA，B_2などが豊富。

まだい

たい類 [鯛類] Sea breams 全長約40cm〜1m

まだい，ちだい，くろだい，きだいなどがタイ科のたいである。ビタミンBやタウリン，カリウムなどが豊富。

- **まだい** 魚の代表格たる堂々とした姿や鮮やかな赤色であること，「めでたい」にも通じることから祝いの席には付きものとなっている。尾かしら付きの塩焼き，潮汁，刺身などで食べられる。旬は冬。

まだら

まだら（切り身）

たら類 [鱈類] Cod fishes 全長約1〜1.5m

- **まだら** 日本海北部やオホーツク海などに生息する。重さ20kg。「たらふく食う」を漢字で書くと「鱈腹食う」となるのは，たらの食欲がおう盛で，お腹が大きいことからこの漢字が当てられたという。淡泊な白身で，鍋物やムニエル，ホイル焼きなどで食べられる。旬は冬。
- **たらこ** すけとうだらの卵巣を塩蔵したもの。
- **でんぶ** まだらの身を加熱して細かくほぐし，調味したもの。ピンク色に着色した「桜でんぶ」は巻きずしやちらしずしなどに用いられる。

たらこを唐辛子などに漬け込んだものが辛子明太子だよ。

たらこ

桜でんぶ

ひらめ

ひらめ ［鮃］Bastard halibut　全長約80cm

「左ひらめに右かれい」といい，目の位置で見分ける。かれいよりも体が大きく，また，口が大きいのも特徴。淡泊で上品な味の高級魚で，刺身，すしだねに利用。背びれに沿った「縁側」と呼ばれる部分が最高とされる。

ぶり

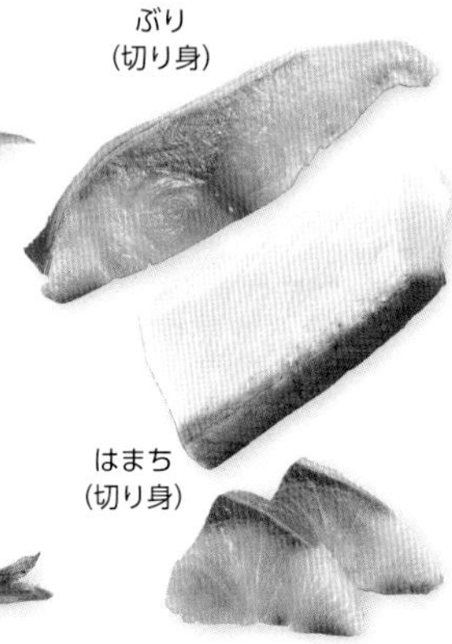

ぶり（切り身）

はまち（切り身）

ぶり ［鰤］Yellowtail
全長約70～80cm

ぶりは成長に伴い，関東では「わかし→いなだ→わらさ→ぶり」，関西では「つばす→はまち→めじろ→ぶり」の順に呼び名が変わり，出世魚と呼ばれる。回遊魚で冬に南下する「寒ぶり」は，脂がのり美味。

- **はまち**　本来はぶりの若魚で40cm前後の大きさのものを「はまち」というが，養殖ぶりを「はまち」ということが多い。

ほっけ

ほっけ（開き干し）

ほっけ ［𩸽］Atka mackerel　全長約40cm

あいなめの近縁魚で，北海道，東北で獲れる。新鮮なものは刺身が美味だが，鮮度が落ちやすく，おもに開き干しや練り製品などに加工されて出回る。ＩＰＡやＤＨＡが豊富。

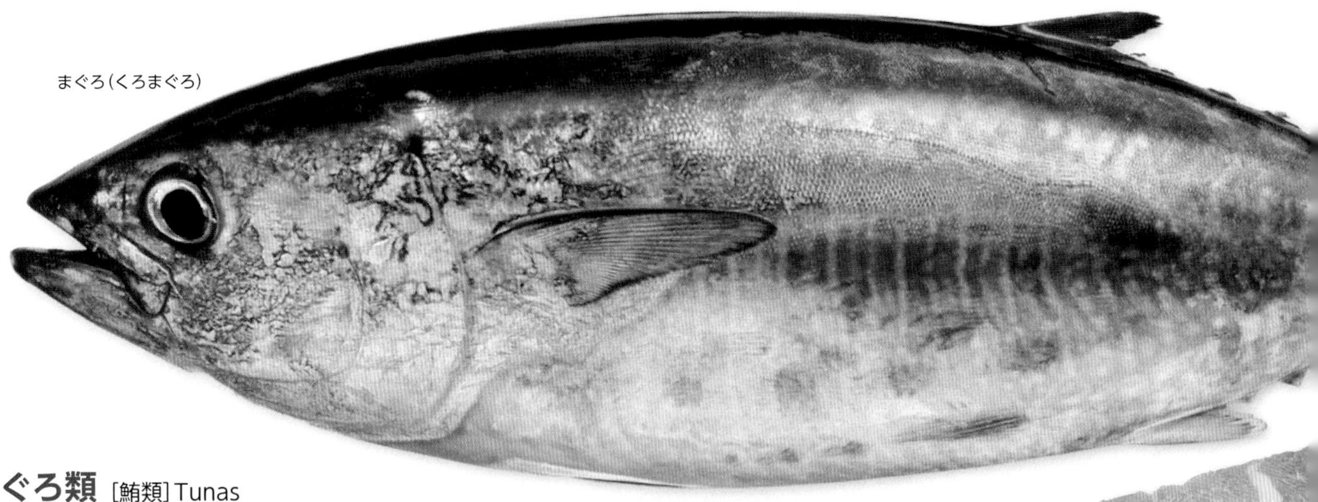

まぐろ（くろまぐろ）

まぐろ類 ［鮪類］Tunas

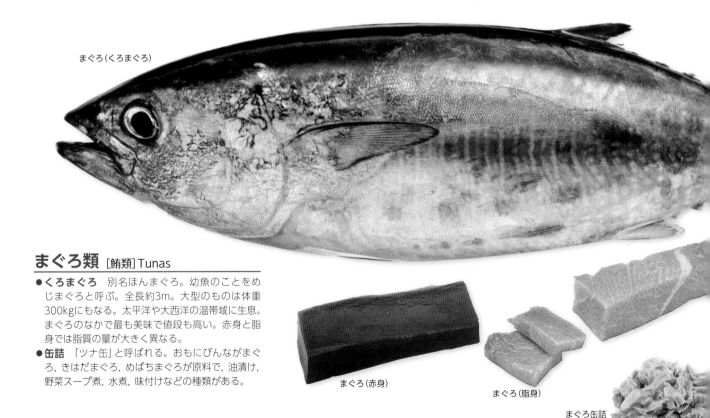

- **くろまぐろ**　別名ほんまぐろ。幼魚のことをめじまぐろと呼ぶ。全長約3m。大型のものは体重300kgにもなる。太平洋や大西洋の温帯域に生息。まぐろのなかで最も美味で値段も高い。赤身と脂身では脂質の量が大きく異なる。
- **缶詰**　「ツナ缶」と呼ばれる。おもにびんながまぐろ，きはだまぐろ，めばちまぐろが原料で，油漬け，野菜スープ煮，水煮，味付けなどの種類がある。

まぐろ（赤身）

まぐろ（脂身）

まぐろ缶詰
（油漬）

【貝類】

あさり

[浅蜊] Short-necked clams

殻長約4〜5cm

日本各地の沿岸にいる最も馴染み深い貝。鉄，ビタミンB_2などが多い。海水と同程度の濃度の食塩水に入れ，砂抜きをしてから調理する。みそ汁やあさり飯，パスタなど，幅広く用いられる。つくだ煮や缶詰などの加工品もある。

あさり

あさり缶詰（水煮）

かき

[牡蛎] Pacific oysters

殻長約15cm

養殖が主流で，宮城県や広島県のものが有名。「海のミルク」といわれるほど栄養価が高い。鍋物，フライなどに。生食する際は「生食用」を用いる。

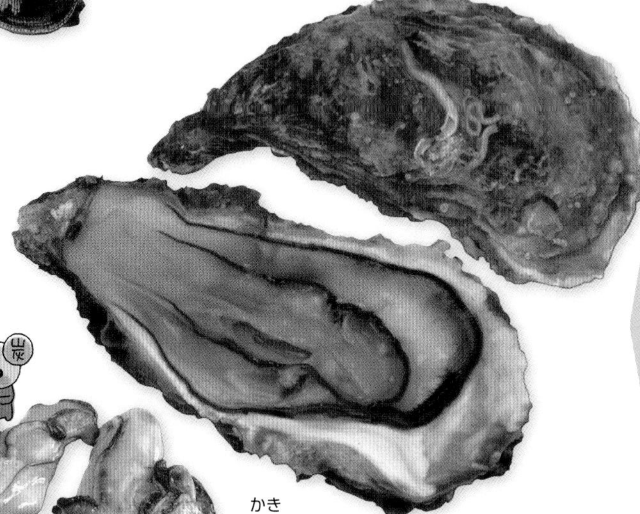

かき

果物の「かき」と全く同じ名前だな…。

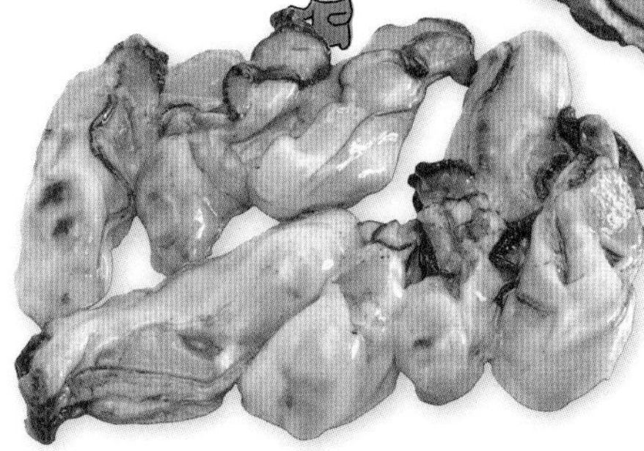

しじみ

[蜆] Japanese corbicula clams

殻長約2〜3cm

淡水または汽水産の二枚貝。マシジミ，ヤマトシジミ，セタシジミなどがある。鉄やビタミンB_2などが多い。真水かうすい食塩水で砂抜きをしてから調理する。みそ汁やつくだ煮などにする。

しじみ

二枚の殻をパクパクさせて泳ぐことができるよ！

ほたてがい

[帆立貝] Giant ezo-scallops

殻長約10〜20cm

東北，北海道沿岸で獲れるが，養殖ものが多い。中腸腺（ウロと呼ばれる，黒い部分）には貝毒が蓄積されるので，取り除き，食べないようにする。刺身，すしだね，バター焼き，フライなど，料理の幅が広い。

ほたてがい

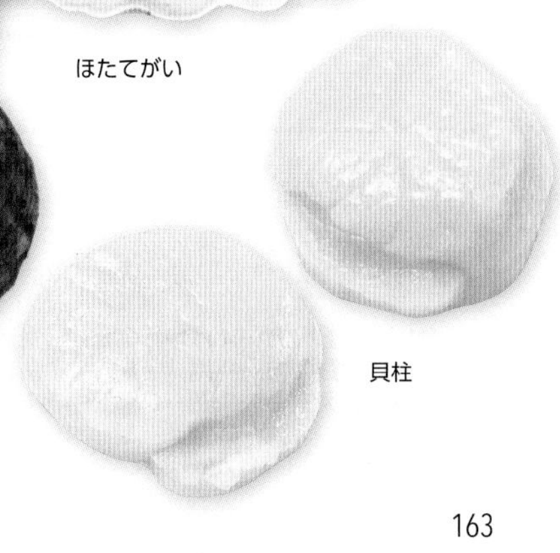

貝柱

【えび・かに類】

えび類 [海老類] Prawns and shrimps

- **さくらえび**　駿河湾，相模湾，東京湾などに生息する小さなえび。透明だが，煮ると桜色になる。かき揚げ，お好み焼きなどに使う。全長約4～5cm。
- **バナメイエビ**　中南米原産。近年，中国南部から東南アジアで大量に養殖されている。身がやわらかく，天ぷら，フライなど，幅広い料理に使われる。全長約14～23cm。
- **ブラックタイガー**　くるまえびに似ているが，色が黒っぽく，味がやや落ちる。東南アジアで盛んに養殖され，大量に輸入されている。全長約15～25cm。
- **干しえび**　サルえびなどの小えびを素干しや煮干しにしたもので，中華スープのだしや，炒め物などに使われる。

さくらえび（素干し）

干しえび

えびは縁起のよい食べ物とされているよ。
(p.52参照)

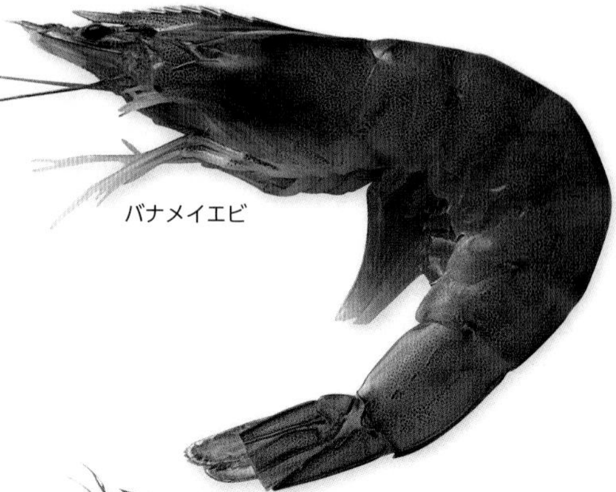
バナメイエビ

ブラックタイガー

かに類 [蟹類] Crabs

- **ずわいがに**　クモガニ科。北陸では越前がに，山陰地方では松葉がにという。ずわいがにと呼ばれるのは雄で，雌はせいこがに，こうばこがにと呼ばれ，極端に小さい。雌より雄がおいしいとされる。旬は冬。
甲長約10～15cm。

ずわいがに

魚介類の数え方

魚の数え方にはいろいろあり，頭・尾までついているものなら「匹」や「本」や「尾（び）」が用いられる。切り身なら「枚」や「切れ」，短冊状に切り分けたものは「冊（さく）」が用いられることもある。

- **いかの数え方**…1ぱい，2はい（生きているときは1匹，2匹と数える）。
- **えびの数え方**…1尾，2尾（1本，2本という場合もある。生きているときは1匹，2匹と数える）。
- **貝の数え方**……1個，2個（生きているときは1匹，2匹と数える）。ほたてがいのような平らな貝の場合は，殻がついているときは1枚，2枚ともいう。

ザリガニは，カニなの？エビなの？

【いか・たこ類】

いか類

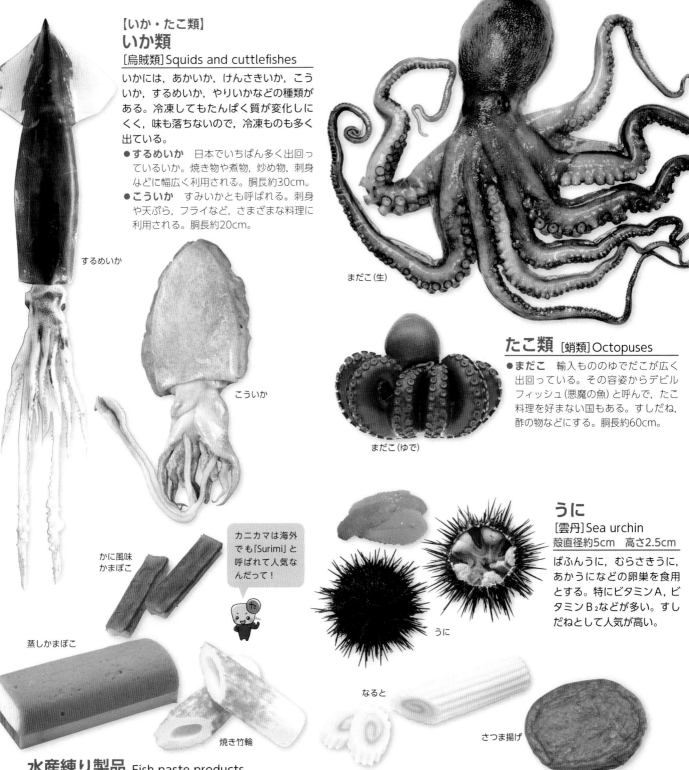

[烏賊類]Squids and cuttlefishes

いかには，あかいいか，けんさきいか，こういか，するめいか，やりいかなどの種類がある。冷凍してもたんぱく質が変化しにくく，味も落ちないので，冷凍ものも多く出ている。

- **するめいか**　日本でいちばん多く出回っているいか。焼き物や煮物，炒め物，刺身などに幅広く利用される。胴長約30cm。
- **こういか**　すみいかとも呼ばれる。刺身や天ぷら，フライなど，さまざまな料理に利用される。胴長約20cm。

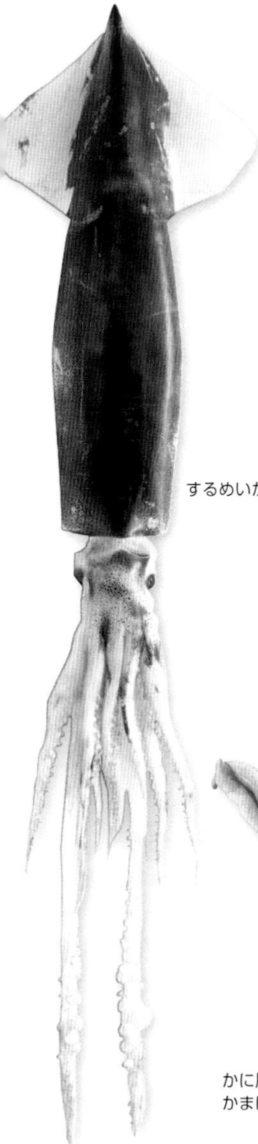
するめいか

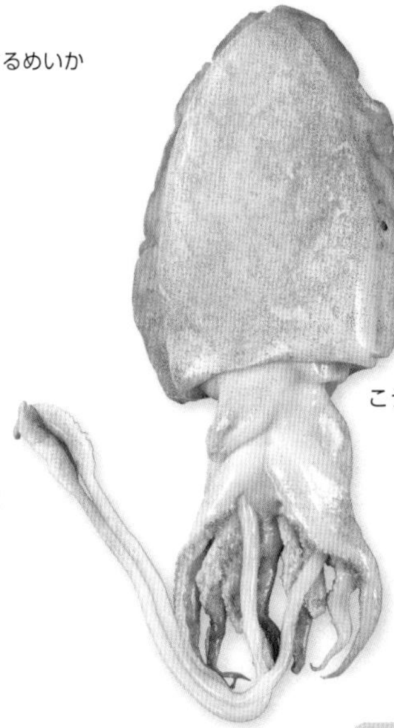
こういか

まだこ（生）

まだこ（ゆで）

たこ類 [蛸類]Octopuses

- **まだこ**　輸入もののゆでだこが広く出回っている。その容姿からデビルフィッシュ（悪魔の魚）と呼んで，たこ料理を好まない国もある。すしだね，酢の物などにする。胴長約60cm。

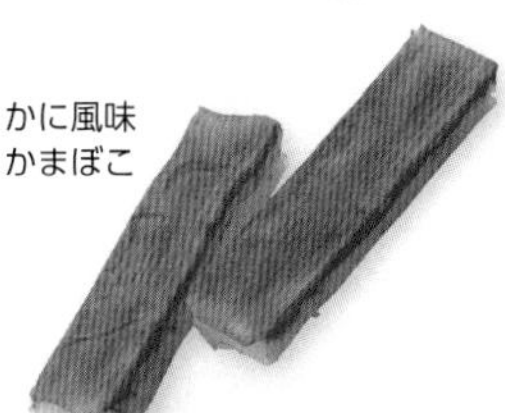
かに風味かまぼこ

カニカマは海外でも「Surimi」と呼ばれて人気なんだって！

うに

うに

[雲丹]Sea urchin

殻直径約5cm　高さ2.5cm

ばふんうに，むらさきうに，あかうになどの卵巣を食用とする。特にビタミンA，ビタミンB_2などが多い。すしだねとして人気が高い。

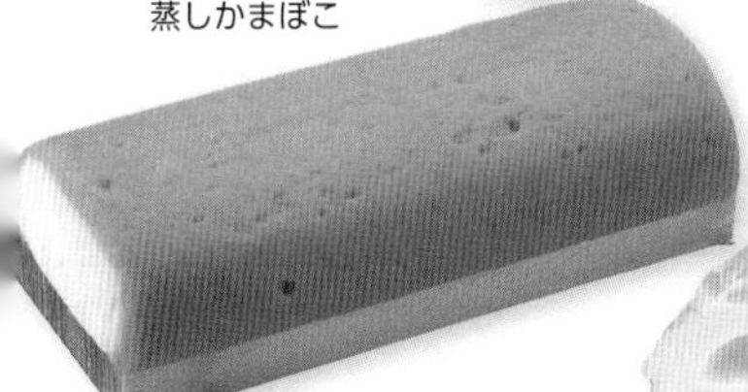
蒸しかまぼこ

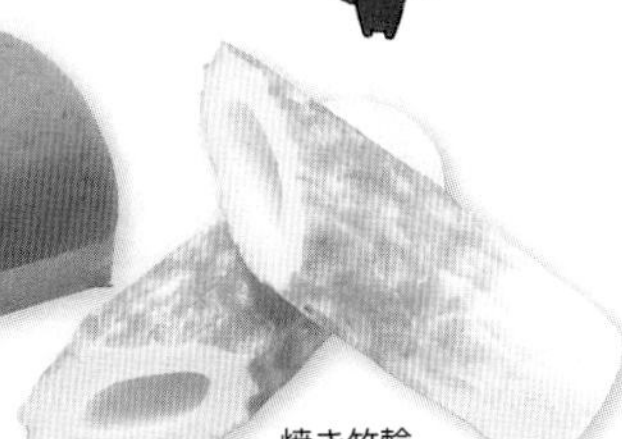
焼き竹輪

なると

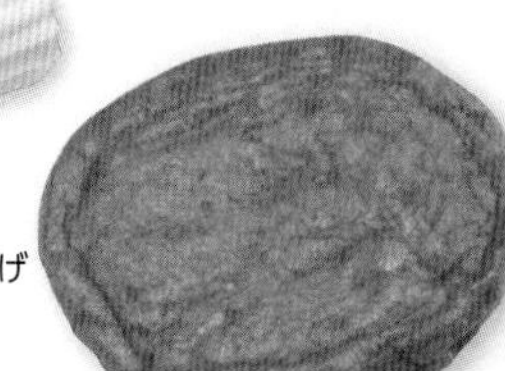
さつま揚げ

水産練り製品 Fish paste products

海に囲まれた日本で独自に発展してきた伝統的な食品である。一般的に，魚肉に塩を加え，調味料などを加えてすりつぶして「すり身」にし，それぞれの製品の形に成形した後，煮たり，焼いたり，蒸したり，揚げたりして加熱する。

- **かに風味かまぼこ**　かにかまとも呼ばれる。かに肉の組織に似せるため，魚のすり身を板状に成形し，細かい筋目を入れて加熱，着色するなどして作る。原料はすけとうだらの冷凍すり身。
- **蒸しかまぼこ**　白身魚のすり身に塩，でん粉，みりん，砂糖などを加えて蒸したもの。すけとうだら，さめ，いわし，えそなどを原料にする。
- **焼き竹輪**（ちくわ）　魚のすり身を竹の筒につけて焼いたもの。現在は竹の代わりに鉄の棒を使っている。おもにすけとうだらが原料。
- **なると**　着色したすり身と無色のすり身を渦巻き状に巻き，蒸したもの。めん類，吸い物の具などに利用されることが多い。
- **さつま揚げ**　鹿児島の名産。すり身にでん粉，野菜，その他の具を加えて揚げたもの。そのまま食べたり，焼き物，おでんだねなどに。

11 肉類

MEATS

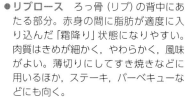

成分の特徴
肉類は重要なたんぱく質源だね。
成分は種類や部位によって異なるよ。

畜肉（牛，豚，めんよう，やぎ肉），家うさぎ，家禽(かきん)類を総称して肉類という。広い意味では，いわゆる「肉」だけでなく，消化管などの内臓組織や脂肪組織なども含める。肉類は缶詰，ハム，ソーセージなどにも加工され広く利用されている。

食肉の成分は動物の種類，品種，性別，年齢，部位によって異なるが，水分を60～70%，たんぱく質を約20%程度含んでいる。特に脂質含有量は部位によって大きく異なる。と畜（とさつ）直後の動物の筋肉はかたくなるが，時間がたつとやわらかくなり，風味が増す。これを「肉の熟成」という。

牛肉 Cattle, Beefs

市販の牛肉は，和牛肉，乳用肥育牛肉，輸入肉などに分類される。和牛には，黒毛和種，褐毛和種，日本短角種，無角和種などがあるが，一般に和牛といえばその多くが黒毛和種である。「国産牛」と表示されて売られているものには，乳用種のホルスタイン種の雄を肥育させたもの（乳用肥育牛肉）やホルスタイン種の雌に黒毛和種の雄を交配して肥育させたもの（交雑種）などがあり，和牛に比べて価格が安い。和牛の飼育には多くの手間とコストがかかるが，肉質はきめが細かく，やわらかく，味がよい。ヘレフォード種などの西洋種は，肥育しても霜降り肉は得られない。

●**枝肉**　牛をと畜して，皮，頭部，内臓，四肢の先端を切り離した状態をいい，通常は左右に半分割されている。枝肉から各部位に分割され，さらにスライスされたものが，スーパーマーケットなどで市販される。

牛の枝肉

●**リブロース**　ろっ骨（リブ）の背中にあたる部分。赤身の間に脂肪が適度に入り込んだ「霜降り」状態になりやすい。肉質はきめが細かく，やわらかく，風味がよい。薄切りにしてすき焼きなどに用いるほか，ステーキ，バーベキューなどにも向く。

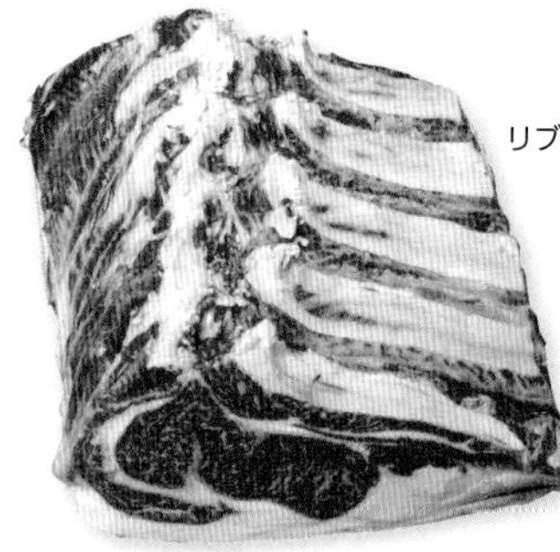
リブロース

●**かたロース**　ロース（背中の筋肉）の中でも，首から肩の部分にあたる，長い筋肉の一部。サーロインに比べてやや筋っぽい。うま味がたっぷりで，赤身の間に脂肪が入りやすい部位なため，霜降り肉としてすき焼きなどによく用いられる。

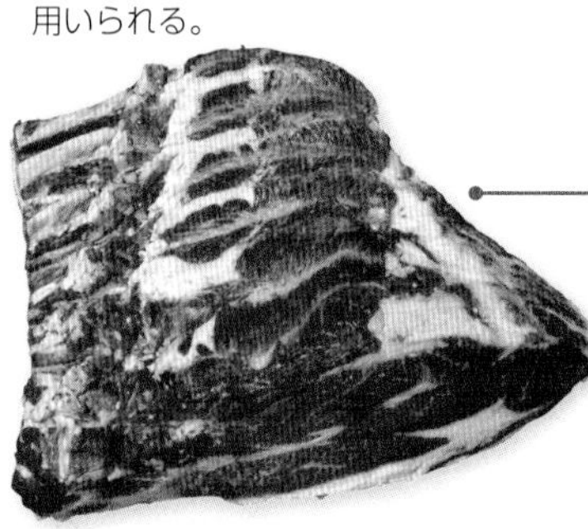
かたロース

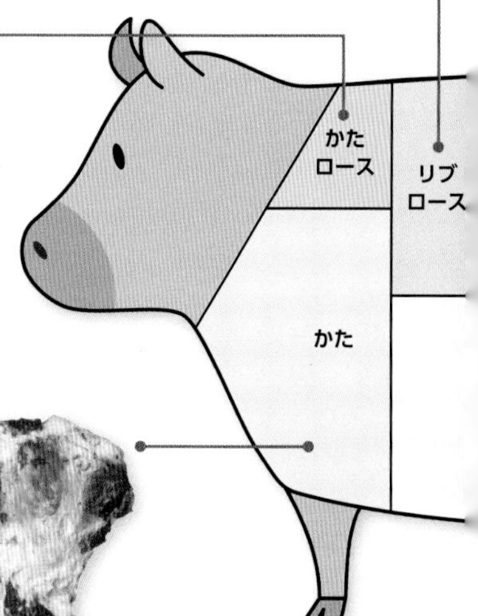

●**かた**　前足を中心にしたうでの部分。よく運動する筋肉が集まっているので，ほとんどが赤身で，筋が多い。たんぱく質が多く脂肪が少ない。ややかためだが味が濃厚で，ブイヨンをとったり，薄切りにして焼肉用にしたり，シチューなどの煮込み料理などにする。

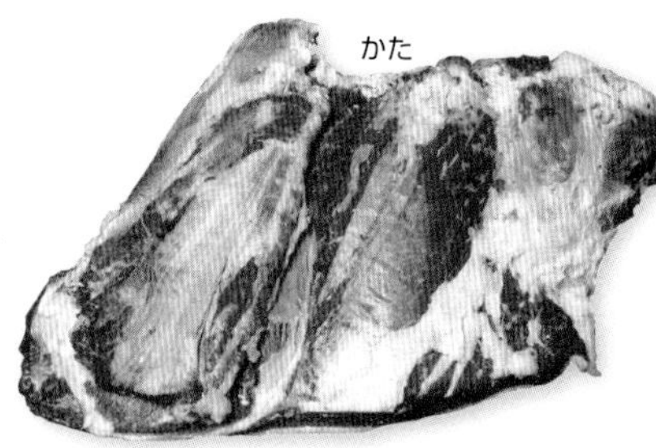
かた

●**ばら**　肩の部分をかたばら，腹の部分をともばらという。赤身と脂身が層になっていて，三枚肉とも呼ばれている。呼吸や横隔膜の運動で常に動いている部分なので，すじが多くきめが粗いが，煮込み料理に用いると濃厚な風味が引き出される。こま切れやひき肉にも用いられる。

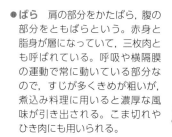

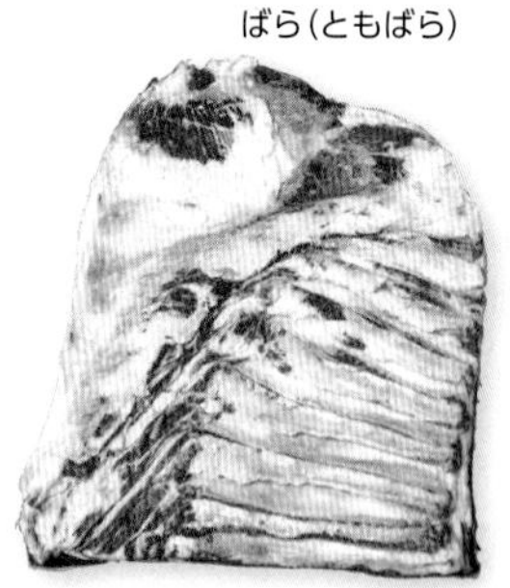
ばら（ともばら）

ばら（かたばら）

牛肉は鉄分が豊富。
貧血にもいいね。

あなたの家のカレーの肉は，
牛・豚・鶏のどれ？

ひき肉

●**ひき肉**　使われる部位はかたとばら肉が多い。各部位肉を整形する際に切り落とされた肉が多く使われる。値段が安いものほど脂肪が多く含まれる。赤身の多いほうが脂肪が少なく，縮みが少ない。外気との接触面が大きいので，品質を保てる期間は短い。ミートローフ，ハンバーグ，ミートソースなどに。

●**サーロイン**　きめが細かくやわらかで，風味，肉質ともにヒレと並んで牛肉を代表とする最高の部位。肉質がやわらかく形もよい。ステーキのほか，薄切りにしてしゃぶしゃぶなどにも用いられる。

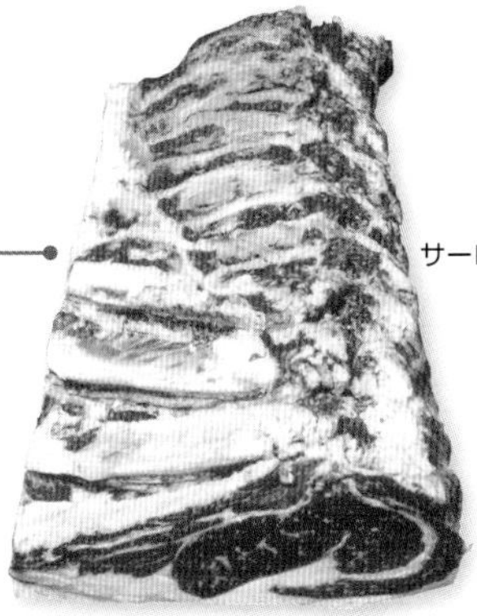

サーロイン

●**ヒレ**　サーロインと腎臓の間にある細長い部分。テンダーロインともいう。また，関西ではヘレともいう。牛肉の中で最もやわらかく，脂肪が少ない最高級の部位である。１頭から２本しかとれないので，価格が高い。やわらかさを生かして，ステーキに利用されることが多い。

ヒレ

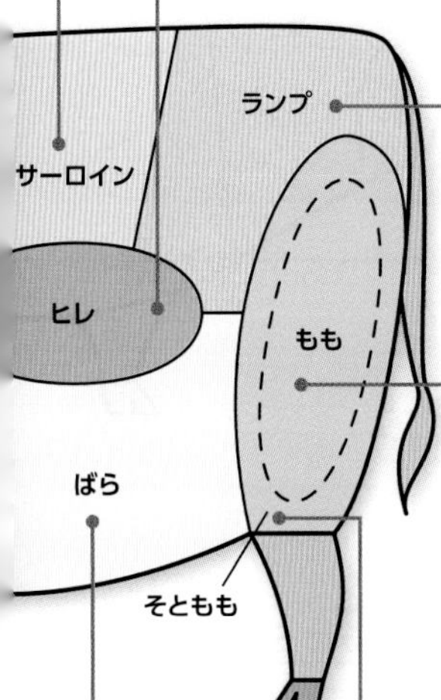

ランプ

●**ランプ**　腰からももにかけての部位で，やわらかい赤身。脂肪が少なく，ヒレの代用になるほど風味がよい。ステーキ，ローストビーフなどに利用される。

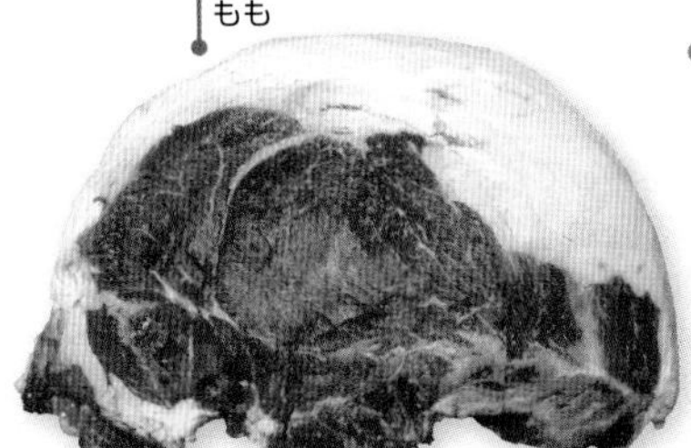

もも

●**もも**　内またにあたる内ももと，その下にあるかたまり「しんたま」を合わせて「もも肉」として売られている。内側の部分はやわらかく，脂肪が少ない赤身の肉で，ブロックで店頭に並ぶことが多い。すき焼き，ソテー，焼肉などのほか，ローストビーフなどかたまり肉で多くの料理に用いられる。

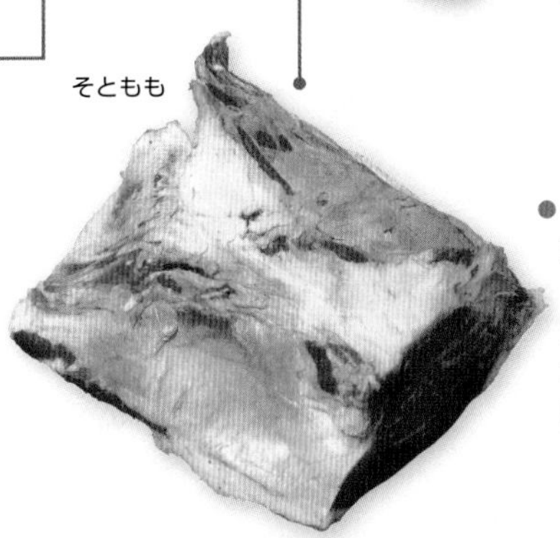

そともも

●**そともも**　ももの外側の部分で，運動量の多い筋肉。脂肪が少なく，ほとんど赤身である。肉質がかたいので，ひき肉やコンビーフなどに加工されることが多い。焼肉，煮込み料理などに向く。

牛肉（副生物）Offals

内臓や，頭部や尾などの部分。鮮度が落ちやすい部分で，保存には注意が必要である。それぞれの部分に特徴があるので，血抜きやゆでこぼしなどの下処理をし，食感やうまみを生かして調理する。

●**舌**　タン，牛タンとも呼ばれる。１頭の牛の舌の重さは約1.5kgほどもあり，おもにスライスして市販される。肉質はややかたく，独特の弾力がある。薄切りにして焼肉として食べられることが多いが，シチューなどの煮込み料理にも向く。

●**肝臓**　レバーと呼ばれる。肝臓はビタミンA，B，C，鉄などを多く含む。臭みが強いので調理前によく洗い，水や牛乳にさらして血抜きしてから用いる。揚げ物，ソテーなどに向く。

●**大腸**　シマチョウ，テッチャンとも呼ばれる。ホルモン焼や煮込みに使われる。１頭の牛から２kgほどしかとれないので珍重される。

舌（タン）

肝臓（レバー）

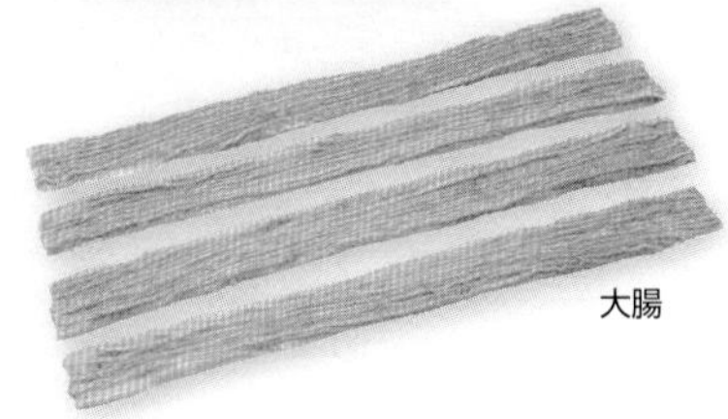

大腸

ぶた肉 [豚肉] Swine, Porks

ぶた肉は，日本ではさまざまな食べ方で食べられており，ハム，ベーコンなどの加工品も多い。現在流通している品種は，大ヨークシャー種，ランドレース種，ハンプシャー種，デュロック種など。「大型種」と「中型種」に分けられるが，市販されているぶた肉は大型種の交雑種がほとんどで，月齢5～6か月，体重100kg程度で食用にされる。

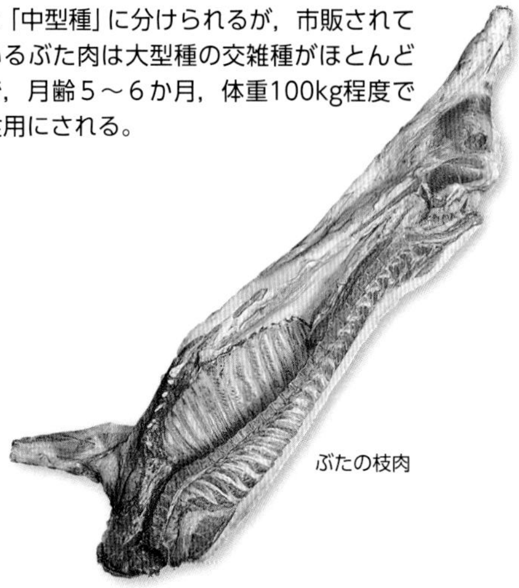
ぶたの枝肉

●**かた**　前足を中心にしたうでの部位。筋肉がよく使われているのでかたい。筋が多いので厚切りに向かず，薄切りやひき肉にして使う。薄切りのものは鉄板焼，炒め物などに，角切りのものはシチューやカレーなどの煮込み料理に用いられる。

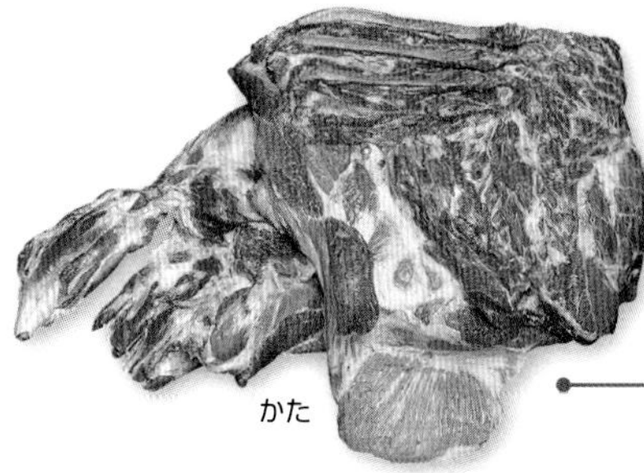
かた

●**かたロース**　かたの中でも一番首寄りの部分で，脂肪が網目のように広がり，適度に脂がのっている。うま味成分を含んでいて味がよい。切り身で使う場合は肉たたきなどで脂肪と赤身の間の筋を切ってから料理するとやわらかく仕上がる。煮ても焼いてもおいしいので，あらゆるぶた肉料理に向く。ローストポーク，とんかつなどに。

かたロース

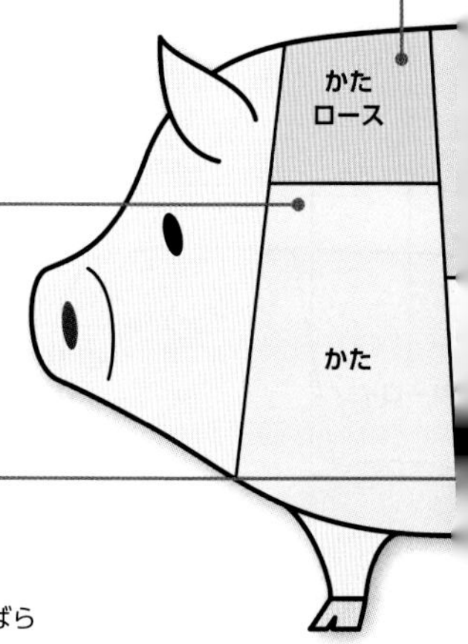

●**ひき肉**　くび，かたやそとももなどの料理用に整形しにくい部分や，各部位を整形した際に出てきた切り落としの部分など，いろいろな部位を合わせて，肉ひき機でひいたもの。赤身の多いひき肉に人気があるが，ばら肉など脂身の多いもののほうが味がよく，粘りも出てやわらかく仕上がる。塩を加えて練ると，粘りが出てよくまとまる。ハンバーグ，肉団子，ぎょうざ，テリーヌなどにして食べる。

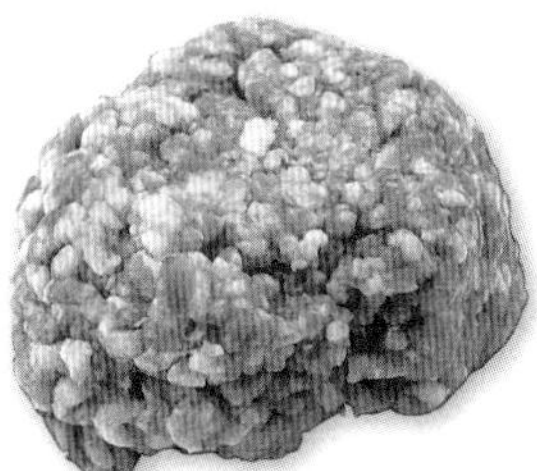
ひき肉

●**ばら**　腹の部分。赤身と脂肪が交互に三層になっていることから三枚肉とも呼ばれる。ベーコン，ひき肉の材料となるほか，赤身部分がややかたいので煮込み料理に適している。あばら骨つきのばら肉は，スペアリブと呼ばれ，オーブンで焼いたり，バーベキューに用いられたりする。

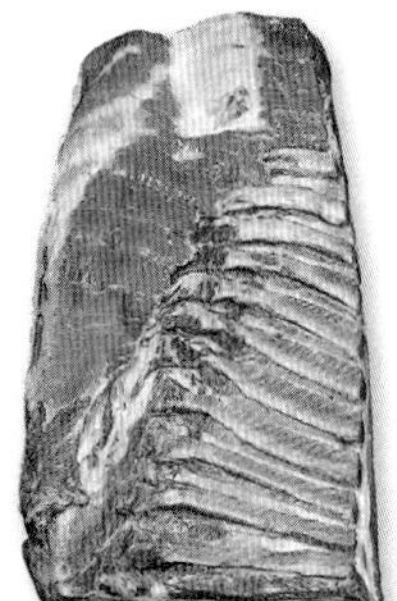
ばら

ベーコン類 Bacons

ベーコンは，ぶたのばら肉を塩漬けしたものを乾燥，燻煙したもの。赤身と脂肪がきれいに層になっているものが上質で，脂肪は多いが，加熱によってこの脂肪がよい風味を出す。かた肉を使用したものをショルダーベーコンといい，脂肪が少ないのが特徴となっている。

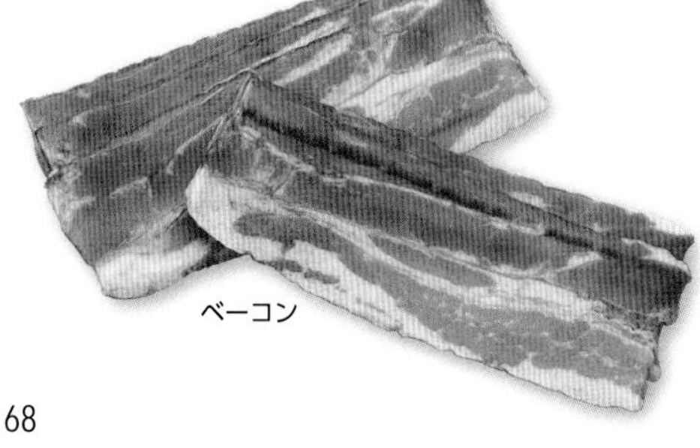
ベーコン

ハム類 Hams

肉を塩漬けにし，燻煙，加熱して作る肉の加工品。そのまま食べるほか，サラダやサンドイッチなどに用いる。

●**ロースハム**　ロース肉を加工したもので，脂肪含量が多く，しっとりしている。日本では最も人気のあるハム。

ロースハム

ソーセージ類 Sausages

●**ウインナーソーセージ**　塩漬けしたぶた肉をひき肉にして，調味した後にひつじ，うし，ぶたなどの腸（ケーシング）に詰めたもの。オーストリアのウィーンが発祥の地。日本では，直径が20mm未満のものをいう。

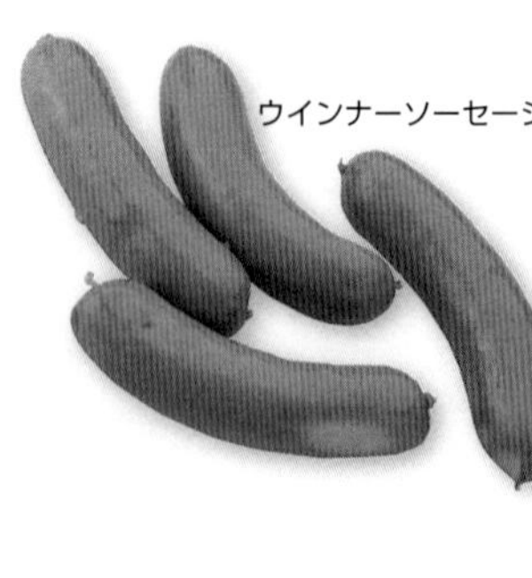
ウインナーソーセージ

豚肉にはビタミンB₁が多く含まれている！

- **ロース**　胸部から腰部の背側で，肉質はぶた肉の中ではヒレと同様に最高である。背面の脂肪がうま味を出すので，脂身を取り除く場合も，全部は取り除かない方がよい。薄切りはすき焼きなどの鍋物，しゃぶしゃぶ，炒め物に。切り身はとんかつ，ポークソテー，しょうが焼きなどに用いる。ブロックは焼き豚，ローストポークなどに用いる。

- **ヒレ**　ロースの内側に付着した細長い筋肉で，1本1kg前後のかたまりが左右1本ずつある。1頭あたり2本しかとれないので，ほかの部位に比べて価格が高い。低脂肪でやわらかく，肉質はぶた肉の中で最高である。味は淡泊なので油を使う料理に用いると，特においしく食べられる。ヒレかつ，唐揚げなどにして食べる。

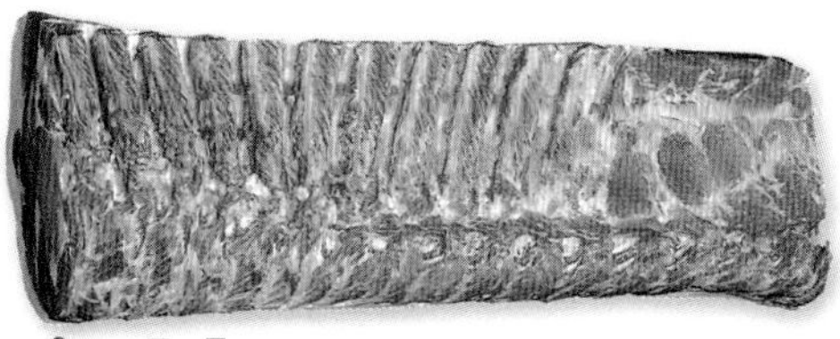
ロース

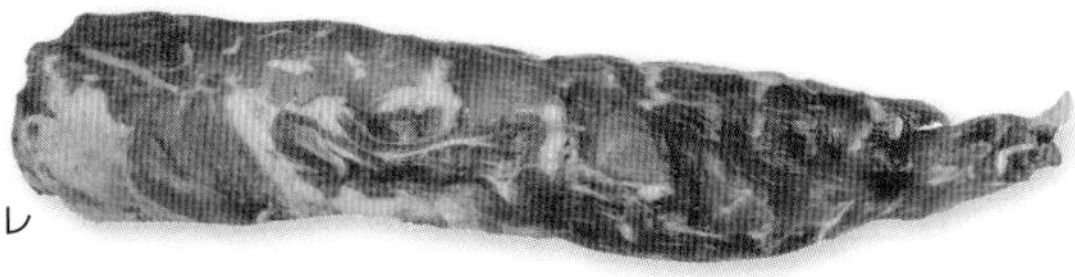
ヒレ

- **もも**　ももの内側にあるかたまりの部分で，ほとんどが赤身。低脂肪で，たんぱく質の含有量が多い。利用範囲が広く，ブロックのほか，角切りや薄切り，ひき肉などで使用される。厚切りやかたまりのままで調理をする場合は，包丁でかるく切り込みを入れて用いるとよい。焼き豚，ローストポーク，煮込みなどに。

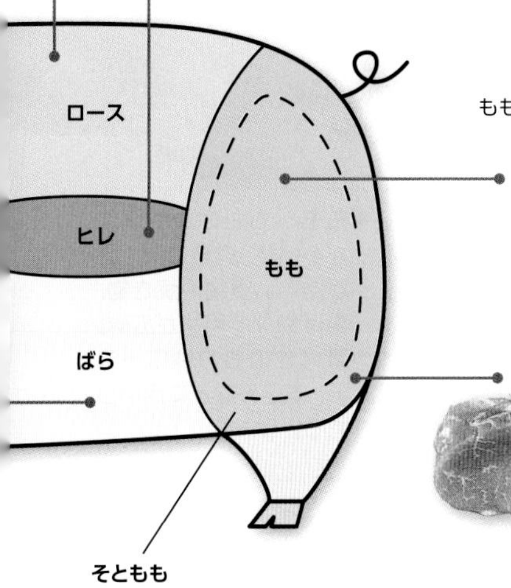

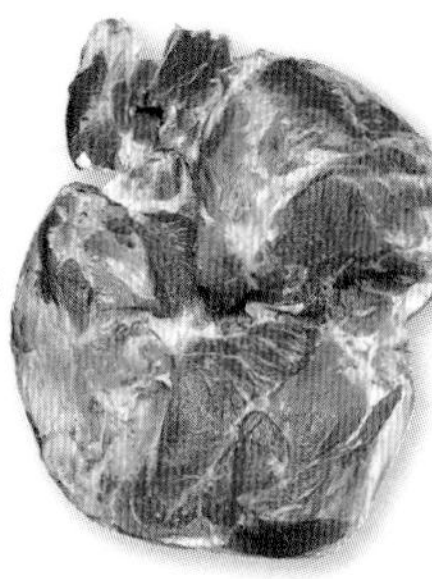
もも

- **そともも**　ほとんどが赤身で，脂肪が少ないのはももと同様だが，そとももの方は，表面が筋膜におおわれている。よく動かす部分なのでかためであるが，こくがあるのが特徴である。肉そのものの味を楽しむ料理に向き，焼き豚，ローストポークなどにする。

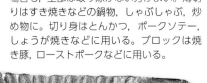

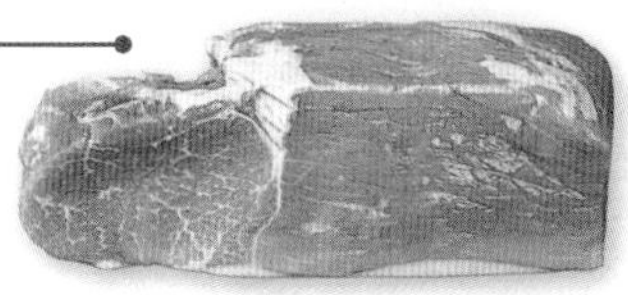
そともも

ぶた肉（副生物） Offals

- **肝臓**　レバーと呼ばれる。ビタミンや鉄分などが豊富だが，臭みがあるので，調理前には水や牛乳で血抜きをしてから利用する。
- **大腸**　臭みがあるので，ゆでこぼすなどの下処理が必要。煮込み料理や炒め物などにして食べる。
- **その他**　上記のほかに，心臓（ハツ），胃（ガツ），小腸（ヒモ），子宮（コブクロ）などがある。沖縄では「ぶたは鳴き声以外は食い尽くす」とも言われ，ミミガー（耳），チラガー（顔の皮），血なども利用されている。

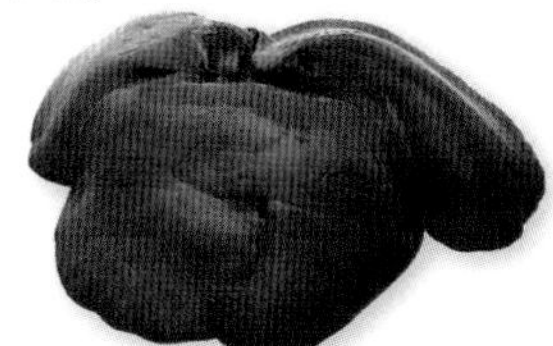
肝臓（レバー）

大腸

第2部　食品図鑑（写真と解説）

その他 Others

- **ゼラチン**　ゼリーなどを作る際に用いる。動物の骨，皮，筋などに含まれるコラーゲンから抽出される一種のたんぱく質である。板状のものと粉末状のものがある。

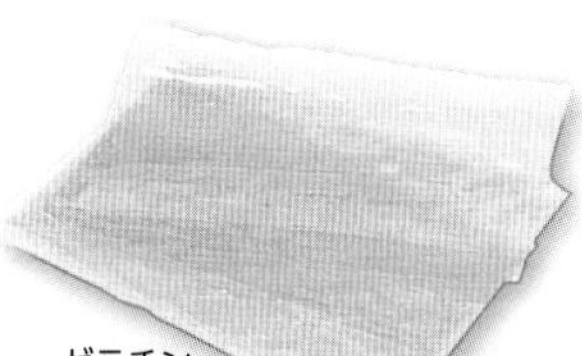
ゼラチン（板）

ゼラチン（粉）

寒天（p.158）は食物繊維。ゼラチンはたんぱく質！

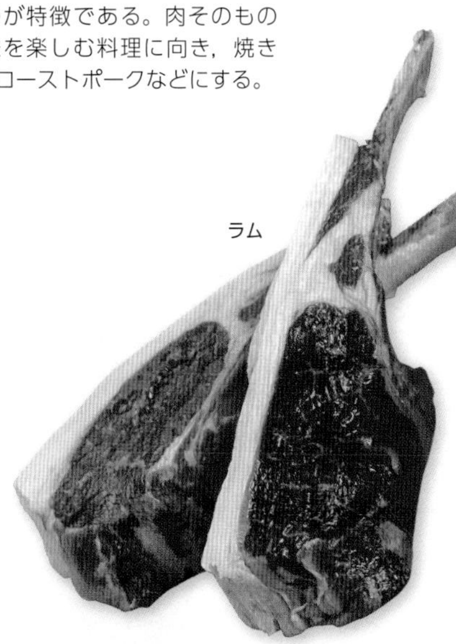
ラム

めんよう

［緬羊］Sheep

生後1年未満の子羊をラム，1年以上のものをマトンという。ラムは，臭みが少なく肉質もよいので，フランス料理では牛肉よりも高級な素材とされて人気がある。マトンは，肉質がややかためで独特の風味があり，日本ではおもにジンギスカン料理に利用される。

にわとり ［鶏］Chicken

市販されているものの多くは，月齢3か月未満の若鶏肉（ブロイラー）。ブロイラーは，成長が早く肉付きがよいように品種改良した食肉専用鶏。肉質はやわらかくくせがない。地鶏と呼ばれるのは，おもに日本の在来種から作られた鶏で，肉に締まりがある（下部のコラム参照）。

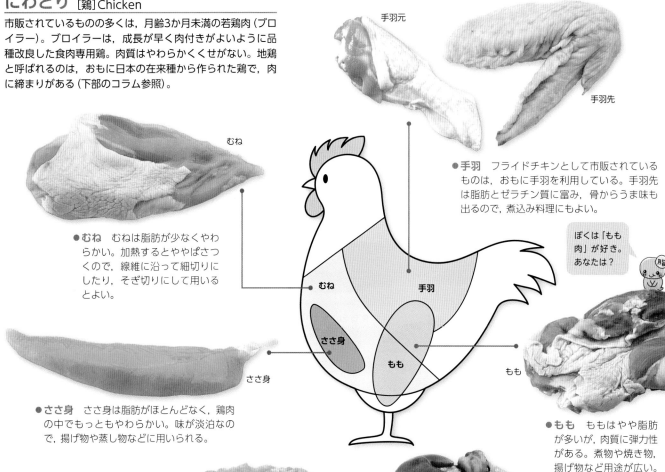

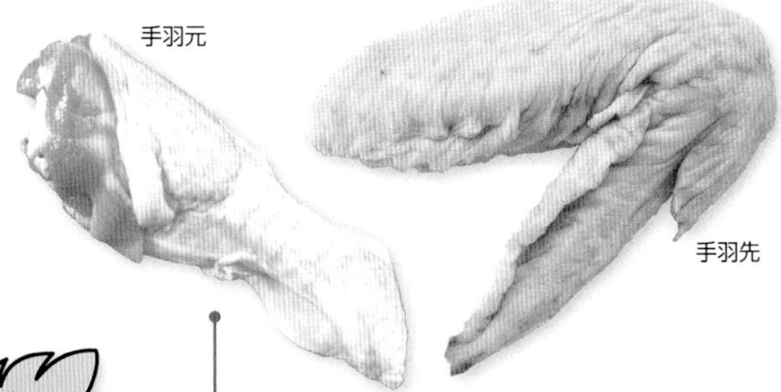

手羽元

手羽先

●**手羽**　フライドチキンとして市販されているものは，おもに手羽を利用している。手羽先は脂肪とゼラチン質に富み，骨からうま味も出るので，煮込み料理にもよい。

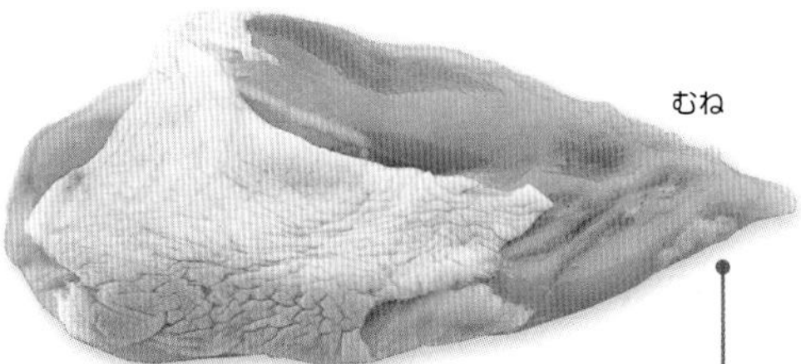

むね

●**むね**　むねは脂肪が少なくやわらかい。加熱するとややぱさつくので，線維に沿って細切りにしたり，そぎ切りにして用いるとよい。

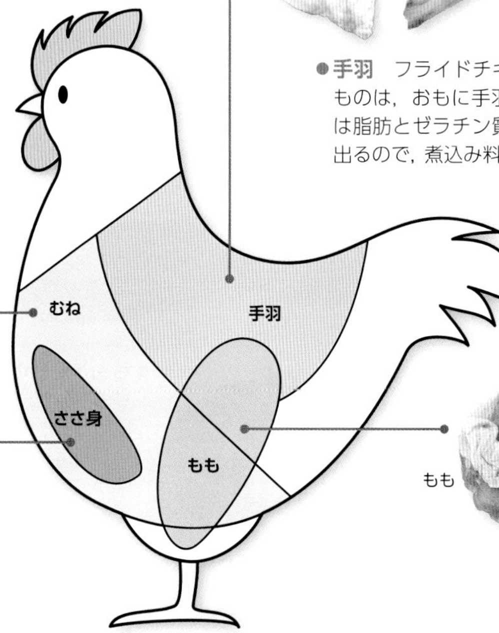

ささ身

●**ささ身**　ささ身は脂肪がほとんどなく，鶏肉の中でもっともやわらかい。味が淡泊なので，揚げ物や蒸し物などに用いられる。

もも

●**もも**　ももはやや脂肪が多いが，肉質に弾力性がある。煮物や焼き物，揚げ物など用途が広い。骨付きのものはロースト，煮込みなどに用いられる。

●**ひき肉**　平均的には脂肪を多く含むものが多いが，ささ身など低脂肪な部位のみを用いたものもある。味は淡泊なので，ねぎやしょうがを加えて団子にし，吸い物などに用いる。

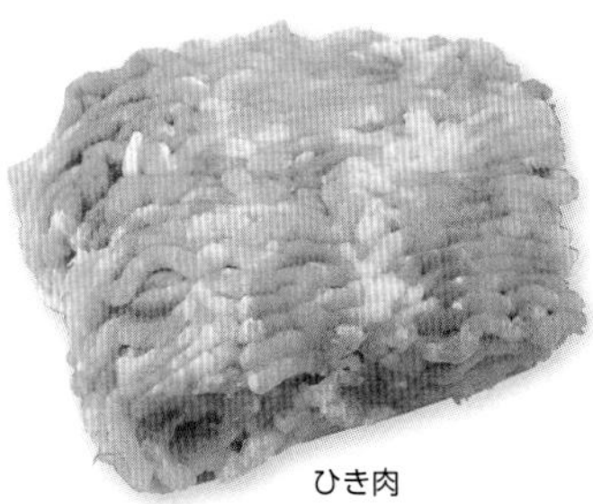

ひき肉

肝臓（レバー）

心臓

●**肝臓**　肝臓はビタミンB₂，鉄分を多く含む部位で，炒め物や焼き物に利用される。牛や豚の肝臓よりも臭みが少ないので，料理に用いやすい。

地域のブランド肉を楽しもう

●**おもな銘柄牛**
山形牛（山形県），仙台牛（宮城県），常陸牛（茨城県），飛騨牛（岐阜県），松阪牛（三重県），神戸ビーフ（兵庫県），石垣牛（沖縄県），佐賀牛（佐賀県）など

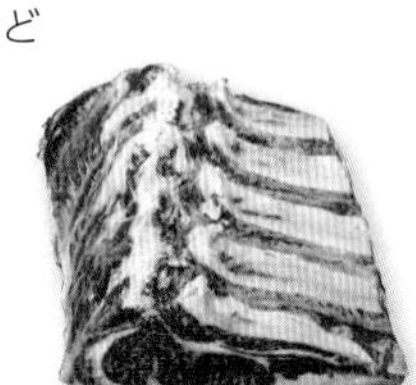

●**おもな銘柄豚**
十勝黒豚（北海道），TOKYO X（東京都），やまゆりポーク（神奈川県），淡路島ポーク（兵庫県），かごしま黒豚（鹿児島県）など

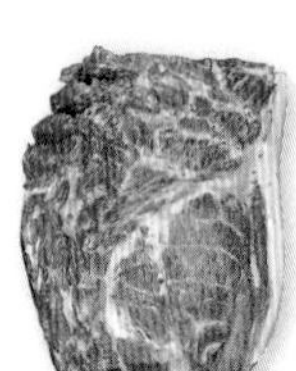

●**おもな地鶏**
比内地鶏（秋田県），奥州いわいどり（岩手県），名古屋コーチン（愛知県），みやざきじとっこ（宮崎県），薩摩地鶏（鹿児島県）など

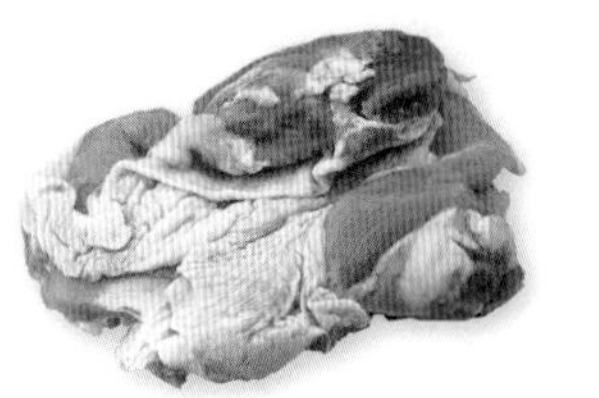

同じ「肉」でも牛・豚・鶏で成分の違いがあるね。（p.190～191参照）
無

12 卵類
EGGS

卵
成分の特徴
卵黄と卵白に含まれる栄養素の種類や量は異なるよ。

卵は，脂質，たんぱく質，ビタミン，無機質を豊富に含み，栄養価が高い食品である。

食用とされる卵はおもに鶏卵で，このほかにうこっけいの卵やうずらの卵，あひるの卵（ピータン）などがある。製菓材料となったり，さまざまな調理，加工食品に利用されているので，知らず知らずのうちに食べていることも多い。生産，流通が安定しており，安価で栄養価が高く，もっとも利用しやすい食品の一つである。

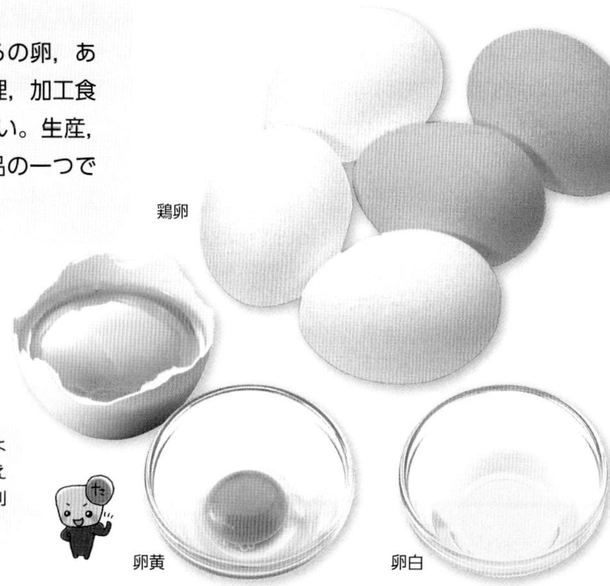

鶏卵
卵は1個およそ50gと覚えておくと便利だよ！
卵黄
卵白

うずら卵 [鶉卵] Japanese quail's eggs

大きさは鶏卵の4分の1程度で，濃厚な味である。鶏卵よりもビタミンA，鉄などを多く含む。生のまま納豆やとろろいもと混ぜたり，ゆで卵にして炒めたり揚げたりして食べる。ゆでて殻をむいたものが袋詰や缶詰として市販されているので利用しやすい。

鶏卵 Hen's eggs

殻の色は白が多いが，赤玉，薄赤玉（ピンク玉）などの有色卵もある。現在出回っているもののほとんどが無精卵。有精卵と無精卵に栄養的な違いはほとんどない。栄養価が高く，完全食品と呼ばれることもある。卵は調理性に富み，さまざまな調理，加工食品に利用されている。

卵の構造

新鮮な卵は卵黄が中央に位置し，古くなるにつれて気室が大きくなり，卵黄が片寄りやすい。また，新鮮な卵は割ると卵黄がこんもりと盛り上がり，卵白は濃厚卵白が多くどろっとしている。古くなると水様卵白が多くなる。

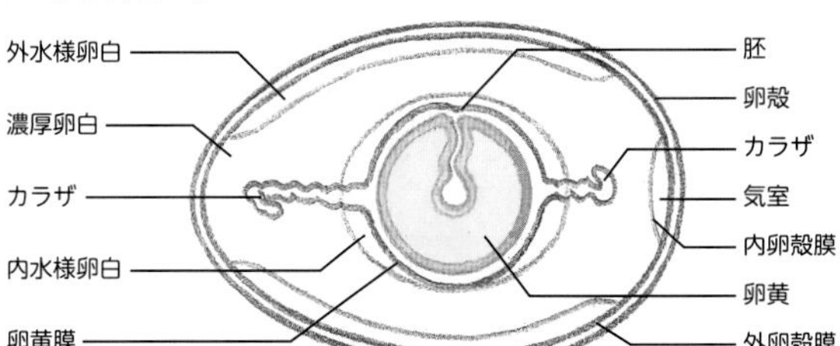

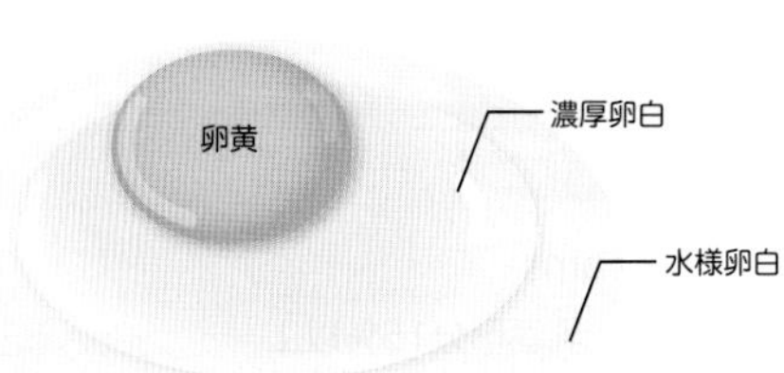

卵の調理性

熱凝固性
加熱すると固まる。
卵焼き，ゆで卵など

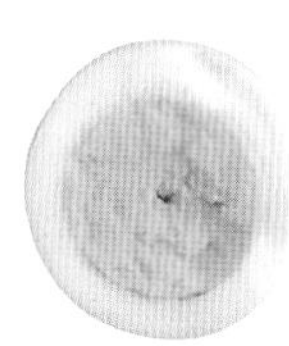

希釈性
だし汁や牛乳などで薄めることができる。
茶碗蒸し，プリンなど

粘着性
材料と材料をつなぎあわせる。
ハンバーグステーキなど

起泡性
かくはんすると泡立つ。
メレンゲ，スポンジケーキなど

乳化性
水と油を結びつける。
マヨネーズなど

第2部 食品図鑑（写真と解説）

13 乳類

MILKS

成分の特徴
牛乳・乳製品には，たんぱく質やカルシウムが多く含まれているね。

食用の乳類は牛乳が主だが，山羊乳，馬乳などもある。乳の成分は，動物の種類，乳牛の種類，年齢，飼料などにより違いがあるが，乳類は栄養価が高く，成長期の子どもには欠かせない重要な食品である。牛乳はそのまま飲用されるだけでなく，多くの加工食品にも利用されている。また，食品の生臭さを消す，食感をなめらかにするなどの働きがあり，調理の利用範囲も広い。

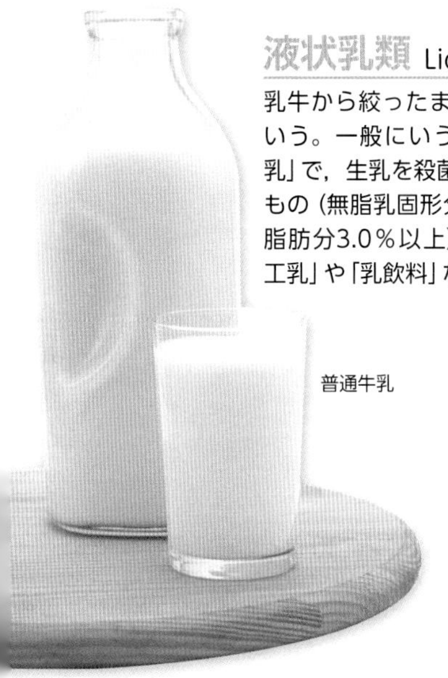

普通牛乳

液状乳類 Liquid milks

乳牛から絞ったままの乳を生乳という。一般にいう牛乳は「普通牛乳」で，生乳を殺菌して飲用にしたもの（無脂乳固形分8.0％以上，乳脂肪分3.0％以上）。このほか「加工乳」や「乳飲料」などがある。

乳児用調製粉乳

粉乳類 Milk powders

牛乳を濃縮乾燥させて粉末にしたもの。脱脂乳を乾燥させた「脱脂粉乳」や，粉乳に各種栄養素を配合して母乳に近づけた「乳児用調製粉乳」などがある。

生クリーム（乳脂肪）からバターを作れるって知ってた？

クリーム（乳脂肪）

クリーム（植物性脂肪）

クリーム類 Creams

一般に「生クリーム」と呼ばれる。「乳脂肪」は生乳から脂肪を分離したもの（乳脂肪18％以上）。「植物性脂肪」は植物性油脂に乳製品や乳化剤，安定剤などを加えたもの。

ヨーグルト

発酵乳 Fermented milk

- ヨーグルト　牛乳や脱脂乳に乳酸菌を加えて発酵させ，凝固させたもの。甘味料や香料などを添加していないものをプレーンヨーグルトという。牛乳に匹敵する栄養価があり，たんぱく質，カルシウムなどが吸収されやすく，整腸作用がある。

チーズ類（ナチュラルチーズ） Natural cheeses

動物の乳を乳酸やレンニン（酵素）により凝固させて水分を絞り，塩などを添加したもの。

- クリーム　クリームや牛乳を加えた熟成させない白色のチーズ。パンにぬったり，料理や製菓に利用する。
- パルメザン　熟成期間が長く，硬質。すりおろして，粉末にして使うことも多い。

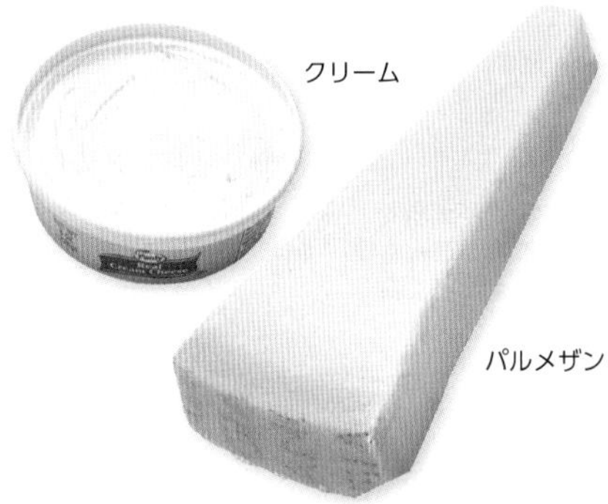

クリーム

パルメザン

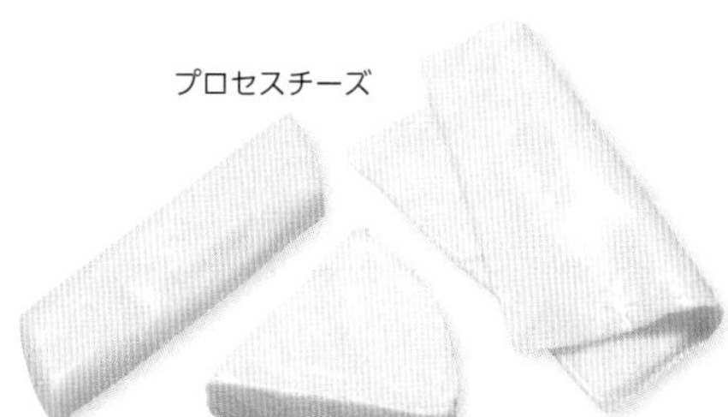

プロセスチーズ

チーズ類（プロセスチーズ） Process cheese

１種類以上のナチュラルチーズを乳化・殺菌したもの。品質が一定で保存性に優れており，さまざまな形状のものが作られている。

いろいろなチーズ

国や地域，製法の違うさまざまなチーズがある。

カテージ
熟成させないチーズ。家庭でも簡単に作れる。

カマンベール
白いカビで熟成させたフランスのチーズ。

ブルー
青カビを繁殖させており，独特の風味がある。

モッツァレラ
熟成させずに作る，イタリアのチーズ。

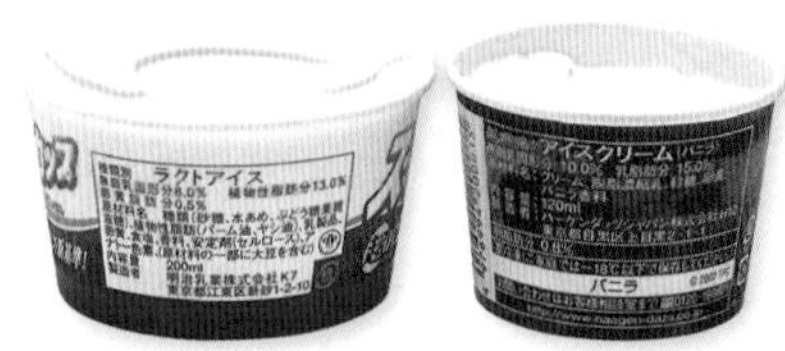

ラクトアイス　アイスクリーム

アイスクリーム類 Ice creams

乳成分と砂糖，香料などが原料の氷菓。乳固形分15％以上で乳脂肪分8％以上がアイスクリーム。乳固形分10％以上で乳脂肪分3％以上がアイスミルク。乳固形分3％以上がラクトアイス。

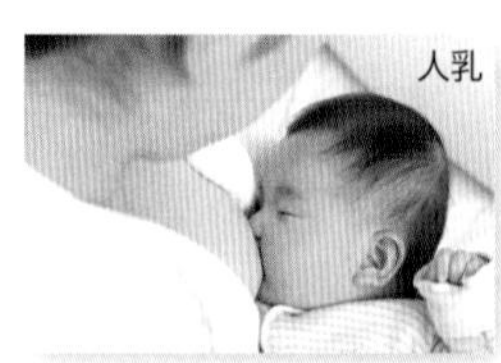

人乳

その他 Others

- 人乳　母乳のこと。乳児に必要な成分を含むが，個人差や食事内容による変動がある。

14 油脂類

FATS AND OILS

食用の油脂は，大きく植物性油脂と動物性油脂に分けられる。一般に植物性油脂は不飽和脂肪酸の割合が多いため，常温で液体となり「油」といわれ，動物性油脂は飽和脂肪酸の割合が多く，常温で固体となり「脂」といわれる。

油脂は料理の口ざわりをなめらかにし，味にこくとまろやかさを与える。また，加熱すると100℃以上の高温になるので，炒める，揚げるなどの加熱媒体としても重要である。

成分の特徴
成分のほとんどが脂質。
エネルギー量が大きいよ！

植物油脂類

Vegetable fats and oils

- **オリーブ油**　オリーブの実から搾油（さくゆ）する。一番しぼりをバージンオイルという。イタリア料理で多く用いられる。
- **ごま油**　ごまの実から搾油する。独特の香りと味を持ち，揚げ物や料理の仕上げなどに使われる。
- **調合油**　2種類以上の油脂を混合したものを調合油という。精製度の高いものは「サラダ油」として販売されている。
- **その他**　このほか，米ぬかから搾油した米ぬか油，紅花の種子から搾油したサフラワー油，大豆の種子から搾油した大豆油，ひまわりの種から搾油したひまわり油，綿をとった後の綿花の種子から採油した綿実油，アブラナの種子から搾油したなたね油，落花生の種子から搾油した落花生油，アブラヤシ（オイルパーム）の果肉から採油したパーム油などがある。

オリーブ油

ごま油

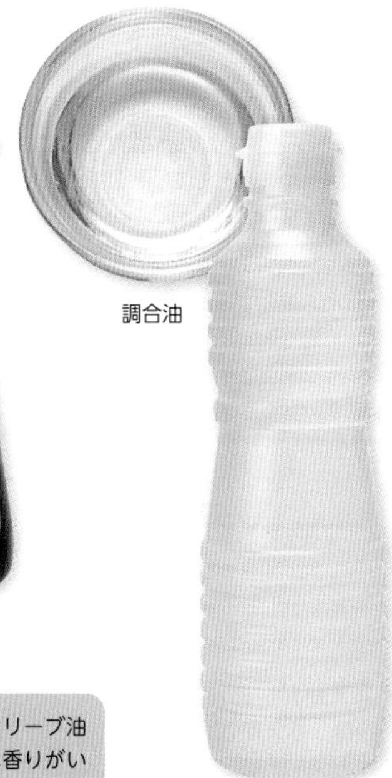

調合油

う～ん。オリーブ油やごま油は香りがいいな～。

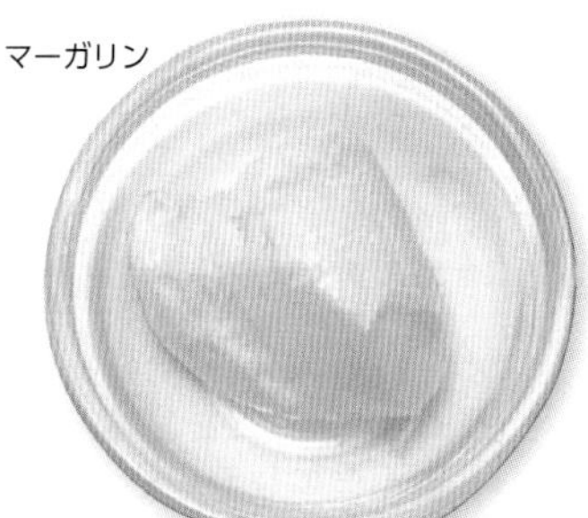

マーガリン

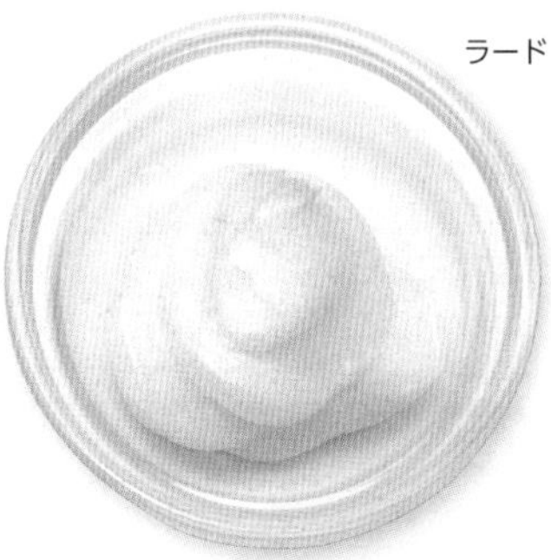

ラード

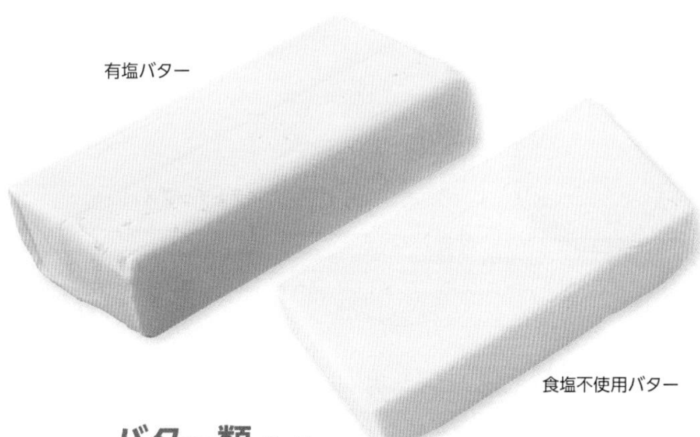

有塩バター

食塩不使用バター

動物脂類 Animal fats

- **ラード**　豚の脂肪組織から精製される常温固体の油脂で，豚脂ともいう。食品業界では多く揚げ油として使用する。牛の脂肪組織から精製される牛脂はヘットと呼ばれる。

バター類 Butters

牛乳からクリームを分離して殺菌，かくはんし，乳脂肪を集めて練り上げたもの。脂肪中に水分が分散している。塩を加えた有塩バター，塩を加えない食塩不使用バター，原料クリームを乳酸菌で発酵させた発酵バターがある。

マーガリン類

Margarines

動植物油脂を原料として，食塩水，乳化剤などを加えて作られる。家庭用は植物油を利用したものが多い。油脂の割合が80％以上のものをマーガリン，80％未満のものをファットスプレッドという。

15 菓子類

CONFECTIONARIES

成分の特徴
糖質や脂質，食塩を多く含むものがあるよ。お菓子はおいしいけれど，食べる量を考えよう！

　菓子類は，生活に楽しみやうるおいを与えるし好食品の一つである。和菓子，洋菓子，中華菓子に大別され，さらに生菓子，半生菓子，干菓子に分けられる。材料や製造方法がさまざまで，市販品として新製品の開発がさかんに行われるため，種類が非常に多い。日本各地には，古くから銘菓として定着しているさまざまな菓子がある。

● **カステラ**　16世紀にポルトガルから長崎に伝わったとされるスポンジ状の菓子。おもな原料は小麦粉，卵，砂糖など。

カステラ

● **くし団子**　上新粉をこねて蒸した生地を，丸めて串に刺したもの。あんやしょうゆだれ，ごまなどをまぶす。

くし団子（みたらし）

● **大福もち**　もちであんをくるんだもの。生地に赤えんどうを入れたものを豆大福という。江戸時代に考案され，庶民に広く親しまれた。

大福もち

● **ようかん**　あんに砂糖，寒天を加え，練りながら煮つめ，型に入れて固めたもの。よく冷やしていただく。

水ようかん

米菓（しょうゆせんべい）

● **米菓**　もち米を原料とするあられ（おかきともいう）類，うるち米を原料とするせんべい類の総称。焼いたり揚げたりして作り，味付けをする。

キャラメル

● **キャラメル**　砂糖，水あめ，練乳，バター，でん粉などを煮詰めて作る。

● **ビスケット**　小麦粉，砂糖，油脂，牛乳，卵，ベーキングパウダーなどを混ぜて焼いたもの。表面に穴を開けて焼いたハードビスケット，油脂や砂糖を多く配合したソフトビスケットがある。

ビスケット（ハードビスケット）

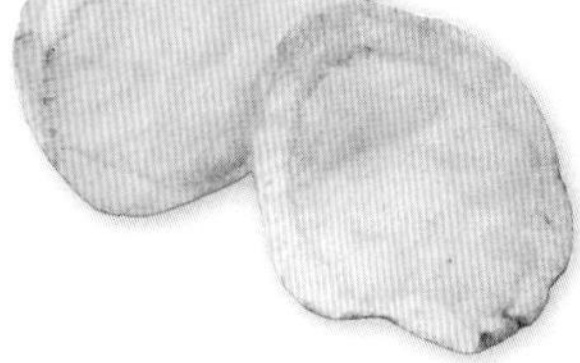

ポテトチップス

● **ポテトチップス**　じゃがいもをごく薄く切り，油で揚げて塩をまぶしたもの。マッシュポテトなどを原料として形を整えてから揚げる成形ポテトチップスもある。

ミルクチョコレート

● **チョコレート**　カカオマス，カカオバター，砂糖，粉乳，香料などを混ぜ，固めたもの。乳製品を加えたミルクチョコレート，カカオマスを用いずに白く仕上げたホワイトチョコレートなどがある。

菓子類は，p.118からの市販食品・調理加工食品データ集のページにも出ているよ！

16 し好飲料類

BEVERAGES

成分の特徴
し好飲料類は，とり過ぎると健康に害を及ぼすことも…。
適量を楽しもう！

生活にうるおいを持たせたり楽しんだりするためのもので，本来は栄養分を摂取することを目的としないが，最近では栄養成分を強化したり，健康効果をうたったものが多く出回っている。

し好飲料類は，醸造酒，蒸留酒などのアルコール飲料と，茶・果汁飲料・炭酸飲料などの非アルコール飲料に分類される。アルコール飲料は，アルコール分1度以上のものをいう。非アルコール飲料は，その成分による香気や味が気分を爽快にしたり，食欲を増進させたりする効果を持つ。

醸造酒類 Fermented alcoholic beverages

米や麦などの穀物や，果実などを発酵させて製造したもの。

- **清酒**　日本酒ともいう。米に米こうじ，水を加えて発酵させ，濾過したもの。原料と製法の違いにより，純米酒，吟醸酒，本醸造酒などに分類される。
- **ぶどう酒**　ぶどう果汁を発酵させたもので，ワインともいう。白はぶどう果汁だけを発酵させたもの。赤は果皮，種子が入ったままの果汁を発酵させたもの。ロゼは赤と同様にして途中で果皮，種子を取り去るものと黒ぶどうと白ぶどうを合わせて発酵させるものがある。
- **紹興酒**　もち米を原料とする中国の醸造酒。中国浙江省の紹興で醸造されたものが有名。長期間貯蔵熟成させたものをラオチュウ（老酒）という。

清酒

紹興酒

お酒は料理に使われることもあるね。

ぶどう酒（白）

ぶどう酒（赤）

本みりん

混成酒類 Compound alcoholic beverages

醸造酒や蒸留酒または原料用アルコールに糖類，香料，甘味料などを加えたもので，リキュールや薬味酒，果実酒などがある。

- **本みりん**　もち米とこうじ，しょうちゅうまたはアルコールを糖化・熟成させて作る。日本固有の調味料で，煮物や焼き物などに使われる。

緑茶類 Green teas

緑茶類は，茶葉を加熱・乾燥させることで，茶葉に含まれる酵素の働きを止める不発酵茶である。

- **抹茶**　手摘みした茶の新芽を蒸して乾燥させ，茎や葉脈を取り除いて粉末状にしたもの。おもに茶の湯や製菓材料に使う。
- **せん茶**　緑茶の代表的なもの。葉は露地栽培したもので，4，5月に収穫した若い茶葉を針状になるように丸めながら蒸し，乾燥させたもの。
- **ほうじ茶**　せん茶または番茶を強火で焙（ほう）じ，香ばしい香りをつけたもの。

抹茶

せん茶　せん茶（浸出液）

ほうじ茶　ほうじ茶（浸出液）

発酵茶類 Fermented teas

- **ウーロン茶**　発酵の途中で酵素の活性化を止める半発酵茶。独特の芳香がある。茶葉を日光に当て，室内でしおれさせて釜煎（かまい）りしたもの。
- **紅茶**　長時間酵素を活性化させて作る発酵茶。湿気の多いところにおき，しおれさせた茶葉をよくもみ，自然乾燥させたもの。産地や茶葉の種類によって，ダージリン，アッサム，セイロンなど，さまざまな種類のものが市販されている。

ウーロン茶　ウーロン茶（浸出液）

紅茶　紅茶（浸出液）

あなたは紅茶に砂糖を入れる？　コーヒーには？
炭

コーヒー（焙煎前）

コーヒー（焙煎後）

コーヒー（浸出液）

ココア

麦茶　麦茶（浸出液）

こんぶ茶

コーヒー・ココア類 Coffees and cocoas

- **コーヒー**　コーヒー豆を乾燥し，焙煎（ばいせん）して粉末にしたものを熱湯で浸出し，飲用する。カフェイン，タンニンを含み，覚醒作用がある。インスタントコーヒーは，コーヒーの抽出液を噴霧乾燥，または凍結乾燥させて作る。
- **ココア**　焙煎したカカオ豆からココアバターを取り除き，粉末にしたものがピュアココア。ピュアココアに乳製品や砂糖を加えたものがミルクココアである。

その他 Others

- **麦茶**　大麦を殻付きのまま煎（い）ったものを，湯で煮出して飲用する。煮出した後冷やして，おもに夏の飲料として利用される。パック入りの「水出し」タイプの商品も出回っている。
- **炭酸飲料類**　コーラやサイダーなどさまざまな商品がある。（p.118～市販食品・調理加工食品データ集参照）
- **こんぶ茶**　粉末にした昆布に，食塩などを加えたもの。湯を注いで飲んだり，料理に用いたりする。

17 調味料及び香辛料類

SEASONING AND SPICES

調味料は，食品や料理に味や香りをつけ，よりおいしく感じさせる役割を持つ。また，防腐作用，脱水作用の用途もある。香辛料は，芳香，辛味，苦味など特有の風味，香味を持つ植物性の物質。食肉の臭みを消したり，防腐作用があるほか，体を温めたり食欲を増進させたりする生理効果のあるものもある。食の国際化とともに，世界各地から多くの調味料・香辛料が輸入され，食卓を豊かなものにしている。

成分の特徴
調味料類の成分はメーカーや商品によって違うよ！
調味

ウスターソース類 Worcester sauces

野菜，果実のしぼり汁，ピューレ，調味料，香辛料，カラメルなどを熟成させたもの。粘度が低いものから，ウスターソース，中濃ソース，濃厚ソース（とんかつソースなど）に分けられる。揚げ物などにかけたり，料理の味つけに使ったりする。

ウスターソース

中濃ソース

濃厚ソース

トウバンジャン

辛味調味料類 Hot seasonings

- **トウバンジャン**　そら豆で作ったみそに，とうがらしなどを加えたもの。赤い色と，ピリリとした辛さが特徴。麻婆豆腐（マーボードーフ）などの四川料理でよく使われる。

こいくちしょうゆ

無
「こいくち」よりも「うすくち」の方がしょっぱい！？

しょうゆ類 [醤油類] Shoyu : soy sauces

和食の基本ともいえる調味料で，独特な味，香り，色を持つ。大豆・小麦・食塩が主原料で，こうじ菌で発酵させて作る。

- **こいくちしょうゆ**　一般的なしょうゆのことで，生産量が最も多い。
- **うすくちしょうゆ**　色が薄いがこいくちよりも塩分が多い。食材の色を生かしたい料理に向く。おもに関西で使われている。

うすくちしょうゆ

食塩

食塩類 Edible salts

塩味をつけるための基本的な調味料。食品の脱水作用や防腐作用がある。品質規格では，塩化ナトリウムの純度95%以上は並塩，99%以上が食塩，99.5%以上が精製塩。

穀物酢

食酢類 Vinegars

酸味が特徴の調味料で，穀物や果物を発酵させて作る。防腐・殺菌作用，食欲増進効果などがある。

- **穀物酢**　米，とうもろこし，小麦などを原料とする。食酢類の中で最も消費量が多い。

だし類 Soup stocks

あごだし

●**あごだし**　あごとはトビウオのこと。トビウオの煮干しでとっただし汁。

かつおだし

●**かつおだし**　沸騰した湯にかつお節を入れ，煮出してとっただし汁。

昆布だし

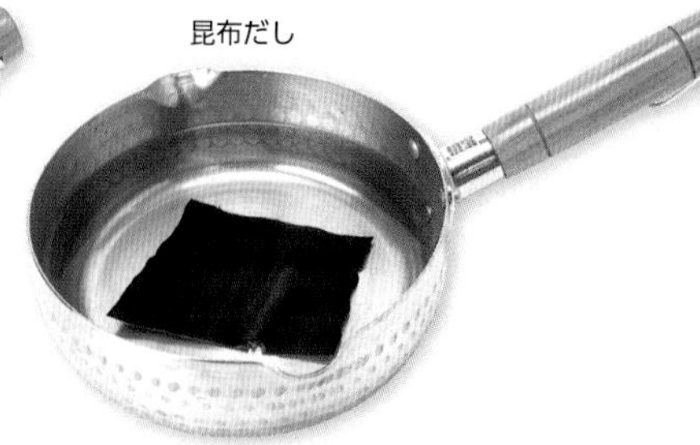

●**昆布だし**　昆布を水から煮出し，沸騰したところで引き出してだしをとる。

かつお・昆布だし

●**かつお・昆布だし**　かつおと昆布でとっただし汁。混合だしともいう。

しいたけだし

●**しいたけだし**　干ししいたけに水を加え，やわらかくなるまで置き，布でこしただし汁。

煮干しだし

●**煮干しだし**　かたくちいわしの煮干しを水に入れてしばらく置き，火にかけて２～３分加熱してとっただし汁。

中華だし

●**中華だし**　骨付き鶏肉や豚肉，ねぎ，しょうが，酒などを加熱してとっただし汁で，中国料理の基本のだしの一つ。

洋風だし

●**洋風だし**　牛肉，にんじん，たまねぎ，セロリ，塩などを弱火で加熱してとっただし汁。

固形ブイヨン

●**固形ブイヨン**　肉や野菜のうま味と風味をもつ洋風スープの素。固形コンソメともいう。

顆粒中華だし

顆粒和風だし

●**顆粒中華だし・顆粒和風だし**　天然素材からだしを抽出して乾燥させ，食塩やうま味成分などを加えたもの。

めんつゆ

●**めんつゆ**　しょうゆ，だし，みりんなどを混合したもの。濃度は商品によってさまざまで，ストレート，２倍濃縮，３倍濃縮などがある。

あなたの家のみそ汁はどんな「だし」を使っている？

調味ソース類 Seasoning sauces

- **オイスターソース**　貝類のかきを原料とし，特有の風味とこくを持つ。広東料理によく使われる。
- **テンメンジャン**　小麦粉に特殊なこうじを加えて醸造したみそ。中国でよく使われ，甘い味が特徴。
- **ぽん酢しょうゆ**　こいくちしょうゆにかんきつ類の果汁などを混ぜて作る。和え物，サラダ，鍋物などに。
- **ミートソース**　肉，野菜，トマトピューレー，小麦粉などを加えて調理したもの。缶詰やレトルトパウチの商品がある。

オイスターソース　テンメンジャン　ぽん酢しょうゆ　ミートソース（缶詰）

トマト加工品類 Tomato products

- **トマトピューレー**　トマトをつぶし，皮や種などをとったあとに濃縮し，少量の食塩，香辛料などを加えたもの。
- **トマトケチャップ**　濃縮トマト，たまねぎ，にんにく，砂糖，塩，酢，香辛料などを配合したもの。

トマトピューレー　トマトケチャップ

ドレッシング類 Dressings

- **フレンチドレッシング**　ビネグレットソースともいう。サラダ油，酢，食塩，砂糖，香辛料などを混ぜて作る。
- **和風ドレッシング**　しょうゆ，酢，混合だし，サラダ油，おろししょうがなどを混ぜて作る。
- **マヨネーズ**　卵，サラダ油，酢，塩，香辛料などが原料で，卵黄の乳化力により半固体となる。

マヨネーズの成分の7割以上が脂質だよ。
脂

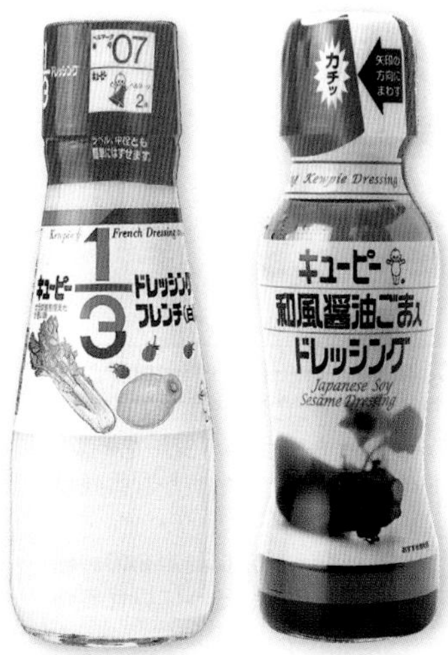

フレンチ
ドレッシング

和風
ドレッシング

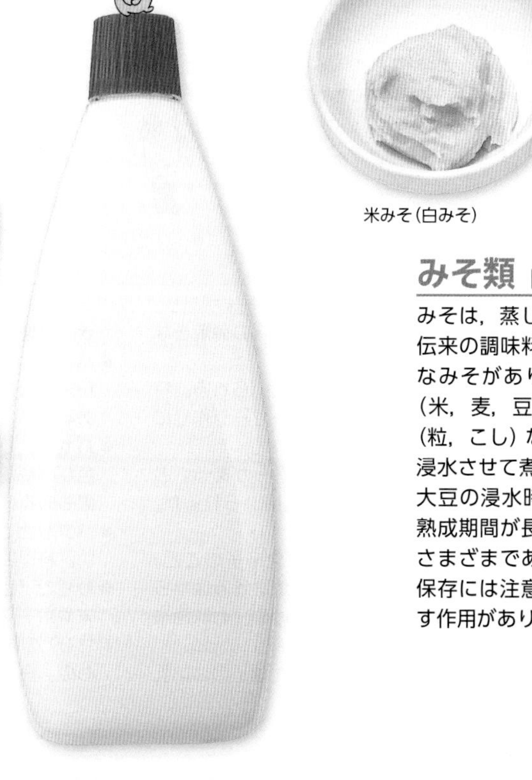

マヨネーズ

麦みそ　豆みそ

米みそ（白みそ）　米みそ（淡色辛みそ）　米みそ（赤色辛みそ）

みそ類 [味噌類] Miso

みそは，蒸した大豆にこうじと塩を加えて発酵させた中国伝来の調味料である。日本各地の気候風土に合わせた多様なみそがあり，色（赤・白），味（甘・辛），こうじの種類（米，麦，豆），産地（八丁，西京，信州など），粒の有無（粒，こし）などの分類ができる。白みそは，大豆を短時間浸水させて煮たものを，短期間熟成させて作る。赤みそは，大豆の浸水時間を長くして蒸し，長期間熟成させて作る。熟成期間が長いと着色が進み，色が濃くなる。塩分濃度はさまざまであるが，減塩タイプのものは日持ちしないので保存には注意が必要である。みそには魚などの生臭さを隠す作用があり，みそ煮やみそ漬けなどに利用される。

ルウ類 Roux

●**カレールウ**　カレー粉に小麦粉，油脂，でん粉，調味料類などを混ぜて固形状にしたもの。板状や，ペースト状のものなどがあり，成分値は商品によって異なる。

カレールウ

ベーキングパウダー Baking powder

パンや製菓の膨張剤として用いられる。重曹（炭酸水素ナトリウム）に酸性剤などの助剤が配合されている。常温でも粉や水に反応するので，生地に混ぜ合わせてすぐに焼くことができる。

ベーキングパウダー

からし(練り)

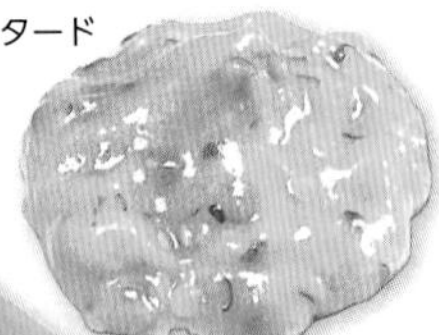

粒入りマスタード

カレー粉

ナツメグ

こしょう(黒)

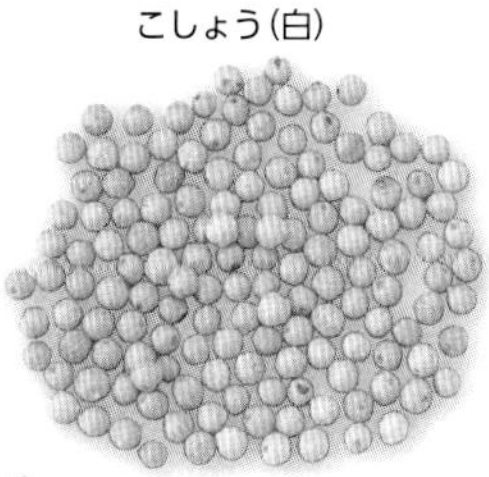

こしょう(白)

とうがらし

さんしょう

こしょう(混合)

パセリ

パプリカ

セージ

タイム

バジル

最近，外国からの観光客にわさびが大人気なんだって。
ピ

わさび(練り)

香辛料類 Spices

●**からし（辛子）**　からし菜の種子から作った香辛料で，マスタードとも呼ばれる。辛味の強い和がらしと，まろやかな洋がらし，粒の入った粒入りマスタードがあり，肉や魚の臭い消しにも効果がある。

●**カレー粉**　コリアンダー，クミン，ターメリック（うこん）など多数の香辛料を混合したもの。これに小麦粉，油脂，調味料などを加えたものがカレールウ。

●**こしょう（胡椒）**　未熟な実の乾燥品が「黒こしょう」，完熟した実の外皮を除いたものが「白こしょう」。辛味は黒こしょうの方が強い。材料の臭い消しや料理の辛味づけに使う。

●**さんしょう（山椒）**　さんしょうの実を乾燥させて粉末にしたもの。辛味や香味があり，利尿作用や殺菌力がある。うなぎの蒲焼きなどに。

●**セージ**　肉の臭みを消すのに用いられる。特に豚肉料理に適しており，ソーセージ作りに不可欠である。

●**タイム**　独特のすがすがしい香りがある。おもに魚介類の臭みを消すのに用いられるが，肉料理にも用いられる。

●**とうがらし（唐辛子）**　一味唐辛子のこと。辛味が強く，体内で脂肪を燃焼させるはたらきがある。キムチなどの味付けや，七味唐辛子の材料になる。

●**ナツメグ**　にくずくの完熟した種子のはい乳を乾燥させたもの。甘みのある刺激臭で，ひき肉料理や，ケーキなどの味を引き立てる。

●**バジル**　バジリコともいう。バジルを乾燥，粉末にしたもので，甘く，さわやかな香味がある。

●**パセリ**　パセリを乾燥，粉末にしたもの。緑色が鮮やかで，料理をおいしそうに見せる効果もある。

●**パプリカ**　唐辛子の一種であるが，辛味はない。料理に鮮やかな赤い彩りを添える。

●**わさび（山葵）**　練りわさびは，わさびの粉末やホースラディシュ（わさび大根，西洋わさび）の粉末に水を加えてペースト状にしたもの。日本料理の薬味として利用される。

18 調理済み流通食品類

PREPARED FOODS

調理済み流通食品類は，調理の手間を省き，簡単に食べられるように加工された食品のことで，家庭での食事作りの省力化とともに急速に市場を広げている。

成分の特徴

いろいろな商品が売られていて，成分もいろいろ。調理の時間が短縮できるね。

レトルトパウチ食品

Retort-pouched foods

調理済みの食品をパウチという特殊な容器や袋状のものに入れて密封し，レトルト（加圧加熱殺菌釜）で殺菌を行ったものをレトルトパウチ食品と呼ぶ。殺菌処理された上，空気や水，光を遮断しているので，常温で2年間保存することができる。熱湯に袋のまま入れて加熱するだけで食べられる手軽さから需要が高い。最近では電子レンジ加熱できるものもある。カレー，シチューなどさまざまな商品がある。

カレー（レトルトパウチ）

シチュー（レトルトパウチ）

スープ（粉末）

インスタント食品 Instant foods

加熱するか，牛乳を加えるなどの簡単な調理で食べられる加工度の高い食品。粉末のスープ，インスタントラーメンなどが含まれる。

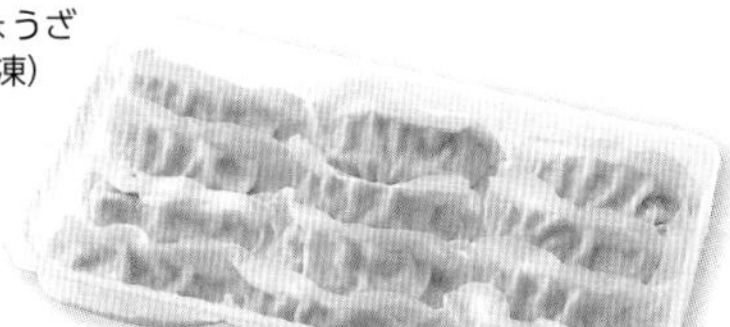

ぎょうざ（冷凍）

えびフライ（冷凍）

コロッケ（冷凍）

冷凍食品 Frozen foods

調理加工した食品を急速冷凍，包装したもの。マイナス18℃以下で保存すれば，一年間は品質が変わらない。魚介類のフライや水煮野菜などがある。

ご当地レトルトカレーを楽しもう

日本各地には，その地域の特産品を用いたレトルトカレーが数多く出回っている。あなたの住んでいる地域にはどんなカレーがあるだろうか。

広島県

山梨県

北海道

調理済み流通食品類は，p.118からの市販食品・調理加工食品データ集のページにも出ているよ！

第3部 栄養・食品・健康の基礎知識

テレビの情報番組で「体によい食品や成分」が紹介されると，その食品が大量に売れ，入手困難になってしまうことがある。しかし，私たちの体は「○○を食べれば健康に」というような単純なものではない。家庭科の教科書や，この資料集を活用して，栄養・食品・健康の基礎知識を学習しよう。

人はなぜ食べ物を食べるのか

私たちは，生まれてから死ぬまで，毎日食べ物を食べて生きている。これはなぜなのだろうか。

体を動かさなくても，眠っていても，私たちの心臓や肺などの臓器はリズミカルに動き続け，体温は一定に維持されている。また，例えば，放っておいても髪の毛やつめはのび，皮膚にできた傷が治るなど，私たちの体は毎日作り替えられている。さらに，私たちの体は，細菌やウイルス，ストレスなどと毎日たたかい続け，健康を保つはたらきをしている。

私たちがこれらの生命活動を維持していくために必要とする成分を，**栄養素**という。私たちは栄養素を，食品から摂取している。栄養素は胃や腸で消化・吸収され，日々の活動のためのエネルギーとなったり，体の組織の構成成分になったり，生理機能を調節したりする。体内でのこのようなはたらきを**栄養**という。

水の役割

水は栄養素ではないが，私たちの体の約60％を占め，体内で大切な役割を果たしている（下表）。男女の体構成成分比率には若干の差異があり，一般に女性は男性に比較して脂肪量が多く，たんぱく質，水分量が少ない。

人間は，1日に約2～2.5リットルの水分を摂取し，同じ量の水分を排泄している。そして，摂取する水分の約半分を食品から摂取している。

水のおもなはたらき

特性	はたらき
体成分	物質を溶かし，体内での化学反応の基盤となる。
溶液	電解質を溶かし，そのバランスを維持し，浸透圧の平衡を保ち，細胞を正常に維持する。
誘導体	栄養素の吸収・運搬，および老廃物の誘導・運搬を行う。
体温調節	尿の排出，発汗などにより，体温を一定に保つ。

五大栄養素

人間の体に必要な栄養素には，**炭水化物，脂質，たんぱく質，無機質，ビタミン**の5つがある（**五大栄養素**）。

栄養素の種類とおもなはたらき

五大栄養素：炭水化物／脂質／たんぱく質／無機質（ミネラル）／ビタミン

おもにエネルギーとなる（熱量素）
体温を維持し，脳をはたらかせ，さまざまな動作を行うためにはエネルギーが必要である。また，食物を消化したり，病気や細菌，ストレスなどとたたかうためにも多くのエネルギーが必要である。

おもに体の構成成分となる（構成素）
私たちの体は毎日作り替えられている。そのために，体を構成する栄養素を，外から補給しなければならない。

おもに生理機能を調節する（調節素）
私たちの体は，エネルギー源があるだけではうまくはたらかない。神経のはたらきや，細胞の浸透圧の調整，新陳代謝を進める酵素など，さまざまなはたらきを調節する必要がある。

※本図はおもなはたらきに絞り，単純化している。上記以外のはたらきもある。

エネルギー源になる，炭水化物・脂質・たんぱく質は，**三大栄養素**とも呼ばれているよ！

1gあたり約4kcal

炭水化物

食品のエネルギー量は，この3つの栄養素が含まれる量と割合で決まってくるよ。

1gあたり約9kcal

脂質

1gあたり約4kcal

たんぱく質

いろいろな食物を組み合わせて食べよう

p.186 からの食品成分表を見てみよう。食品は，それぞれに含む成分が，少しずつ，または大きく異なっている。１つの食品には，複数の種類の栄養素が含まれているが，私たちの健康に必要な栄養素すべてを，１つの食品の中にバランスよく含んでいるというものはない。私たちは，さまざまな食品を，組み合わせて食べる必要がある。

「食品成分表」は，大きく18のカテゴリーに分けられている。それぞれのカテゴリーの特徴や，個々の食品についての理解を深め，健康維持に役立てていこう。

栄養素は，体内で互いに作用し合ってはたらくため，とり過ぎたり，不足し過ぎたりすると，体の調子が悪くなり，健康が保てなくなってしまうよ！
炭
脂
た
無
ビ

大切に食べよう

私たちが食べているものは，水と食塩をのぞき，ほとんどが生物に由来したものである。例えば，私たちが野菜や肉，魚を食べるときには，その生物自体を食べていることになる。果実や種子，卵などを食べるときは，その生物が次世代のために貯蔵している成分を食べている。つまり，ほかの生物の命が，私たちの命のもととなっているのである。

五大栄養素と18の食品群

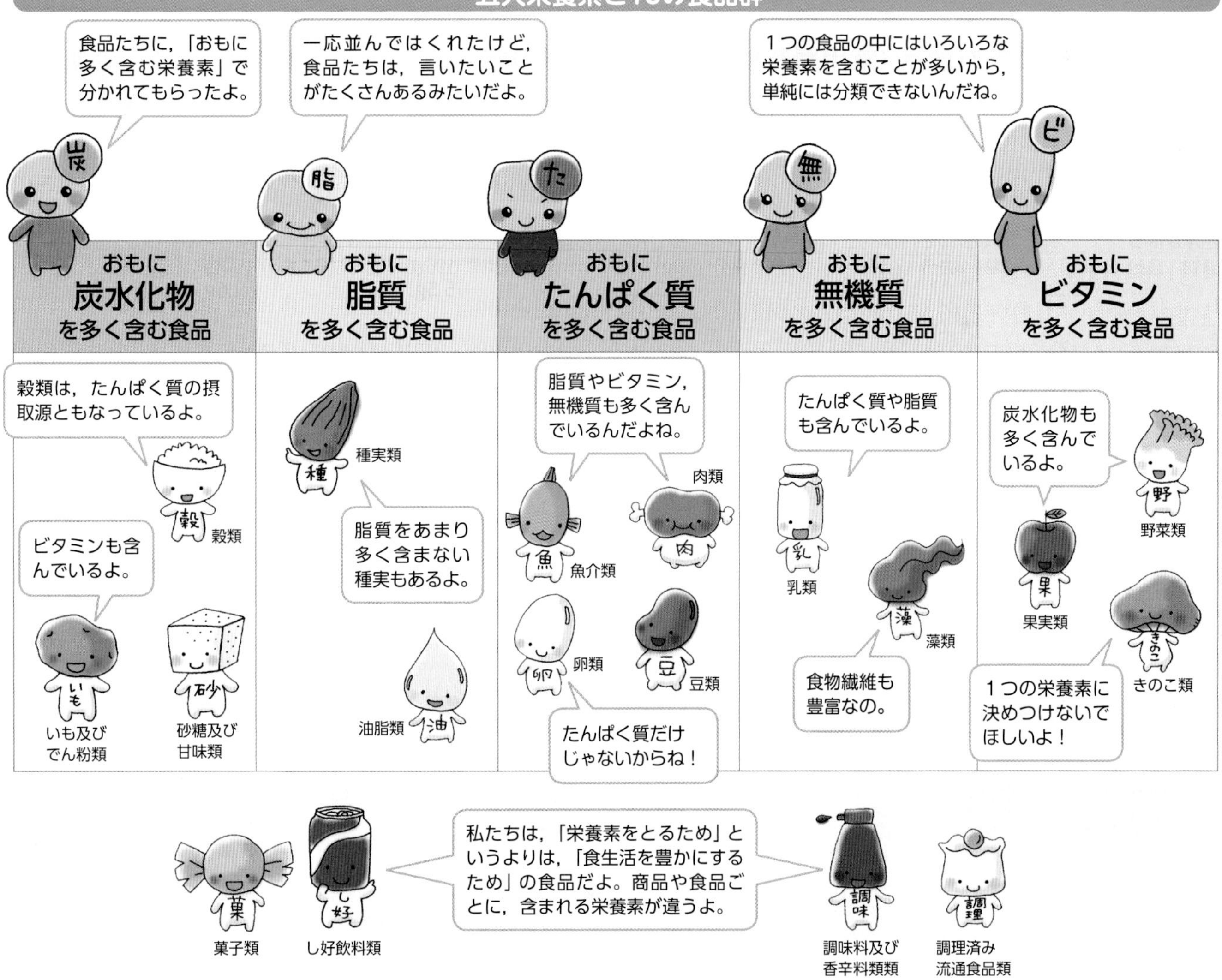

食品たちに，「おもに多く含む栄養素」で分かれてもらったよ。
一応並んではくれたけど，食品たちは，言いたいことがたくさんあるみたいだよ。
１つの食品の中にはいろいろな栄養素を含むことが多いから，単純には分類できないんだね。

穀類は，たんぱく質の摂取源ともなっているよ。

ビタミンも含んでいるよ。

脂質をあまり多く含まない種実もあるよ。

たんぱく質だけじゃないからね！
たんぱく質や脂質も含んでいるよ。

食物繊維も豊富なの。

１つの栄養素に決めつけないでほしいよ！
私たちは，「栄養素をとるため」というよりは，「食生活を豊かにするため」の食品だよ。商品や食品ごとに，含まれる栄養素が違うよ。

栄養素を多く含むおもな食品の例

ここで取り上げた食品はほんの一部である。p.118~131「第1部　市販食品・調理加工食品データ集」，p.186 ~ 193「第4部　食品成分表」を見て，どんな食品にどんな栄養素が含まれるか確認しよう。

炭水化物を多く含む食品（常用量あたり）と炭水化物の量

めし
茶わん1杯（150g）
…51.9g

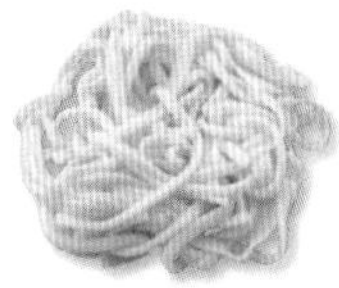

うどん（ゆで）
1玉（230g）
…44.9g

食パン
6枚切1枚（60g）
…26.5g

さつまいも（皮つき）
1本200g（正味量※196g）
…55.7g
※廃棄量を除いた分

砂糖
小さじ1杯（3g）
…3.0g

どら焼き（つぶあん入）
1個（80g）
…47.9g

「糖質は脳のエネルギー源」ということは，砂糖やお菓子を食べれば，勉強ができるようになる！？

あははは！　努力しないで甘いものを食べていても，勉強ができるようにはならないよ。

どんな栄養素にも適量があるよね（p.194　日本人の食事摂取基準を参照）。糖質が不足した状態がずっと続くと脳のはたらきがにぶくなるけれど，とり過ぎると脂肪として蓄積され，肥満につながるんだ。

食物繊維を多く含む食品（常用量あたり）と食物繊維の量

西洋かぼちゃ
煮物1食分（100g）
…3.5g

ほしひじき
煮物1食分（5g）
…2.6g

おから
煮物1食分（50g）
…5.8g

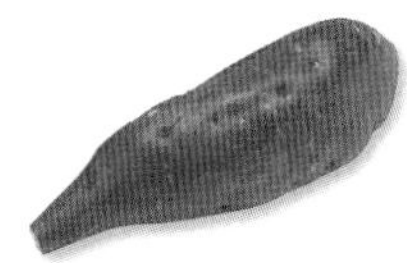

さつまいも（皮つき）
1本200g（正味量※196g）
…5.5g
※廃棄量を除いた分

ごぼう
きんぴら1食分（50g）
…2.6g

「不規則な食事・生活」や「食物繊維・水分・脂質の摂取不足」などが，便秘を引き起こす！

脂質を多く含む食品（常用量あたり）と脂質の量

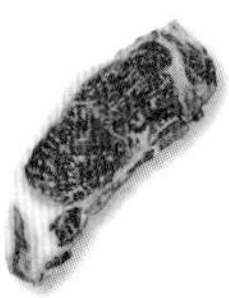

うし（和牛肉）サーロイン
ステーキ1食分（150g）
…66.6g

さんま
1尾（正味量※100g）
…22.7g
※廃棄量を除いた分

バターピーナッツ
1食分（30g）
…14.3g

サラダ油（調合油）
大さじ1杯（13g）
…12.6g

マヨネーズ
大さじ1杯（12g）
…8.7g

ポテトチップス
1/2袋（50g）
…17.1g

板チョコ
1/2枚（30g）
…9.8g

たんぱく質を多く含む食品（常用量あたり）とたんぱく質の量

かつお（春獲り）
刺身1食分（80g）
…16.5g

うし（乳用肥育牛肉）ヒレ
ステーキ1食分（100g）
…17.7g

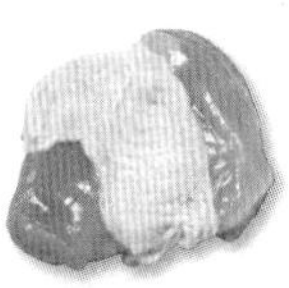

若鶏（むね）
唐揚げ1食分（100g）
…17.3g

木綿豆腐
1丁（250g）
…16.8g

糸引き納豆
1パック（50g）
…7.3g

鶏卵
1個（正味量※51g）
…5.8g
※廃棄量を除いた分

牛乳
1カップ（206g）
…6.2g

プロセスチーズ
6pチーズ1個（25g）
…5.4g

無機質を多く含む食品（常用量あたり）と無機質の量

無機質は骨や歯などの構成成分になっているんだよね。成長期には特に重要な栄養素だね！
無

ビ
１日に必要な無機質の量は微量だけど，体の中でとても重要なはたらきをしているんだね。

カルシウム

こまつな
おひたし１食分（80g）
…136mg

牛乳
１カップ（206g）
…227mg

ほしひじき
煮物１食分（5g）
…50mg

からふとししゃも
３尾（60g）
…210mg

鉄

とり肝臓（レバー）
煮物１食分（50g）
…4.5mg

豆乳
１パック（210g）
…2.5mg

うし（和牛肉）ヒレ
ステーキ１食分（100g）
…2.5mg

こまつな
おひたし１食分（80g）
…2.2mg

かつお（春獲り）
刺身１食分（80g）
…1.5mg

糸引き納豆
１パック（50g）
…1.7mg

ナトリウム　［　］内は食塩相当量

インスタントラーメン
１食（100g）
…2,500mg [6.4g]

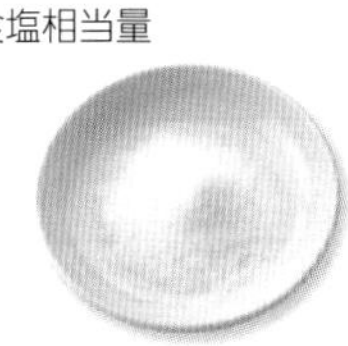

食塩
小さじ１杯（6g）
…2,340mg [6.0g]

こいくちしょうゆ
大さじ１杯（18g）
…1,026mg [2.6g]

梅干し（塩漬）
１個（13g）
…936mg [2.4g]

赤色辛みそ
大さじ１杯（18g）
…918mg [2.3g]

梅干し入りのおにぎりと，インスタントラーメンを一緒に食べたら，１日分の食塩を１食で食べてしまうということになるのか…。

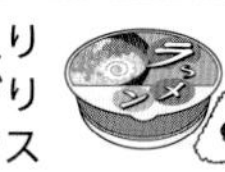

ビタミンを多く含む食品（常用量あたり）とビタミンの量

油を使って調理すると，脂溶性ビタミンの吸収率が高くなるんだって。
油

ビタミンA（レチノール活性当量）

とり肝臓（レバー）
煮物１食分（50g）
…7,000µg

うなぎ
かば焼１串（100g）
…1,500µg

西洋かぼちゃ
煮物１食分（100g）
…330µg

にんじん 皮つき 生
煮物１食分（40g）
…288µg

ほうれんそう
おひたし１食分（75g）
…263µg

ビタミンC

キウイフルーツ（緑肉種）
１個 120g（正味量※102g）
…72mg

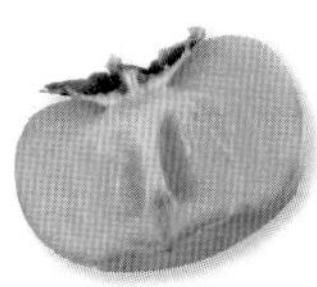

かき
1/2個 100g（正味量※91g）
…64mg

じゃがいも
１個150g（正味量※135g）
…38mg

さつまいも（皮つき）
1/2本100g（正味量※98g）
…25mg

西洋かぼちゃ
煮物１食分（100g）
…43mg

ブロッコリー
付け合わせ１食分（30g）
…42mg

※廃棄量を除いた分

第4部 食品成分表

(文部科学省 科学技術・学術審議会 資源調査分科会報告「日本食品標準成分表2020年版(八訂)」より)

私たちがふだん食べている食品はとても多い。その一つひとつの食品について,どのような栄養素を含んでいるのかを明らかにしたものが「日本食品標準成分表」である。ここでは,「日本食品標準成分表2020年版(八訂)」に掲載されている情報のうち,日常よく用いられる355食品のエネルギー量や,おもな栄養素の量を抜粋して掲載した。エネルギーや栄養素の含まれている量の多いものには黄色く着色している(p.117参照)。文部科学省のホームページには「日本食品標準成分表」の全データが掲載されているので,もっと詳しく知りたい場合はじっくり調べてみよう。

なお,たんぱく質は「アミノ酸組成によるたんぱく質」(数値がない場合「たんぱく質」),脂質は「トリアシルグリセロール当量」(数値がない場合「脂質」),炭水化物は「利用可能炭水化物(質量計)」(数値がない場合「炭水化物」)の数値を掲載している。

(可食部100gあたり)

食品番号	食品名	廃棄率	エネルギー	水分	たんぱく質	脂質	脂肪酸			コレステロール	炭水化物	食物繊維総量	無機質						ビタミン							食塩相当量	概量
							飽和	一価不飽和	多価不飽和				ナトリウム	カリウム	カルシウム	リン	鉄	亜鉛	A β-カロテン当量	A レチノール活性当量	D	E α-トコフェロール	B_1	B_2	C		
		%	kcal	g	g	g	g	g	g	mg	g	g	mg	mg	mg	mg	mg	mg	µg	µg	µg	mg	mg	mg	mg	g	
1 穀類																											
01015	小麦粉 薄力粉 1等	0	349	14.0	7.7	1.3	0.34	0.13	0.75	(0)	73.1	2.5	Tr	110	20	60	0.5	0.3	(0)	(0)	0	0.3	0.11	0.03	(0)	0	1カップ=110g
01018	中力粉 1等	0	337	14.0	8.3	1.4	0.36	0.14	0.80	(0)	69.5	2.8	1	100	17	64	0.5	0.5	(0)	(0)	0	0.3	0.10	0.03	(0)	0	1カップ=110g
01020	強力粉 1等	0	337	14.5	11.0	1.3	0.35	0.14	0.77	(0)	66.8	2.7	Tr	89	17	64	0.9	0.8	(0)	(0)	0	0.3	0.09	0.04	(0)	0	1カップ=110g
01026	パン類 角形食パン 食パン	0	248	39.2	7.4	3.7	1.50	1.24	0.82	0	44.2	4.2	470	86	22	67	0.5	0.5	4	0	0	0.4	0.07	0.05	0	1.2	6枚切り1枚=60g
01034	ロールパン	0	309	30.7	8.5	8.5	4.02	2.86	1.26	(Tr)	45.7	2.0	490	110	44	97	0.7	0.8	15	1	0.1	0.5	0.10	0.06	(0)	1.2	1個=30g
01039	うどん・そうめん類 うどん ゆで	0	95	75.0	2.3	(0.3)	(0.09)	(0.04)	(0.20)	(0)	19.5	1.3	120	9	6	18	0.2	0.1	0	(0)	(0)	0.1	0.02	0.01	(0)	0.3	1玉=230g
01043	そうめん・ひやむぎ 乾	0	333	12.5	8.8	(1.0)	(0.25)	(0.10)	(0.56)	(0)	65.1	2.5	1500	120	17	70	0.6	0.4	0	(0)	(0)	0.3	0.08	0.02	(0)	3.8	1人分=80～100g
01049	中華めん類 蒸し中華めん	0	162	57.4	4.8	(1.4)	(0.38)	(0.16)	(0.85)	Tr	30.6	3.1	110	80	10	40	0.4	0.2	0	(0)	(0)	0.1	0	0.16	(0)	0.3	1食分=150g
01063	マカロニ・スパゲッティ類 マカロニ・スパゲッティ 乾	0	347	11.3	12.0	1.5	0.39	0.20	0.87	(0)	66.9	5.4	1	200	18	130	1.4	1.5	9	1	(0)	0.3	0.19	0.06	(0)	0	1食分=100g
01066	ふ類 焼きふ 釜焼きふ	0	357	11.3	26.8	(2.3)	(0.62)	(0.24)	(1.37)	(0)	56.9	3.7	6	120	33	130	3.3	2.2	(0)	(0)	(0)	0.5	0.16	0.07	(0)	0	1個=3g
01074	その他 ぎょうざの皮 生	0	275	32.0	(8.4)	(1.2)	(0.32)	(0.13)	(0.71)	0	(54.9)	2.2	2	64	16	60	0.8	0.6	(0)	(0)	(0)	0.2	0.08	0.04	0	0	1枚=6g
01075	しゅうまいの皮 生	0	275	31.1	(7.5)	(1.2)	(0.32)	(0.13)	(0.71)	(0)	(55.7)	2.2	2	72	16	60	0.6	0.5	(0)	(0)	(0)	0.2	0.09	0.04	0	0	1枚=3g
01079	パン粉 乾燥	0	369	13.5	(12.1)	(6.1)	(2.47)	(2.04)	(1.35)	(0)	(62.9)	4.0	460	150	33	130	1.4	0.9	4	Tr	(0)	0.4	0.15	0.03	(0)	1.2	1カップ=40g
01080	こめ[水稲穀粒] 玄米	0	346	14.9	6.0	2.5	0.62	0.83	0.90	(0)	71.3	3.0	1	230	9	290	2.1	1.8	1	Tr	(0)	1.2	0.41	0.04	(0)	0	1カップ=165g
01083	精白米 うるち米	0	342	14.9	5.3	0.8	0.29	0.21	0.31	(0)	75.6	0.5	1	89	5	95	0.8	1.4	0	(0)	(0)	0.1	0.08	0.02	(0)	0	1カップ=170g
01151	精白米 もち米	0	343	14.9	5.8	1.0	0.29	0.28	0.37	(0)	70.5	(0.5)	Tr	97	5	100	0.2	1.5	(0)	(0)	(0)	(0.2)	0.12	0.02	(0)	0	
01152	精白米 インディカ米	0	347	13.7	6.4	0.7	0.30	0.15	0.26	(0)	73.0	0.5	1	68	5	90	0.5	1.6	0	(0)	(0)	Tr	0.06	0.02	(0)	0	
01088	こめ[水稲めし] 精白米 うるち米	0	156	60.0	2.0	0.2	0.10	0.05	0.08	(0)	34.6	1.5	1	29	3	34	0.1	0.6	0	(0)	(0)	Tr	0.02	0.01	(0)	0	茶碗1杯=150g
01158	こめ[うるち米製品] 米粉	0	356	11.1	5.1	0.6	0.25	0.12	0.20	(0)	74.3	0.6	1	45	6	62	0.1	1.5	(0)	(0)	-	0	0.03	0.01	(0)	0	
01117	こめ[もち米製品] もち	0	223	44.5	3.6	(0.5)	(0.17)	(0.11)	(0.18)	(0)	45.5	0.5	0	32	3	22	0.1	0.9	0	(0)	(0)	Tr	0.03	0.01	(0)	0	1個=50g
01120	白玉粉	0	347	12.5	5.5	(0.8)	(0.25)	(0.24)	(0.32)	(0)	76.5	0.5	2	3	5	45	1.1	1.2	(0)	(0)	(0)	0	0.03	0.01	(0)	0	1カップ=120g
01128	そば ゆで	0	130	68.0	(3.9)	(0.9)	(0.21)	(0.22)	(0.42)	(0)	(24.5)	2.9	2	34	9	80	0.8	0.4	(0)	(0)	(0)	0.1	0.05	0.02	(0)	0	1玉=200g
01137	とうもろこし コーンフレーク	0	380	4.5	6.8	(1.2)	(0.42)	(0.20)	(0.55)	(0)	(82.2)	2.4	830	95	1	45	0.9	0.2	120	10	(0)	0.3	0.03	0.02	(0)	2.1	1食分=40g
2 いも及びでん粉類																											
02003	こんにゃく 板こんにゃく 精粉こんにゃく	0	5	97.3	0.1	Tr	-	-	-	(0)	2.3	2.2	10	33	43	5	0.4	0.1	(0)	(0)	(0)	0	(0)	(0)	(0)	0	1枚=250g
02005	しらたき	0	7	96.5	0.2	Tr	-	-	-	(0)	3.0	2.9	10	12	75	10	0.5	0.1	(0)	(0)	(0)	0	(0)	(0)	(0)	0	1玉=200g
02045	さつまいも 塊根 皮つき 生	2	127	64.6	0.8	0.1	0.06	Tr	0.05	(0)	28.4	2.8	23	380	40	46	0.5	0.2	40	3	(0)	1.0	0.10	0.02	25	0.1	中1個=200g
02048	むらさきいも 塊根 皮なし 生	15	123	66.0	0.9	0.1	0.05	Tr	0.04	(0)	27.5	2.5	30	370	24	56	0.6	0.2	4	Tr	(0)	1.3	0.12	0.02	29	0.1	
02010	さといも 球茎 生	15	53	84.1	1.2	0.1	0.01	Tr	0.03	(0)	10.3	2.3	Tr	640	10	55	0.5	0.3	5	Tr	(0)	0.6	0.07	0.02	6	0	中1個=40g
02063	じゃがいも 塊茎 皮つき 生	1	51	81.1	1.4	Tr	0.02	0	0.01	(0)	14.2	9.8	1	420	4	46	1.0	0.2	2	0	(0)	Tr	0.08	0.03	28	0	中1個=150g
02017	塊茎 皮なし 生	10	59	79.8	1.3	Tr	0.02	0	0.02	(0)	15.5	8.9	1	410	4	47	0.4	0.2	3	0	(0)	Tr	0.09	0.03	28	0	
02023	ながいも 塊根 生	10	64	82.6	1.5	0.1	0.04	0.02	0.08	(0)	12.9	1.0	3	430	17	27	0.4	0.3	Tr	(0)	(0)	0.2	0.10	0.02	6	0	1本=800g
02033	でん粉類 さつまいもでん粉	0	340	17.5	0.1	0.2	-	-	-	(0)	(82.0)	(0)	1	4	50	8	2.8	0.1	0	0	(0)	-	0	0	0	0	1カップ=120g
02034	じゃがいもでん粉	0	338	18.0	0.1	0.1	-	-	-	(0)	(81.6)	(0)	2	34	10	40	0.6	Tr	0	0	(0)	-	0	0	0	0	1カップ=130g
02035	とうもろこしでん粉	0	363	12.8	0.1	(0.7)	(0.13)	(0.22)	(0.35)	(0)	(86.3)	(0)	1	5	3	13	0.3	0.1	0	0	(0)	-	0	0	0	0	1カップ=100g
02039	でん粉製品 はるさめ 緑豆はるさめ 乾	0	344	11.8	0.2	0.4	-	-	-	(0)	80.4	4.1	14	13	20	10	0.5	0.1	(0)	(0)	(0)	(0)	(0)	(0)	(0)	Tr	

（可食部100gあたり）

食品番号	食品名	廃棄率	エネルギー	水分	たんぱく質	脂質	脂肪酸 飽和	脂肪酸 一価不飽和	脂肪酸 多価不飽和	コレステロール	炭水化物	食物繊維総量	無機質 ナトリウム	無機質 カリウム	無機質 カルシウム	無機質 リン	無機質 鉄	無機質 亜鉛	ビタミン A β-カロテン当量	ビタミン A レチノール活性当量	ビタミン D	ビタミン E α-トコフェロール	ビタミン B_1	ビタミン B_2	ビタミン C	食塩相当量	概量
		%	kcal	g	g	g	g	g	g	mg	g	g	mg	mg	mg	mg	mg	mg	µg	µg	µg	mg	mg	mg	mg	g	
3 砂糖及び甘味類																											
03001	黒砂糖	0	352	4.4	0.7	Tr	–	–	–	(0)	88.9	(0)	27	1100	240	31	4.7	0.5	13	1	(0)	(0)	0.05	0.07	(0)	0.1	大さじ1＝9g
03003	車糖　上白糖	0	391	0.7	(0)	(0)	–	–	–	(0)	99.3	(0)	1	2	1	Tr	Tr	0	(0)	(0)	(0)	(0)	(0)	(0)	(0)	0	大さじ1＝9g
03022	はちみつ	0	329	17.6	(0.2)	Tr		–	–	(0)	75.2	(0)	2	65	4	5	0.2	0.1	1	0	(0)	0	Tr	0.01	0	0	大さじ1＝21g
03023	メープルシロップ	0	266	33.0	0.1	0	–	–	–	(0)	66.3	(0)	1	230	75	1	0.4	1.5	0	(0)	(0)	(0)	Tr	0.02	(0)	0	大さじ1＝21g
4 豆類																											
04001	あずき　全粒　乾	0	304	14.2	17.8	0.8	0.24	0.06	0.50	0	42.3	24.8	1	1300	70	350	5.5	2.4	9	1	(0)	0.1	0.46	0.16	2	0	1カップ＝160g
04101	あん　こし練りあん（並あん）	0	255	(35.0)	(4.9)	(0.1)	–	–	–	(0)	(56.8)	(3.9)	(2)	(35)	(42)	(49)	(1.6)	(0.6)	0	(0)	(0)	0	(0.01)	(0.03)	0	0	
04006	あん　つぶし練りあん	0	239	39.3	4.9	0.3	0.09	0.02	0.16	0	51.6	5.7	56	160	19	73	1.5	0.7	0	(0)	(0)	0.1	0.02	0.03	Tr	0.1	
04008	いんげんまめ　全粒　ゆで	0	127	63.6	(7.3)	(0.7)	(0.13)	(0.10)	(0.42)	(0)	15.8	13.6	Tr	410	62	140	2.0	1.0	3	0	(0)	0	0.22	0.07	Tr	0	1カップ＝200g
04013	えんどう　全粒　青えんどう　ゆで	0	129	63.8	(7.4)	(0.6)	(0.12)	(0.19)	(0.30)	(0)	17.2	7.7	1	260	28	65	2.2	1.4	44	4	(0)	0	0.27	0.06	Tr	0	1カップ＝100g
04028	だいず　水煮缶詰　黄大豆	0	124	71.7	12.5	(6.3)	(0.88)	(1.63)	(3.53)	(Tr)	0.8	6.8	210	250	100	170	1.8	1.1	0	(0)	(0)	0.5	0.01	0.02	Tr	0.5	1カップ＝135g
04029	きな粉　黄大豆　全粒大豆	0	451	4.0	34.3	24.7	3.59	5.92	14.08	(Tr)	6.8	18.1	1	2000	190	660	8.0	4.1	4	Tr	(0)	1.7	0.07	0.24	1	0	1カップ＝80g
04032	木綿豆腐	0	73	85.9	6.7	4.5	0.79	0.92	2.60	0	0.8	1.1	9	110	93	88	1.5	0.6	0	0	(0)	0.2	0.09	0.04	0	Tr	1丁＝200～400g
04033	絹ごし豆腐	0	56	88.5	5.3	(3.2)	(0.57)	(0.66)	(1.86)	(0)	0.9	0.9	11	150	75	68	1.2	0.5	0	0	(0)	0.1	0.11	0.04	0	Tr	1丁＝200～400g
04039	生揚げ	0	143	75.9	10.3	(10.7)	(1.61)	(3.07)	(5.51)	Tr	1.1	0.7	3	120	240	150	2.6	1.1	(0)	(0)	(0)	0.8	0.07	0.03	Tr	0	1枚＝200g
04040	油揚げ　生	0	377	39.9	23.0	31.2	3.89	12.44	13.56	(Tr)	0.5	1.3	4	86	310	350	3.2	2.5	(0)	(0)	(0)	1.3	0.06	0.04	0	0	1枚＝30g
04042	凍り豆腐　乾	0	496	7.2	49.7	32.3	5.22	7.38	18.32	(0)	0.2	2.5	440	34	630	820	7.5	5.2	9	1	(0)	1.9	0.02	0.02	0	1.1	1個＝16g
04046	糸引き納豆	0	190	59.5	14.5	(9.7)	(1.45)	(2.21)	(5.65)	Tr	0.3	6.7	2	660	90	190	3.3	1.9	0	(0)	(0)	0.5	0.07	0.56	Tr	0	1パック＝30～50g
04051	おから　生	0	88	75.5	5.4	(3.4)	(0.51)	(0.67)	(2.03)	(0)	0.5	11.5	5	350	81	99	1.3	0.6	0	(0)	(0)	0.4	0.11	0.03	Tr	0	
04052	豆乳	0	44	90.8	3.4	(1.8)	(0.32)	(0.37)	(1.05)	(0)	0.9	0.2	2	190	15	49	1.2	0.3	(0)	(0)	(0)	0.1	0.03	0.02	Tr	0	1パック＝210g
04066	ひよこまめ　全粒　ゆで	0	149	59.6	(7.9)	2.1	0.28	0.72	1.00	(0)	18.2	11.6	5	350	45	120	1.2	1.8	17	1	(0)	1.7	0.16	0.07	Tr	0	
5 種実類																											
05040	アーモンド　いり　無塩	0	608	1.8	(19.0)	(54.2)	(4.13)	(35.09)	(12.65)	–	(5.6)	11.0	Tr	740	260	480	3.7	3.7	9	1	(0)	29.0	0.03	1.04	0	0	10粒＝15g
05009	ぎんなん　ゆで	0	169	56.9	(4.0)	(1.2)	(0.15)	(0.45)	(0.56)	(0)	30.6	2.4	1	580	5	96	1.2	0.4	290	24	(0)	1.6	0.26	0.07	23	0	1粒＝2～3g
05010	日本ぐり　生	30	147	58.8	2.4	(0.4)	(0.09)	(0.05)	(0.25)	(0)	30.6	4.2	1	420	23	70	0.8	0.5	37	3	(0)	0	0.21	0.07	33	0	1粒＝10～15g
05014	くるみ　いり	0	713	3.1	13.4	70.5	6.87	10.26	50.28	(0)	2.6	7.5	4	540	85	280	2.6	2.6	23	2	(0)	1.2	0.26	0.15	0	0	1個分中身＝6g
05018	ごま　いり	0	605	1.6	19.6	51.6	7.58	19.12	22.64	(0)	0.7	12.6	2	410	1200	560	9.9	5.9	7	1	(0)	0.1	0.49	0.23	Tr	0	大さじ1＝9g
05035	らっかせい　大粒種　いり	30	613	1.7	23.6	50.5	9.00	24.54	14.83	(0)	10.1	11.4	2	760	50	390	1.7	3.0	6	1	(0)	10.0	0.24	0.13	0	0	1カップ＝120g
6 野菜類																											
06007	アスパラガス　若茎　生	20	21	92.6	1.8	(0.2)	(0.07)	(0)	(0.08)	Tr	2.1	1.8	2	270	19	60	0.7	0.5	380	31	(0)	1.5	0.14	0.15	15	0	1本＝20～30g
06010	いんげんまめ　さやいんげん　若ざや　生	3	23	92.2	1.3	(0.1)	(0.02)	(Tr)	(0.05)	Tr	2.2	2.4	1	260	48	41	0.7	0.3	590	49	(0)	0.2	0.06	0.11	8	0	1さや＝7g
06015	えだまめ　生	45	125	71.7	10.3	5.7	0.84	1.88	2.77	(0)	4.3	5.0	1	590	58	170	2.7	1.4	260	22	(0)	0.8	0.31	0.15	27	0	1さや＝2～3g
06020	えんどう類　さやえんどう　若ざや　生	9	38	88.6	1.8	(0.2)	(0.04)	(0.02)	(0.09)	0	4.1	3.0	1	200	35	63	0.9	0.6	560	47	(0)	0.7	0.15	0.11	60	0	1さや＝2g
06023	グリンピース　生	0	76	76.5	5.0	0.2	0.05	0.03	0.08	0	11.8	7.7	1	340	23	120	1.7	1.2	420	35	(0)	0.1	0.39	0.16	19	0	1カップ＝130g
06032	オクラ　果実　生	15	26	90.2	1.5	(0.1)	(0.03)	(0.02)	(0.03)	Tr	1.9	5.0	4	260	92	58	0.5	0.6	670	56	(0)	1.2	0.09	0.09	11	0	1個＝10g
06034	かぶ　葉　生	30	20	92.3	(2.0)	(0.1)	(0.01)	(Tr)	(0.04)	(0)	3.9	2.9	24	330	250	42	2.1	0.3	2800	230	(0)	3.1	0.08	0.16	82	0.1	
06036	根　皮つき　生	9	18	93.9	0.6	(0.1)	(0.01)	(0.01)	(0.05)	(0)	3.0	1.5	5	280	24	28	0.3	0.1	0	(0)	(0)	0	0.03	0.03	19	0	1株＝50g
06048	かぼちゃ類　西洋かぼちゃ　果実　生	10	78	76.2	1.2	0.2	0.04	0.06	0.06	0	15.9	3.5	1	450	15	43	0.5	0.3	4000	330	(0)	4.9	0.07	0.09	43	0	1個＝1～1.5kg
06054	カリフラワー　花序　生	50	28	90.8	2.1	(0.1)	(0.05)	(0.01)	(0.01)	0	3.2	2.9	8	410	24	68	0.6	0.6	18	2	(0)	0.2	0.06	0.11	81	0	1個＝750g
06056	かんぴょう　乾	0	239	19.8	4.4	0.2	–	–	–	(0)	33.2	30.1	3	1800	250	140	2.9	1.8	0	(0)	(0)	0.4	0	0.04	0	0	巻きずし1本＝3g
06061	キャベツ　結球葉　生	15	21	92.7	0.9	0.1	0.02	0.01	0.02	(0)	3.5	1.8	5	200	43	27	0.3	0.2	50	4	(0)	0.1	0.04	0.03	41	0	葉1枚＝50g
06065	きゅうり　果実　生	2	13	95.4	0.7	Tr	0.01	Tr	0.01	0	1.9	1.1	1	200	26	36	0.3	0.2	330	28	(0)	0.3	0.03	0.03	14	0	1本＝100g
06084	ごぼう　根　生	10	58	81.7	1.1	(0.1)	(0.02)	(0.02)	(0.04)	(0)	1.0	5.7	18	320	46	62	0.7	0.8	1	Tr	(0)	0.6	0.05	0.04	3	0	中1本＝200g
06086	こまつな　葉　生	15	13	94.1	1.3	0.1	0.02	Tr	0.08	(0)	0.3	1.9	15	500	170	45	2.8	0.2	3100	260	(0)	0.9	0.09	0.13	39	0	1束＝300g
06095	しそ　葉　生	0	32	86.7	3.1	Tr	0.01	Tr	0.01	(0)	7.5	7.3	1	500	230	70	1.7	1.3	11000	880	(0)	3.9	0.13	0.34	26	0	1枚＝1g
06099	しゅんぎく　葉　生	1	20	91.8	1.9	0.1	0.02	0.01	0.10	(0)	0.4	3.2	73	460	120	44	1.7	0.2	4500	380	(0)	1.7	0.10	0.16	19	0.2	1束＝200g
06103	しょうが　根茎　皮なし　生	20	28	91.4	0.7	(0.2)	(0.08)	(0.06)	(0.06)	(0)	4.0	2.1	6	270	12	25	0.5	0.1	5	Tr	(0)	0.1	0.03	0.02	2	0	親指大＝15～20g

※★は緑黄色野菜（p.149参照）

第4部　食品成分表

（可食部100gあたり）

食品番号	食品名		廃棄率	エネルギー	水分	たんぱく質	脂質	脂肪酸 飽和	脂肪酸 一価不飽和	脂肪酸 多価不飽和	コレステロール	炭水化物	食物繊維総量	無機質 ナトリウム	無機質 カリウム	無機質 カルシウム	無機質 リン	無機質 鉄	無機質 亜鉛	ビタミン A β-カロテン当量	ビタミン A レチノール活性当量	ビタミン D	ビタミン E α-トコフェロール	ビタミン B_1	ビタミン B_2	ビタミン C	食塩相当量	概量
			%	kcal	g	g	g	g	g	g	mg	g	g	mg	mg	mg	mg	mg	mg	µg	µg	µg	mg	mg	mg	mg	g	
06366		根茎 皮なし 生 おろし汁	0	17	95.1	(0.4)	0.2	–	–	–	(0)	3.5	0.3	3	300	2	24	0.2	0.2	5	Tr	(0)	0.1	0.02	0.01	1	0	
06104		漬物 酢漬	0	17	89.2	(0.3)	(0.1)	(0.06)	(0.04)	(0.04)	(0)	3.9	2.2	1300	25	22	5	0.2	Tr	5	0	(0)	0.1	0	0.01	0	3.3	
06105		漬物 甘酢漬	0	47	86.0	(0.2)	(0.3)	(0.10)	(0.08)	(0.08)	(0)	10.7	1.8	800	13	39	3	0.3	Tr	4	0	(0)	0.1	0.63	0	0	2.0	
06116	ズッキーニ	果実 生	4	16	94.9	(0.9)	(0.1)	(0.03)	(Tr)	(0.03)	(0)	(2.3)	1.3	1	320	24	37	0.5	0.4	320	27	(0)	0.4	0.05	0.05	20	0	1本＝200g
06119	セロリ	葉柄 生	35	12	94.7	0.4	0.1	0.02	Tr	0.03	(0)	1.3	1.5	28	410	39	39	0.2	0.2	44	4	(0)	0.2	0.03	0.03	7	0.1	1本＝150g
06123	ぜんまい	干しぜんまい 干し若芽 ゆで	0	25	91.2	(1.3)	0.1	–	–	–	(0)	6.8	5.2	2	19	20	16	0.4	0.3	15	1	(0)	0.2	0	0.01	0	0	
06124	そらまめ	未熟豆 生	25	102	72.3	8.3	0.1	0.03	0.01	0.05	(0)	12.1	2.6	1	440	22	220	2.3	1.4	240	20	(0)	Tr	0.30	0.20	23	0	1さや＝25g
★ 06128	だいこん類	かいわれだいこん 芽ばえ 生	0	21	93.4	(1.8)	(0.2)	(0.05)	(0.02)	(0.15)	(0)	3.3	1.9	5	99	54	61	0.5	0.3	1900	160	(0)	2.1	0.08	0.13	47	0	小1パック=75g
★ 06130		だいこん 葉 生	10	23	90.6	1.9	Tr	0.01	Tr	0.03	(0)	1.4	4.0	48	400	260	52	3.1	0.3	3900	330	(0)	3.8	0.09	0.16	53	0.1	
06132		だいこん 根 皮つき 生	10	15	94.6	0.4	Tr	0.01	Tr	0.02	0	2.6	1.4	19	230	24	18	0.2	0.2	0	(0)	(0)	0	0.02	0.01	12	0	中1本＝1kg
06136		切干しだいこん 乾	0	280	8.4	(7.3)	(0.3)	(0.10)	(0.03)	(0.19)	(0)	69.7	21.3	210	3500	500	220	3.1	2.1	2	0	(0)	0	0.35	0.20	28	0.5	
06150	たけのこ	若茎 ゆで	0	31	89.9	(2.4)	(0.1)	(0.05)	(Tr)	(0.09)	0	(1.5)	3.3	1	470	17	60	0.4	1.2	12	1	0	1.0	0.04	0.09	8	0	中1本＝500g
06153	たまねぎ	りん茎 生	6	33	90.1	0.7	Tr	0.01	Tr	0.02	1	6.9	1.5	2	150	17	31	0.3	0.2	1	0	0	Tr	0.04	0.01	7	0	中1個＝200g
★ 06160	チンゲンサイ	葉 生	15	9	96.0	0.7	(0.1)	(0.01)	(0.01)	(0.05)	(0)	0.4	1.2	32	260	100	27	1.1	0.3	2000	170	(0)	0.7	0.03	0.07	24	0.1	1株＝100g
★ 06172	とうがらし	果実 乾	0	270	8.8	(10.8)	(4.4)	(1.37)	(0.14)	(2.72)	(0)	58.4	46.4	17	2800	74	260	6.8	1.5	17000	1500	(0)	30.0	0.50	1.40	1	0	1本＝4g
06175	とうもろこし類	スイートコーン 未熟種子 生	50	89	77.1	2.7	1.3	0.26	0.49	0.54	0	12.0	3.0	Tr	290	3	100	0.8	1.0	53	4	(0)	0.3	0.15	0.10	8	0	1本＝300g
06179		スイートコーン 缶詰 クリームスタイル	0	82	78.2	(1.5)	(0.5)	(0.08)	(0.15)	(0.24)	(0)	18.6	1.8	260	150	2	46	0.4	0.4	50	4	(0)	0.1	0.02	0.05	3	0.7	
06180		スイートコーン 缶詰 ホールカーネルスタイル	0	78	78.4	(2.2)	(0.5)	(0.10)	(0.15)	(0.21)	(0)	(13.0)	3.3	210	130	2	40	0.4	0.6	62	5	(0)	0.1	0.03	0.05	2	0.5	
★ 06182	トマト類	赤色トマト 果実 生	3	20	94.0	0.5	0.1	0.02	0.01	0.03	0	3.1	1.0	3	210	7	26	0.2	0.1	540	45	(0)	0.9	0.05	0.02	15	0	中1個150～200g
★ 06183		赤色ミニトマト 果実 生	2	30	91.0	(0.8)	(0.1)	(0.02)	(0.01)	(0.03)	(0)	4.5	1.4	4	290	12	29	0.4	0.2	960	80	(0)	0.9	0.07	0.05	32	0	1個＝15g
06184		加工品 ホール 食塩無添加	0	21	93.3	(0.9)	(0.1)	(0.03)	(0.02)	(0.06)	(0)	(3.6)	1.3	4	240	9	26	0.4	0.1	570	47	(0)	1.2	0.06	0.03	10	Tr	
06191	なす	果実 生	10	18	93.2	0.7	Tr	0.03	Tr	Tr	1	2.6	2.2	Tr	220	18	30	0.3	0.2	100	8	(0)	0.3	0.05	0.05	4	0	1本＝80g
06205	にがうり	果実 生	15	15	94.4	0.7	(0.1)	(0.01)	(0.02)	(0.04)	(0)	0.3	2.6	1	260	14	31	0.4	0.2	210	17	(0)	0.8	0.05	0.07	76	0	1本=200～250g
★ 06207	にら	葉 生	5	18	92.6	1.3	(0.1)	(0.04)	(0.01)	(0.08)	Tr	1.7	2.7	1	510	48	31	0.7	0.3	3500	290	(0)	2.5	0.06	0.13	19	0	1束＝100g
★ 06212	にんじん	根 皮つき 生	3	35	89.1	0.5	0.1	0.02	Tr	0.06	(0)	5.8	2.8	28	300	28	26	0.2	0.2	8600	720	(0)	0.4	0.07	0.06	6	0.1	中1本＝150g
06223	にんにく	りん茎 生	9	129	63.9	4.0	0.5	0.13	0.03	0.29	(0)	1.0	6.2	8	510	14	160	0.8	0.8	2	0	(0)	0.5	0.19	0.07	12	Tr	1個=50～60g
06226	ねぎ類	根深ねぎ 葉 軟白 生	40	35	89.6	1.0	Tr	0.02	Tr	0.02	2	3.6	2.5	Tr	200	36	27	0.3	0.3	83	7	(0)	0.2	0.05	0.04	14	0	1本=100～150g
★ 06227		葉ねぎ 葉 生	7	29	90.5	1.3	0.1	0.03	0.01	0.07	(0)	0	3.2	1	260	80	40	1.0	0.3	1500	120	(0)	0.9	0.06	0.11	32	0	1本=50～70g
★ 06228		こねぎ 葉 生	10	26	91.3	(1.4)	(0.1)	(0.04)	(0.01)	(0.08)	(0)	5.4	2.5	1	320	100	36	1.0	0.3	2200	190	(0)	1.3	0.08	0.14	44	0	5本＝20g
06233	はくさい	結球葉 生	6	13	95.2	0.6	Tr	0.01	Tr	0.03	(0)	2.0	1.3	6	220	43	33	0.3	0.2	99	8	(0)	0.2	0.03	0.03	19	0	1個＝1～2kg
★ 06238	バジル	葉 生	20	21	91.5	(1.2)	(0.5)	(0.04)	(0.08)	(0.36)	(0)	(0.3)	4.0	1	420	240	41	1.5	0.6	6300	520	(0)	3.5	0.08	0.19	16	0	
★ 06239	パセリ	葉 生	10	34	84.7	3.2	(0.5)	(0.12)	(0.26)	(0.11)	(0)	0.9	6.8	9	1000	290	61	7.5	1.0	7400	620	(0)	3.3	0.12	0.24	120	0	1本＝5g
★ 06245	ピーマン類	青ピーマン 果実 生	15	20	93.4	0.7	0.1	0.02	Tr	0.05	0	2.3	2.3	1	190	11	22	0.4	0.2	400	33	(0)	0.8	0.03	0.03	76	0	1個=30～40g
★ 06247		赤ピーマン 果実 生	10	28	91.1	(0.8)	(0.2)	(0.04)	(Tr)	(0.10)	(0)	(5.3)	1.6	Tr	210	7	22	0.4	0.2	1100	88	(0)	4.3	0.06	0.14	170	0	
06249		黄ピーマン 果実 生	10	28	92.0	(0.6)	(0.1)	(0.02)	(Tr)	(0.05)	(0)	(4.9)	1.3	Tr	200	8	21	0.3	0.2	200	17	(0)	2.4	0.04	0.03	150	0	
★ 06263	ブロッコリー	花序 生	35	37	86.2	3.8	0.3	0.07	0.06	0.11	0	2.3	5.1	7	460	50	110	1.3	0.8	900	75	0	3.0	0.17	0.23	140	Tr	中1個＝250g
★ 06267	ほうれんそう	葉 通年平均 生	10	18	92.4	1.7	0.2	0.04	0.02	0.17	0	0.3	2.8	16	690	49	47	2.0	0.7	4200	350	(0)	2.1	0.11	0.20	35	0	1束＝300g
★ 06355		葉 夏採り 生	10	18	92.4	(1.7)	0.2	–	–	–	0	(0.3)	2.8	16	690	49	47	2.0	0.7	4200	350	(0)	2.1	0.11	0.20	20	0	
★ 06356		葉 冬採り 生	10	18	92.4	(1.7)	0.2	–	–	–	0	(0.3)	2.8	16	690	49	47	2.0	0.7	4200	350	(0)	2.1	0.11	0.20	60	0	
★ 06072	みずな	葉 生	15	23	91.4	(1.9)	0.1	–	–	–	(0)	4.8	3.0	36	480	210	64	2.1	0.5	1300	110	(0)	1.8	0.08	0.15	55	0.1	1束=200～300g
★ 06278	みつば類	糸みつば 葉 生	8	12	94.6	(0.8)	0.1	–	–	–	(0)	2.9	2.3	3	500	47	47	0.9	0.1	3200	270	(0)	0.9	0.04	0.14	13	0	1束＝100g
06287	もやし類	だいずもやし 生	4	29	92.0	2.9	1.2	0.20	0.20	0.78	Tr	0.6	2.3	3	160	23	51	0.5	0.4	(Tr)	(0)	(0)	0.5	0.09	0.07	5	0	1袋＝250g
06291		りょくとうもやし 生	3	15	95.4	1.2	(0.1)	(0.03)	(0.01)	(0.04)	(0)	1.3	1.3	2	69	10	25	0.2	0.3	6	Tr	(0)	0.1	0.04	0.05	8	0	1袋＝250g
06312	レタス類	レタス 土耕栽培 結球葉 生	2	11	95.9	0.5	Tr	0.01	Tr	0.03	(0)	1.7	1.1	2	200	19	22	0.3	0.2	240	20	(0)	0.3	0.05	0.03	5	0	中1個＝500g
★ 06313		サラダな 葉 生	10	10	94.9	0.8	0.1	0.01	Tr	0.06	(0)	0.7	1.8	6	410	56	49	2.4	0.2	2200	180	(0)	1.4	0.06	0.13	14	0	1株＝100g
06317	れんこん	根茎 生	20	66	81.5	1.3	Tr	0.01	0.01	0.02	0	13.0	2.0	24	440	20	74	0.5	0.3	3	Tr	(0)	0.6	0.10	0.01	48	0.1	1節＝300g
7 果実類																												
07006	アボカド	生	30	178	71.3	1.6	15.8	3.03	9.96	1.85	Tr	(0.8)	5.6	7	590	8	52	0.6	0.7	87	7	(0)	3.3	0.09	0.20	12	Tr	中1個＝400g
07012	いちご	生	2	31	90.0	0.7	0.1	0.01	0.01	0.05	0	(5.9)	1.4	Tr	170	17	31	0.3	0.2	18	1	(0)	0.4	0.03	0.02	62	0	中1粒＝9g
07014		ジャム 低糖度	0	194	50.7	(0.4)	(0.1)	(0.01)	(0.01)	(0.05)	(0)	48.4	1.1	12	79	12	14	0.4	0.1	Tr	(0)	(0)	0.2	0.01	0.01	10	0	大さじ1=22g
07022	うめ	梅干し 塩漬	25	29	72.2	(0.5)	(0.5)	(0.04)	(0.34)	(0.11)	0	0.9	3.3	7200	220	33	21	1.1	0.1	6	1	0	0.2	0.02	0.01	0	18.2	1個＝13g

（可食部100gあたり）

食品番号	食品名	廃棄率	エネルギー	水分	たんぱく質	脂質	脂肪酸 飽和	脂肪酸 一価不飽和	脂肪酸 多価不飽和	コレステロール	炭水化物	食物繊維総量	無機質 ナトリウム	無機質 カリウム	無機質 カルシウム	無機質 リン	無機質 鉄	無機質 亜鉛	ビタミン A β-カロテン当量	ビタミン A レチノール活性当量	ビタミン D	ビタミン E α-トコフェロール	ビタミン B_1	ビタミン B_2	ビタミン C	食塩相当量	概量
		%	kcal	g	g	g	g	g	g	mg	g	g	mg	mg	mg	mg	mg	mg	µg	µg	µg	mg	mg	mg	mg	g	
07049	かき 甘がき 生	9	63	83.1	0.3	0.1	0.02	0.04	0.03	0	13.1	1.6	1	170	9	14	0.2	0.1	420	35	(0)	0.1	0.03	0.02	70	0	中1個＝200g
07027	かんきつ類 うんしゅうみかん じょうのう 普通 生	20	49	86.9	0.4	Tr	0.01	0.02	0.01	0	8.9	1.0	1	150	21	15	0.2	0.1	1000	84	(0)	0.4	0.10	0.03	32	0	1個=70～100g
07035	うんしゅうみかん 缶詰 果肉	0	63	83.8	0.5	Tr	(0.01)	(0.02)	(0.01)	(0)	15.3	0.5	4	75	8	8	0.4	0.1	410	34	(0)	0.5	0.05	0.02	15	0	1個＝4～8g
07040	オレンジ ネーブル 砂じょう 生	35	48	86.8	0.5	(0.1)	(0.01)	(0.02)	(0.02)	0	8.1	1.0	1	180	24	22	0.2	0.1	130	11	(0)	0.3	0.07	0.04	60	0	1個＝200g
07047	オレンジ バレンシア マーマレード 低糖度	0	190	51.7	(0.2)	0.1	–	–	–	(0)	47.7	1.3	9	49	19	5	0.2	Tr	56	5	(0)	0.4	0.01	0	4	0	大さじ1＝22g
07062	グレープフルーツ 白肉種 砂じょう 生	30	40	89.0	0.5	(0.1)	(0.01)	(0.01)	(0.02)	0	7.3	0.6	1	140	15	17	Tr	0.1	0	(0)	(0)	0.3	0.07	0.03	36	0	1個＝450g
07142	ゆず 果皮 生	0	50	83.7	0.9	0.1	0.03	0.01	0.04	(0)	14.2	6.9	5	140	41	9	0.3	0.1	240	20	(0)	3.4	0.07	0.10	160	0	
07156	レモン 果汁 生	0	24	90.5	0.3	(0.1)	(0.02)	(0.01)	(0.03)	0	1.5	Tr	2	100	7	9	0.1	0.1	6	1	(0)	0.1	0.04	0.02	50	0	大さじ1＝12g
07054	キウイフルーツ 緑肉種 生	15	51	84.7	0.8	0.2	0.02	0.03	0.12	0	9.5	2.6	1	300	26	30	0.3	0.1	53	4	(0)	1.3	0.01	0.02	71	0	1個＝120g
07070	さくらんぼ 国産 生	10	64	83.1	(0.8)	(0.1)	(0.04)	(0.05)	(0.05)	(0)	15.2	1.2	1	210	13	17	0.3	0.1	98	8	(0)	0.5	0.03	0.03	10	0	1個＝6g
07077	すいか 赤肉種 生	40	41	89.6	0.3	(0.1)	(0.01)	(0.02)	(0.03)	0	9.5	0.3	1	120	4	8	0.2	0.1	830	69	(0)	0.1	0.03	0.02	10	0	中1個＝4～5kg
07088	なし類 日本なし 生	15	38	88.0	0.2	(0.1)	(0.01)	(0.02)	(0.02)	0	8.1	0.9	Tr	140	2	11	0	0.1	0	(0)	(0)	0.1	0.02	Tr	3	0	中1個＝250g
07097	パインアップル 生	45	54	85.2	0.4	(0.1)	(0.01)	(0.02)	(0.05)	0	12.2	1.2	Tr	150	11	9	0.2	0.1	38	3	(0)	Tr	0.09	0.02	35	0	1個＝2kg
07102	缶詰	0	76	78.9	(0.3)	(0.1)	(0.01)	(0.01)	(0.03)	(0)	(19.4)	0.5	1	120	7	7	0.3	0.1	12	1	(0)	0	0.07	0.01	7	0	
07107	バナナ 生	40	93	75.4	0.7	(0.1)	(0.07)	(0.02)	(0.04)	0	18.5	1.1	Tr	360	6	27	0.3	0.2	56	5	(0)	0.5	0.05	0.04	16	0	中1本＝200g
07114	びわ 生	30	41	88.6	(0.2)	(0.1)	(0.02)	(Tr)	(0.05)	(0)	(5.9)	1.6	1	160	13	9	0.1	0.2	810	68	(0)	0.1	0.02	0.03	5	0	1個＝50g
07178	ぶどう 皮つき 生	0	69	81.7	0.4	Tr	0.02	Tr	0.02	(0)	17.0	0.9	0	220	8	23	0.2	Tr	39	3	(0)	0.4	0.05	0.01	3	0	1房=100～300g
07117	干しぶどう	0	324	14.5	(2.0)	(0.1)	(0.03)	(0.01)	(0.03)	(0)	(60.3)	4.1	12	740	65	90	2.3	0.3	11	1	(0)	0.5	0.12	0.03	Tr	Tr	大さじ1＝12g
07124	ブルーベリー 生	0	48	86.4	(0.3)	(0.1)	(0.01)	(0.01)	(0.04)	0	(8.6)	3.3	1	70	8	9	0.2	0.1	55	5	(0)	1.7	0.03	0.03	9	0	
07132	マンゴー 生	35	68	82.0	(0.5)	(0.1)	(0.02)	(0.04)	(0.02)	(0)	(13.4)	1.3	1	170	15	12	0.2	0.1	610	51	(0)	1.8	0.04	0.06	20	0	1個＝300g
07135	メロン 露地メロン 緑肉種 生	45	45	87.9	0.6	(0.1)	(0.03)	(Tr)	(0.04)	0	9.2	0.5	6	350	6	13	0.2	0.2	140	12	(0)	0.2	0.05	0.02	25	0	1個=500g～1kg
07136	もも 白肉種 生	15	38	88.7	0.4	(0.1)	(0.01)	(0.03)	(0.03)	0	8.0	1.3	1	180	4	18	0.1	0.1	5	Tr	(0)	0.7	0.01	0.01	8	0	1個＝200g
07176	りんご 皮つき 生	8	56	83.1	(0.1)	(0.1)	(0.04)	(0.01)	(0.08)	(0)	12.7	1.9	Tr	120	4	12	0.1	0.1	27	2	(0)	0.4	0.02	0.01	6	0	1個=200～300g
8 きのこ類																											
08001	えのきたけ 生	15	34	88.6	1.6	0.1	0.02	0.01	0.08	0	0.9	3.9	2	340	Tr	110	1.1	0.6	(0)	(0)	0.9	0	0.24	0.17	0	0	1袋＝100g
08006	きくらげ 乾	0	216	14.9	5.3	1.3	0.29	0.33	0.62	0	2.6	57.4	59	1000	310	230	35.0	2.1	(0)	(0)	85.0	0	0.19	0.87	0	0.1	1個＝1g
08039	しいたけ 生しいたけ 菌床栽培 生	20	25	89.6	2.0	0.2	0.04	0.01	0.15	0	0.7	4.9	1	290	1	87	0.4	0.9	0	0	0.3	0	0.13	0.21	0	0	1個＝10g
08013	乾しいたけ 乾	20	258	9.1	14.1	(1.7)	(0.33)	(0.05)	(1.22)	0	11.2	46.7	14	2200	12	290	3.2	2.7	(0)	(0)	17.0	0	0.48	1.74	20	Tr	1個＝2～8g
08016	しめじ類 ぶなしめじ 生	10	22	91.1	1.6	0.2	0.05	0.02	0.15	0	1.3	3.5	2	370	1	96	0.5	0.5	(0)	(0)	0.5	0	0.15	0.17	0	0	1パック=100g
08020	なめこ 株採り 生	20	21	92.1	1.0	0.1	0.02	0.02	0.07	1	2.4	3.4	3	240	4	68	0.7	0.5	(0)	(0)	0	0	0.07	0.12	0	0	1袋＝100g
08025	ひらたけ類 エリンギ 生	6	31	90.2	1.7	0.2	0.04	0.04	0.12	(0)	2.9	3.4	2	340	Tr	89	0.3	0.6	(0)	(0)	1.2	0	0.11	0.22	0	0	
08028	まいたけ 生	10	22	92.7	1.2	0.3	0.06	0.07	0.14	(0)	0.3	3.5	0	230	Tr	54	0.2	0.7	(0)	(0)	4.9	(0)	0.09	0.19	0	0	
08031	マッシュルーム 生	5	15	93.9	1.7	0.1	0.03	Tr	0.10	0	0.1	2.0	6	350	3	100	0.3	0.4	(0)	(0)	0.3	0	0.06	0.29	0	0	1個＝10g
08034	まつたけ 生	3	32	88.3	1.2	0.2	0.06	0.10	0.06	(0)	1.5	4.7	2	410	6	40	1.3	0.8	(0)	(0)	0.6	(0)	0.10	0.10	0	0	中1本＝30g
9 藻類																											
09004	あまのり 焼きのり	0	297	2.3	32.0	2.2	0.55	0.20	1.39	22	1.7	36.0	530	2400	280	700	11.0	3.6	27000	2300	(0)	4.6	0.69	2.33	210	1.3	1枚＝2g
09005	味付けのり	0	301	3.4	31.5	(2.1)	(0.52)	(0.19)	(1.31)	21	13.5	25.2	1700	2700	170	710	8.2	3.7	32000	2700	(0)	3.7	0.61	2.31	200	4.3	
09017	こんぶ類 まこんぶ 素干し 乾	0	170	9.5	5.1	1.0	0.35	0.29	0.32	0	0.1	32.1	2600	6100	780	180	3.2	0.9	1600	130	(0)	2.6	0.26	0.31	29	6.6	10cm角＝10g
09021	削り昆布	0	177	24.4	(5.2)	0.6	0.27	0.24	0.08	0	50.2	28.2	2100	4800	650	190	3.6	1.1	760	64	(0)	0.8	0.33	0.28	19	5.3	大さじ1＝10g
09023	つくだ煮	0	152	49.6	4.7	0.9	0.16	0.32	0.33	0	19.8	6.8	2900	770	150	120	1.3	0.5	56	5	0	0.1	0.05	0.05	Tr	7.4	大さじ1＝15g
09049	てんぐさ 粉寒天	0	160	16.7	0.1	(0.2)	(0.05)	(0.02)	(0.09)	0	0.1	79.0	170	30	120	39	7.3	0.3	0	0	(0)	0	0	Tr	0	0.4	
09050	ひじき ほしひじき ステンレス釜 乾	0	180	6.5	7.4	1.7	0.59	0.37	0.63	Tr	0.4	51.8	1800	6400	1000	93	6.2	1.0	4400	360	(0)	5.0	0.09	0.42	0	4.7	
09044	わかめ カットわかめ 乾	0	186	9.2	14.0	1.7	0.25	0.09	1.29	0	0	39.2	9300	430	870	300	6.5	2.8	2200	190	0	0.5	0.07	0.08	0	23.5	小さじ1＝1g
09045	湯通し塩蔵わかめ 塩抜き 生	0	13	93.3	1.3	0.2	0.04	0.02	0.15	0	0	3.2	530	10	50	30	0.5	0.2	210	17	(0)	0.1	0.01	0.01	0	1.4	
10 魚介類																											
10003	あじ類 まあじ 皮つき 生	55	112	75.1	16.8	3.5	1.10	1.05	1.22	68	(0.1)	(0)	130	360	66	230	0.6	1.1	0	7	8.9	0.6	0.13	0.13	Tr	0.3	中1尾＝120g
10021	あゆ 天然 生	45	93	77.7	15.0	1.9	0.65	0.61	0.54	83	(0.1)	(0)	70	370	270	310	0.9	0.8	(0)	35	1	1.2	0.13	0.15	2	0.2	中1尾＝75g
10035	いかなご つくだ煮	0	271	26.9	29.4	2.4	0.66	0.47	1.19	280	30.7	(0)	2200	670	470	820	2.3	3.6	(Tr)	(Tr)	23.0	0.8	0.02	0.27	(0)	5.6	大さじ山盛り1=20g
10045	いわし類 かたくちいわし 煮干し	0	298	15.7	(52.9)	2.8	1.27	0.61	0.83	550	(0.3)	(0)	1700	1200	2200	1500	18.0	7.2	(0)	(Tr)	18.0	0.9	0.10	0.10	(0)	4.3	

（可食部100gあたり）

食品番号	食品名		廃棄率	エネルギー	水分	たんぱく質	脂質	脂肪酸 飽和	脂肪酸 一価不飽和	脂肪酸 多価不飽和	コレステロール	炭水化物	食物繊維総量	無機質 ナトリウム	無機質 カリウム	無機質 カルシウム	無機質 リン	無機質 鉄	無機質 亜鉛	ビタミン A β-カロテン当量	ビタミン A レチノール活性当量	ビタミン D	ビタミン E α-トコフェロール	ビタミン B_1	ビタミン B_2	ビタミン C	食塩相当量	概量
			%	kcal	g	g	g	g	g	g	mg	g	g	mg	mg	mg	mg	mg	mg	µg	µg	µg	mg	mg	mg	mg	g	
10047		まいわし　生	60	156	68.9	16.4	7.3	2.55	1.86	2.53	67	(0.2)	(0)	81	270	74	230	2.1	1.6	0	8	32.0	2.5	0.03	0.39	0	0.2	1尾＝80g
10055		しらす干し　微乾燥品	0	113	67.5	19.8	1.1	0.34	0.14	0.60	250	(0.1)	0	1700	170	280	480	0.6	1.7	0	190	12.0	1.1	0.11	0.03	0	4.2	大さじ1＝7g
10056		しらす干し　半乾燥品	0	187	46.0	33.1	1.8	0.54	0.20	0.95	390	(0.5)	(0)	2600	490	520	860	0.8	3.0	(0)	240	61.0	1.5	0.22	0.06	Tr	6.6	大さじ1＝5g
10070	うなぎ	かば焼	0	285	50.5	23.0	19.4	5.32	9.85	3.39	230	3.1	(0)	510	300	150	300	0.8	2.7	(0)	1500	19.0	4.9	0.75	0.74	Tr	1.3	1串=100~150g
10085	かじき類	めかじき　生	*0	139	72.2	15.2	6.6	1.63	3.55	1.11	72	(0.1)	(0)	71	440	3	260	0.5	0.7	0	61	8.8	4.4	0.06	0.09	1	0.2	
10086	かつお	春獲り　生	*0	108	72.2	20.6	0.4	0.12	0.06	0.19	60	(0.1)	(0)	43	430	11	280	1.9	0.8	0	5	4	0.3	0.13	0.17	Tr	0.1	
10087		秋獲り　生	35	150	67.3	20.5	4.9	1.50	1.33	1.84	58	(0.2)	(0)	38	380	8	260	1.9	0.9	0	20	9	0.1	0.10	0.16	Tr	0.1	
10092		加工品　削り節	0	327	17.2	64.0	1.9	0.71	0.35	0.79	190	(0.4)	(0)	480	810	46	680	9.0	2.5	0	24	4	1.1	0.38	0.57	Tr	1.2	大1袋＝5g
10100	かれい類	まがれい　生	*0	89	77.8	17.8	1.0	0.23	0.29	0.43	71	(0.1)	(0)	110	330	43	200	0.2	0.8	(0)	5	13.0	1.5	0.03	0.35	1	0.3	中1尾＝300g
10134	さけ・ます類	しろさけ　生	*0	124	72.3	18.9	3.7	0.80	1.69	1.01	59	(0.1)	(0)	66	350	14	240	0.5	0.5	(0)	11	32.0	1.2	0.15	0.21	1	0.2	1切れ＝80g
10139		しろさけ　塩ざけ	*0	183	63.6	19.4	9.7	2.19	4.34	2.81	64	(0.1)	(0)	720	320	16	270	0.3	0.4	(0)	24	23.0	0.4	0.14	0.15	1	1.8	1切れ＝80g
10140		しろさけ　イクラ	0	252	48.4	(28.8)	11.7	2.42	3.82	4.97	480	(0.2)	(0)	910	210	94	530	2.0	2.1	(0)	330	44.0	9.1	0.42	0.55	6	2.3	大さじ1＝17g
10154	さば類	まさば　生	50	211	62.1	17.8	12.8	4.57	5.03	2.66	61	(0.3)	(0)	110	330	6	220	1.2	1.1	1	37	5.1	1.3	0.21	0.31	1	0.3	中1尾＝800g
10171	さわら	生	*0	161	68.6	18.0	8.4	2.51	3.45	2.05	60	(0.1)	(0)	65	490	13	220	0.8	1.0	(0)	12	7	0.3	0.09	0.35	Tr	0.2	1切れ＝80g
10173	さんま	皮つき　生	*0	287	55.6	16.3	22.7	4.84	10.58	6.35	68	(0.1)	(0)	140	200	28	180	1.4	0.8	0	16	16.0	1.7	0.01	0.28	0	0.4	1尾＝140g
10182	ししゃも類	からふとししゃも　生干し　生	0	160	69.3	12.6	9.9	1.95	5.52	2.03	290	(0.5)	(0)	590	200	350	360	1.4	2.0	0	120	0.4	1.6	Tr	0.31	1	1.5	
10192	たい類	まだい　天然　生	50	129	72.2	17.8	4.6	1.47	1.59	1.38	65	(0.1)	(0)	55	440	11	220	0.2	0.4	0	8	5	1.0	0.09	0.05	1	0.1	中1尾=400~500g
10202	たら類	すけとうだら　たらこ　生	0	131	65.2	21.0	2.9	0.71	0.81	1.28	350	(0.4)	(0)	1800	300	24	390	0.6	3.1	0	24	1.7	7.1	0.71	0.43	33	4.6	1はら＝100g
10205		まだら　生	*0	72	80.9	14.2	0.1	0.03	0.03	0.07	58	(0.1)	(0)	110	350	32	230	0.2	0.5	0	10	1	0.8	0.10	0.10	Tr	0.3	
10448		加工品　桜でんぶ	0	351	5.6	9.6	0.1	0.03	0.03	0.03	73	79.4	0	930	43	300	180	0.4	0.6	–	2	0	0.1	0.01	0.01	·	2.4	大さじ1＝6g
10234	ひらめ	天然　生	40	94	76.8	20.0	1.6	0.43	0.48	0.61	55	(Tr)	(0)	46	440	22	240	0.1	0.4	0	12	3	0.6	0.04	0.11	3	0.1	中1尾＝800g
10241	ぶり	成魚　生	*0	222	59.6	18.6	13.1	4.42	4.35	3.72	72	(0.3)	(0)	32	380	5	130	1.3	0.7	(0)	50	8	2.0	0.23	0.36	2	0.1	1切れ＝80g
10411		はまち　養殖　皮なし　生	*0	180	66.4	17.6	9.9	2.81	4.11	2.57	78	(0.3)	(0)	36	390	5	220	1.1	0.5	(0)	41	4.4	5.5	0.17	0.23	3	0.1	
10248	ほっけ	開き干し　生	35	161	67.0	18.0	8.3	1.99	3.48	2.45	86	(0.1)	(0)	690	390	170	330	0.5	0.9	0	30	4.6	1.3	0.10	0.24	4	1.8	1尾＝500g
10253	まぐろ類	くろまぐろ　天然　赤身　生	*0	115	70.4	22.3	0.8	0.25	0.29	0.19	50	(0.1)	(0)	49	380	5	270	1.1	0.4	0	83	5	0.8	0.10	0.05	2	0.1	
10254		くろまぐろ　天然　脂身　生	*0	308	51.4	16.7	23.5	5.91	10.20	6.41	55	(0.1)	(0)	71	230	7	180	1.6	0.5	0	270	18.0	1.5	0.04	0.07	4	0.2	
10263		缶詰　油漬　フレーク　ライト	0	265	59.1	(14.4)	21.3	3.37	4.86	12.16	32	(0.1)	(0)	340	230	4	160	0.5	0.3	0	8	2	2.8	0.01	0.03	0	0.9	
10281	貝類	あさり　生	60	27	90.3	4.6	0.1	0.02	0.01	0.04	40	(0.4)	(0)	870	140	66	85	3.8	1.0	22	4	0	0.4	0.02	0.16	1	2.2	中1個＝8g
10283		缶詰　水煮	0	102	73.2	(15.7)	0.9	0.34	0.21	0.31	89	(1.7)	(0)	390	9	110	260	30.0	3.4	35	6	(0)	2.7	Tr	0.09	(0)	1.0	
10292		かき　養殖　生	75	58	85.0	4.9	1.3	0.41	0.21	0.60	38	2.3	(0)	460	190	84	100	2.1	14.0	6	24	0.1	1.3	0.07	0.14	3	1.2	中1個=8~15g
10297		しじみ　生	75	54	86.0	5.8	0.6	0.24	0.14	0.19	62	(4.1)	(0)	180	83	240	120	8.3	2.3	100	33	0.2	1.7	0.02	0.44	2	0.4	1個＝3g
10311		ほたてがい　生	50	66	82.3	10.0	0.4	0.18	0.09	0.15	33	(1.4)	(0)	320	310	22	210	2.2	2.7	150	23	(0)	0.9	0.05	0.29	3	0.8	むき身1個=50g
10325	えび類	さくらえび　素干し	0	278	19.4	64.9	2.1	0.59	0.63	0.75	700	(0.1)	–	1200	1200	2000	1200	3.2	4.9	(0)	(Tr)	(0)	(7.2)	0.17	0.15	0	3.0	大さじ1＝4g
10415		バナメイえび　養殖　生	20	82	78.6	16.5	0.3	0.10	0.05	0.15	160	(0.6)	(0)	140	270	68	220	1.4	1.2	(0)	0	0	1.7	0.03	0.04	1	0.3	
10329		ブラックタイガー　養殖　生	15	77	79.9	(15.2)	0.1	0.04	0.03	0.06	150	(0.3)	(0)	150	230	67	210	0.2	1.4	0	1	(0)	1.4	0.07	0.03	Tr	0.4	1尾＝70g
10330		加工品　干しえび	0	207	24.2	48.6	1.2	0.45	0.33	0.40	510	(0.3)	–	1500	740	7100	990	15.0	3.9	5	14	(0)	2.5	0.10	0.19	0	3.8	
10335	かに類	ずわいがに　生	70	59	84.0	10.6	0.2	0.03	0.06	0.13	44	(0.1)	(0)	310	310	90	170	0.5	2.6	(0)	(Tr)	(0)	2.1	0.24	0.60	Tr	0.8	1ぱい＝300g
10344	いか類	こういか　生	35	64	83.4	10.6	0.6	0.19	0.05	0.33	210	(0.1)	(0)	280	220	17	170	0.1	1.5	Tr	5	(0)	2.2	0.03	0.05	1	0.7	
10345		するめいか　生	30	76	80.2	(13.4)	0.3	0.11	0.03	0.19	250	(0.1)	(0)	210	300	11	250	0.1	1.5	0	13	0.3	2.1	0.07	0.05	1	0.5	1ぱい=250~300g
10362	たこ類	まだこ　ゆで	0	91	76.2	(15.1)	0.2	0.06	0.02	0.12	150	(0.1)	(0)	230	240	19	120	0.2	1.8	0	5	(0)	1.9	0.03	0.05	Tr	0.6	足1本＝150g
10365	その他	うに　生うに	0	109	73.8	11.7	2.5	0.63	0.77	1.02	290	(3.0)	(0)	220	340	12	390	0.9	2.0	700	58	(0)	3.6	0.10	0.44	3	0.6	大さじ1=15~18g
10376	水産練り製品	かに風味かまぼこ	0	89	75.6	12.1	0.4	0.11	0.10	0.16	17	9.2	(0)	850	76	120	77	0.2	0.2	0	21	1	0.9	0.01	0.04	1	2.2	1本＝15g
10379		蒸しかまぼこ	0	93	74.4	11.2	0.5	0.13	0.09	0.23	15	9.7	(0)	1000	110	25	60	0.3	0.2	(0)	(Tr)	2	0.2	Tr	0.01	0	2.5	1本=100~250g
10381		焼き竹輪	0	119	69.9	12.2	1.7	0.48	0.46	0.72	25	13.5	(0)	830	95	15	110	1.0	0.3	(0)	(Tr)	1	0.4	0.05	0.08	(0)	2.1	1本＝100g
10384		なると	0	80	77.8	7.6	0.3	0.15	0.03	0.08	17	11.6	(0)	800	160	15	110	0.5	0.2	(0)	(Tr)	Tr	0.1	Tr	0.01	(0)	2.0	1本＝170g
10386		さつま揚げ	0	135	67.5	12.5	3.0	0.51	0.85	1.49	20	13.9	(0)	730	60	60	70	0.8	0.3	(0)	(Tr)	1	0.4	0.05	0.10	(0)	1.9	小1個＝30g
11 肉類																												
11008	うし　[和牛肉]	かたロース　脂身つき　生	0	380	47.9	(11.8)	(35.0)	(12.19)	(20.16)	(1.06)	89	(0.2)	(0)	42	210	3	120	0.7	4.6	1	3	0	0.5	0.06	0.17	1	0.1	1人分=80~100g
11015		サーロイン　脂身つき　生	0	460	40.0	(10.2)	(44.4)	(16.29)	(25.05)	(1.12)	86	(0.3)	(0)	32	180	3	100	0.9	2.8	1	3	0	0.6	0.05	0.12	1	0.1	ステーキ1枚=100~200g
11029		ヒレ　赤肉　生	0	207	64.6	(16.6)	13.8	5.79	6.90	0.49	66	(0.3)	(0)	40	340	3	180	2.5	4.2	Tr	1	0	0.4	0.09	0.24	1	0.1	
11030	うし　[乳用肥育牛肉]	かた　脂身つき　生	0	231	62.0	17.1	18.0	7.23	9.10	0.83	66	(0.3)	0	59	290	4	160	2.1	4.5	1	5	0	0.4	0.08	0.20	1	0.2	

＊切り身

（可食部100gあたり）

食品番号	食品名	廃棄率	エネルギー	水分	たんぱく質	脂質	脂肪酸 飽和	脂肪酸 一価不飽和	脂肪酸 多価不飽和	コレステロール	炭水化物	食物繊維総量	無機質 ナトリウム	無機質 カリウム	無機質 カルシウム	無機質 リン	無機質 鉄	無機質 亜鉛	ビタミン A β-カロテン当量	ビタミン A レチノール活性当量	ビタミン D	ビタミン E α-トコフェロール	ビタミン B1	ビタミン B2	ビタミン C	食塩相当量	概量
		%	kcal	g	g	g	g	g	g	mg	g	g	mg	mg	mg	mg	mg	mg	µg	µg	µg	mg	mg	mg	mg	g	
11034	かたロース　脂身つき　生	0	295	56.4	(13.7)	(24.7)	(10.28)	(12.31)	(1.00)	71	(0.2)	(0)	50	260	4	140	0.9	4.7	3	7	0.1	0.5	0.06	0.17	1	0.1	
11037	リブロース　脂身つき　生	0	380	47.9	12.5	35.0	15.10	16.99	1.32	81	(0.2)	(0)	40	230	4	120	1.0	3.7	8	13	0.1	0.5	0.05	0.12	1	0.1	
11043	サーロイン　脂身つき　生	0	313	54.4	(14.0)	(26.7)	(11.36)	(13.10)	(1.01)	69	(0.4)	(0)	48	270	4	150	1.0	2.9	4	8	0	0.4	0.06	0.10	1	0.1	
11046	ばら　脂身つき　生	0	381	47.4	11.1	37.3	12.79	21.87	0.99	79	(0.2)	(0)	56	190	3	110	1.4	2.8	2	13	0	0.6	0.05	0.12	1	0.1	
11047	もも　脂身つき　生	0	196	65.8	(16.0)	12.6	5.11	6.39	0.56	69	(0.4)	(0)	49	330	4	180	1.4	4.5	0	3	0	0.6	0.08	0.20	1	0.1	
11053	そともも　脂身つき　生	0	220	64.0	(15.0)	(15.9)	(6.46)	(8.09)	(0.66)	68	(0.5)	(0)	55	310	4	150	1.4	3.2	0	5	0	0.5	0.08	0.17	1	0.1	
11056	ランプ　脂身つき　生	0	234	62.1	(15.3)	(17.1)	(7.05)	(8.55)	(0.75)	65	(0.5)	(0)	54	300	4	150	1.4	3.7	0	6	0	0.7	0.08	0.19	1	0.1	
11059	ヒレ　赤肉　生	0	177	67.3	17.7	10.1	4.35	4.80	0.50	60	(0.4)	(0)	56	380	4	200	2.4	3.4	2	4	0	0.5	0.12	0.26	1	0.1	
11064	うし［輸入牛肉］かたロース　脂身つき　生	0	221	63.8	(15.1)	(15.8)	(7.54)	(7.10)	(0.48)	69	(0.1)	(0)	49	300	4	150	1.2	5.8	2	10	0.4	0.7	0.07	0.20	1	0.1	
11071	サーロイン　脂身つき　生	0	273	57.7	(14.7)	(21.5)	(10.85)	(9.24)	(0.43)	59	(0.4)	(0)	39	290	3	150	1.4	3.1	5	11	0.6	0.7	0.05	0.12	1	0.1	
11085	ヒレ　赤肉　生	0	123	73.3	(18.5)	4.2	1.99	1.79	0.22	62	(0.3)	(0)	45	370	4	180	2.8	2.8	Tr	4	0.4	0.7	0.10	0.25	1	0.1	
11089	うし［ひき肉］生	0	251	61.4	14.4	19.8	7.25	11.06	0.63	64	(0.3)	(0)	64	260	6	100	2.4	5.2	11	13	0.1	0.5	0.08	0.19	1	0.2	
11090	うし［副生物］舌　生	0	318	54.0	12.3	29.7	11.19	15.98	1.25	97	(0.2)	(0)	60	230	3	130	2.0	2.8	5	3	0	0.9	0.10	0.23	1	0.2	1本＝1.5kg
11092	肝臓　生	0	119	71.5	17.4	2.1	0.93	0.48	0.64	240	(3.3)	(0)	55	300	5	330	4.0	3.8	40	1100	0	0.3	0.22	3.00	30	0.1	
11099	大腸　生	0	150	77.2	(7.3)	12.2	3.94	7.30	0.47	150	0	(0)	61	120	9	77	0.8	1.3	(Tr)	2	0	0.2	0.04	0.14	6	0.2	
11115	ぶた［大型種肉］かた　脂身つき　生	0	201	65.7	18.5	14.0	5.25	6.50	1.65	65	(0.2)	(0)	53	320	4	180	0.5	2.7	0	5	0.2	0.3	0.66	0.23	2	0.1	1人分=80～100g
11119	かたロース　脂身つき　生	0	237	62.6	(14.7)	18.4	7.26	8.17	2.10	69	(0.1)	(0)	54	300	4	160	0.6	2.7	0	6	0.3	0.4	0.63	0.23	2	0.1	
11123	ロース　脂身つき　生	0	248	60.4	17.2	18.5	7.84	7.68	2.21	61	(0.2)	(0)	42	310	4	180	0.3	1.6	0	6	0.1	0.3	0.69	0.15	1	0.1	とんかつ1枚=100～150g
11129	ばら　脂身つき　生	0	366	49.4	12.8	34.9	14.60	15.26	3.50	70	(0.1)	(0)	50	240	3	130	0.6	1.8	0	11	0.5	0.5	0.51	0.13	1	0.1	
11130	もも　脂身つき　生	0	171	68.1	(16.9)	9.5	3.59	4.24	1.24	67	(0.2)	(0)	47	350	4	200	0.7	2.0	0	4	0.1	0.3	0.90	0.21	1	0.1	
11136	そともも　脂身つき　生	0	221	63.5	(15.6)	15.9	5.80	7.40	2.00	69	(0.2)	(0)	51	320	4	190	0.5	1.9	0	5	0.2	0.4	0.79	0.18	1	0.1	
11140	ヒレ　赤肉　生	0	118	73.4	18.5	3.3	1.29	1.38	0.45	59	(0.3)	(0)	56	430	3	230	0.9	2.2	(0)	3	0.3	0.3	1.32	0.25	1	0.1	
11163	ぶた［ひき肉］生	0	209	64.8	15.9	16.1	6.24	7.55	1.62	74	(0.1)	(0)	57	290	6	120	1.0	2.8	0	9	0.4	0.5	0.69	0.22	1	0.1	
11166	ぶた［副生物］肝臓　生	0	114	72.0	17.3	1.9	0.78	0.24	0.76	250	(2.3)	(0)	55	290	5	340	13.0	6.9	Tr	13000	1.3	0.4	0.34	3.60	20	0.1	
11170	大腸　ゆで	0	166	74.1	(9.4)	12.9	6.68	4.42	1.22	210	0	(0)	21	27	15	93	1.6	1.8	(0)	8	0.5	0.5	0.03	0.07	0	0.1	
11176	ぶた［ハム類］ロースハム　ロースハム	0	211	61.1	16.0	13.5	5.35	5.94	1.61	61	1.1	0	910	290	4	280	0.5	1.6	0	3	0.2	0.1	0.70	0.12	25	2.3	1枚＝20～50g
11183	ぶた［ベーコン類］ばらベーコン	0	400	45.0	11.2	38.1	14.81	18.00	3.57	50	2.6	(0)	800	210	6	230	0.6	1.8	(0)	6	0.5	0.6	0.47	0.14	35	2.0	1枚＝20g
11186	ぶた［ソーセージ類］ウインナーソーセージ	0	319	52.3	10.5	29.3	10.98	13.42	3.59	60	3.1	0	740	180	6	200	0.5	1.3	Tr	2	0.4	0.4	0.35	0.12	32	1.9	1本＝20g
11198	ぶた［その他］ゼラチン	0	347	11.3	86.0	0.3	–	–	–	2	0	(0)	260	8	16	7	0.7	0.1	(0)	(0)	0	0	(0)	(0)	(0)	0.7	
11202	めんよう［ラム］ロース　脂身つき　生	0	287	56.5	13.6	23.2	11.73	9.52	0.87	66	(0.2)	(0)	72	250	10	140	1.2	2.6	0	30	0	0.6	0.12	0.16	1	0.2	
11218	にわとり［若どり・主品目］手羽　皮つき　生	35	189	68.1	(16.5)	13.7	3.98	7.13	1.99	110	0	(0)	79	220	14	150	0.5	1.2	0	47	0.4	0.6	0.07	0.10	2	0.2	手羽先1本=50～60g
11219	むね　皮つき　生	0	133	72.6	17.3	5.5	1.53	2.67	1.03	73	(Tr)	(0)	42	340	4	200	0.3	0.6	0	18	0.1	0.3	0.09	0.10	3	0.1	1枚=250～350g
11221	もも　皮つき　生	0	190	68.5	17.0	13.5	4.37	6.71	1.85	89	0	(0)	62	290	5	170	0.6	1.6	–	40	0.4	0.7	0.10	0.15	3	0.2	1枚=250～350g
11227	にわとり［若どり・副品目］ささみ　生	5	98	75.0	19.7	0.5	0.17	0.22	0.13	66	(Tr)	(0)	40	410	4	240	0.3	0.6	Tr	5	0	0.7	0.09	0.11	3	0.1	1本＝40～45g
11230	にわとり［二次品目］ひき肉　生	0	171	70.2	14.6	11.0	3.28	5.31	1.90	80	0	(0)	55	250	8	110	0.8	1.1	0	37	0.1	0.9	0.09	0.17	1	0.1	
11232	にわとり［副品目］肝臓　生	0	100	75.7	16.1	1.9	0.72	0.44	0.63	370	(0.5)	(0)	85	330	5	300	9.0	3.3	30	14000	0.2	0.4	0.38	1.80	20	0.2	
12 卵類																											
12003	うずら卵　水煮缶詰	0	162	73.3	(9.7)	11.9	4.24	5.36	1.79	490	(0.3)	(0)	210	28	47	160	2.8	1.8	7	480	2.6	1.6	0.03	0.33	(0)	0.5	1個＝8g
12004	鶏卵　全卵　生	14	142	75.0	11.3	9.3	3.12	4.32	1.43	370	0.3	0	140	130	46	170	1.5	1.1	7	210	3.8	1.3	0.06	0.37	0	0.4	1個＝50～60g
12010	卵黄　生	0	336	49.6	13.8	28.2	9.39	13.00	4.54	1200	0.2	0	53	100	140	540	4.8	3.6	24	690	12.0	4.5	0.21	0.45	0	0.1	中1個＝13～16g
12014	卵白　生	0	44	88.3	9.5	0	Tr	Tr	Tr	1	0.4	0	180	140	5	11	Tr	0	0	0	0	0	0	0.35	0	0.5	中1個=29～35g
13 乳類																											
13003	液状乳類　普通牛乳	0	61	87.4	3.0	3.5	2.33	0.87	0.12	12	4.4	(0)	41	150	110	93	0.02	0.4	6	38	0.3	0.1	0.04	0.15	1	0.1	1カップ＝206g
13011	粉乳類　乳児用調製粉乳	0	510	2.6	10.8	26.0	11.27	8.44	5.07	63	51.3	(0)	140	500	370	220	6.5	2.8	85	560	9.3	5.5	0.41	0.72	53	0.4	
13014	クリーム類　クリーム　乳脂肪	0	404	48.2	1.6	39.6	26.28	9.89	1.37	64	2.7	0	43	76	49	84	0.1	0.2	110	160	0.3	0.4	0.02	0.13	0	0.1	
13016	クリーム　植物性脂肪	0	353	55.5	1.1	37.6	26.61	7.38	1.73	21	2.5	0	40	67	50	79	0	0.2	99	9	0.1	4.0	0.01	0.07	0	0.1	
13025	発酵乳・乳酸菌飲料　ヨーグルト　全脂無糖	0	56	87.7	3.3	2.8	1.83	0.71	0.10	12	3.8	(0)	48	170	120	100	Tr	0.4	3	33	0	0.1	0.04	0.14	1	0.1	1カップ＝200g
13035	チーズ類　ナチュラルチーズ　クリーム	0	313	55.5	7.6	30.1	20.26	7.40	0.89	99	2.4	(0)	260	70	70	85	0.1	0.7	170	250	0.2	1.2	0.03	0.22	(0)	0.7	
13038	ナチュラルチーズ　パルメザン	0	445	15.4	(41.1)	27.6	18.15	7.11	0.94	96	(0)	(0)	1500	120	1300	850	0.4	7.3	120	240	0.2	0.8	0.05	0.68	(0)	3.8	大さじ1＝7g
13040	プロセスチーズ	0	313	45.0	21.6	24.7	16.00	6.83	0.56	78	0.1	(0)	1100	60	630	730	0.3	3.2	230	260	Tr	1.1	0.03	0.38	0	2.8	6Pチーズ1個＝25g

第4部 食品成分表

（可食部100gあたり）

食品番号	食品名	廃棄率	エネルギー	水分	たんぱく質	脂質	脂肪酸 飽和	脂肪酸 一価不飽和	脂肪酸 多価不飽和	コレステロール	炭水化物	食物繊維総量	無機質 ナトリウム	無機質 カリウム	無機質 カルシウム	無機質 リン	無機質 鉄	無機質 亜鉛	ビタミン A β-カロテン当量	ビタミン A レチノール活性当量	ビタミン D	ビタミン E α-トコフェロール	ビタミン B_1	ビタミン B_2	ビタミン C	食塩相当量	概量
		%	kcal	g	g	g	g	g	g	mg	g	g	mg	mg	mg	mg	mg	mg	μg	μg	μg	mg	mg	mg	mg	g	
13042	アイスクリーム類 アイスクリーム 高脂肪	0	205	61.3	3.1	10.8	7.12	2.79	0.34	32	17.3	0.1	80	160	130	110	0.1	0.5	45	100	0.1	0.2	0.06	0.18	Tr	0.2	
13045	ラクトアイス 普通脂肪	0	217	60.4	2.7	14.1	9.11	3.67	0.62	21	20.0	0.1	61	150	95	93	0.1	0.4	0	10	Tr	0.6	0.03	0.15	Tr	0.2	
13051	その他 人乳	0	61	88.0	0.8	3.6	1.32	1.52	0.61	15	(6.4)	(0)	15	48	27	14	0.04	0.3	12	46	0.3	0.4	0.01	0.03	5	0	
14 油脂類																											
14001	植物油脂類 オリーブ油	0	894	0	0	98.9	13.29	74.04	7.24	0	0	0	Tr	0	Tr	0	0	0	180	15	(0)	7.4	0	0	(0)	0	大さじ1＝13g
14002	ごま油	0	890	0	0	98.1	15.04	37.59	41.19	0	0	0	Tr	Tr	1	1	0.1	Tr	Tr	0	(0)	0.4	0	0	(0)	0	小さじ1＝4g
14006	調合油	0	886	0	0	97.2	10.97	41.10	40.94	2	0	0	0	Tr	Tr	Tr	0	Tr	0	0	(0)	13.0	0	0	(0)	0	
14016	動物油脂類 ラード	0	885	0	0	97.0	39.29	43.56	9.81	100	0	0	0	0	0	0	0	Tr	0	0	0.2	0.3	0	0	0	0	
14017	有塩バター	0	700	16.2	0.5	74.5	50.45	17.97	2.14	210	0.5	(0)	750	28	15	15	0.1	0.1	190	520	0.6	1.5	0.01	0.03	0	1.9	大さじ1＝12g
14018	食塩不使用バター	0	720	15.8	(0.4)	77.0	52.43	18.52	2.05	220	(0.6)	(0)	11	22	14	18	0.4	0.1	190	800	0.7	1.4	0	0.03	0	0	
14020	マーガリン 家庭用 有塩	0	715	14.7	0.4	78.9	23.04	39.32	12.98	5	0.8	(0)	500	27	14	17	Tr	0.1	300	25	11.0	15.0	0.01	0.03	0	1.3	
15 菓子類																											
15009	カステラ	0	312	(25.6)	(6.5)	(4.3)	1.51	1.74	0.91	(160)	(61.8)	(0.5)	(71)	(86)	(27)	(85)	(0.7)	(0.6)	(7)	(91)	(2.3)	(2.3)	(0.05)	(0.18)	0	(0.2)	1切れ＝50g
15019	くし団子 みたらし	0	194	(50.5)	(2.7)	(0.4)	(0.13)	(0.10)	(0.14)	0	(43.5)	(0.3)	(250)	(59)	(4)	(52)	(0.4)	(0.5)	0	0	0	(0.1)	(0.04)	(0.02)	0	(0.6)	1本＝80g
15023	大福もち こしあん入り	0	223	(41.5)	(4.1)	(0.3)	(0.12)	(0.07)	(0.14)	0	(49.3)	(1.8)	(33)	(33)	(18)	(32)	(0.7)	(0.8)	0	0	0	(Tr)	(0.02)	(0.01)	0	(0.1)	1個＝100g
15039	ようかん 水ようかん	0	168	(57.0)	(2.3)	(0.1)	(0.02)	(Tr)	(0.04)	0	(38.7)	(2.2)	(57)	(17)	(23)	(23)	(0.8)	(0.3)	0	0	0	0	(0.01)	(0.01)	0	(0.1)	1個＝80g
15060	米菓 しょうゆせんべい	0	368	(5.9)	(6.3)	(0.9)	(0.30)	(0.22)	(0.33)	0	(80.4)	(0.6)	(500)	(130)	(8)	(120)	(1.0)	(1.1)	0	0	0	(0.2)	(0.10)	(0.04)	0	(1.3)	大1枚＝24g
15097	ビスケット ハードビスケット	0	422	2.6	6.4	8.9	3.98	3.42	1.12	10	71.9	2.3	320	140	330	96	0.9	0.5	6	18	Tr	0.9	0.13	0.22	(0)	0.8	1枚＝6g
15103	ポテトチップス ポテトチップス	0	541	2.0	(4.4)	(34.2)	(3.86)	(14.47)	(14.41)	Tr	54.7	4.2	400	1200	17	100	1.7	0.5	(0)	(0)	–	6.2	0.26	0.06	15	1.0	1袋＝60g
15105	キャラメル	0	426	(5.4)	(3.4)	(10.4)	7.45	2.06	0.35	(14)	(77.9)	0	(110)	(180)	(190)	(100)	(0.3)	(0.4)	(15)	(110)	(3)	(0.5)	(0.09)	(0.18)	(0)	(0.3)	1個＝5g
15116	ミルクチョコレート	0	551	0.5	(5.8)	32.8	19.88	10.38	1.08	19	(56.5)	3.9	64	440	240	240	2.4	1.6	37	66	1	0.7	0.19	0.41	(0)	0.2	1枚＝50g
16 し好飲料類																											
16001	醸造酒類 清酒 普通酒	0	107	82.4	0.3	0	0	0	0	0	2.5	0	2	5	3	7	Tr	0.1	0	0	0	0	Tr	0	0	0	大さじ1＝15g
16010	ぶどう酒 白	0	75	88.6	0.1	Tr	–	–	–	(0)	(2.2)	–	3	60	8	12	0.3	Tr	(0)	(0)	(0)	–	0	0	0	0	
16011	ぶどう酒 赤	0	68	88.7	0.2	Tr	–	–	–	(0)	(0.2)	–	2	110	7	13	0.4	Tr	(0)	(0)	(0)	–	0	0.01	0	0	
16013	紹興酒	0	126	78.8	1.7	Tr	–	–	–	(0)	5.1	Tr	15	55	25	37	0.3	0.4	(0)	(0)	(0)	–	Tr	0.03	0	0	
16025	混成酒類 みりん 本みりん	0	241	47.0	0.2	Tr	–	–	–	–	26.6	–	3	7	2	7	0	0	(0)	(0)	–	–	Tr	0	0	0	大さじ1＝18g
16035	緑茶類 抹茶 茶	0	237	5.0	23.1	3.3	0.68	0.34	2.16	(0)	1.5	38.5	6	2700	420	350	17.0	6.3	29000	2400	(0)	28.0	0.60	1.35	60	0	大さじ1＝6g
16037	せん茶 浸出液	0	2	99.4	(0.2)	(0)	–	–	–	(0)	0.2	–	3	27	3	2	0.2	Tr	(0)	(0)	(0)	–	0	0.05	6	0	1カップ=200g
16040	ほうじ茶 浸出液	0	0	99.8	Tr	(0)	–	–	–	(0)	0.1	–	1	24	2	1	Tr	Tr	(0)	(0)	(0)	–	0	0.02	Tr	0	1カップ=200g
16042	発酵茶類 ウーロン茶 浸出液	0	0	99.8	Tr	(0)	–	–	–	(0)	0.1	–	1	13	2	1	Tr	Tr	(0)	(0)	(0)	–	0	0.03	0	0	1カップ=200g
16044	紅茶 浸出液	0	1	99.7	0.1	(0)	–	–	–	(0)	0.1	–	1	8	1	2	0	Tr	(0)	(0)	(0)	–	0	0.01	0	0	1カップ=200g
16045	コーヒー 浸出液	0	4	98.6	(0.1)	Tr	(0.01)	(Tr)	(0.01)	0	(0)	–	1	65	2	7	Tr	Tr	0	0	0	0	0	0.01	0	0	1カップ=200g
16048	ココア ピュアココア	0	386	4.0	13.5	20.9	12.40	6.88	0.70	1	9.6	23.9	16	2800	140	660	14.0	7.0	30	3	(0)	0.3	0.16	0.22	0	0	大さじ1＝6g
16051	その他 昆布茶	0	173	1.4	7.5	0.2	–	–	–	0	33.4	2.8	20000	580	88	14	0.5	0.3	31	3	0	Tr	0.01	0.02	6	51.3	ティースプーン1=4g
16055	麦茶 浸出液	0	1	99.7	Tr	(0)	–	–	–	(0)	0.3	–	1	6	2	1	Tr	0.1	(0)	(0)	(0)	0	0	0	(0)	0	
17 調味料及び香辛料類																											
17001	ウスターソース類 ウスターソース	0	122	61.3	0.7	Tr	0.01	Tr	Tr	–	23.8	0.5	3300	190	59	11	1.6	0.1	47	4	(0)	0.2	0.01	0.02	0	8.5	小さじ1＝6g
17004	辛味調味料類 トウバンジャン	0	49	69.7	2.0	1.8	0.34	0.29	1.12	3	7.9	4.3	7000	200	32	49	2.3	0.3	1400	120	(0)	3.0	0.04	0.17	3	17.8	小さじ1＝6g
17007	しょうゆ類 こいくちしょうゆ	0	77	67.1	6.1	0	–	–	–	(0)	1.6	(Tr)	5700	390	29	160	1.7	0.9	0	0	(0)	0	0.05	0.17	0	14.5	大さじ1＝18g
17008	うすくちしょうゆ	0	60	69.7	4.9	0	–	–	–	(0)	2.6	(Tr)	6300	320	24	130	1.1	0.6	0	0	(0)	0	0.05	0.11	0	16.0	小さじ1＝6g
17012	食塩類 食塩	0	0	0.1	0	0	–	–	–	(0)	0	(0)	39000	100	22	(0)	Tr	Tr	(0)	(0)	(0)	–	(0)	(0)	(0)	99.5	小さじ1＝6g
17015	穀物酢	0	37	93.3	0.1	0	–	–	–	(0)	2.4	(0)	6	4	2	2	Tr	0.1	0	0	(0)	–	0.01	0.01	0	0	小さじ1＝5g
17130	だし類 あごだし	0	0	99.8	Tr	0	–	–	–	0	0	Tr	10	19	Tr	8	Tr	0	0	0	0	0	0	0	0	Tr	
17019	かつおだし 荒節	0	2	99.4	0.2	Tr	–	–	–	0	0	0	21	29	2	18	Tr	Tr	0	0	0	0	Tr	0.01	0	0.1	
17132	昆布だし 煮出し	0	5	98.1	0.2	0	–	–	–	0	1.3	0.1	73	160	5	4	Tr	0	0	0	0	0	Tr	0.01	0	0.2	
17021	かつお･昆布だし 荒節･昆布だし	0	2	99.2	(0.2)	Tr	–	–	–	–	0.3	–	34	63	3	13	Tr	Tr	0	(Tr)	–	0	0.01	0.01	Tr	0.1	
17022	しいたけだし	0	4	98.8	0.1	0	–	–	–	–	0.9	–	3	29	1	8	0.1	Tr	0	0	0	0	Tr	0.02	0	0	

(可食部100gあたり)

食品番号	食品名		廃棄率	エネルギー	水分	たんぱく質	脂質	脂肪酸 飽和	脂肪酸 一価不飽和	脂肪酸 多価不飽和	コレステロール	炭水化物	食物繊維総量	無機質 ナトリウム	無機質 カリウム	無機質 カルシウム	無機質 リン	無機質 鉄	無機質 亜鉛	ビタミン A β-カロテン当量	ビタミン A レチノール活性当量	ビタミン D	ビタミン E α-トコフェロール	ビタミン B_1	ビタミン B_2	ビタミン C	食塩相当量	概量
			%	kcal	g	g	g	g	g	g	mg	g	g	mg	mg	mg	mg	mg	mg	µg	µg	µg	mg	mg	mg	mg	g	
17023		煮干しだし	0	1	99.7	0.1	0.1	–	–	–	–	Tr	(0)	38	25	3	7	Tr	Tr	0	–	–	0	0.01	Tr	0	0.1	
17025		中華だし	0	3	99.0	(0.7)	0	–	–	–	–	Tr	–	20	90	3	40	Tr	Tr	0	–	–	0	0.15	0.03	0	0.1	
17026		洋風だし	0	6	97.8	(0.6)	0	–	–	–	–	0.3	–	180	110	5	37	0.1	0.1	0	–	–	0	0.02	0.05	0	0.5	
17027		固形ブイヨン	0	233	0.8	(8.2)	4.1	2.12	1.73	0.03	Tr	42.1	0.3	17000	200	26	76	0.4	0.1	0	0	Tr	0.7	0.03	0.08	0	43.2	1個=5g
17093		顆粒中華だし	0	210	1.2	10.6	1.5	0.55	0.67	0.17	7	36.6	(0)	19000	910	84	240	0.6	0.5	8	3	0	0.9	0.06	0.56	0	47.5	
17028		顆粒和風だし	0	223	1.6	(26.8)	0.2	0.08	0.04	0.08	23	31.1	0	16000	180	42	260	1.0	0.5	0	0	0.8	0.1	0.03	0.20	0	40.6	
17030		めんつゆ　三倍濃縮	0	98	64.9	(4.1)	0	–	–	–	–	20.0	–	3900	220	16	85	0.8	0.4	0	0	(0)	–	0.04	0.07	0	9.9	1カップ=190g
17031	調味ソース類	オイスターソース	0	105	61.6	(6.1)	0.1	0.03	0.02	0.06	2	18.3	0.2	4500	260	25	120	1.2	1.6	(Tr)	–	–	0.1	0.01	0.07	Tr	11.4	
17106		テンメンジャン	0	249	37.5	8.5	7.7	–	–	–	0	38.1	3.1	2900	350	45	140	1.6	1.0	3	0	(0)	0.8	0.04	0.11	0	7.3	
17137		ぽん酢しょうゆ　市販品	0	62	77.0	3.2	0	–	–	–	0	6.9	(0.3)	3100	180	16	60	0.7	0.3	1	0	0	Tr	0.02	0.05	Tr	7.8	
17033		ミートソース	0	96	78.8	3.8	5.0	–	–	–	–	(9.4)	–	610	250	17	47	0.8	–	530	49	–	–	0.14	0.05	6	1.5	
17034	トマト加工品類	トマトピューレー	0	44	86.9	(1.4)	(0.1)	(0.02)	(0.01)	(0.03)	(0)	(5.2)	1.8	19	490	19	37	0.8	0.3	630	52	(0)	2.7	0.09	0.07	10	Tr	1カップ=210g
17036		トマトケチャップ	0	106	66.0	1.2	0.1	0.03	0.01	0.05	0	(24.0)	1.7	1200	380	16	35	0.5	0.2	510	43	0	2.0	0.06	0.04	8	3.1	大さじ1=15g
17043	ドレッシング類	マヨネーズ　卵黄型	0	669	19.7	2.2	72.8	10.37	27.69	31.54	140	(0.5)	(0)	770	21	20	72	0.6	0.5	3	54	0.6	11.0	0.03	0.07	0	2.0	
17040		フレンチドレッシング　分離液状	0	331	(47.8)	0	(30.6)	(3.46)	(12.95)	(12.90)	(1)	(11.3)	0	(2500)	(2)	(1)	(1)	(Tr)	(Tr)	0	0	0	(4.0)	(Tr)	(Tr)	0	(6.3)	
17116		和風ドレッシング　分離液状	0	181	(69.4)	(1.6)	(14.0)	(1.68)	(5.79)	(5.90)	(1)	(6.5)	(0.2)	(1400)	(75)	(7)	(43)	(0.4)	(0.2)	(4)	(Tr)	–	(1.5)	(0.03)	(0.03)	0	(3.5)	大さじ1=12g
17044	みそ類	米みそ　甘みそ	0	206	42.6	8.7	3.0	0.49	0.52	1.84	(0)	37.9	5.6	2400	340	80	130	3.4	0.9	(0)	(0)	(0)	0.3	0.05	0.10	(0)	6.1	大さじ1=18g
17045		米みそ　淡色辛みそ	0	182	45.4	11.1	5.9	0.97	1.11	3.61	(0)	11.8	4.9	4900	380	100	170	4.0	1.1	(0)	(0)	(0)	0.6	0.03	0.10	(0)	12.4	小さじ1=6g
17046		米みそ　赤色辛みそ	0	178	45.7	11.3	5.4	0.88	1.07	3.21	(0)	21.1	4.1	5100	440	130	200	4.3	1.2	(0)	(0)	(0)	0.5	0.03	0.10	(0)	13.0	
17047		麦みそ	0	184	44.0	8.1	4.2	0.74	0.73	2.51	(0)	30.0	6.3	4200	340	80	120	3.0	0.9	(0)	(0)	(0)	0.4	0.04	0.10	(0)	10.7	
17048		豆みそ	0	207	44.9	14.8	10.2	1.62	1.88	6.29	(0)	14.5	6.5	4300	930	150	250	6.8	2.0	(0)	(0)	(0)	1.1	0.04	0.12	(0)	10.9	
17051	ルウ類	カレールウ	0	474	3.0	5.7	32.8	14.84	14.85	1.65	20	35.1	6.4	4200	320	90	110	3.5	0.5	69	6	(0)	2.0	0.09	0.06	0	10.6	
17058	香辛料類	からし　練り	0	314	31.7	5.9	(14.4)	(0.80)	(9.01)	(4.04)	(0)	40.1	–	2900	190	60	120	2.1	1.0	16	1	(0)	–	0.22	0.07	0	7.4	小さじ1=6g
17060		からし　粒入りマスタード	0	229	57.2	(6.9)	(15.9)	(0.88)	(9.94)	(4.45)	(Tr)	(5.1)	–	1600	190	130	260	2.4	1.4	32	3	(Tr)	1.0	0.32	0.05	Tr	4.1	
17061		カレー粉	0	338	5.7	(10.2)	11.6	1.28	6.44	3.40	8	63.3	36.9	40	1700	540	400	29.0	2.9	390	32	(0)	4.4	0.41	0.25	2	0.1	小さじ1=2g
17065		こしょう　混合　粉	0	369	12.5	(7.4)	(5.7)	(2.65)	(1.41)	(1.90)	(0)	(38.6)	–	35	680	330	150	14.0	1.0	89	7	(0)	–	0.06	0.18	1	0.1	小さじ1=2g
17066		さんしょう　粉	0	375	8.3	10.3	6.2	–	–	–	(0)	69.6	–	10	1700	750	210	10.0	0.9	200	17	(0)	–	0.10	0.45	0	0	小さじ1=2g
17070		セージ　粉	0	377	9.2	6.4	(8.8)	(5.57)	(1.48)	(1.39)	(0)	66.9	–	120	1600	1500	100	50.0	3.3	1400	120	(0)	–	0.09	0.55	(0)	0.3	小さじ1=2g
17071		タイム　粉	0	342	9.8	6.5	(3.2)	(1.91)	(0.33)	(0.83)	(0)	69.8	–	13	980	1700	85	110.0	2.0	980	82	(0)	–	0.09	0.69	0	0	小さじ1=2g
17073		とうがらし　粉	0	412	1.7	(9.9)	(8.3)	(1.83)	(1.54)	(4.70)	(0)	66.8	–	4	2700	110	340	12.0	2.0	8600	720	(0)	–	0.43	1.15	Tr	0	小さじ1=2g
17074		ナツメグ　粉	0	520	6.3	5.7	(30.6)	(11.31)	(13.28)	(5.22)	(0)	47.5	–	15	430	160	210	2.5	1.3	12	1	(0)	–	0.05	0.10	(0)	0	小さじ1=2g
17077		バジル　粉	0	308	10.9	(17.3)	(2.2)	(1.17)	(0.67)	(0.27)	(0)	50.6	–	59	3100	2800	330	120.0	3.9	2500	210	(0)	4.7	0.26	1.09	1	0.1	小さじ1=2g
17078		パセリ　乾	0	307	5.0	(27.7)	(2.2)	(0.55)	(0.31)	(1.25)	(0)	(5.4)	–	880	3600	1300	460	18.0	3.6	28000	2300	(0)	7.2	0.89	2.02	820	2.2	小さじ1=2g
17079		パプリカ　粉	0	341	10.0	(14.6)	(10.9)	(1.93)	(1.53)	(6.99)	(0)	55.6	–	60	2700	170	320	21.0	10.0	6100	500	(0)	–	0.52	1.78	(0)	0.2	小さじ1=2g
17081		わさび　練り	0	265	39.8	(1.9)	10.3	–	–	–	(0)	39.8	–	2400	280	62	85	2.0	0.8	15	1	(0)	–	0.11	0.07	0	6.1	小さじ1=6g
17084	その他	ベーキングパウダー	0	150	4.5	Tr	(0.6)	(0.22)	(0.02)	(0.36)	(0)	(35.0)	–	6800	3900	2400	3700	0.1	Tr	0	0	0	–	0	0	0	17.3	小さじ1=4g
18 調理済み流通食品類																												
18001	洋風料理　カレー類	ビーフカレー	0	119	(78.5)	(2.1)	(8.6)	–	–	–	(10)	(5.7)	(0.9)	(680)	(93)	(20)	(32)	(0.7)	(0.4)	(90)	(9)	0	(0.4)	(0.02)	(0.03)	(1)	(1.7)	1袋=150~200g
18002	中国料理　点心類	ぎょうざ	0	209	(57.8)	(6.1)	(10.8)	3.09	4.43	2.00	(19)	(19.7)	(1.5)	(460)	(170)	(22)	(62)	(0.6)	(0.6)	(77)	(10)	(0.1)	(0.6)	(0.14)	(0.07)	(4)	(1.2)	1個=18g

アミノ酸成分表

アミノ酸成分表は右の二次元コードを読み込むことでご覧いただけます。

第5部 日本人の食事摂取基準

エネルギーや栄養素の摂取量の基準を知り，健康に役立てよう。

食事摂取基準とは

食事摂取基準とは，健康な個人ならびに集団を対象として，国民の健康の保持・増進，ダイエットなどによるエネルギー・栄養素の欠乏症予防，糖尿病や高血圧などの生活習慣病予防，サプリメントなどで特定の栄養素を摂りすぎることによる健康障害の予防などを目的として，エネルギーおよび栄養素の摂取量の基準を示したものである。厚生労働省から５年に一度発表になり，「日本人の食事摂取基準2020年版」は，2020年４月から2025年３月まで５年間使用されるものである。

設定指標

エネルギーについては，エネルギーの摂取量及び消費量のバランス（エネルギー収支バランス）の維持を示す指標として，BMIを採用することとした。また，各栄養素については，推定平均必要量，推奨量，目安量，耐容上限量，目標量という５つの指標が示されている。

栄養素の設定指標

推定平均必要量	ある対象集団に属する50％の人が必要量を満たすと推定される摂取量
推奨量	ある対象集団に属するほとんどの人（97～98％）が充足している量
目安量	特定の集団における，ある一定の栄養状態を維持するのに十分な量。実際には，特定の集団において不足状態を示す人がほとんど観察されない量（「推定平均必要量」が算定できない場合のみ）
耐容上限量	健康障害をもたらすリスクがないとみなされる習慣的な摂取量の上限の量
目標量	生活習慣病の予防を目的として，特定の集団において，その疾患のリスクや，その代理指標となる生体指標の値が低くなると考えられる栄養状態が達成できる量

つまり推奨量もしくは目安量以上の摂取を心がけ，耐容上限量を超えないようにすることが大切である。また，栄養素によっては目標量をめやすに摂取する。

BMIの算出方法と目標とするBMIの範囲

$$BMI = 体重(kg) \div (身長(m))^2$$

●目標とするBMIの範囲（18歳以上）※1,※2

年齢（歳）	目標とするBMI（kg/m²）
18～49	18.5～24.9
50～64	20.0～24.9
65～74※3	21.5～24.9
75以上※3	21.5～24.9

※１：男女共通。あくまでも参考として使用すべきである。
※２：観察疫学研究において報告された総死亡率が最も低かったBMIを基に，疾患別の発症率とBMIとの関連，死因とBMIとの関連，喫煙や疾患の合併によるBMIや死亡リスクへの影響，日本人のBMIの実態に配慮し，総合的に判断し目標とする範囲を設定。
※３：高齢者では，フレイルの予防及び生活習慣病の発症予防の両者に配慮する必要があることも踏まえ，当面目標とするBMIの範囲を21.5～24.9kg/m²とした。

食事摂取基準の各指標を理解するための模式図

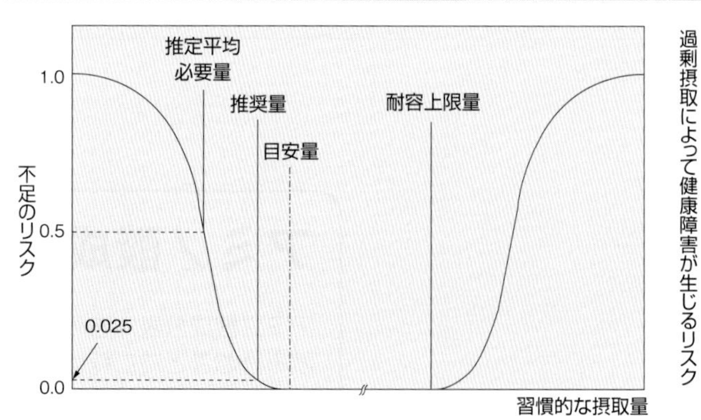

《参考表》 推定エネルギー必要量(kcal／日)

性別	男性			女性		
身体活動レベル※1	Ⅰ	Ⅱ	Ⅲ	Ⅰ	Ⅱ	Ⅲ
0～5(月)	－	550	－	－	500	－
6～8(月)	－	650	－	－	600	－
9～11(月)	－	700	－	－	650	－
1～2(歳)	－	950	－	－	900	－
3～5(歳)	－	1,300	－	－	1,250	－
6～7(歳)	1,350	1,550	1,750	1,250	1,450	1,650
8～9(歳)	1,600	1,850	2,100	1,500	1,700	1,900
10～11(歳)	1,950	2,250	2,500	1,850	2,100	2,350
12～14(歳)	2,300	2,600	2,900	2,150	2,400	2,700
15～17(歳)	2,500	2,800	3,150	2,050	2,300	2,550
18～29(歳)	2,300	2,650	3,050	1,700	2,000	2,300
30～49(歳)	2,300	2,700	3,050	1,750	2,050	2,350
50～64(歳)	2,200	2,600	2,950	1,650	1,950	2,250
65～74(歳)	2,050	2,400	2,750	1,550	1,850	2,100
75以上(歳)※2	1,800	2,100	－	1,400	1,650	－
妊婦(付加量)※3 初期				+50	+50	+50
中期				+250	+250	+250
後期				+450	+450	+450
授乳婦(付加量)				+350	+350	+350

※1：身体活動レベルは，低い，ふつう，高いの3つのレベルとして，それぞれⅠ，Ⅱ，Ⅲで示した。
※2：レベルⅡは自立している者，レベルⅠは自宅にいてほとんど外出しない者に相当する。レベルⅠは高齢者施設で自立に近い状態で過ごしている者にも適用できる値である。
※3：妊婦個々の体格や妊娠中の体重増加量及び胎児の発育状況の評価を行うことが必要である。
注1：活用に当たっては，食事摂取状況のアセスメント，体重及びBMIの把握を行い，エネルギーの過不足は，体重の変化またはBMIを用いて評価すること。
注2：身体活動レベルⅠの場合，少ないエネルギー消費量に見合った少ないエネルギー摂取量を維持することになるため，健康の保持・増進の観点からは，身体活動量を増加させる必要がある。

参照体位(参照身長，参照体重)※1

性別	男性		女性※2	
年齢等	参照身長(cm)	参照体重(kg)	参照身長(cm)	参照体重(kg)
0～5(月)	61.5	6.3	60.1	5.9
6～11(月)	71.6	8.8	70.2	8.1
6～8(月)	69.8	8.4	68.3	7.8
9～11(月)	73.2	9.1	71.9	8.4
1～2(歳)	85.8	11.5	84.6	11.0
3～5(歳)	103.6	16.5	103.2	16.1
6～7(歳)	119.5	22.2	118.3	21.9
8～9(歳)	130.4	28.0	130.4	27.4
10～11(歳)	142.0	35.6	144.0	36.3
12～14(歳)	160.5	49.0	155.1	47.5
15～17(歳)	170.1	59.7	157.7	51.9
18～29(歳)	171.0	64.5	158.0	50.3
30～49(歳)	171.0	68.1	158.0	53.0
50～64(歳)	169.0	68.0	155.8	53.8
65～74(歳)	165.2	65.0	152.0	52.1
75以上(歳)	160.8	59.6	148.0	48.8

※1：0～17歳は，日本小児内分泌学会・日本成長学会合同標準値委員会による小児の体格評価に用いる身長，体重の標準値を基に，年齢区分に応じて，当該月齢及び年齢区分の中央時点における中央値を引用した。ただし，公表数値が年齢区分と合致しない場合は，同様の方法で算出した値を用いた。18歳以上は，平成28年国民健康・栄養調査における当該の性及び年齢区分における身長・体重の中央値を用いた。
※2：妊婦，授乳婦を除く。

基礎代謝量

性別	男性		女性	
年齢	基礎代謝基準値(kcal／kg体重／日)	基礎代謝量(kcal／日)	基礎代謝基準値(kcal／kg体重／日)	基礎代謝量(kcal／日)
1～2(歳)	61.0	700	59.7	660
3～5(歳)	54.8	900	52.2	840
6～7(歳)	44.3	980	41.9	920
8～9(歳)	40.8	1,140	38.3	1,050
10～11(歳)	37.4	1,330	34.8	1,260
12～14(歳)	31.0	1,520	29.6	1,410
15～17(歳)	27.0	1,610	25.3	1,310
18～29(歳)	23.7	1,530	22.1	1,110
30～49(歳)	22.5	1,530	21.9	1,160
50～64(歳)	21.8	1,480	20.7	1,110
65～74(歳)	21.6	1,400	20.7	1,080
75以上(歳)	21.5	1,280	20.7	1,010

●基礎代謝量
生命を維持する(呼吸や体温の維持，内臓の活動など)ために必要な最小限のエネルギー消費量のこと。早朝空腹時，快適な室内において，安静仰臥位(あお向けの状態)・覚醒状態で測定される。

●基礎代謝基準値とは？
数多くの調査によって出された，体重1kgあたりの基礎代謝量の代表値のこと。

●基礎代謝量の算定
「基礎代謝基準値(kcal／kg体重／日)×参照体重(kg)」として算出されている。

●参照体位(参照身長，参照体重)とは？
食事摂取基準の策定において参照する体位(身長・体重)は，性及び年齢区分に応じ，日本人として平均的な体位を持った者を想定し，健全な発育及び健康の保持・増進，生活習慣病の予防を考える上での参照値として提示し，これを参照体位(参照身長・参照体重)と呼ぶ。

コラム 日本人の栄養所要量・食事摂取基準の歴史

日本人に必要な栄養素量設定の最初の試みは，栄養研究所の創設者・佐伯矩博士の著書「栄養」(大正15年)に見られる。以来，昭和20年ごろまでは，主として栄養研究所において基礎的な研究が行われ，日本人に対する栄養基準づくりが進められてきた。また，戦争の長期化に伴う食糧難から，いくつかの政府関係組織も国民の栄養基準を作成し，発表していた。第二次大戦終了後は，これらの基準値策定の作業は一本化され，総理府経済安定本部，次いで科学技術庁の手を経て，昭和44年より厚生省(現厚生労働省)の所管事項となり今日に至っている。

身体活動レベル別にみた活動内容と活動時間の代表例

身体活動レベル※1	低い（Ⅰ）	ふつう（Ⅱ）	高い（Ⅲ）
	1.50 (1.40～1.60)	1.75 (1.60～1.90)	2.00 (1.90～2.20)
日常生活の内容※2	生活の大部分が座位で、静的な活動が中心の場合	座位中心の仕事だが、職場内での移動や立位での作業・接客等、通勤・買い物での歩行、家事、軽いスポーツのいずれかを含む場合	移動や立位の多い仕事への従事者、あるいは、スポーツ等余暇における活発な運動習慣を持っている場合
中程度の強度（3.0～5.9メッツ）の身体活動の1日当たりの合計時間（時間/日）※3	1.65	2.06	2.53
仕事での1日当たりの合計歩行時間（時間/日）※3	0.25	0.54	1.00

※1：代表値。（　）内はおよその範囲。
※2：Black, et al.，Ishikawa-Takata, et al.を参考に、身体活動レベル（PAL）に及ぼす仕事時間中の労作の影響が大きいことを考慮して作成。
※3：Ishikawa-Takata, et al.による。

エネルギー産生栄養素バランス（%エネルギー）

性別	男性				女性			
年齢等	目標量※1, ※2				目標量※1, ※2			
	たんぱく質※3	脂質※4		炭水化物※5, ※6	たんぱく質※3	脂質※4		炭水化物※5, ※6
		脂質	飽和脂肪酸			脂質	飽和脂肪酸	
0～11（月）	－	－	－	－	－	－	－	－
1～2（歳）	13～20	20～30	－	50～65	13～20	20～30	－	50～65
3～5（歳）	13～20	20～30	10 以下	50～65	13～20	20～30	10 以下	50～65
6～7（歳）	13～20	20～30	10 以下	50～65	13～20	20～30	10 以下	50～65
8～9（歳）	13～20	20～30	10 以下	50～65	13～20	20～30	10 以下	50～65
10～11（歳）	13～20	20～30	10 以下	50～65	13～20	20～30	10 以下	50～65
12～14（歳）	13～20	20～30	10 以下	50～65	13～20	20～30	10 以下	50～65
15～17（歳）	13～20	20～30	8 以下	50～65	13～20	20～30	8 以下	50～65
18～29（歳）	13～20	20～30	7 以下	50～65	13～20	20～30	7 以下	50～65
30～49（歳）	13～20	20～30	7 以下	50～65	13～20	20～30	7 以下	50～65
50～64（歳）	14～20	20～30	7 以下	50～65	14～20	20～30	7 以下	50～65
65～74（歳）	15～20	20～30	7 以下	50～65	15～20	20～30	7 以下	50～65
75以上（歳）	15～20	20～30	7 以下	50～65	15～20	20～30	7 以下	50～65
妊婦　初期					13～20	20～30	7 以下	50～65
中期					13～20			
後期					15～20			
授乳婦					15～20			

※1：必要なエネルギー量を確保した上でのバランスとすること。
※2：範囲に関しては、おおむねの値を示したものであり、弾力的に運用すること。
※3：65歳以上の高齢者について、フレイル予防を目的とした量を定めることは難しいが、身長・体重が参照体位に比べて小さい者や、特に75歳以上であって加齢に伴い身体活動量が大きく低下した者など、必要エネルギー摂取量が低い者では、下限が推奨量を下回る場合があり得る。この場合でも、下限は推奨量以上とすることが望ましい。
※4：脂質については、その構成成分である飽和脂肪酸など、質への配慮を十分に行う必要がある。
※5：アルコールを含む。ただし、アルコールの摂取を勧めるものではない。
※6：食物繊維の目標量を十分に注意すること。

たんぱく質の食事摂取基準

性別	男性				女性			
年齢等	推定平均必要量（g/日）	推奨量（g/日）	目安量（g/日）	目標量※1（%エネルギー）	推定平均必要量（g/日）	推奨量（g/日）	目安量（g/日）	目標量※1（%エネルギー）
0～5（月）	－	－	10	－	－	－	10	－
6～8（月）	－	－	15	－	－	－	15	－
9～11（月）	－	－	25	－	－	－	25	－
1～2（歳）	15	20	－	13～20	15	20	－	13～20
3～5（歳）	20	25	－	13～20	20	25	－	13～20
6～7（歳）	25	30	－	13～20	25	30	－	13～20
8～9（歳）	30	40	－	13～20	30	40	－	13～20
10～11（歳）	40	45	－	13～20	40	50	－	13～20
12～14（歳）	50	60	－	13～20	45	55	－	13～20
15～17（歳）	50	65	－	13～20	45	55	－	13～20
18～29（歳）	50	65	－	13～20	40	50	－	13～20
30～49（歳）	50	65	－	13～20	40	50	－	13～20
50～64（歳）	50	65	－	14～20	40	50	－	14～20
65～74（歳）※2	50	60	－	15～20	40	50	－	15～20
75以上（歳）※2	50	60	－	15～20	40	50	－	15～20
妊婦（付加量）								
初期					+0	+0	－	－※3
中期					+5	+5		－※3
後期					+20	+25		－※4
授乳婦（付加量）					+15	+20	－	－※4

※1：範囲に関しては、おおむねの値を示したものであり、弾力的に運用すること。
※2：65歳以上の高齢者について、フレイル予防を目的とした量を定めることは難しいが、身長・体重が参照体位に比べて小さい者や、特に75歳以上であって加齢に伴い身体活動量が大きく低下した者など、必要エネルギー摂取量が低い者では、下限が推奨量を下回る場合があり得る。この場合でも、下限は推奨量以上とすることが望ましい。
※3：妊婦（初期・中期）の目標量は、13～20% エネルギーとした。
※4：妊婦（後期）及び授乳婦の目標量は、15～20% エネルギーとした。

脂質・飽和脂肪酸の食事摂取基準（%エネルギー）[※1, ※2]

	脂質		飽和脂肪酸	
性別	男性	女性	男性	女性
年齢等	目標量[※3]	目標量[※3]	目標量	目標量
0～5（月）	50[※4]	50[※4]	－	－
6～11（月）	40[※4]	40[※4]	－	－
1～2（歳）	20～30	20～30	－	－
3～5（歳）	20～30	20～30	10 以下	10 以下
6～7（歳）	20～30	20～30	10 以下	10 以下
8～9（歳）	20～30	20～30	10 以下	10 以下
10～11（歳）	20～30	20～30	10 以下	10 以下
12～14（歳）	20～30	20～30	10 以下	10 以下
15～17（歳）	20～30	20～30	8 以下	8 以下
18～29（歳）	20～30	20～30	7 以下	7 以下
30～49（歳）	20～30	20～30	7 以下	7 以下
50～64（歳）	20～30	20～30	7 以下	7 以下
65～74（歳）	20～30	20～30	7 以下	7 以下
75以上（歳）	20～30	20～30	7 以下	7 以下
妊　婦		20～30		7 以下
授乳婦		20～30		7 以下

※1：飽和脂肪酸と同じく、脂質異常症及び循環器疾患に関与する栄養素としてコレステロールがある。コレステロールに目標量は設定しないが、これは許容される摂取量に上限が存在しないことを保証するものではない。また、脂質異常症の重症化予防の目的からは、200mg/ 日未満に留めることが望ましい。

※2：飽和脂肪酸と同じく、冠動脈疾患に関与する栄養素としてトランス脂肪酸がある。日本人の大多数は、トランス脂肪酸に関する世界保健機関（WHO）の目標（1% エネルギー未満）を下回っており、トランス脂肪酸の摂取による健康への影響は、飽和脂肪酸の摂取によるものと比べて小さいと考えられる。ただし、脂質に偏った食事をしている者では、留意する必要がある。トランス脂肪酸は人体にとって不可欠な栄養素ではなく、健康の保持・増進を図る上で積極的な摂取は勧められないことから、その摂取量は 1% エネルギー未満に留めることが望ましく、1% エネルギー未満でもできるだけ低く留めることが望ましい。

※3：範囲に関しては、おおむねの値を示したものである。

※4：「0～5（月）」「6～11（月）」は目安量。

n-6系脂肪酸・n-3系脂肪酸の食事摂取基準

	n-6系脂肪酸		n-3系脂肪酸	
性別	男性	女性	男性	女性
年齢等	目安量（g／日）	目安量（g/日）	目安量（g/日）	目安量（g/日）
0～5（月）	4	4	0.9	0.9
6～11（月）	4	4	0.8	0.8
1～2（歳）	4	4	0.7	0.8
3～5（歳）	6	6	1.1	1.0
6～7（歳）	8	7	1.5	1.3
8～9（歳）	8	7	1.5	1.3
10～11（歳）	10	8	1.6	1.6
12～14（歳）	11	9	1.9	1.6
15～17（歳）	13	9	2.1	1.6
18～29（歳）	11	8	2.0	1.6
30～49（歳）	10	8	2.0	1.6
50～64（歳）	10	8	2.2	1.9
65～74（歳）	9	8	2.2	2.0
75以上（歳）	8	7	2.1	1.8
妊婦		9		1.6
授乳婦		10		1.8

炭水化物の食事摂取基準（%エネルギー）

性別	男性	女性
年齢等	目標量[※1, ※2]	目標量[※1, ※2]
0～5（月）	－	－
6～11（月）	－	－
1～2（歳）	50～65	50～65
3～5（歳）	50～65	50～65
6～7（歳）	50～65	50～65
8～9（歳）	50～65	50～65
10～11（歳）	50～65	50～65
12～14（歳）	50～65	50～65
15～17（歳）	50～65	50～65
18～29（歳）	50～65	50～65
30～49（歳）	50～65	50～65
50～64（歳）	50～65	50～65
65～74（歳）	50～65	50～65
75以上（歳）	50～65	50～65
妊婦		50～65
授乳婦		50～65

※1：範囲については、おおむねの値を示したものである。

※2：アルコールを含む。ただし、アルコールの摂取を勧めるものではない。

食物繊維の食事摂取基準

性　別	男性	女性
年齢等	目標量（g/日）	目標量（g/日）
0～5（月）	－	－
6～11（月）	－	－
1～2（歳）	－	－
3～5（歳）	8 以上	8 以上
6～7（歳）	10 以上	10 以上
8～9（歳）	11 以上	11 以上
10～11（歳）	13 以上	13 以上
12～14（歳）	17 以上	17 以上
15～17（歳）	19 以上	18 以上
18～29（歳）	21 以上	18 以上
30～49（歳）	21 以上	18 以上
50～64（歳）	21 以上	18 以上
65～74（歳）	20 以上	17 以上
75以上（歳）	20 以上	17 以上
妊　婦		18 以上
授乳婦		18 以上

コラム　機能性を表示できる食品

機能性を表示することができる食品は，国が個別に許可した特定保健用食品（トクホ）と，国の規格基準に適合した栄養機能食品の２つであったが，平成27年4月に，新しく「機能性表示食品」制度が始まった。機能性表示食品は，事業者の責任で，科学的根拠を基に商品パッケージに機能性を表示するものとして消費者庁に届け出されたものである。

これらの食品は医薬品ではなく，あくまでも食品なので，疾病の診断，治療，予防を目的としたものではない。効き目には個人差があり，すぐに効果があらわれるとも限らない。自分にとって本当に必要なものなのかをよく考えて，上手に利用したいものである。

消費者庁許可　特定保健用食品

ビタミンの食事摂取基準

	ビタミンA				ビタミンD				ビタミンE				ビタミンK	
性別	男性		女性		男性		女性		男性		女性		男性	女性
年齢等	推奨量[※1] (μgRAE/日)[※3]	耐容上限量[※2] (μgRAE/日)[※3]	推奨量[※1] (μgRAE/日)[※3]	耐容上限量[※2] (μgRAE/日)[※3]	目安量 (μg/日)	耐容上限量 (μg/日)	目安量 (μg/日)	耐容上限量 (μg/日)	目安量 (mg/日)[※4]	耐容上限量 (mg/日)[※4]	目安量 (mg/日)[※4]	耐容上限量 (mg/日)[※4]	目安量 (μg/日)	目安量 (μg/日)
0~5(月)	300[※5]	600	300[※5]	600	5.0	25	5.0	25	3.0	–	3.0	–	4	4
6~11(月)	400[※5]	600	400[※5]	600	5.0	25	5.0	25	4.0	–	4.0	–	7	7
1~2(歳)	400	600	350	600	3.0	20	3.5	20	3.0	150	3.0	150	50	60
3~5(歳)	450	700	500	850	3.5	30	4.0	30	4.0	200	4.0	200	60	70
6~7(歳)	400	950	400	1,200	4.5	30	5.0	30	5.0	300	5.0	300	80	90
8~9(歳)	500	1,200	500	1,500	5.0	40	6.0	40	5.0	350	5.0	350	90	110
10~11(歳)	600	1,500	600	1,900	6.5	60	8.0	60	5.5	450	5.5	450	110	140
12~14(歳)	800	2,100	700	2,500	8.0	80	9.5	80	6.5	650	6.0	600	140	170
15~17(歳)	900	2,500	650	2,800	9.0	90	8.5	90	7.0	750	5.5	650	160	150
18~29(歳)	850	2,700	650	2,700	8.5	100	8.5	100	6.0	850	5.0	650	150	150
30~49(歳)	900	2,700	700	2,700	8.5	100	8.5	100	6.0	900	5.5	700	150	150
50~64(歳)	900	2,700	700	2,700	8.5	100	8.5	100	7.0	850	6.0	700	150	150
65~74(歳)	850	2,700	700	2,700	8.5	100	8.5	100	7.0	850	6.5	650	150	150
75以上(歳)	800	2,700	650	2,700	8.5	100	8.5	100	6.5	750	6.5	650	150	150
妊婦(付加量)							8.5	–			6.5	–		150
初期			+0	–										
中期			+0	–										
後期			+80	–										
授乳婦(付加量)			+450	–			8.5	–			7.0	–		150

※1：プロビタミンAカロテノイドを含む。　※2：プロビタミンAカロテノイドを含まない。　※3：レチノール活性当量（μgRAE）＝レチノール（μg）＋β-カロテン（μg）×1/12＋α-カロテン（μg）×1/24＋β-クリプトキサンチン（μg）×1/24＋その他のプロビタミンAカロテノイド（μg）×1/24　※4：α-トコフェロールについて算定した。α-トコフェロール以外のビタミンEは含んでいない。　※5：「0~5(月)」「6~11(月)」は目安量。

	ビタミンB_1[※1, ※8]		ビタミンB_2[※1]		ナイアシン[※1]				ビタミンB_6[※6]				ビタミンB_{12}[※9]	
性別	男性	女性	男性	女性	男性		女性		男性		女性		男性	女性
年齢等	推奨量 (mg/日)	推奨量 (mg/日)	推奨量 (mg/日)	推奨量 (mg/日)	推奨量 (mgNE/日)[※3]	耐容上限量[※4] (mgNE/日)[※3]	推奨量 (mgNE/日)[※3]	耐容上限量[※4] (mgNE/日)[※3]	推奨量 (mg/日)	耐容上限量[※7] (mg/日)	推奨量 (mg/日)	耐容上限量[※7] (mg/日)	推奨量 (μg/日)	推奨量 (μg/日)
0~5(月)	0.1[※2]	0.1[※2]	0.3[※2]	0.3[※2]	2[※2, ※5]	–	2[※2, ※5]	–	0.2[※2]	–	0.2[※2]	–	0.4[※2]	0.4[※2]
6~11(月)	0.2[※2]	0.2[※2]	0.4[※2]	0.4[※2]	3[※2]	–	3[※2]	–	0.3[※2]	–	0.3[※2]	–	0.5[※2]	0.5[※2]
1~2(歳)	0.5	0.5	0.6	0.5	6	60 (15)	5	60 (15)	0.5	10	0.5	10	0.9	0.9
3~5(歳)	0.7	0.7	0.8	0.8	8	80 (20)	7	80 (20)	0.6	15	0.6	15	1.1	1.1
6~7(歳)	0.8	0.8	0.9	0.9	9	100 (30)	8	100 (30)	0.8	20	0.7	20	1.3	1.3
8~9(歳)	1.0	0.9	1.1	1.0	11	150 (35)	10	150 (35)	0.9	25	0.9	25	1.6	1.6
10~11(歳)	1.2	1.1	1.4	1.3	13	200 (45)	10	150 (45)	1.1	30	1.1	30	1.9	1.9
12~14(歳)	1.4	1.3	1.6	1.4	15	250 (60)	14	250 (60)	1.4	40	1.3	40	2.4	2.4
15~17(歳)	1.5	1.2	1.7	1.4	17	300 (70)	13	250 (65)	1.5	50	1.3	45	2.4	2.4
18~29(歳)	1.4	1.1	1.6	1.2	15	300 (80)	11	250 (65)	1.4	55	1.1	45	2.4	2.4
30~49(歳)	1.4	1.1	1.6	1.2	15	350 (85)	12	250 (65)	1.4	60	1.1	45	2.4	2.4
50~64(歳)	1.3	1.1	1.5	1.2	14	350 (85)	11	250 (65)	1.4	55	1.1	45	2.4	2.4
65~74(歳)	1.3	1.1	1.5	1.2	14	300 (80)	11	250 (65)	1.4	50	1.1	40	2.4	2.4
75以上(歳)	1.2	0.9	1.3	1.0	13	300 (75)	10	250 (60)	1.4	50	1.1	40	2.4	2.4
妊婦(付加量)		+0.2		+0.3			+0	–			+0.2	–		+0.4
授乳婦(付加量)		+0.2		+0.6			+3	–			+0.3	–		+0.8

※1：身体活動レベルⅡの推定エネルギー必要量を用いて算定した。　※2：「0~5（月）」「6~11（月）」は目安量。　※3：NE＝ナイアシン当量＝ナイアシン＋1/60トリプトファン。　※4：ニコチンアミドの重量（mg/日）、（　）内はニコチン酸の重量（mg/日）。　※5：単位はmg/日。　※6：たんぱく質食事摂取基準の推奨量を用いて算定した（妊婦・授乳婦の付加量は除く）。　※7：ピリドキシン（分子量=169.2）の重量として示した。　※8：チアミン塩化物塩酸塩（分子量=337.3）の重量として示した。　※9：シアノコバラミン（分子量=1,355.37）の重量として示した。

	葉酸[※1]				パントテン酸		ビオチン		ビタミンC[※4]	
性別	男性		女性		男性	女性	男性	女性	男性	女性
年齢等	推奨量 (μg/日)	耐容上限量[※3] (μg/日)	推奨量 (μg/日)	耐容上限量[※3] (μg/日)	目安量 (mg/日)	目安量 (mg/日)	目安量 (μg/日)	目安量 (μg/日)	推奨量 (mg/日)	推奨量 (mg/日)
0~5(月)	40[※2]	–	40[※2]	–	4	4	4	4	40[※2]	40[※2]
6~11(月)	60[※2]	–	60[※2]	–	5	5	5	5	40[※2]	40[※2]
1~2(歳)	90	200	90	200	3	4	20	20	40	40
3~5(歳)	110	300	110	300	4	4	20	20	50	50
6~7(歳)	140	400	140	400	5	5	30	30	60	60
8~9(歳)	160	500	160	500	6	5	30	30	70	70
10~11(歳)	190	700	190	700	6	6	40	40	85	85
12~14(歳)	240	900	240	900	7	6	50	50	100	100
15~17(歳)	240	900	240	900	7	6	50	50	100	100
18~29(歳)	240	900	240	900	5	5	50	50	100	100
30~49(歳)	240	1,000	240	1,000	5	5	50	50	100	100
50~64(歳)	240	1,000	240	1,000	6	5	50	50	100	100
65~74(歳)	240	900	240	900	6	5	50	50	100	100
75以上(歳)	240	900	240	900	6	5	50	50	100	100
妊婦(付加量)			+240	–		5		50		+10
授乳婦(付加量)			+100	–		6		50		+45

※1：プテロイルモノグルタミン酸（分子量=441.40）の重量として示した。妊娠を計画している女性、妊娠の可能性がある女性及び妊娠初期の妊婦は、胎児の神経管閉鎖障害のリスク低減のために、通常の食品以外の食品に含まれる葉酸（狭義の葉酸）を400μg/日摂取することが望まれる。

※2：「0～5（月）」「6～11（月）」は目安量。

※3：通常の食品以外の食品に含まれる葉酸（狭義の葉酸）に適用する。

※4：L-アスコルビン酸（分子量=176.12）の重量で示した。

無機質の食事摂取基準

	ナトリウム (( )は食塩相当量[g/日])		カリウム				カルシウム				マグネシウム		リン			
性別	男性	女性	男性		女性		男性		女性		男性	女性	男性		女性	
年齢等	目標量 (mg/日)	目標量 (mg/日)	目安量 (mg/日)	目標量 (mg/日)	目安量 (mg/日)	目標量 (mg/日)	推奨量 (mg/日)	耐容上限量 (mg/日)	推奨量 (mg/日)	耐容上限量 (mg/日)	推奨量 (mg/日)	推奨量 (mg/日)	目安量 (mg/日)	耐容上限量 (mg/日)	目安量 (mg/日)	耐容上限量 (mg/日)
0～5 (月)	100 (0.3)[※1]	100 (0.3)[※1]	400	–	400	–	200[※1]	–	200[※1]	–	20[※1]	20[※1]	120	–	120	–
6～11 (月)	600 (1.5)[※1]	600 (1.5)[※1]	700	–	700	–	250[※1]	–	250[※1]	–	60[※1]	60[※1]	260	–	260	–
1～2 (歳)	(3.0未満)	(3.0未満)	900	–	900	–	450	–	400	–	70	70	500	–	500	–
3～5 (歳)	(3.5未満)	(3.5未満)	1,000	1,400以上	1,000	1,400以上	600	–	550	–	100	100	700	–	700	–
6～7 (歳)	(4.5未満)	(4.5未満)	1,300	1,800以上	1,200	1,800以上	600	–	550	–	130	130	900	–	800	–
8～9 (歳)	(5.0未満)	(5.0未満)	1,500	2,000以上	1,500	2,000以上	650	–	750	–	170	160	1,000	–	1,000	–
10～11 (歳)	(6.0未満)	(6.0未満)	1,800	2,200以上	1,800	2,000以上	700	–	750	–	210	220	1,100	–	1,000	–
12～14 (歳)	(7.0未満)	(6.5未満)	2,300	2,400以上	1,900	2,400以上	1000	–	800	–	290	290	1,200	–	1,000	–
15～17 (歳)	(7.5未満)	(6.5未満)	2,700	3,000以上	2,000	2,600以上	800	–	650	–	360	310	1,200	–	900	–
18～29 (歳)	(7.5未満)	(6.5未満)	2,500	3,000以上	2,000	2,600以上	800	2,500	650	2,500	340	270	1,000	3,000	800	3,000
30～49 (歳)	(7.5未満)	(6.5未満)	2,500	3,000以上	2,000	2,600以上	750	2,500	650	2,500	370	290	1,000	3,000	800	3,000
50～64 (歳)	(7.5未満)	(6.5未満)	2,500	3,000以上	2,000	2,600以上	750	2,500	650	2,500	370	290	1,000	3,000	800	3,000
65～74 (歳)	(7.5未満)	(6.5未満)	2,500	3,000以上	2,000	2,600以上	750	2,500	650	2,500	350	280	1,000	3,000	800	3,000
75以上 (歳)	(7.5未満)	(6.5未満)	2,500	3,000以上	2,000	2,600以上	700	2,500	600	2,500	320	260	1,000	3,000	800	3,000
妊婦		(6.5未満)			2,000	2,600以上			+0	–		+40			800	–
授乳婦		(6.5未満)			2,200	2,600以上			+0	–		+0			800	–

※1：「0～5(月)」「6～11(月)」は目安量。

	鉄					亜鉛				銅				マンガン				ヨウ素			
性別	男性		女性			男性		女性		男性		女性		男性		女性		男性		女性	
年齢等	推奨量 (mg/日)	耐容上限量 (mg/日)	月経なし 推奨量 (mg/日)	月経あり 推奨量 (mg/日)	耐容上限量 (mg/日)	推奨量 (mg/日)	耐容上限量 (mg/日)	推奨量 (mg/日)	耐容上限量 (mg/日)	推奨量 (mg/日)	耐容上限量 (mg/日)	推奨量 (mg/日)	耐容上限量 (mg/日)	目安量 (mg/日)	耐容上限量 (mg/日)	目安量 (mg/日)	耐容上限量 (mg/日)	推奨量 (μg/日)	耐容上限量 (μg/日)	推奨量 (μg/日)	耐容上限量 (μg/日)
0～5 (月)	0.5[※1]	–	0.5[※1]	–	–	2[※2]	–	2[※2]	–	0.3[※2]	–	0.3[※2]	–	0.01	–	0.01	–	100[※2]	250	100[※2]	250
6～11 (月)	5.0	–	4.5	–	–	3[※2]	–	3[※2]	–	0.3[※2]	–	0.3[※2]	–	0.5	–	0.5	–	130[※2]	250	130[※2]	250
1～2 (歳)	4.5	25	4.5	–	20	3	–	3	–	0.3	–	0.3	–	1.5	–	1.5	–	50	300	50	300
3～5 (歳)	5.5	25	5.5	–	25	4	–	3	–	0.4	–	0.3	–	1.5	–	1.5	–	60	400	60	400
6～7 (歳)	5.5	30	5.5	–	30	5	–	4	–	0.4	–	0.4	–	2.0	–	2.0	–	75	550	75	550
8～9 (歳)	7.0	35	7.5	–	35	6	–	5	–	0.5	–	0.5	–	2.5	–	2.5	–	90	700	90	700
10～11 (歳)	8.5	35	8.5	12.0	35	7	–	6	–	0.6	–	0.6	–	3.0	–	3.0	–	110	900	110	900
12～14 (歳)	10.0	40	8.5	12.0	40	10	–	8	–	0.8	–	0.8	–	4.0	–	4.0	–	140	2,000	140	2,000
15～17 (歳)	10.0	50	7.0	10.5	40	12	–	8	–	0.9	–	0.7	–	4.5	–	3.5	–	140	3,000	140	3,000
18～29 (歳)	7.5	50	6.5	10.5	40	11	40	8	35	0.9	7	0.7	7	4.0	11	3.5	11	130	3,000	130	3,000
30～49 (歳)	7.5	50	6.5	10.5	40	11	45	8	35	0.9	7	0.7	7	4.0	11	3.5	11	130	3,000	130	3,000
50～64 (歳)	7.5	50	6.5	11.0	40	11	45	8	35	0.9	7	0.7	7	4.0	11	3.5	11	130	3,000	130	3,000
65～74 (歳)	7.5	50	6.0	–	40	11	40	8	35	0.9	7	0.7	7	4.0	11	3.5	11	130	3,000	130	3,000
75以上 (歳)	7.0	50	6.0	–	40	10	40	8	30	0.8	7	0.7	7	4.0	11	3.5	11	130	3,000	130	3,000
妊婦 (付加量)								+2	–			+0.1	–			3.5	–			+110	–[※3]
初期			+2.5	–	–																
中期・後期			+9.5	–	–																
授乳婦 (付加量)			+2.5	–	–			+4	–			+0.6	–			3.5	–			+140	–[※3]

※1：「0～5(月)」は目安量。 ※2：「0～5(月)」「6～11(月)」は目安量。 ※3：妊婦及び授乳婦の耐容上限量は2,000μg/日とする。

	セレン				クロム		モリブデン			
性別	男性		女性		男性	女性	男性		女性	
年齢等	推奨量 (μg/日)	耐容上限量 (μg/日)	推奨量 (μg/日)	耐容上限量 (μg/日)	目安量 (μg/日)	目安量 (μg/日)	推奨量 (μg/日)	耐容上限量 (μg/日)	推奨量 (μg/日)	耐容上限量 (μg/日)
0～5 (月)	15[※1]	–	15[※1]	–	0.8	0.8	2[※1]	–	2[※1]	–
6～11 (月)	15[※1]	–	15[※1]	–	1.0	1.0	5[※1]	–	5[※1]	–
1～2 (歳)	10	100	10	100	–	–	10	–	10	–
3～5 (歳)	15	100	10	100	–	–	10	–	10	–
6～7 (歳)	15	150	15	150	–	–	15	–	15	–
8～9 (歳)	20	200	20	200	–	–	20	–	15	–
10～11 (歳)	25	250	25	250	–	–	20	–	20	–
12～14 (歳)	30	350	30	300	–	–	25	–	25	–
15～17 (歳)	35	400	25	350	–	–	30	–	25	–
18～29 (歳)	30	450	25	350	10	10	30	600	25	500
30～49 (歳)	30	450	25	350	10	10	30	600	25	500
50～64 (歳)	30	450	25	350	10	10	30	600	25	500
65～74 (歳)	30	450	25	350	10	10	30	600	25	500
75以上 (歳)	30	400	25	350	10	10	25	600	25	500
妊婦 (付加量)			+5	–		10			+0	–
授乳婦 (付加量)			+20	–		10			+3	–

※1：「0～5(月)」「6～11(月)」は目安量。

第６部 食品群別摂取量のめやす

小学校や中学校で学習したことも思い出し，バランスよく食品を摂取していこう。

食品群とは

食品群とは，すべての食品を栄養成分の似ているものに分類し，それをめやすとして摂取することによって，健全な食生活を送ることができるようにしたものである。各群からまんべんなく食品を選んでいけば，食事摂取基準を満たし，バランスのとれた食事をすることができる。

栄養的特徴によって分けた食品群

3色食品群	赤群	緑群	黄群
	魚・肉・豆類・乳・卵	緑黄色野菜・淡色野菜・海藻・きのこ	穀物・砂糖・いも類・油脂
	血や肉をつくる	からだの調子をよくする	力や体温となる

6つの基礎食品群	1群	2群	3群	4群	5群	6群
	魚・肉・卵・豆・豆製品	牛乳・乳製品・骨ごと食べる魚・海藻	緑黄色野菜	その他の野菜・果物・きのこ	穀類・いも・砂糖	油脂・種実
	血や肉をつくる	骨・歯をつくる・体の各機能を調節	皮膚や粘膜の保護・体の各機能を調節	体の各機能を調節	エネルギー源となる	エネルギー源となる

4つの食品群	第1群	第2群	第3群	第4群
	乳・乳製品・卵	魚介・肉・豆・豆製品	緑黄色野菜・淡色野菜・いも・くだもの	穀類・油脂・砂糖
	栄養を完全にする	血や肉をつくる	からだの調子をよくする	力や体温となる

６つの食品群の年齢別・性別食品摂取量のめやす（１人１日当たりの重量＝g）

年齢区分	1群		2群		3群		4群		5群		6群	
	魚・肉・卵・豆・豆製品		牛乳・乳製品・骨ごと食べる魚・海藻		緑黄色野菜		その他の野菜・果物・きのこ		穀類・いも・砂糖		油脂・種実	
	男	女	男	女	男	女	男	女	男	女	男	女
6～7歳	200	200	250	250	90	90	320	320	450	450	15	15
8～9歳	230	230	300	300	100	100	400	400	550	500	20	20
10～11歳	280	280	300	300	100	100	400	400	600	550	20	20
12～14歳	330	300	400	400	100	100	400	400	700	650	25	20
15～17歳	350	300	400	400	100	100	400	400	750	600	30	20
18～29歳	330	300	300	300	100	100	450	450	700	600	25	20
30～49歳	330	250	300	300	100	100	450	450	700	550	25	20
50～64歳	330	250	300	300	100	100	450	450	650	550	25	15
65～74歳	300	250	250	250	100	100	450	450	600	550	20	15
75歳以上	300	250	250	250	100	100	450	450	600	550	15	15

① 1群は，卵1個(50g)をとり，残りを魚類：肉類：豆・豆製品類＝1：1：1の割合でとる。肉は脂身の少ない部位を適宜取り入れることが望ましい。
② 2群は，これまでの牛乳を基準としたカルシウムでの換算ではなく，食品重量とする。海藻類を20g(戻し後の重量)とる。牛乳・乳製品は，低脂肪のものを適宜取り入れることが望ましい。
しらす干しやそのまま食べる煮干しなど，骨ごと食べる魚をとる習慣をもつことが望ましい。
③ 4群は，果物類を6～17歳は150g，18歳以上は200gとる。きのこ類を20gとる。漬物を含む。
④ 5群はいも類を50g，砂糖類を20g含む。穀類は調理後の重量とする。白飯の1/4程度を玄米飯に置き換えるのが望ましい。
⑤ 1日に摂取する食品の種類は25～30種類とする。

（日本家庭科教育学会誌　Vol.63 No.2 2020年より）

4つの食品群の年齢別・性別・身体活動レベル別食品構成（1人1日当たりの重量＝g）（香川明夫監修）

身体活動レベル	食品群	第1群				第2群				第3群						第4群					
		乳・乳製品		卵		魚介・肉		豆・豆製品		野菜		いも		くだもの		穀類		油脂		砂糖	
	年齢／性	男	女	男	女	男	女	男	女	男	女	男	女	男	女	男	女	男	女	男	女
身体活動レベルⅠ（低い）	6～7歳	250	250	30	30	80	80	60	60	270	270	50	50	120	120	200	170	10	10	5	5
	8～9歳	300	300	55	55	100	80	70	70	300	300	60	60	150	150	230	200	10	10	10	10
	10～11歳	320	320	55	55	100	100	80	80	300	300	100	100	150	150	300	270	15	15	10	10
	12～14歳	380	380	55	55	150	120	80	80	350	350	100	100	150	150	360	310	20	20	10	10
	15～17歳	320	320	55	55	150	120	80	80	350	350	100	100	150	150	420	300	25	20	10	10
	18～29歳	300	250	55	55	180	100	80	80	350	350	100	100	150	150	370	240	20	15	10	10
	30～49歳	250	250	55	55	150	100	80	80	350	350	100	100	150	150	370	250	20	15	10	10
	50～64歳	250	250	55	55	150	100	80	80	350	350	100	100	150	150	360	230	20	15	10	10
	65～74歳	250	250	55	55	120	100	80	80	350	350	100	100	150	150	340	200	15	10	10	10
	75歳以上	250	200	55	55	120	80	80	80	350	350	100	100	150	150	270	190	15	10	10	5
	妊婦初期		250		55		100		80		350		100		150		260		15		10
	妊婦中期		250		55		120		80		350		100		150		310		15		10
	妊婦後期		250		55		150		80		350		100		150		360		20		10
	授乳婦		250		55		120		80		350		100		150		330		20		10
身体活動レベルⅡ（ふつう）	1～2歳	250	250	30	30	50	50	40	40	180	180	50	50	100	100	120	110	5	5	3	3
	3～5歳	250	250	30	30	60	60	60	60	240	240	50	50	120	120	190	170	10	10	5	5
	6～7歳	250	250	55	55	80	80	60	60	270	270	60	60	120	120	230	200	10	10	10	10
	8～9歳	300	300	55	55	120	80	80	80	300	300	60	60	150	150	270	240	15	15	10	10
	10～11歳	320	320	55	55	150	100	80	80	350	350	100	100	150	150	350	320	20	20	10	10
	12～14歳	380	380	55	55	170	120	80	80	350	350	100	100	150	150	430	390	25	20	10	10
	15～17歳	320	320	55	55	200	120	80	80	350	350	100	100	150	150	480	380	30	20	10	10
	18～29歳	300	250	55	55	180	120	80	80	350	350	100	100	150	150	440	320	30	15	10	10
	30～49歳	250	250	55	55	180	120	80	80	350	350	100	100	150	150	450	330	30	15	10	10
	50～64歳	250	250	55	55	180	120	80	80	350	350	100	100	150	150	440	300	25	15	10	10
	65～74歳	250	250	55	55	170	120	80	80	350	350	100	100	150	150	400	280	20	15	10	10
	75歳以上	250	250	55	55	150	100	80	80	350	350	100	100	150	150	340	230	15	15	10	10
	妊婦初期		250		55		120		80		350		100		150		340		15		10
	妊婦中期		250		55		150		80		350		100		150		360		20		10
	妊婦後期		250		55		180		80		350		100		150		420		25		10
	授乳婦		320		55		180		80		350		100		150		380		20		10
身体活動レベルⅢ（高い）	6～7歳	250	250	55	55	100	100	60	60	270	270	60	60	120	120	290	260	10	10	10	10
	8～9歳	300	300	55	55	140	100	80	80	300	300	60	60	150	150	320	290	20	15	10	10
	10～11歳	320	320	55	55	160	130	80	80	350	350	100	100	150	150	420	380	20	20	10	10
	12～14歳	380	380	55	55	200	170	80	80	350	350	100	100	150	150	510	450	25	25	10	10
	15～17歳	380	320	55	55	200	170	120	80	350	350	100	100	150	150	550	430	30	20	10	10
	18～29歳	380	300	55	55	200	150	120	80	350	350	100	100	150	150	530	390	30	20	10	10
	30～49歳	380	250	55	55	200	150	120	80	350	350	100	100	150	150	530	390	30	20	10	10
	50～64歳	320	250	55	55	200	150	120	80	350	350	100	100	150	150	530	360	25	20	10	10
	65～74歳	320	250	55	55	200	130	80	80	350	350	100	100	150	150	480	340	25	15	10	10
	授乳婦		320		55		170		80		350		100		150		470		25		10

① 野菜はきのこ、海藻を含む。また、野菜の1/3以上は緑黄色野菜でとることとする。
② エネルギー量は、「日本人の食事摂取基準（2020年版）」の参考表・推定エネルギー必要量の約93～97％の割合で構成してある。各人の必要に応じて適宜調整すること。
③ 食品構成は「日本食品標準成分表2020年版（八訂）」で計算。

4つの食品群による食品構成例（身体活動レベルⅡ，15～17歳の男女，1人1日分）

種類（g）	乳・乳製品		卵		肉・魚介類		豆・豆製品		野菜		いも		くだもの		穀類		油脂		砂糖	
	男	女	男	女	男	女	男	女	男	女	男	女	男	女	男	女	男	女	男	女
	320	320	55	55	200	120	80	80	350	350	100	100	150	150	480	380	30	20	10	10

食品の概量

＊戻した重量　乾ひじき1～2gを戻したもの

第7部 食事バランスガイド

食事バランスガイドは，食事の望ましい組み合わせやおよその量を「食品」ではなく「料理」で表していること，バランスのよい食事を日本の伝統玩具であるコマの形で表していることなどが特徴となっている。

食事バランスガイドとは何か

「食事バランスガイド」とは，「何を」「どれだけ」食べたらよいのか，望ましい食事のとり方やおおよその量をわかりやすく示したもの。1日でとる食事のおおよその量を料理単位で示しており，料理の区分は，主食，副菜，主菜，牛乳・乳製品，果物の5つに分かれている。それぞれの区分について，1日にとる量が「つ（SV）」という単位で表され，1日分を足していって過不足なくとれていれば，バランスのよい食事ということができる。コマの軸として表されている水分や，コマを回すための運動の役割も重要であることを示している。

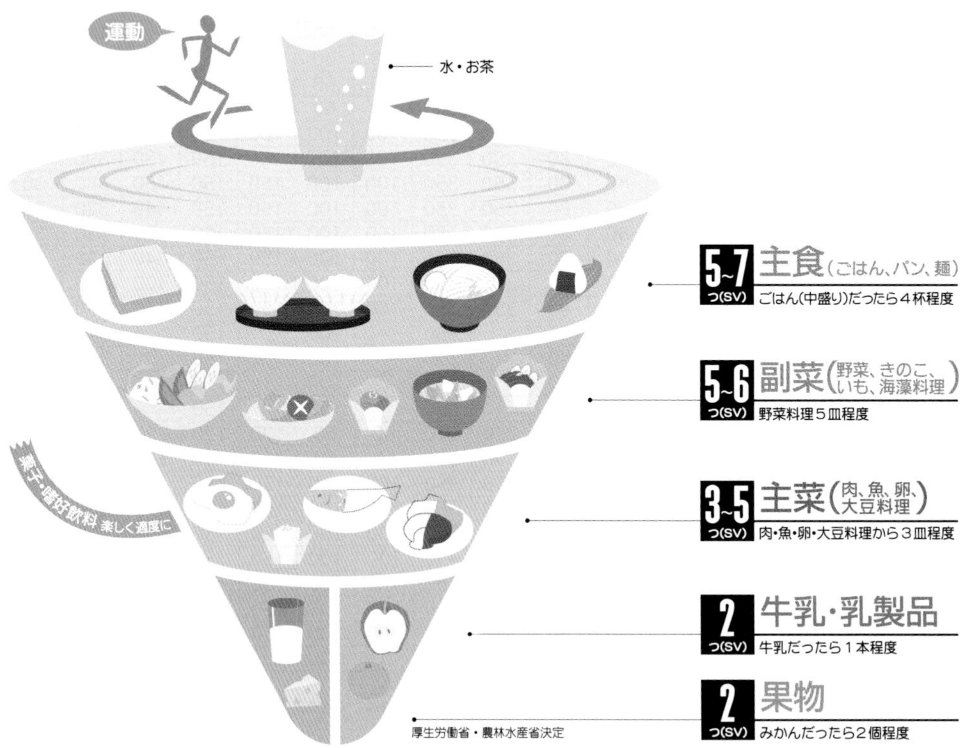

料理例に示した料理

料理区分	料理例
主食 （ごはん・パン・麺など）	**1つ分**＝ごはん軽く1杯（100g）＝おにぎり1個（100g）＝4～6枚切り食パン1枚（60～90g）＝ロールパン2～3個（30g×2～3） **1.5つ分**＝ごはん中盛り1杯（150g） **2つ分**＝ごはん大盛り1杯（200g）＝うどん1杯（300g）＝もりそば1杯（300g）＝スパゲッティ（100g（乾））（具少なめのもの。）
副菜 （野菜・きのこ・いも・海藻料理など）	**1つ分**＝野菜サラダ（大皿）＝きゅうりとわかめの酢の物（小鉢）＝具たくさん味噌汁（お椀に入ったもの）＝ほうれん草のお浸し（小鉢）＝ひじきの煮物（小鉢）＝煮豆（うずら豆）（小鉢）＝きのこソテー（中皿） **2つ分**＝野菜の煮物（中皿）＝野菜炒め（中皿）＝いものにっころがし（中皿） 
主菜 （肉・魚・卵・大豆料理など）	**1つ分**＝冷奴（100g），納豆（40g），目玉焼き（卵50g） **2つ分**＝焼き魚（魚の塩焼き1匹分）＝魚の天ぷら（キス2匹，えび1匹分）＝まぐろとイカの刺身（まぐろ40g，イカ20g） **3つ分**＝ハンバーグステーキ（肉重量100g程度），豚肉のしょうが焼き，鶏肉のから揚げ（肉重量90～100g程度）
牛乳・乳製品	**1つ分**＝牛乳（コップ半分＝90ml）＝チーズひとかけ（20g）＝スライスチーズ1枚（20g程度）＝ヨーグルト1パック（100g） **2つ分**＝牛乳（コップ1杯＝180ml）
果物	**1つ分**＝みかん1個＝リンゴ半分＝かき1個＝梨半分＝ぶどう半房＝桃1個 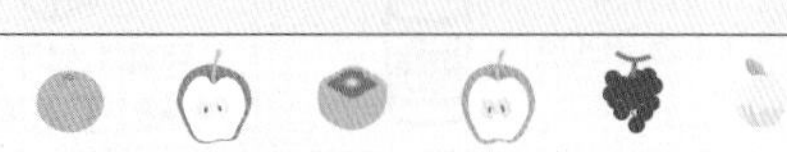

食事バランスガイドの活用方法

性・年齢・体位・活動量から，1日に何をどれだけ食べたらよいかを考え，食事の目的と好み，さらに料理の内容（主材料，調理法，味付け等）を考えて，バランスよく料理を組み合わせていく。

対象特性別，料理区分における摂取のめやす

単位：つ（SV）

対象者	エネルギー kcal	主食	副菜	主菜	牛乳 乳製品	果実
• 6～9歳男女 • 10～11歳女子 • 身体活動量の低い12～69歳女性 • 70歳以上女性 • 身体活動量の低い70歳以上男性	1400	4～5	5～6	3～4	2	2
	1600					
	1800					
• 10～11歳男子 • 身体活動量の低い12～69歳男性 • 身体活動量ふつう以上の12～69歳女性 • 身体活動量ふつう以上の70歳以上男性	2000	5～7		3～5		
	2200					
	2400					
• 身体活動量ふつう以上の12～69歳男性	2600	6～8	6～7	4～6	2～3	2～3
	2800					
	3000					

• 1日分の食事量は，活動（エネルギー）量に応じて，各料理区分における摂取の目安（つ（SV））を参考にする。
• 2200±200kcalの場合，副菜（5～6つ（SV）），主菜（3～5（SV）），牛乳・乳製品（2つ（SV）），果実（2つ（SV））は同じだが，主食の量と，主菜の内容（食材や調理法）や量を加減して，バランスの良い食事にする。
• 成長期で，身体活動レベルが特に高い場合は，主食，副菜，主菜について，必要に応じてSV数を増加させることで適宜対応する。

食事バランスガイドの目安表

	主食	副菜	主菜	牛乳 乳製品	カロリー (kcal)
おにぎり	1	0	0	0	170
にぎり寿司	2	0	2	0	500
親子丼	2	1	2	0	510
焼そば	1	2	1	0	540
きんぴらごぼう	0	1	0	0	100
野菜炒め	0	2	0	0	210
鮭の塩焼き	0	0	2	0	120
チャーハン	2	1	2	0	700
チャーシューメン	2	1	1	0	430
餃子	0	1	2	0	350
唐揚げ	0	0	3	0	300
オムライス	2	0	2	0	610
カレーライス	2	2	2	0	760
ミックスサンドイッチ	1	1	1	1	550
ミートソーススパゲッティ	2	1	2	0	660
ポテトサラダ	0	1	0	0	170
ハンバーグ	0	1	3	0	410
クリームシチュー	0	3	2	1	380

農林水産省「食事バランスガイド　つ（SV）カウンター」参照

朝昼夕の食事例（2,200kcal）

食事	主　食	副　菜	主　菜	牛乳・乳製品	果　実
朝食	白飯小2杯　**2**	ひじきの煮物　**1**	目玉焼き　**1**		みかん1個　**1**
昼食	白飯小2杯　**2**	野菜スープ 野菜サラダ　**1**	ハンバーグ1／2　**1.5**	チーズ1枚　**1** ミルクコーヒー1杯　**1**	
夕食	白飯小2杯　**2**	筑前煮　**2** ほうれん草お浸し　**1**	サンマ塩焼き1／2　**1** 冷奴1／3丁　**1**		りんご小1／2　**1**
合計	**6**	**6**	**4.5**	**2**	**2**

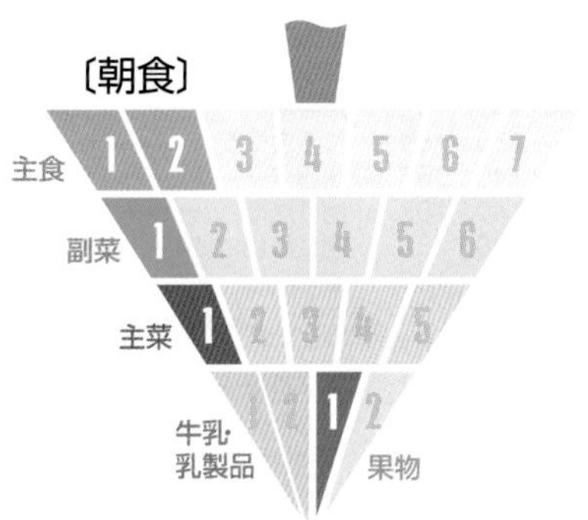

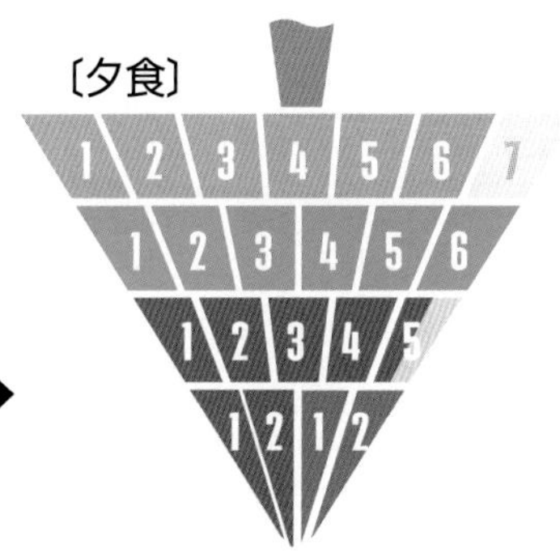

食品図鑑編さくいん

市販食品・調理加工食品データ集さくいん

食品図鑑・食品成分表さくいん

調理の前に①

1 包丁の種類と使い方

調理法や材料に合わせて，さまざまな種類の包丁がある。自分に合った包丁を探してみよう！

❶**三徳包丁**……薄く，軽く何にでも使いやすい。万能包丁・文化包丁ともいう。
❷**出刃包丁**……魚や肉など，骨まで切れる。
❸**菜切包丁**……両刃の野菜用。
❹**薄刃包丁**……片刃の野菜用。繊細な作業に向く。
❺**柳刃包丁**……魚の刺身用。長い刃渡りを使い，引き切りをすることにより，切り口が美しく仕上がる。
❻**牛刀**……洋包丁の一種で，肉，魚，野菜など万能。
❼**ペティナイフ**……果物や細かい細工に向く。
❽**パン切り包丁**……食パンやフランスパンなどに。
❾**中華包丁**……重さを使って，野菜から肉まで切れる。

※❷～❺は和包丁，❻～❽は洋包丁，❾は中華包丁。

包丁の握り方

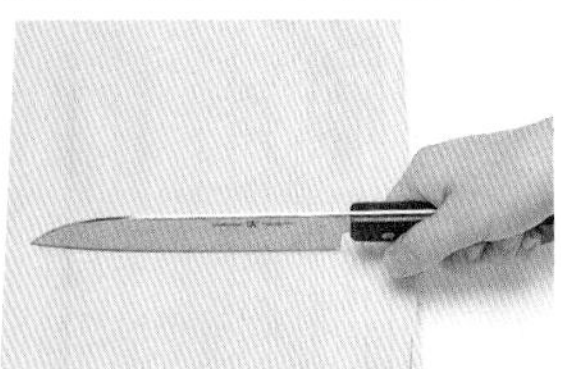

速度をつけたり，かたい材料を切るのに適する。

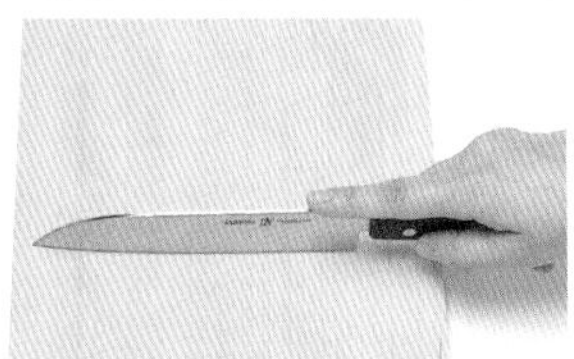

慎重に，細かい包丁づかいをするのに適する。

材料を持つ手

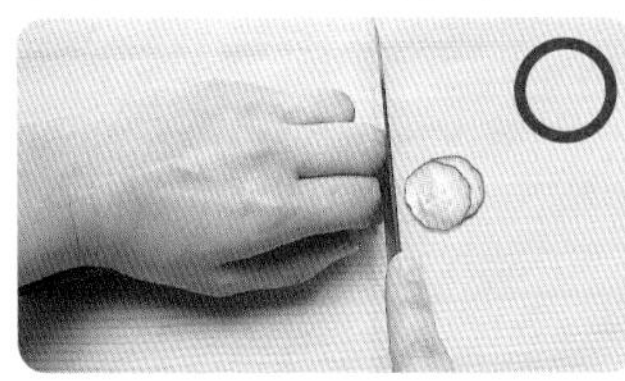

指を内側に折り込んで，材料を押さえる。手を少しずつ左にずらしながら切り進める。

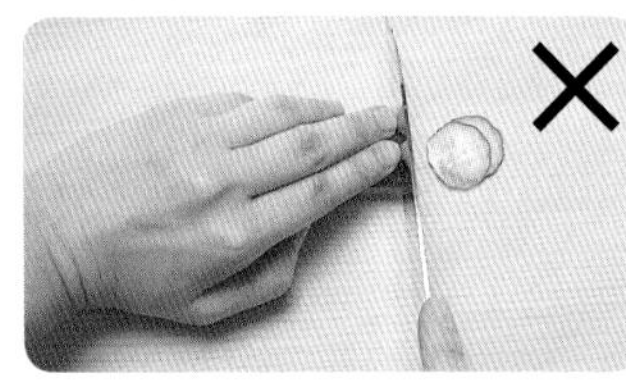

危険なので，指を伸ばした状態では包丁を使わないこと。

2 計量の方法

計量カップで

1カップ=200mL

平らなところに置いてはかる。液体は表面張力で盛り上がるくらいが200mL。粉末状のものはふんわりと入れて目盛りを読む。

計量スプーンで

大さじ1=15mL
小さじ1=　5mL

料理のレシピによっては，分量を容量(mL)ではなく，重量(g)で表しているものがある。その際には，大さじ1杯が何gになるかを換算して使うこと。

液　体

大さじ1・小さじ1

表面張力で液体が盛り上がるくらいが1杯分。

大さじ1/2・小さじ1/2

スプーンの6～7分目くらいまでがちょうど半分になる。

ペースト状

大さじ1・小さじ1

液体の計量と同様，表面がちょっと盛り上がるくらいが1杯。

粉　末

山盛りにすくってから，別のスプーンの柄などですりきる。

大さじ1・小さじ1

粉末状のものを計量する時は上から押しつけたりせずに，ふんわりと。

大さじ1/2・小さじ1/2

一度すりきったものを，中心からかきだすと，1/2になる。

3 基本的な切り方

※本来は左手で野菜を押さえて切りますが，写真を見やすくするために省略しています。

素材の形が細長いもの

素材をそのまま使って

厚めの輪切りを半分にして

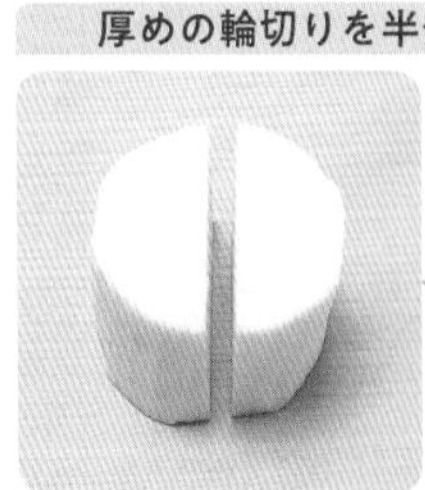

いちょう切り

厚めの輪切りから角柱を作って

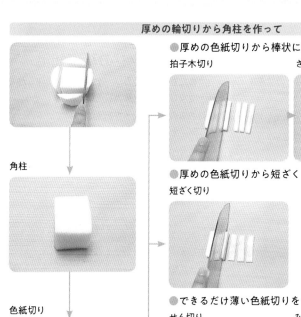

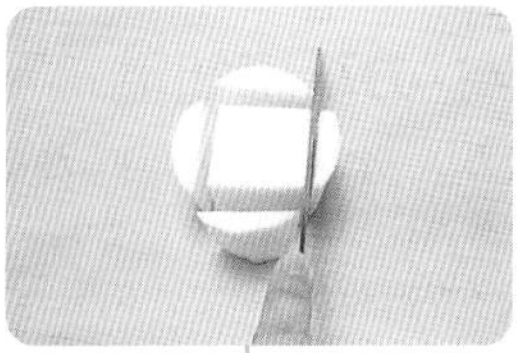

角柱

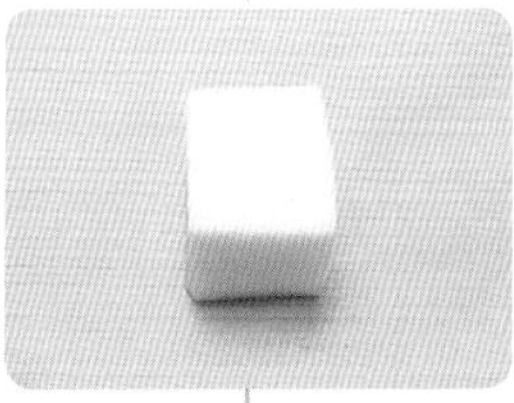

色紙切り

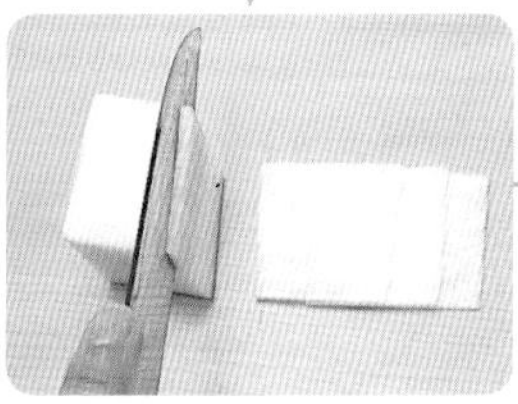

●厚めの色紙切りから棒状に

拍子木切り

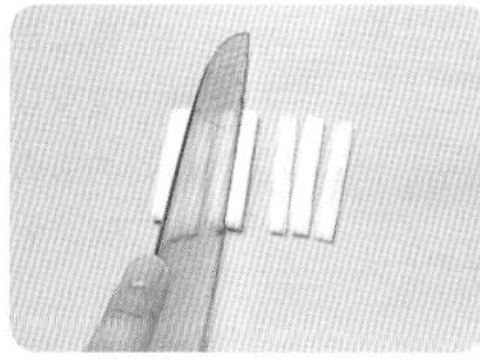

さいの目切り

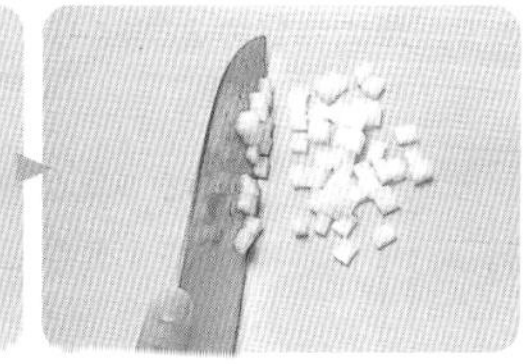

●厚めの色紙切りから短ざく状に

短ざく切り

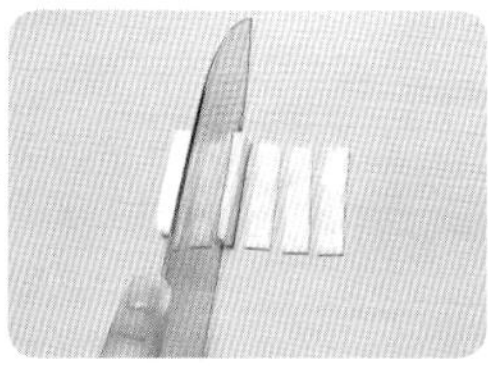

●できるだけ薄い色紙切りをして

せん切り

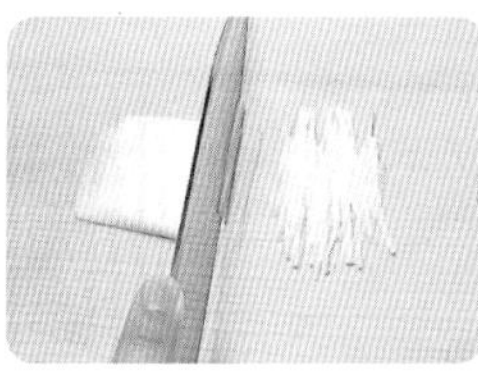

みじん切り

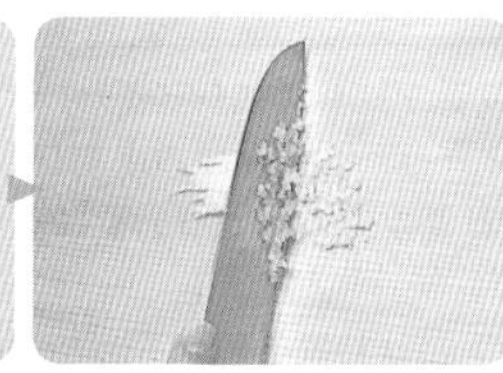

輪切りから皮をむくように

かつらむき

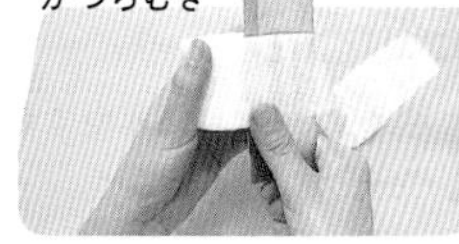

しらが大根

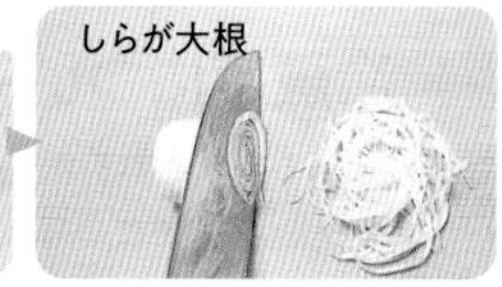

輪切り以外で，素材をそのまま使った切り方

小口切り

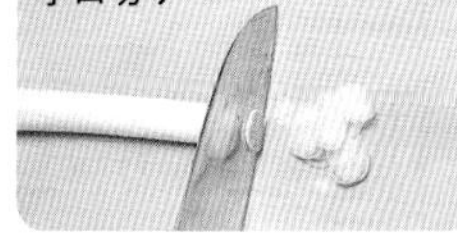

長いものを小口（はし）から切る。

乱切り

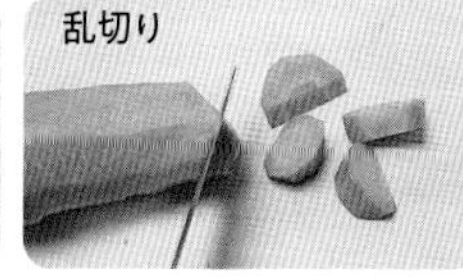

切った面が上になるように転がしななめに切る。

ささがき

鉛筆を削るようにする。

ななめ切り

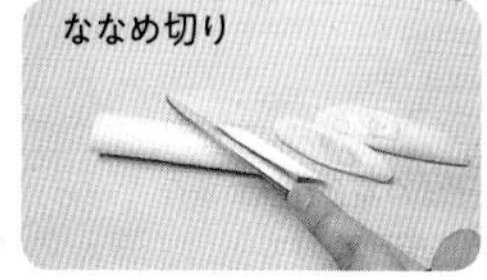

長いものをななめに切る。

ねぎのみじん切り

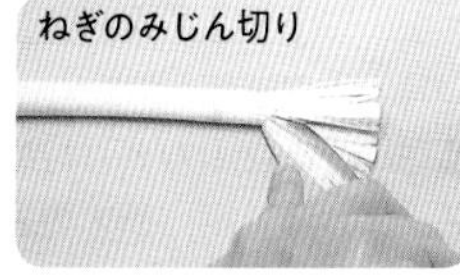

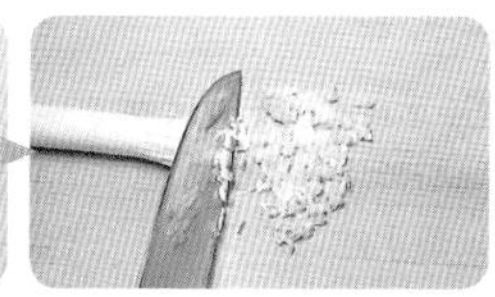

はじめにたて方向に切り目を入れ，はしから小口切りのように切る。

素材の形が丸いもの

くし形切り

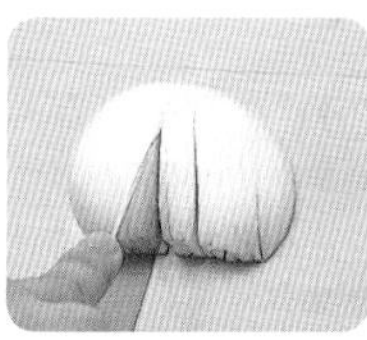

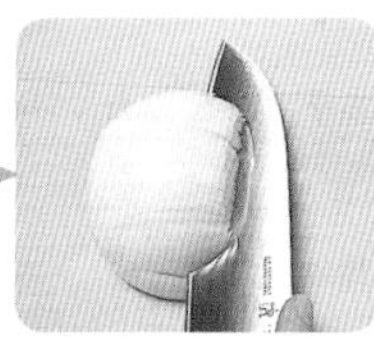

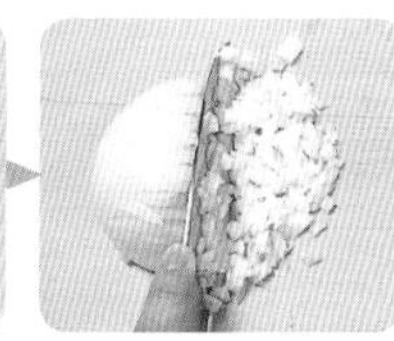

【たまねぎのみじん切り】たまねぎを半分に切り，はじめにたて方向とよこ方向に切り目を入れておくと，簡単に細かくきざめる。

その他

そぎ切り

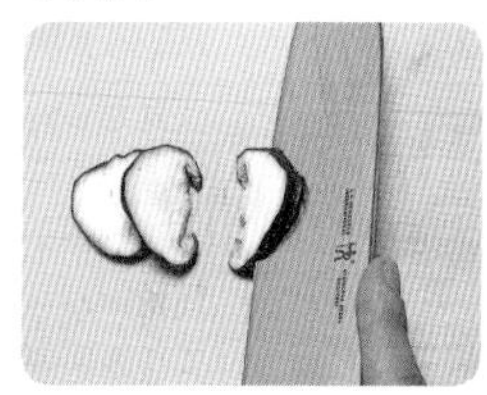

4 ご飯を炊いてみよう

❶

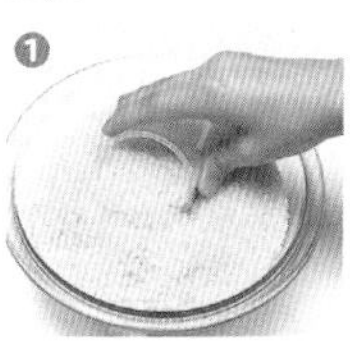

計量をきちんと行う。ふんわりとすくって，手ですりきる。

❷

米に水を注ぎ，すぐに水を捨てる。ざるとボールを重ねておくと便利。

❸

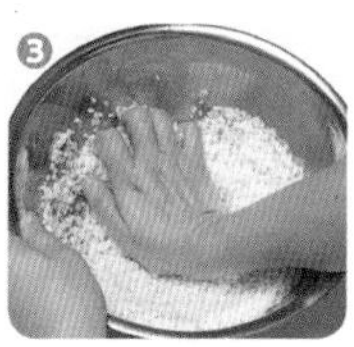

ボールで力を入れ過ぎないように手早くとぎ，水ですすぐのを数回繰り返す。時間をかけると米がぬかくさくなる。

❹

水の色がこの程度になったら，ざるを使ってしっかりと水をきる。

❺

米を炊飯器の内釜に入れ，正しい分量の水を加えて 30分ほど浸水させる。

❻

内釜を炊飯器にセットする時は，底の水を拭きとることも忘れずに。

❼

炊きあがったら 10分ほど蒸らし，水でぬらしたしゃもじで周囲を一回りし，そのあと上下を入れ替えるように底から軽くかき混ぜる。

水加減

水加減は，新米の場合，米の重量の 1.3 倍弱，古米の場合は米の重量の 1.5倍。炊飯器では目盛りを目安にする。

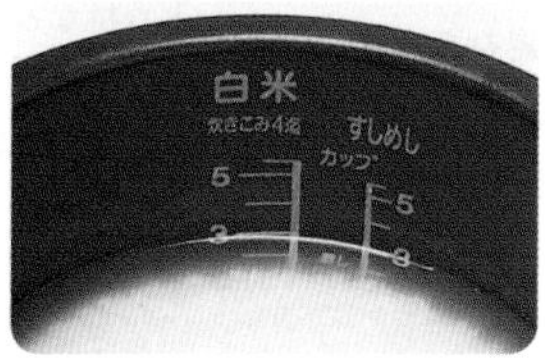

米と飯の量

米 1 合炊くと，茶わんで約 2 杯分になる。

調理の前に②

1 冷蔵庫について知ろう

冷蔵庫にものを入れすぎると冷えにくくなり傷みやすくなるので，庫内容量の30%くらいの空きスペースをつくっておくと，しまい忘れの食材も減る。

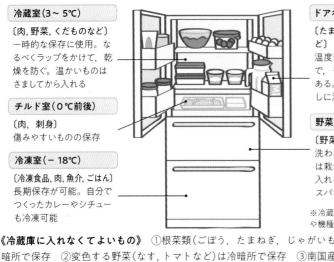

冷蔵室(3～5℃)
〔肉，野菜，くだものなど〕
一時的な保存に使用。なるべくラップをかけて，乾燥を防ぐ。温かいものはさましてから入れる

チルド室(0℃前後)
〔肉，刺身〕
傷みやすいものの保存

冷凍室(－18℃)
〔冷凍食品，肉，魚介，ごはん〕
長期保存が可能。自分でつくったカレーやシチューも冷凍可能

ドアポケット(5～9℃)
〔たまご，牛乳，ジュースなど〕
温度変化の大きい場所で，ものが傷む可能性がある。とびらの開けっ放しに注意

野菜室(5～7℃)
〔野菜，果物〕
洗わないで入れる。野菜は栽培されていた状態で入れるのがベスト(例：アスパラは立てて)

※冷蔵庫の内部構造はメーカーや機種によって異なる。

《冷蔵庫に入れなくてよいもの》 ①根菜類(ごぼう，たまねぎ，じゃがいもなど)は洗わずに冷暗所で保存　②変色する野菜(なす，トマトなど)は冷暗所で保存　③南国産の果物(バナナなど)は基本的に冷蔵しなくてよい　④砂糖，塩，粉末の香辛料は基本的に入れる必要はない　⑤未開封の缶詰やレトルト食品(カップめん，ごはんなど)

《冷凍室に入れてはいけないもの》 缶ジュース，ペットボトル飲料は破裂することがある

《冷凍室に入れてもよいもの》 乾燥していることが望ましいコーヒー豆，海苔など

2 電子レンジの基礎知識

冷めたものを温めたり，冷凍食品を調理したり，冷凍したものを解凍したりするときに使う。最新のものはいろいろな機能がついているので，何ができるか覚えよう。

●使えないもの

・アルミやステンレスなどの金属(熱を通さない)
・漆器，竹など（焦げることがある）
・縁に金や銀の柄がある器(火花が散る)
・耐熱性のないガラス

※たまごや栗は破裂するので注意

●ラップを使おう

・飲み物などを温めるとき以外は，ラップをかけるとよい（このとき，ラップにすき間をつくるか，穴をあけること）

3 レシピを見るときに役立つ料理用語

あえる	いくつかの食材を，調味料などを加えながらまぜること
味をととのえる	味見をし，足りないと思われる調味料を入れ，ほどよい味に仕上げること
油通し	中華料理などで，材料を低めの温度でさっと揚げること
油抜き	油揚げなどに熱湯をさっとかけたり，さっと湯を通したりして，表面の酸化した油を取ること
あら熱をとる	火にかかっていた熱い状態から，落ち着くくらいに冷ますこと
化粧塩	魚を塩焼きにするとき，尾やひれのこげを防ぐためにつける塩のこと
こす	裏ごし器で材料をこすこと。口当たりがなめらかになる。裏ごしとも
こそげる	魚のうろこやごぼうの皮などを，包丁の背などでこすり落とすこと。薄くむきたいときに使う
小房に分ける	ブロッコリーなどの下ごしらえで，小さなかたまりに分けること
差し水	豆を煮る際などに，調理中に水を少量入れること。一時的に温度を下げ，材料に均一に火を通す。びっくり水ともいう
塩抜き	塩蔵の魚，わかめなどを真水や薄い塩水に浸して，余分な塩分を抜くこと。塩だしともいう
下味をつける	煮たり焼いたりする前に，調味料や香辛料をふったり，調味液につけること
素揚げ	食品に衣や粉など何もつけずに揚げること。何もつけずに焼くのは「素焼き」
筋を取る	鶏のささみの白い筋や，野菜のかたい筋を取り除くこと
血抜き	水などに魚や肉を浸け，血を抜き取ること。生臭さを取ることができる

とろみをつける	かたくり粉などを水で溶いて加え，液体をどろっとさせる
煮きる	加熱して，酒やみりんのアルコールを飛ばすこと
二度揚げ	低温で中まで火を通すように揚げたあと，高温で揚げ，周りをさくっとさせる
煮含める	薄味のたっぷりの汁で味がしみ込むようじっくりと煮ること
寝かす	味や食感をよくするため，しばらくそのままおくこと。「休める」ともいう
ひと煮立ちさせる	煮汁などを一度沸騰させてから，火を止めること。だしを取るときなどに使う
ふり塩	材料に塩をふること。高い位置からまんべんなくふるようにする
まわし入れる	調理の途中で液体調味料を入れるとき，なべの縁からまわすように入れること
面取り	野菜の煮物の際，切り口の角を取り除くこと。煮くずれを防ぎ，味のしみ込みをよくする
戻す	干ししいたけや切り干し大根などの乾物を，水やぬるま湯につけて元の状態に近くすること
湯せん	湯をわかした鍋に小さい容器を入れ，間接的に加熱すること。チョコレートやバターに用いる
湯通し	材料を熱湯に入れてすぐに取り出す。または上からまんべんなく熱湯をかけること
湯むき	トマトや桃などの皮をむく際，熱湯につけてからむく。薄く早くきれいにむける
予熱	オーブンなどを使った料理で，庫内の温度を一定にするためあらかじめ温度を上げておくこと
余熱	沸騰したあと，そのまま火を止めた状態で調理する

●写真・資料提供・協力

愛知県立南陽高等学校 ／ 青森県教育庁文化財保護課 ／ 厚木市役所 ／ 石川まさき ／ いちご株式会社 ／
一般社団法人アート・インクルージョン ／ 一般社団法人ともしび at だんだん ／ 一般社団法人農山漁村文化協会 ／
植草学園大学附属弁天こども園 ／ NPO 法人 COCO 湘南 ／NPO 法人認知症フレンドシップクラブ ／ NPO 法人リブ&リブ ／
大分県豊後高田市 ／ 小野桜子 ／ 海洋博公園 沖縄郷土村 ／ 株式会社アフロ ／ 株式会社コトブキ ／ 株式会社瑞雲舎 ／
株式会社すばる舎 ／ 株式会社竹中工務店 ／ 株式会社 PHP 研究所 ／ 株式会社平野製版 ／ 株式会社フォトライブラリー ／
川崎タクシー株式会社（川崎タクシーグループ） ／ 菅公学生服株式会社 ／ 公益社団法人日本食肉格付協会 ／
公益財団法人セーブ・ザ・チルドレンジャパン ／ 公益財団法人東京都公園協会 ／ 公益財団法人目黒区国際交流協会 ／
国営海の中道海浜公園事務所 ／ 小宮由 ／ サイボウズ株式会社 ／ 静岡県 ／島根県消費者センター ／
社団法人日本畜産副産物協会 ／ 多良美智子 ／ 独立行政法人日本スポーツ振興センター ／ 富井義夫 / アフロ ／
長野県小布施町 ／ 日本甜菜製糖株式会社 ／ 西日本旅客鉄道株式会社 ／ ピクスタ株式会社 ／ ペアレンティングホーム ／
舞田敏彦 ／ マイボックス普及企業組合 ／ 松戸市立博物館 ／ maruk 画像素材 ／ UR 都市機構 ／ 横浜開港資料館
ほか

◆表紙イラスト

◆表紙・本文デザイン・組版

資料編：アップライン株式会社
食品図鑑編：株式会社ディアグルーヴ

◆写真撮影

赤川治男 ／ 東京・フォト・アーガス ／ 河野優太

◆動画・写真提供

株式会社エブリー

◆キャラクターイラスト

徳田有希

◆イラスト

あさいとおる ／ あゆ丸 ／ 株式会社ウエイド ／ 株式会社サイドランチ（マサムー，niede，二階堂彩，azumaya） ／
株式会社ユニックス ／ 熊アート ・ 坂木浩子 ／ 柴野和香 ／ タハラチハル ／ 玉田直子 ／ 山本歩

◆編集協力

株式会社全教図 ／ 株式会社ディアグルーヴ ／ 藤井存希

◆デジタルコンテンツ制作

株式会社デジタルコレクション

本書の食品成分値は，文部科学省科学技術・学術審議会資源調査分科会報告「日本食品標準成分表 2020 年版（八訂）」によるものです。本表の食品成分値を複製，転載等する場合には文部科学省の許諾が必要となる場合があります。
●連絡先 文部科学省 科学技術・学術政策局政策課資源室
E-mail：kagseis@mext.go.jp

家庭科 55 デジタル＋ 資料集＋食品図鑑＋デジタルコンテンツ

2023 年 3 月 1 日 初版発行
2024 年 3 月 1 日 第 2 版発行

●発行者 横谷 礎
●発行所 教育図書株式会社
東京都千代田区神田小川町 3-3-2
〒101-0052 TEL 03-3233-9100（代）

ISBN978-4-87730-485-0 C7037

調理便利帳

調理の前に手を洗おう！

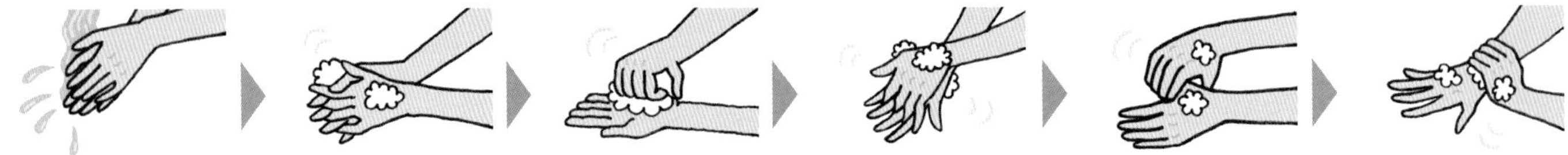

❶ざっと水で洗う。
❷石けんを泡立て，手のひらと甲を洗う。
❸手のひらを爪(つめ)でかくように指先を洗う。
❹両手を合わせて指の間をしっかり洗う。
❺指を一本ずつ洗う。
❻手首をにぎるように洗う。

最後に石けんを水で洗い流し，乾いたきれいなタオルやハンカチで拭こう。

計量カップ・大さじ／小さじ１杯の食品の重量は？（単位：g）

		小さじ（5mL）	大さじ（15mL）	カップ（200mL）
水・酢・酒		5	15	200
しょうゆ		6	18	230
みりん		6	18	230
み　そ		6	18	230
砂糖	上白糖	3	9	130
	グラニュー糖	4	12	180
はちみつ		7	21	280
塩	食塩・精製塩	6	18	240
	あら塩	5	15	180
油・バター		4	12	180
ラード		4	12	170
ショートニング		4	12	160
マヨネーズ		4	12	190
わさび・からし（練り）		5	15	
カレー粉		2	6	

		小さじ（5mL）	大さじ（15mL）	カップ（200mL）
米	精白米			170
	もち米			1/5
	無洗米			180
ゼラチン（粉）		3	9	-
トマトケチャップ		6	18	240
トマトピューレ		6	18	230
ソース	ウスター	6	18	240
	中濃	7	21	250
めんつゆ	ストレート	6	18	230
	3倍希釈	7	21	240
牛乳（普通牛乳）		5	15	210
ヨーグルト		5	15	210
脱脂粉乳		2	6	90
粉チーズ		2	6	90
生クリーム		5	15	200

		小さじ（5mL）	大さじ（15mL）	カップ（200mL）
小麦粉	薄力／強力	3	9	110
	全粒粉	3	9	100
かたくり粉		3	9	130
パン粉（乾燥）		1	3	40
米粉		3	9	100
上新粉		3	9	130
コーンスターチ		2	6	100
ベーキングパウダー		4	12	
豆板醤・甜麺醤		7	21	
オイスターソース		6	18	
ごま	すり／煎り	2	6	
	練り	6	18	
レギュラーコーヒー		2	6	
煎茶・番茶・紅茶		2	6	
抹茶・ココア		2	6	

塩・しょうゆ・みその塩分換算表

種類		塩分含有量（%）	使用量の重量比	小さじ（5mL）	大さじ（15mL）	カップ（200mL）
塩		99.1	1	6g	18g	240g
しょうゆ	こい口	14.5	7	0.9g	2.6g	33.4g
	うす口	16.0	6	1.0g	2.9g	36.8g
みそ	辛口	12.4～13.0	8	約0.8g	約2.3g	約29.0g
	甘口	6.1	16	0.4g	1.1g	14.0g

Point しょうゆの食塩量は約15～16%なので，食塩と同じ辛さにするには，食塩の6～7倍の重量を使おう。

糖分の換算表

種類	糖分含有量	使用量の重量比
砂　糖	99.2%	1
みりん	43.2%	3

Point みりんの糖分含有量は約40%だが，甘みが弱いので，砂糖と同じ甘味にするには，砂糖の3倍の重量を使おう。

正しく計量してみよう

液体の計量（カップ）

平らなところに置き，表面張力で盛り上がるくらいまで入れる。
粉末状のものは，ふんわりと入れて目盛りを読むとよい。

計量カップ＝200mL

粉末の計量（大さじ・小さじ）

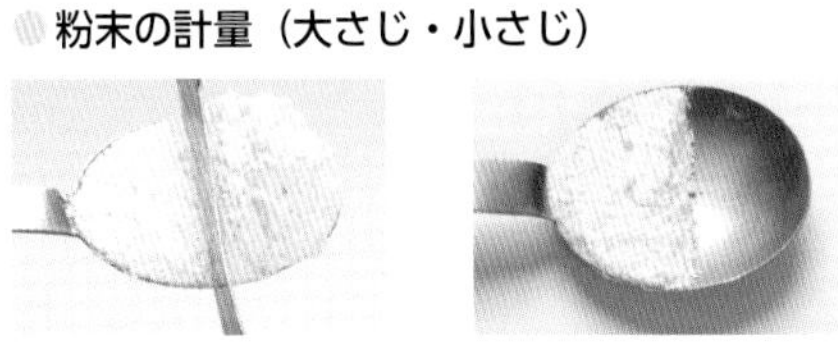

山盛りにすくって，別のスプーンの柄などを垂直に立ててすりきる。それを中心からかき出すと1/2。

液体の計量（大さじ・小さじ）

液体の場合は表面張力で盛り上がるくらい。液体の1/2量はさじの3分の2の水位まで入れる。